사회 조직의
이해

서양편 · 767

# 사회조직의 이해

**찰스 호튼 쿨리**(Charles Horton Cooley) 지음
**정헌주** 옮김

한국문화사

한국연구재단 학술명저번역총서 서양편·767
# 사회조직의 이해

1판 1쇄 발행 2018년 12월 24일
원　　제　Social Organization
지 은 이　찰스 호튼 쿨리(Charles Horton Cooley)
옮 긴 이　정 헌 주
펴 낸 이　김 진 수
펴 낸 곳　**한국문화사**
등　　록　1991년 11월 9일 제2-1276호
주　　소　서울특별시 성동구 광나루로 130 서울숲IT캐슬 1310호
전　　화　02-464-7708
팩　　스　02-499-0846
이 메 일　hkm7708@hanmail.net
홈페이지　www.hankookmunhwasa.co.kr

책값은 뒤표지에 있습니다.
잘못된 책은 구매처에서 바꾸어 드립니다.
이 책의 내용은 저작권법에 따라 보호받고 있습니다.

ISBN 978-89-6817-706-4   93330

이 도서의 국립중앙도서관 출판예정도서목록(CIP)은 서지정보유통지원시스템
홈페이지(http://seoji.nl.go.kr)와 국가자료종합목록시스템(http://www.nl.go.kr/kolisnet)에서
이용하실 수 있습니다. (CIP제어번호 : CIP2018039933)

'한국연구재단 학술명저번역총서'는 우리 시대 기초학문의 부흥을 위해
한국연구재단과 한국문화사가 공동으로 펼치는 서양고전 번역간행사업입니다.

# 서문

우리의 삶은 하나의 인간 통일체human whole이다. 그 실체에 대해 조금이라도 알고자 한다면 그것을 그 자체로 바라봐야 한다. 그것을 각 부분으로 잘라내면 그 과정에서 생명을 잃어버린다. 이러한 통일체를 다루는 연구 분야는 서로 다양하게 구분되어 있는데 이는 각 부분이 따로따로 분할되어 있어서가 아니라 전체를 바라보는 관점이 서로 다르기 때문이라고 생각한다. 따라서 앞서 저술한『인간 본성과 사회질서』Human Nature and Social Order에서는 사회를 인간의 사회적 본성 속에 존재하는 그대로 보고 그것의 주요한 측면을 개관하려고 노력했다. 이 책은 상호교류 intercourse의 확장과 다양화에 초점을 맞추어 저술했는데, 나는 그것을 '사회조직'Social Organization이라 일컫는다. 한편 이 책에서는 개인에 대해서도 곳곳에서 언급하고 있지만 그것은 여전히 배후에 남겨 놓았다.

나는 이 주제[사회조직]를 물질적 측면이 아닌 정신적 측면에서 이해하고 있는데, 이러한 점은 이 책의 제목과 그 주제를 다루는 과정에서 드러나게 될 것이다. 그렇다고 물질적 측면을 간과하거나 폄하하려는 것은 결코 아니다. 나는 물질적 측면을 강조하는 누구만큼이나 그것이 가진 중요성을 인정한다. 사회를 연구하는 학자로서 우리가 해야 할 과업은 매우 광범위하다. 누구든 가장 적합하다고 생각되는 부분이 있다면 어느 부분이라도 연구에 착수할 것으로 생각한다.

1909년 2월
미시간 주 앤 아버Ann Arbor에서

# 차례

- 서문 / v

## 제1부 조직의 원초적 측면들

### 제1장 정신의 사회적 측면과 개인적 측면 I ········· 3
정신은 유기적 통일체이다 / 의식적 관계와 무의식적 관계 / 자의식이 먼저 생기는가? "나는 생각한다. 고로 나는 존재한다." / 폭넓은 내적 성찰 / 아동기 자의식 / 공적 의식

### 제2장 정신의 사회적 측면과 개인적 측면 II ········· 12
유기적 견해의 도덕적 측면 / 개혁은 공감에 기초해야 한다 / 칭찬과 비난의 효과 / 책임은 확대되지 줄어들지 않는다 / 폭넓은 견해의 도덕적 가치 / 유기적 도덕성은 지식을 필요로 한다 / 사회조직의 성격

### 제3장 원초 집단 ········· 23
원초 집단의 의미 / 가족, 놀이터, 이웃 / 대규모 사회가 미치는 영향 / '인간 본성'의 의미와 영속성 / 원초 집단: 인간 본성의 양성소

### 제4장 원초적 이상 ········· 32
원초적 이상주의의 성격 / '우리' 또는 도덕적 통일의 이상 / 원초적 이상은 자기주장을 배척하지 않는다 / 적개심에서 우러나오는 관념 / 충성심, 진리, 봉사, 친절 / 합법성 / 자유 / 자연권 원리 / 원초 집단이 교육 및 자선활동에 미치는 영향

### 제5장 원초적 이상의 확장 ········· 51
원초적 이상은 민주주의와 기독교 신앙을 강조한다 / 원초적 이상이 대규모로 성취되지 않는 이유 / 원초적 이상은 개성에서 무엇을 요구하는가 / 또 사회적 메커니즘에서 요구하는 것은 무엇인가 / 보충 원리

## 제2부 커뮤니케이션

제6장 커뮤니케이션의 중요성 ······································· 59
  커뮤니케이션의 의미 / 커뮤니케이션과 인간 본성과의 관계 / 커뮤니케이션과 사회 전체와의 관계

제7장 커뮤니케이션의 발달 ······································· 64
  언어 이전의 커뮤니케이션 / 언어의 출현 / 커뮤니케이션의 정신적 기능과 사회적 기능 / 글쓰기의 기능 / 인쇄술과 근대세계 / 비언어 기술

제8장 근대적 커뮤니케이션: 확장 및 활성화 ······················· 77
  최근의 변화의 특징 / 최근의 변화의 전반적 영향 / 미국사회의 변화 / 조직화된 풍문 / 여론, 민주주의, 국제주의 / 확산의 가치 / 감정의 확장 / 결론

제9장 근대적 커뮤니케이션: 개성 ································· 88
  문제 / 커뮤니케이션이 개성을 발달시키는 이유 / 반대 이론이냐 평준화 이론이냐 / 양 견해의 화해 / 개성과 관련한 전망

제10장 근대적 커뮤니케이션: 피상성과 긴장 ······················· 95
  근대적 삶의 자극적 효과 / 피상성 / 긴장 / 병리적 효과

## 제3부 민주주의 정신

제11장 의식의 확장 ············································· 103
  부족사회 의식의 협소성 / 대면 모임의 중요성 / 개성 / 폭넓은 관계의 잠재의식적 특성 / 의식의 확장 / 성장의 불규칙성 / 근대적 의식의 범위 / 민주주의

제12장 여론 이론 ··············································· 116
  조직으로서 여론 / 합의는 필수적이 아니다 / 여론인가 대중의 생각인가 / 공적 사고는 평균치가 아니다 / 집단은 가장 유능한 구성원을 통해 의사표현을 할 수 있다 / 일반 여론과 특수 여론 / 일반 여론의 범위 / 특수 여론의 범위 / 일반 여론과 특수 여론은 개성 속에서 통일된다 / 여론을 통한 통치방식 / 도덕적 통일에 기초한 효과적인 통치

제13장 대중의 기여 ··················································································· 129
　　대중: 정서의 창조자 / 대중은 경험의 중요한 흐름 속에 살고 있다 / 구별짓기
　　나 특권은 고립을 초래한다 / 상층계급의 제도적 특성 / 대중은 현명한 재판관
　　이다 / 사람들은 결국 옳은 판단을 하게 된다 / 민주주의는 항상 대의민주주의
　　이다 / 결론

제14장 민주주의와 군중 흥분 ································································ 142
　　근대적 삶과 군중 이론 / 군중 심리 / 근대적 조건들은 정신적 감염을 조장한
　　다 / 민주주의는 자기통제를 훈련시킨다 / 군중이 항상 잘못을 저지르는 것은
　　아니다 / 결론: 프랑스 사례

제15장 민주주의와 구별짓기 ·································································· 150
　　문제 / 민주주의와 변화는 구별되는가 / 민주주의 평준화 이론 / 혼란과 그 영
　　향 / '개인주의'가 개성의 구별을 조장하는 것만은 아니다 / 현대의 획일성 / 미
　　국과 유럽의 상대적 이점 / 경솔, 피상성, 긴장 / 확립된 질서의 정신적 절약 /
　　상업주의 / 확산 열의 / 결론

제16장 정서의 흐름 I ··············································································· 170
　　정서의 의미와 전반적 흐름 / (정서의) 쇠약 / (정서의) 순화 / 정의감 / 정의로
　　서 진리 / 현실주의로서 진리 / 편의주의로서 진리 / 관심의 경제로서 진리 / 전
　　도유망

제17장 정서의 흐름 II ·············································································· 181
　　동료애 감정의 성격 / 의사소통 및 확립된 원리가 조장하는 정서 / 정서가 현
　　대의 삶에 미치는 영향 / 현대의 삶과 정서의 관계 / 전반적 결과 / 봉사 정신 /
　　매너의 추세 / 동료애와 갈등의 관계 / 비난 / 민주주의와 기독교 정신

## 제4부 사회계급

제18장 세습 또는 카스트 원리 ······························································· 199
　　계급의 성격 및 관행 / 세습과 경쟁: 계급 형성의 두 원리 / 세습계급을 형성하
　　는 인간 본성의 조건 / 카스트 정신

## 제19장 카스트 발달의 촉진 조건과 억제 조건 ········································ 206
카스트의 증가 또는 감소에 영향을 미치는 세 가지 조건 / 인종 카스트 / 이주와 정복 / 기능의 점진적 분화, 중세 카스트; 인도 / 확립된 조건들의 영향 / 국가가 커뮤니케이션과 계몽에 미치는 영향 / 결론

## 제20장 카스트와 관련한 전망 ······························································ 216
질문 / 세습 원리의 확산 정도 / 카스트 발달에 영향을 미치는 요인들 / 카스트 발달을 저해하는 요인들 / 사회적 효율성에 영향을 미치는 요인: 세습 원리와 기회평등 원리 / 결론

## 제21장 개방적 계급 ············································································ 224
개방적 계급의 성격 / 계급의식은 바람직한가 그렇지 않은가 / 동료애와 협동정신의 쇠퇴 / 계급조직과 자유의 관계

## 제22장 부가 개방적 계급 형성에 미치는 영향 ······································· 233
개방적 계급의 비인격적 성격 / 다양한 분류법 / 계급은 명백한 구별짓기에 기초한다 / 일반화된 권력으로서 부 / 경제수준의 향상: 저임금계급의 이상 / 결론

## 제23장 자본가계급의 우월성 I ····························································· 241
자본가계급 / 자본가계급에게는 카스트 정서가 없다 / '최적상태'의 의미 / 도덕적 특질 / 도덕적 특질과 봉사 정도의 관계 / 독재 원리 및 민주주의의 원리와 산업통제와의 관계 / 민주주이 원리의 중대 가능성을 기대히는 이유들 / 사회적 권력 일반 / 조직화 능력 / 자본가권력의 성격과 원천 / 언론과 공적 정서를 억압하는 요인 / 상층계급의 분위기

## 제24장 자본가계급의 우월성 II ···························································· 257
야망 있는 청년층의 영향력 / 개방체계에서 지배계급의 안위 / 무질서와 약탈의 위험 / 과거와 현재의 부유층 영향력의 확대 정도 / 영국 부유층과 미국 부유층의 우월성 비교

## 제25장 저임금계층의 조직화 ································································ 267
계급조직의 필요성 / 노동조합의 효용성과 위험성 / 육체노동계급의 일반적 성향

제26장  빈곤 ················································································· 273
　　빈곤의 의미 / 빈곤의 개인적 원인과 일반적 원인 / 불균형에 의한 풍요로운 사회의 빈곤 / 빈곤층은 '부적응자'인가 / 빈곤은 누구 탓인가 / 빈곤층에 대한 사회의 태도 / 빈곤에 대한 근본적 처방

제27장  계급 적대감 ······································································· 283
　　계급 적대감의 원인 / 봉사정신이 반감을 완화한다 / 부(富)의 위세 경감 방안 / 공유 가능성 / 확립된 규칙이 사회적 대립에 미치는 영향 / 대면 토론의 중요성

## 제5부 제도

제28장  제도와 개인 I ····································································· 295
　　제도의 성격 / 세습적 요인과 사회적 요인 / 어린이와 세계 / 사회와 개인 / 개인 대 제도 / 개성의 토대로서 제도 / 도덕적 측면 / 선택 대 메커니즘 / 개성: 제도의 생명 / 구조로부터 자유로운 제도

제29장  제도와 개인 II ···································································· 308
　　사적 경향으로서 혁신 / 공적 습성으로서 혁신과 보수 / 연대 / 프랑스식 연대와 영국식 연대 / 전통과 관행 / 반대는 전통과 관행만큼 많이 나타나지는 않는다 / 중세사회와 근대사회의 실질적 차이 / 근대적 삶에서 나타나는 전통주의와 관례 존중

제30장  형식주의와 해체 ································································· 322
　　형식주의의 성격 / 형식주의가 개성에 미치는 영향 / 근대적 삶과 형식주의 / 해체와 '개인주의' / 해체가 개인에게 미치는 영향 / 해체와 형식주의의 관계 / '개인주의'와 공감 결핍 / 현대의 '개인주의' / 불안 속의 초조함 / 해체의 긍정적 측면

제31장  해체: 가족 ········································································· 336
　　구 가족체제와 신 가족체제 / 출산율 저하 / '버릇없는' 아이들 / 여성의 새로운 경력 기회 / 유럽의 견해와 미국의 견해 / 사적 이혼 사유 / 제도적 이혼 사유 / 결론

제32장 해체: 교회 ················································································ 350
    심리학적 종교관 / 사회구조의 필요성 / 신조 / 상징의 형식성 / 좋은 상징체계의 속성 / 현대사회에서 종교의 필요성 / 교회의 새로운 경향

제33장 해체: 전통 ················································································ 360
    경제체계의 혼란 / 교육의 혼란 / 상류문화의 혼란 / 순수예술의 혼란

## 제6부 공적 의지

제34장 공적 의지의 기능 ······································································ 373
    공적 의지와 사적 의지 / 공적 의지의 결여 / 사회악은 전혀 의도된 것이 아니다

제35장 공적 의지로서 정부 ·································································· 380
    정부는 공적 의지의 유일한 행위자가 아니다 / 상대적 견해: 하나의 행위자로서 정부가 가진 이점 / 정부의 기계적 성향 / 정부 활동에 우호적인 특성 / 지방자치 사회주의 / 자기표현: 국민의 기본 요구 / 국가기능의 실질적 확장

제36장 광범한 의지의 여러 측면 ························································· 389
    지적 과정의 효율성 증대 / 유기적 이상주의 / 폭넓은 도덕성 / 간접 봉사 / 사회구조의 단순성 및 유연성 증대 / 공적 의지: 변화 비용의 절감 / 인간 본성: 공적 의지 배후의 힘

- 해제 / 397
- 찾아보기 / 418

• 일러두기 •

1. Social Organization은 1900년에 첫 출간되었으나 이 번역서는 CHARLES SCRIB-NER'S SONS(New York: 1929)에서 출간한 것을 바탕으로 했는데, 둘 간의 내용상의 변화는 없다.
2. Social Organization은 학술서이지만 원문의 서술 방식이 에세이 식 문장과 표현이 많았다. 그런데다가 문단이나 문장 사이의 내용 연결이 다소 어색한 곳이 곳곳에 산재해 있었다. 그래서 옮긴이는 독자가 쉽게 이해할 수 있도록 번역하면서 많은 노력을 기울였다. 그런데도 미흡한 점이 많다. 이는 순전히 옮긴이의 역량 부족 탓이다. 독자가 널리 혜량하여 주시기 바란다.
3. 본문에 [ ]로 표시한 부분은 원문에서 지시대명사로 표기된 것 중에서 그 자체로만 이해가 쉽지 않는 곳이나 문맥상 상황이나 주어 등이 생략되어 이해하기 어려운 부분에 대해 독자들의 이해를 돕기 위해 옮긴이가 편의상 추가한 것이다.
4. 특히 이 책은 주로 당시 미국 상황을 중심으로 서술한 것이고, 미국의 대중 독자를 염두에 두고 있어서 '우리' 또는 '우리의' 같은 표현이 일반적인 사람을 지칭하는 경우도 있지만 '미국' 또는 '미국인'을 지칭하는 경우가 많다. '우리'가 미국을 지칭하는 경우 독자들이 오해하지 않도록 '우리'[미국]이라 표기했다. 하지만 두 가지 경우를 함축하는 경우도 있고, 혹여 옮긴이가 잘못 이해한 부분이 있을 수도 있으니 현명한 독자들의 이해를 바란다.
5. 옮긴이 주는 원문에 등장하는 다양한 문필가, 문학가뿐 아니라 조각, 회화 등의 예술가 그리고 사회운동가 등 일반 독자들에게 생소한 다양한 인물, 그리고 많은 역사적 사건, 지명 등을 독자들의 이해를 돕기 위해 옮긴이가 인터넷 판 두산백과, 다음백과, 위키백과 등을 활용하여 정리한 것임을 밝혀둔다.

# 제1부
## 조직의 원초적 측면들

# 제1장 정신의 사회적 측면과 개인적 측면 I

> 정신은 유기적 통일체이다 / 의식적 관계와 무의식적 관계 / 자의식이 먼저 생기는가? "나는 생각한다. 고로 나는 존재한다." / 폭넓은 내적 성찰 / 아동기 자의식 / 공적 의식

정신mind은 협동하는 개인들로 구성된 유기적 통일체organic whole이다. 그것은 악기마다 다른 소리를 내면서도 서로 연관된 음으로 구성된 오케스트라 음악과 흡사하다. 특정한 악기들로 구성된 통일체인 오케스트라 음악을 두 종류로 나누는 것이 불필요하고 또 합당하지 않다고 생각하듯이, 정신도 사회적 정신social mind과 개인적 정신individual mind 두 종류가 따로 존재한다고 생각해서는 안 된다. 사회적 정신을 연구할 때는 협소한 일상적 심리학의 측면이나 관계에 초점을 고정하지 않고 광범위한 측면과 관계에 초점을 맞추어야 한다.

지식이 증대하게 되면 "모든 정신은 '개인이 현실적으로 결코 고립되어 존재할 수 없는 활기 있는 통일체' 속에서 함께 어울려 작용한다는 견해"가 자연스럽게 생겨난다. 이러한 견해는 세습된 전통과 착상을 통해 얻어지며, 우리가 가진 모든 사고는 우리 선조와 동료들의 사고와 그리고 나아가 전체 사회의 사고와 연계되어 있다는 것을 명확하게 밝혀준다.

그러한 견해야말로 근대 과학의 일반적 관점에 부합하는 유일한 견해이며, 어떤 사고도 속성상 독자적으로 존재하는 것을 인정하지 않는다.

사회적 정신의 통일은 합의agreement에 기초하는 것이 아니라 조직organization에 기초한다. 즉 그 부분들 사이의 상호적 영향 또는 인과관계에 기초한다. 이러한 상호적 영향과 인과관계에 의해 그 속에서 발생하는 모든 것은 다른 모든 것과 연결되고, 그리하여 전체의 결과가 된다. 오케스트라에서처럼 제4 화성을 두느냐 마느냐를 두고 논란이 일어날 수도 있지만, 그 음이 (유쾌하게 들리든 그렇지 않든) 생동감 있는 협동을 표현한다는 사실은 부정할 수 없다. 내가 말하는 것이나 생각하는 모든 것은 확실히 다른 사람들이 말한 것이나 생각한 것에 영향을 받고, 그렇게 영향을 받은 것은 다른 사람에게 여러 가지 방식으로 전달된다.

이처럼 정신적 또는 사회적 삶의 분화된 통일체는 아주 단순한 상호교류 속에서 나타나지만 무한하게 증대하고 변형될 수 있다. 나는 이러한 통일을 사회조직social organization이라고 정의하는데, 이보다 더 세련된 정의를 내리려는 시도는 무익하다고 생각한다. 우리는 다만 조직을 **바라보는** 시야를 넓혀야 한다. 그렇게 하지 않으면 어떤 정의를 내리더라도 아무 쓸모가 없을 것이다.

사회적 정신은 (아주 개략적이긴 하지만) 의식적 관계와 무의식적 관계로 구분할 수 있다. 무의식적 관계는 우리가 의식하지 못하는 것을 말하는데 이것은 여러 가지 이유로 우리의 주목을 받지 못하고 있다. 우리에게 작용하는 영향력의 상당 부분은 이러한 [무의식적] 특성을 띠고 있다. 우리의 언어, 기예, 정부 및 여타 제도는 대체로 우리가 간접적으로 그리고 무의식적으로 관계를 맺는 사람들로부터 얻게 된다. 국가, 제도, 인종의 진보와 퇴락 같은 거창한 사회변동은 지금까지 의식적으로 이루어진 적이 거의 없었다. 그리고 역사에서 사회의식social consciousness

의 발달은 가상 위대한 업적인데도 인간의 삶에서 여전히 협소하게 그리고 잘못 이해되고 있다.

사회의식 또는 사회의 인식awareness은 자의식self-consciousness과 분리될 수 없다. 왜냐하면, 우리는 어떤 종류이든 사회집단social group을 고려하지 않고서는 우리 자신을 생각할 수 없으며, 또 우리 자신을 고려하지 않고서는 집단을 생각할 수 없기 때문이다. 이 둘은 항상 함께하며, 실제로 우리가 인식하고 있는 것은 복잡한 인격 통일체personal whole 또는 사회 통일체social whole인데, 때에 따라서 그것의 특수한 측면을 강조하기도 하고 일반적인 측면을 강조하기도 한다.

그런데 일반적으로 우리의 성찰적 의식reflective consciousness, 즉 빈틈없는 정신상태 대부분은 사회의식이다. 왜냐하면, 우리와 다른 사람과의 관계에 대한 느낌 또는 다른 사람들끼리의 관계에 대한 느낌은 분명 사회의식의 일부이기 때문이다. 자아와 사회는 쌍둥이로서, 하나를 알게 되면 곧바로 다른 하나를 알게 되며, 자아가 고립되어 있거나 독립되어 있다고 보이는 것은 착시적인 현상이다.

나는 이러한 견해를 지극히 단순하고 상식적인 것으로 받아들이지만, 그러한 견해가 아주 일반적으로 받아들여지고 있는 것은 아니다. 심리학자나 심지어 사회학자조차 자의식은 몇 가지 측면에서 원초적이며 사회의식에 선행한다는 관념을 여전히 고수하고 있다. 또한 그들은 사회의식은 결합 또는 제거 같은 다소 심원한 과정에서 생겨난다고 생각한다. 나는 어린이의 사회적 사고의 발달과정을 직접 관찰함으로써 더욱 깊이 있게 탐구해 나가고자 한다.

데카르트René Descartes야말로 자의식의 우위성을 강조하는 전통적인 견해의 대표자로서 가장 잘 알려진 인물이라고 생각한다. 데카르트는 철학의 확고한 토대를 추구하는 과정에서 '나는 생각한다. 고로 나는 존재한다'cogito, ergo sum는 명제 속에서 자의식의 우위성을 찾았다고 생각했다. 다른 모든 사람이 이러한 명제를 망상으로 여기더라도 그만은 이 명제는 필요하다고 보았다. 그는 이렇게 말한다. "나는 그 밖의 모든 것이 오류가 있다고 생각하고 싶었지만, 어느 정도는 불가피하다는 것을 깨닫게 되었다. '나는 생각한다. 고로 나는 존재한다'는 진리는 너무나 확실하고 명확하여 그것을 뒤집을 수 있는 무신론자들조차 감히 (그 어떤 터무니없는 것이라 하더라도) 의문을 제기할 근거를 내세우지 못하고 있다는 것을 직접 확인했다. 그래서 나는 전혀 망설임 없이 그 명제를 내가 그토록 추구하던 철학의 제1 원리로 받아들이기로 했다."[1]

우리의 이성적 관점에서 볼 때, 이러한 추론은 두 가지 본질적 측면에서 만족스럽지 못하다. 첫째, '자아' 의식'I'-consciousness은 매우 선진적인 발달 단계에 이를 때에만 모든 의식의 부분을 이룬다고 볼 수 있다. 둘째, 그것은 사회적 측면 또는 '우리'we 측면을 경시하고 개인적 측면 또는 '자아' 측면을 강조하고 있어서 일방적이고 '개인주의적'individualistic이다. 사회적 측면 또는 '우리' 측면도 '자아' 측면과 마찬가지로 본원적이다.

자기 성찰introspection은 심리학적 및 사회적 통찰에서는 필수적이지만, 데카르트의 자기 성찰은 그런 면에서는 제한적이고 비정상적인 자기 성찰이다. 자기도취적인 철학자의 자기 성찰은 자신을 타인과 구분하고, 또 그것을 단순하고 자연적인 모든 생활 조건과 구분하는 데만 몰두한다. 그는 정신을 매우 특수한 상태에 있는 것으로 파악하여 인간 의식 일반을 올바르게 바라볼 수 없다고 보았다.

오늘날에는 자기 성찰의 종류가 무수히 많다. 우리가 주목할 가치가 있는 정신 속에는 사물의 세계가 있다. 근대 심리학자는 사색적인 자의식의 극단적 형태에만 주목하지 않고 수많은 경험, 즉 지적인 것과 감정적인

---

[1] *Discourse on Method*, part iv.

것, 단순한 것과 복잡한 것, 사회적인 것과 사적인 것에 이르는 무수한 경험에 주목하고, 자신이 본 것을 각 사례 속에 기록한다. 이때 그는 연구 과정에서 활력을 불어넣어 주는 다양한 종류의 암시와 자극을 이용한다.

특히 그는 주로 **공감을 불러일으키는 자기 성찰**sympathetic introspection 이라 불리는 것을 가지고 기록을 한다. 그는 이러한 자기 성찰을 통해 다양한 종류의 다른 사람들과 친밀하게 접촉을 하고, 그들이 자신과 유사한 생활을 하도록 일깨워 준다. 그런 후에 그는 힘이 닿는 데까지 그것을 상기하고 묘사한다. 그는 항상 이러한 자기 성찰을 통해 어린이, 바보, 범죄자, 부자와 빈자, 보수와 급진 등 자기 자신 가까이에 있는 인간 본성에 대해서도 어느 정도 이해할 수 있게 된다.

이것이야말로 사회심리학자가 사용하는 주요한 방법이라고 생각한다.

이러한 폭넓은 자기 성찰이 보여주는 한 가지 사실은 어린이는 두 살이 될 때까지는 '자아' 의식이 명확하게 나타나지 않는다는 점이다. 또 자아의식은 다른 사람들의 의식과 분리할 수 없을 만큼 결합되어 있을 때 나타나고 사회집단을 형성하는 관계와 밀접하게 결합될 때 나타난다. 실제로 그것은 단지 일단의 사적 사고의 한 국면으로, 한 측면은 자의식으로 이루어져 있고 또 한 측면은 사회의식으로 이루어져 있다.

신생아의 정신적 경험은 여러 인상의 조류 중 하나이다. 이것은 다른 어느 조류와도 구분된다는 점에서 개인적 조류로 간주할 수 있고, 또 대부분의 인간 생활로부터 물려받은 전통과 착상의 확실한 산물이라는 점에서 사회적 조류로 간주할 수 있다. 그러나 그 자체로는 자신을 인식할 수도 없고, 사회를 인식할 수도 없다.

그러나 얼마 지나지 않아 그 정신은 사적 인상들을 분별하기 시작하게 되고, 그리하여 소박하게나마 자아를 인식하며 동시에 사회도 소박하게 인식하게 된다. 어린이는 비록 성찰적 의식을 가지지는 않지만 집단을 인식하고, 집단과 자신과의 특수한 관계를 인식하게 된다. 어린이는 '나'라는 말을 하지 못하고, 자기 엄마, 누이, 보모의 이름을 부르지 못하지만, 이러한 생각을 키우는 이미지와 감정을 가지게 된다. 이후에는 보다 성찰적인 의식을 가지게 되어 자기 자신과 다른 사람들의 이름을 부르게 되고, 이러한 소세계의 통일을 구성하는 관계를 보다 충분하게 인식하게 된다.[2]

자의식과 사회의식의 세세한 국면을 깊이 연구할 때 형이상학자는 자아Ego를 신중하게 고려하고 사회학자는 사회유기체Social Organism를 중요하게 고려한다. 자아와 사회는 함께 존재하며 공통된 통일의 국면을 구성한다. 나는 나 자신을 신속하고 진정하게 인식하게 되는 만큼 내가 살고 있는 사회집단을 인식하게 된다. 데카르트가 "우리는 생각한다." cogitamus고 말을 할 때 그는 "나는 생각한다. 고로 나는 존재한다."cogito 라고 말했을 때만큼 훌륭한 근거를 바탕으로 하고 있다.

그러나 "당신이 고려하고 있는 바로 이러한 의식은 결국 특정한 개인 속에 있게 되고, 모든 유사한 의식이 그렇게 된다. 그래서 우리가 보고 있는 것은 개인들이 아무리 사회적이라 하더라도 (만약 객관적 견지에서 본다면) 단지 개인들의 합合일 뿐이다."라고 말할 수도 있다. 대다수 사

---

[2] 어린이가 '나'(I)라는 말과 여타 자아라는 단어의 용법을 익히는 방법과 그것들이 가진 의미를 처음으로 터득하게 된다는 사실은 엄청나게 중요하고 또 많은 의의가 있다. 이에 대한 논의는 두 어린이를 관찰한 것을 토대로 하여 저술한『인간 본성과 사회질서』(Human Nature and Social Order)에서 찾아볼 수 있으며, 이 글은 근래에 『심리학논평』(Psychological Review, November, 1908)에 "어린이의 초기 자아 단어 사용에 관한 연구"(A Study of Early Use of Self-Words by a Child)라는 제목으로 게재되었다. 사회 매개체는 어린이가 인식하고 있고 또 어린이의 '자아'가 분리될 수 없는 부분을 이루고 있는데, 이러한 사회 매개체에서 '자아'라는 말은 주로 의지의 확신을 의미한다. 이와 같이 '자아'라는 말은 사회적 개념이며, 그 논문에서 진술한 바처럼, 그것은 한 국면은 자의식 그리고 다른 한 국면은 사회의식으로 이루어진 개인적 사고체계의 통일체가 분화하면서 생겨난다. 여기서는 그 통일체에 대해서 언급할 필요까지는 없다.

람들은 "개인이 삶의 원초적 사실"이라는 것을 상식으로 여긴다.

만약 그러하다면, 상식에서는 사물의 한 측면만 보고 다른 측면을 보지 못하고 있는데, 이는 사람들이 관습으로 훈련을 받았기 때문이 아닌가? 약간 완곡하게 말하면, 상식에서는 개인은 전체의 부분으로서만 존재한다는 것을 확인시키고 있다. 세습에 의해서는 나타나지 않는 것이 의사소통과 상호교류에 의해서는 나타난다. 우리는 사물을 가까이서 보면 분리된 것으로 보이는데 이는 착시 현상이며, 실제로는 하나의 공동체를 이루고 있다. '사회유기체'는 그 자체로는 의미를 이해하기 어렵지만 인간생활에서 꼭 필요한 통일을 의미하는 용어로 사용되고 있으며, 현명한 상식에서 보면 그것은 개성만큼이나 명백한 하나의 사실fact이다.

개인이 분화된 정신적 삶의 중심이라는 점에 대해서는 전혀 의문을 제기할 생각이 없다. 개인은 다른 어느 개인도 들어갈 수 없는 자신만의 세계를 가지고 있으며, 어느 사고의 흐름이라도 다른 사고의 흐름 속에 살고 있다. 개인은 자신의 '나'도 아니고, 자신의 '당신'도 아니며, 자신의 '우리'도 아니고 심지어 그 어떤 물질적 객체도 아니다. 이것들은 모두 (자신을 위해 존재하는 것처럼) 자기만의 고유함을 가지고 있다. 그러나 이러한 고유함은 그가 완전한 의미에서 전체의 구성원이라는 사실보다 더 뚜렷하지도 않고 입증할 수도 없다(그러한 사실은 그 고유함과는 전혀 부합하지 않는다). 그 고유함은 과학적 관찰에서도 나타나고 훈련받지 않은 그 자신의 의식에서도 나타난다.

그러므로 사회의식에는 아무런 신비로운 것이 없다. 사회의식과 관련하여 어떤 심원한 것이 있다고 생각하거나 형이상학을 가지고 깊이 파고들어가 깊은 사색을 통해서 사회의식을 끄집어내야 한다고 생각하는 것은 높은 수준에 달한 의식이 가진 사회적 성격을 제대로 파악하지 못한 데 연유한다. 이와 관련하여 우리에게 필요한 것은 다만 평범하고 친숙한 사실을 더 유심히 살펴보고 이해하는 것이다.

사회의식은 하나의 특수한 정신으로 볼 수도 있고 많은 정신이 어우러진 활동으로 볼 수도 있다. 내가 가진 사회적 관념은 다른 사람이 가진 관념과 밀접하게 연계되어 있으며, 전체를 형성하는 데 그것들과 서로 영향을 주고받는다. 이렇게 하여 공적 의식public consciousness, 좀 더 친숙한 용어로 말하자면, 여론public opinion이 형성된다. 넓은 의미에서 말하면, 그것은 자신을 독특하게 인식하는 '집단의 정신'이다. 이는 해당 개인과 집단의 부분에 관한 서로의 견해에 대한 상호 이해는 토론discussion을 통해서 자연스럽게 나온다는 것을 의미한다. 이러한 인식의 정도는 개인마다 다양하다. 일반적으로 말하면, 전체는 복잡하게 얽혀 있어서 그러한 인식으로는 그 전모를 파악할 수 없지만 그 전체 속에 들어가는 여러 관계의 일부에 대해서는 항상 거의 파악할 수가 있다. 집단 내 의사소통이 친밀할수록 그 공적 의식은 더 완전해지고 살아 있는 통일체에 보다 긴밀하게 결합한다.

한 예로, 동질성이 강한 가정생활에는 구성원들이 활기 있고 협동하는 통일체에 소속되어 있다는 생각과 느낌을 불러일으키는 공적 의식이 존재한다. 또한 구성원들 각자의 마음속에는 개인적인 기질 그리고 구성원들의 사유 양식과 감정이 살아 있다는 느낌을 아우르는 사회의식이 존재한다. 끝으로, 구성원들 각자가 가진 의식은 이 모든 것에서 절대로 분리될 수 없다. 의식은 자신에 대한 다른 구성원의 생각을 직접 반영하며, 이 모든 것은 사회적 삶의 직접적인 또는 간접적인 산물이다. 그래서 모든 의식은 긴밀하게 결합되어 있으며, 그것이 구분되어 보이는 것은 주로 관점에 따른 것일 따름이다.

여론의 통일은 모든 삶의 통일과 마찬가지로 합의의 통일이 아니라 조직organization의 통일, 즉 상호작용의 통일이자 상호 영향의 통일이다.

생명 있는 통일체를 형성하는 과정에서 여러 정신이 서로 영향을 주고받으려면 기본적인 성격이 어느 정도 유사할 필요가 있다. 그러나 아무리 단순한 과정에서조차도 완전한 합일은 불필요하고 아마도 불가능할 것이다. 한 예로, 미 하원 의원들의 의식은 설령 구성원들이 의견을 공유하고 있더라도 합일된 의견에 도달하려고 하지 않고, 하원의 활동과 관련된 일이라면 모든 구성원의 전체 의견을 아우른다. 이것은 반대자 또는 심지어 의견을 달리하는 한 명의 개인이라도 있으면 제외하겠다는 빈약한 전체 개념이라 할 수 있다. 모든 정신이 상이하다는 것은 통일을 위한 조건이지 장애가 아니다. 통일은 분화되어 있으면서 서로 협동하는 삶 속에 있다.

사회의식의 개인적 측면과 집합적 측면이 가진 의미를 보여주는 또 하나의 실례를 들어보자. 일부 사람들은 오늘날의 사회문제를 다루고 있는 많은 양서를 소장하고 있다. 그 책의 저자들은 각자 자신이 생각하는 특수한 사회의식을 표현하고 있다. 그들은 각자 나름대로 최대한 자신의 생각을 깔끔하게 정리하여 책으로 출간한다. 그런데 이 책들을 소장한 도서관은 더 넓은 의미의 사회의식을 표현한다. 도서관은 그 시대를 대변한다. 확실히 그 책을 읽는 사람이라면 그 책들 사이에 아무리 차이가 있더라도 그것이 전체를 형성한다는 데는 어느 누구도 이견을 제시하지 않을 것이다. 급진주의자이건 반동주의자이건 분명 동일한 일반적 상황의 일부이다.

의식은 대체로 적어도 세 가지 측면으로 구분하는 것이 유용하다고 생각한다. ① 자의식: 내가 나 자신에 대해 생각하는 것, ② 사회의식(그것의 개인적 측면): 내가 다른 사람에 대해 생각하는 것, ③ 공적 의식: 의사소통하는 집단 속에서 조직된, 사회의식의 집합적 의견. 이 세 측면은 모두 단일한 전체를 이루는 하나의 국면들이다.

# 제2장 정신의 사회적 측면과 개인적 측면 II

유기적 견해의 도덕적 측면 / 개혁은 공감에 기초해야 한다 / 칭찬과 비난의 효과 / 책임은 확대되지 줄어들지 않는다 / 폭넓은 견해의 도덕적 가치 / 유기적 도덕성은 지식을 필요로 한다 / 사회조직의 성격

도덕적 측면에서 볼 때, 유기적 정신관은 정신을 사실에 밀착시켜서 올바른 행실을 하도록 건전하게 가르치고 보다 합리적이고 효과적으로 행동을 하게 한다. 도덕적 견해는 개인을 사회 통일체 속에 활기 있게 통일된 것으로 보지 않는다는 점에서 비현실적이며 비실재적인 결과를 낳기 쉽다.

과거의 도덕철학은 개인 앞에 절대적 행동기준을 설정해 놓음으로써 개인이 자신의 후진성을 설명하거나 점진적 발전을 위한 프로그램을 설정할 수 있는 여지를 남겨 놓지 않았다. 그 때문에 도덕철학은 고유의 특징을 상당 부분 잃어버리지 않았는가? 이는 도덕적 생명체는 사회유기체이며, 그 속에서 개인과 개인들의 집단은 자기 고유의 특수한 가능성과 제약을 가진다는 점을 밝혀내지 못한 탓이 아닌가? 일반적으로 이교도와 기독교 교의에서 말하듯이, "우리는 모두 무언가를 해야 하는데 그렇게 하는 사람은 아주 드물기 때문에 이 세계는 분명 나쁜 세계이다."

그늘에게는 그 세계를 더 낫게 만들기 위한 광범위하고 잘 조직된 그리고 느리지만 확실한 계획이 없었다. 비실재적인 기준은 실행되지 않는 법률만큼이나 나쁜 결과를 가져온다. 비실재적인 기준은 이론과 실천을 분리하도록 조장하며 개인과 도덕적 이상 사이에 간극을 만들어낸다.

현재의 사고방식은 이러한 간극을 좁혀서 개인과 그 이상을 실제 생활에 더욱 명확하게 연계시키려 한다. 개인의 악과 덕은 결코 우연적이거나 단절된 것이 아니며, 그것에는 항상 역사와 부수적인 지원이 있으며. 더 나은 삶의 향상을 위해 포부를 가지고 분투하는 전체의 다소 유쾌한 한 국면들이다. 개인의 이상ideal 역시 전체의 한 부분이다. 그것은 앞선 사람들이 잠시 성취하여 모두의 활기와 위로를 위해 소중히 간직해 둔 존재 상태이다. 그리고 올바른 행실을 익히는 방법은 전체와 전체의 모든 부분의 작동양식을 이해하고 그러한 이해에 기초하여 실행 가능한 이상을 형성하여 추구하는 것이다. 역사와 환경에는 어떤 실질적인 중단도 없다고 항상 당연하게 여겨왔다. 모든 개인은 자신과 자기 환경을 더 낫게 하기 위해 꾸준히 노력할 필요가 있지만, 자신의 실제 상황과 단절되지 않도록 해야 한다. 민족, 인종, 종교 등 모든 종류의 특수한 집단에도 이와 동일한 원리가 적용된다. 이늘이 진보하려면 자신들이 설정해 놓은 자연적인 개선의 선을 따라야 한다. 그래서 우리는 '상대적 정신'relative sprit의 지배를 받게 된다. 이에 대해 월터 페이터Walter Pater[1]

---

[1] 옮긴이—월터 페이터(Walter Horatio Pater, 1839~1894): 영국의 비평가 수필가이자 인문주의자로서 르네상스 시대 화가의 작품에 관심을 가졌으며, 레오나르도 다 빈치, 보티첼리, 미켈란젤로 등 당시 대표적인 화가에 대한 많은 평론을 저술함. 이 평론들을 모아『르네상스 역사 연구』(Studies in the History of the Renaissance, 1873)를 출간함. 이 저작에서 그는 예술은 그 자체의 아름다움만을 위해 존재하며, 예술의 존재 이유에 도덕적 기준이나 실용적인 기능이 끼어들면 안 된다고 주장함. 그는 예술은 그 자체로 이해해야 한다는 '예술을 위한 예술'을 주창했으며, 이는 이후 심미주의 운동의 원칙으로 자리 잡음. 그의 사상의 본질을 가장 잘 보여주는 저작이『쾌락주의자 마리우스』(Marius the Epicurean, 1885)인데, 이 저작은 심미적이면서

는 다음과 같이 말한다. "인간 생활의 비판에서 윤리적 결과는 섬세하고 부드러운 정의正義이다."2

따라서 진정한 개혁은 공감sympathy에 기초해야 한다. 즉 그것은 (비록 어떤 비난을 하더라도) 사물의 비난에서 시작해서는 안 되고 그것을 있는 그대로 친절하게 평가를 하는 것에서 시작해야 한다. 또한 우리는 흔히 무절제의 억제와 이교도의 개종 같은 문제들을 공박해 왔는데 개혁은 그런 정신과는 반대로 진행되어야 한다.

우리 자신의 본성이나 우리가 죄인으로 여기는 사람들의 인간 본성은 겉으로는 아주 같은 것처럼 보인다. 선과 악은 항상 서로 밀접하게 결부되어 있다. 어떤 종류의 사람이든 대개 의식이 불량하지는 않으며, 사람이나 집단을 학대하는 것은 대체로 부당하고 무익한 것으로 여긴다. 통상적으로 실용적인 방법은 실제 상황을 그와 관련된 사람들과 더불어 친밀하고 친절하게 연구하는 것이다. 그런 다음 악을 선으로 대체하고 선과 악이 섞여 있다면 악을 점진적으로 그리고 신중하게 제거해나간다. 어떤 한 사람의 삶이 아무리 보잘 것 없거나 끔찍스럽다 하더라도 가장 먼저 할 일은 그를 이해하는 것이다. 그렇게 하여 우리의 공통된 인간 본성이 어떻게 하여 이런 식으로 이루어지게 되었는지를 이해하게 된다. 이러한 방법에는 끈기, 통찰력, 견실, 인간에 대한 확신이 요구되며, 개혁가에게는 여러 사람으로부터 비난을 받는 특정 종류의 이기주의 같은 것이 조금도 있어서는 안 된다. 이러한 방법은 무절제, 범죄, 탐욕을 다루는 데도 점점 더 많이 활용되고 있으며, 실제로 우리 자신과 이웃을

---

종교적인 삶에 대한 페이터의 이상을 자세하게 보여주고 있음. 이 밖에 예술작품에 관한 많은 저술을 펴낸 페이터는 이후 고전연구, 특히 심미주의 운동에 지대한 영향을 미침.

2 콜리지(Samuel Taylor Coleridge, 1772~1834: 영국의 시인·비평가—옮긴이)에 관한 그의 논평을 보라.

더 잘 살게 하는 모든 일에 사용되고 있다. 나는 박애정신을 가진 유능한 지도자는 비난을 받는 법이 거의 없다는 점에 주목한다. 그들은 "모든 일에는 핑계가 있다."라는 말을 묵묵히 받아들이면서, "부정적 측면을 삼가고" 긍정적인 측면을 수립하는 데 온 힘을 다한다.

그런데 이러한 종류의 도덕성은 칭찬이나 비난을 필요로 하지 않는다. 칭찬과 비난은 모범적인 사례와 비교하여 더 높은 이상을 유지하고 낮은 이상을 버리는 데 필요하다. 그 같은 모든 구별짓기는 사람들이 전반적 생활 향상을 위해 노력을 하게 한다는 점에서 의미를 가지며, 그 과정에서 뛰어난 성과를 거둔 사람이 상징이 된다. 이 상징에 의해 사회구조가 높아질 수도 있고 낮아질 수도 있다. 영웅과 악인은 비록 그들의 행적이 (자세히 살펴보았을 때) 역사와 환경의 자연적 산물로 보인다 하더라도 우리에게는 영웅이 있어야 하고 어쩌면 악인도 있어야 한다(물론 우리는 악인에 대해서는 많이 생각하지 않는 것이 좋다). 요컨대, 어떤 사람을 그의 특수한 이력과 '재능'을 준거로 하여 판단하느냐 아니면 세계의 광범한 삶을 준거로 하여 판단하느냐에 따라 차이가 생긴다. 전자는 확증하기가 어려우므로 후자에 근거하여 모범적인 칭찬과 비난을 하는 것이 올바르다. 모든 사람에게는 분명 특수한 권리가 있다. 그러나 대부분의 사람들의 권리는 주로 그 자신들 그리고 자신들이 직접 접해 있는 영역에 국한되어 있으며, 그 부분과 관련해서만 중요하다. 반면에 일부 사람들은 예수처럼 인류를 인도하고 도덕적 사고에 적합한 대의적인 권리를 가지기도 한다. 우리는 이러한 권리를 표방하는 사람들을 소중히 여기고 존중하는데, 이것이 바로 우리가 간직하고자 하는 이상을 제시해 주고 있기 때문이다.

이러한 넓은 취지에서 보면 남의 눈에 돋보이는 사람의 악과 덕이 정말로 남의 눈에 돋보이는 것이냐 아니냐 하는 것은 별 문제가 안 된다.

우리의 관심사는 그들이 일반 정신 속에서 돋보이는 것이 무엇이냐 하는 것이다. 사실 남의 눈에 돋보이는 사악함은 상대적으로 덜 중요하다. 왜냐하면 개인은 자기 정신 속에서 분할되고 그러기에 개인은 연약하기 때문이다. 가장 쓸모 있는 악행자는 자기 자신을 믿으며 조용한 양심을 가진다. 마찬가지로 선행은 그것을 당연한 것으로 받아들이고 아무런 자기만족도 느끼지 못할 때 가장 쓸모가 있다.

그러므로 비난과 처벌은 본질적으로 상징적이며, 그 기능은 공적 의지를 정의하고 실행하는 것이다. 그리고 가해자의 본성은 나머지 우리의 본성과 다른 것이 아니다. 사람들은 자신들이 받은 훈련과 주위환경이 약간만 달라도 범죄를 저지르게 되고, 범죄를 저지른 사람은 당연히 감옥에 보내야 된다고 생각한다. 또 범죄자는 일반적으로 자신이 다른 사람들에 비해 더 악하다고 생각하지 않을 거라고 이해하기 쉽다. 법률적인 처벌을 받지 않았으나 이보다 더 위협적일 만큼 시시때때로 여론으로부터 무시무시한 비난을 받는 파렴치한 행동을 한 자에게도 이와 동일한 원리가 적용된다.

벌을 받은 사람이나 벌을 가하는 사람 모두 벌의 상징적 특성과 기능을 명확하게 인식하고 있는 경우에만 아마 그런 원리가 잘 적용될 것이다. 벌을 받는 사람은 자신이 행한 일이 자연스럽고 의식적으로 잘못된 것이 아니라 하더라도 여전히 의혹을 받고 있고 속죄를 할 필요가 있다고 생각함으로써 형벌에 대한 감정이 누그러지는 것을 느끼게 된다. 그 죄인은 벌을 받음으로써 사회로부터 고립되는 것이 아니라 사회로 복귀하게 된다. 이것이 그가 봉사하는 길이다. 만약 그가 올바른 정신으로 벌을 받아들인다면, 그는 잘못을 저질러 놓고도 벌을 받지 않은 사람보다 더 나은 사람이 될 것이다.

한편, 벌을 받고서 사람들로부터 조롱을 받는 사람은 우리의 대리인이며, (진정한 의미에서) 우리를 위해 고통을 겪고 있다는 것을 우리는 깨닫게 될 것이다. 이와 같이 도덕적 열정의 본연의 기능은 우리 삶을 교정하는 것이다. 때문에 우리는 남의 눈에 띄는 가해자를 경멸하고 모욕하는 데 이러한 도덕적 열정을 바치는 것을 내키지 않는다. 처벌의 광경은 우리를 흡족하게 하는 것이 아니라 우리의 죄악을 상기시켜 준다. 자연과 사회가 동일한 것에서 생겨났듯이 우리의 죄악이나 벌을 받은 사람의 죄악이나 뿌리가 같다. 그가 벌을 받는 것은 바로 그가 우리와 같기 때문이다. 만약 그가 근본적으로 다르다면 그는 정신병원에 있어야 하며, 처벌은 그저 잔인한 행위가 될 뿐이다.

정신이 확장되면 그에 따라 책임이 확대된다. 왜냐하면, 우리는 인과관계의 범위가 광대하다는 것을 인식하고 있지만 추상적 '사회'에서는 결코 책임이 줄어들지 않기 때문이다. 책임은 권력과 함께하며, 악이 개인의 자발적 영역에 가까워지는 만큼 그에 비례하여 급격히 증대한다. 그래서 우리는 우리의 고객, 가족, 사회적 연고의 도덕적 상태에 각기 나름의 책임을 지니게 된다. 아주 일반적인 인상과는 반대로, 개인은 자신이 처한 환경에서 인정받지 못하는 만큼 이러한 친숙한 관계 속에서도 인정받지 못하고 있다.

의지에 따른 모든 행위는 (특히 의지가 가장 편할 때) 긍정적이고 건설적이어야 한다. 각자의 주요 활동 방향은 주위 사람들과 달라져야 하거나 그보다 더 나아야 한다는 것이 개성의 기능이자 의미이다. 한때 "나는 다른 사람이 하는 것을 하려 한다."라는 호소가 널리 인정을 받으며 정직함의 기초가 사라진 적이 있다. 도덕적 허위가 요즘처럼 확산되고 유해한 적은 아마도 없었을 것이다. 개인 속에서 그리고 전체 속에서 도덕적 삶을 불구화하는 것은 이와 같이 '다른 사람보다 더 악해지지는 않겠다는'(소극적인—옮긴이) 결정이다. 그것은 생물학자가 말하는 것처럼 도덕적

잡종교배를 수반하고, 진보를 추구하는 자극을 결여하여 결국에는 퇴보할 수밖에 없게 된다. 그렇게 되면 항상 후퇴만 하는 나쁜 사례들만 있기 때문에 아무 것이나 정당화하게 된다.

그렇지만 과거와 완전한 단절을 요구하는 것은 대개 헛된 일이다. 우리는 향상을 위한 노력과 경향에 만족해야 한다. 우리는 모두 모호한 관행의 그물 속에 갇혀 있어서 한 번에 조금씩밖에 벗어날 수 없고 동료들과 협력을 해야 겨우 약간씩 벗어날 수 있다.

개인 책임의 원리는 행동과 관련하여 항상 편의적이고 교훈적이라고 여기는 것은 잘못된 생각이다. 전반적 원인을 강조하고, 그것이 진짜이든 아니든 그것을 믿는 것은 부도덕하다고 역설하는 것에 대해 종종 화를 내는 사람들이 있다. 그러나 의지를 촉구하는 것이 항상 좋은 것만은 아니다. 왜냐하면, 의지만 지나치게 자극하면 사람들은 지치게 되고, 활기를 잃게 되며, 좌절하기 때문이다. 오히려 가끔은 스스로의 힘으로 하게 놔두고, 비자발적인 힘, 즉 사물의 자연, 신에게 맡기는 것이 종종 더 나을 때도 있다. 신경이 예민하거나 긴장된 사람은 의지에만 주의를 고정시키면 오히려 괴로워하고 의지가 약해지기 쉽다. 그런 사람에게는 보다 넓은 전체의 관점에서 마음을 진정시키고 의지에서 벗어나 있게 하는 것이 더 효과적일 수도 있다. 스피노자Spinoza는 결정론이 가진 이점 가운데서 다음과 같은 점을 일리 있게 지적했다. "① 자신이 사물의 전체 성격과 친밀하게 결합되어 있다는 것을 깨닫는 데서 얻는 행복. ② 우리가 할 수 있는 것과 우리가 할 수 없는 것을 구분하는 것. ③ 열정을 방해하는 모든 것을 피하는 것. ④ 공동선을 추구하려는 합리적 욕망으로부터 사회적 의무를 실행하는 것."[3]

실패는 "모든 것이 오로지 자기 탓"이라고 믿고 성공한 자가 실패한

---

[3] Pollock's Spinoza, 2d ed., 195.

자를 경멸하는 것을 허용한다면 그것이야말로 책임 원리를 잘못 이해하는 명백한 도덕적 결함이다. 사실을 폭넓게 보는 관점에서는 그러한 생각을 용인하지 않는다. 자신이나 성공한 악행자를 지나치게 가혹하게 대할 때는 그러한 원리를 용인할 수 있지만, 그렇게 하는 것은 마치 이미 넘어진 사람을 다시 회초리로 치는 것처럼 너무 비열하다.

종교의 기록에 따르면, 도덕적 삶에는 항상 특수한 것과 일반적인 것 두 측면이 있다 그것은 마치 자유 교리와 예정설에서 또는 개종의 문헌에서 발견되듯이 "방탕한 생활을 하고 난 다음 '속죄를 갈구하는' 것"과 같다.[4] 결정론적 태도는 적어도 두 가지 경우에는 도덕적으로 옳다고 말할 수도 있다. 첫째는 스피노자처럼 신경이 예민하고 소심한 개인에게 해당되는데, 그런 자에게는 의지에 자극을 주는 것보다 조용하게 놔둘 필요가 있다. 또한 정신이 일시적인 긴장 상태에 있는 사람에게도 그렇게 할 필요가 있다. 둘째로, 사회적 또는 도덕적 문제를 넓은 범위에서 다룰 때에는 그 원인을 냉정하게 그리고 하나로 묶어 처리해야 한다.

자유의지에 맡기느냐 법률로 제한하느냐 같은 문제들은 (어떤 문제에 대해 불일치가 약간만 있거나 전혀 없는 경우에는) 전부는 아니지만 어

---

[4] 윌리엄 제임스(William James)*는 "종교적 경험의 다양성"(Varieties of Religious Experience)이라는 글에서 '방종'이 가진 도덕적 가치를 적절하게 강조하며 상세하게 설명하고 있다. "이러한 책임 포기는 도덕적 관행과는 구분되는 특수한 종교적 관행에서 나타나는 근본적인 행위인 것처럼 보인다. 종교는 신학에 선행하며, 철학과는 무관하다....그것은 모든 사색적 신조와 아주 친밀하게 결합할 수 있다." p. 289.
**옮긴이**—윌리엄 제임스(1842~1910): 미국 실용주의 철학 운동과 기능주의 심리학 운동의 주도자. 초기에는 의학을 공부했고, 독일에서 물리학과 심리학, 철학을 공부하면서 칸트 계열의 관념론자이자 상대론자인 샤를 르누비에를 알게 되어 그로부터 많은 영향을 받았고, 이것이 제임스의 지적 발전의 계기가 됨. 그는 1872년 하버드 대학교 심리학을 가르치면서 이후 그의 관심은 곧 철학과 종교의 문제로 확장되었음. 이러한 관심은 1870년대 중반 찰스 S. 퍼스가 수행한 과학의 논리에 대한 엄격한 분석에서 비롯된 실용주의 방법론을 일반화하는 데 주요한 기여를 했으며, 제임스의 방법론은 이후 허버트 미드의 상징적 상호작용론을 비롯한 쿨리의 거울자아 개념을 확립하는 바탕이 되었음.

느 정도는 사실의 문제가 아니라 관점의 문제이며 어느 것을 강조하느냐 하는 문제이다. 만약 사물의 개인적 측면에만 주목하여 삶을 사적 행위의 공연장으로 본다면, 그에 상응하는 사적 의지, 책임, 칭찬과 비난 같은 개념을 떠올리게 된다. 만약 사물을 총체적 측면에서 본다면, 추세, 진화, 법칙, 비인격적 위엄 같은 것을 떠올리게 된다. 이 두 측면은 각기 전체의 반쪽이며, 완성된 전체를 이루려면 다른 한쪽이 필요하다. 그 두 측면을 아우르는 전체가 되려면 생명체가 유기적 통일체가 되어 개별적 측면과 일반적 측면이 동등하게 나타나야 한다. 이러한 문제를 둘러싼 논쟁은 끝이 없이 전개된다. 왜냐하면, 실제로는 쟁점이 되는 것이 없기 때문이다. 그래서 자유가 우선이냐 법이 우선이냐 하는 문제는 해결할 수가 없다.

유기적 정신관은 도덕성의 기초로서 무엇보다도 사회적 지식을 요구한다. 우리는 체계system 속에 살고 있으며, 올바른 목적 또는 아무튼 합리적인 목적을 달성하기 위해서는 체계를 이해하도록 학습을 해야 한다. 공적 정신은 일정 정도 체계의 잠재의식적 조건에서 생겨나고 그 자체의 과정을 알아서 인도한다.

폭넓은 정신은 자신을 의식적으로 그리고 무의식적으로 하나의 통일체—유행, 전통, 제도, 경향 등—로 지속적으로 키워나간다. 이러한 통일체는 나뭇가지처럼 뻗어나가고 다양화되며, 더 높고 더 다양하게 분화된 사유구조와 상징을 만들어낸다. 이러한 성장을 이끄는 데는 직접적인 동력과 길잡이가 중요하다. 마치 화가가 붓을 움직이면서 그림을 완성해가듯이 사회구조도 그런 식으로 형성되어 간다. 명확한 형태를 갖춘 사회는 사실 말 그대로 하나의 예술작품이다. 그것은 위대한 미술작품처럼 천천히 그리고 거의 잠재의식적으로 완성되며, 기괴하고 변덕스러운 성질이 다분하지만, 미와 매혹이 넘쳐난다. 이러한 미와 매혹은 옛 문명의 역사에서 발견되며, 그것으로부터 우리는 긴장과 혼란으로 현재를 손상시키지 않은 채 예술가의 완성된 작품을 얻게 된다. 우리는 이론가나 통계학자가 기술한 역사로부터 그러한 작품을 얻는 것이 아니라 기억과 대중문학 속에서, 건축, 회화, 조각, 음악, 공예기술 속에서 그리고 정신의 모든 자발적 산물 속에서 발견되는 실질적이고 소박한 인간 기록으로부터 얻는다.

사회조직은 바로 이러한 삶이 다채롭게 혼합된 것이며, 가능한 한 아주 넓은 의미로 이해해야 한다. 사회조직은 그저 명확한 공리주의적 의도의 산물로 이해해서는 안 되며, 의식과 잠재의식의 성향을 총체적으로 표현하는 것으로 이해해야 한다. 즉 인간의 정신적 삶이 여러 형태와 색채로 서서히 결정화된 것으로 이해해야 한다.

이러한 구조의 뚜렷하고 견실한 세부적인 측면을 사회유형social type이라 부를 수 있다. 이 용어는 분석이나 서술을 위해 전체를 부분들로 분해할 때 사용하기에 편리한 용어이다. 그러므로 개성, 정치구조, 종교, 계급, 가족, 예술, 언어에도 여러 유형이 있고, 의사소통, 협동, 경쟁 등과 같은 과정에도 여러 유형이 있다. 전체는 아주 다양하여 모든 새로운 관점에 따라 새로운 형태forms가 나타난다. 사회유형은 농물세계의 속, 종, 품종과 유사하며, 이것은 하나의 살아 있는 전체의 부분들을 이루고 있지만 그럼에도 상대적 연속성과 독특성을 가지며, 이러한 독특성이 우리의 세부적인 연구의 주된 대상이다. 또한 사회유형은 생물학적 유형과 마찬가지로 해당 체계와 질서 속에 존재하며, 지속적으로 변화하고, 서로 경쟁한다. 또 번성했다가 쇠약해지고, 유연하기도 하고 경직되기도 하며, 서로 풍부하게 교차할 수도 있고 그렇지 않을 수도 있다.

우리는 삶을 개체로 보는 것을 망각하지 않으면서 그것을 유형types, 과정processes, 조직으로 보도록 학습을 해야 한다. 후자도 전자와 마찬가지로 실재적이다. 특히 그 문제를 진정하게 이해하려면 전체로 개체를 해석하고 또 역으로 개체로 전체를 해석할 수 있어야 한다.

# 제3장 원초 집단

원초 집단의 의미 / 가족, 놀이터, 이웃 / 대규모 사회가 미치는 영향
/ '인간 본성'의 의미와 영속성 / 원초 집단: 인간 본성의 양성소

원초 집단primary group[1]이란 주로 친밀한 대면 교제와 협동을 기반으로 하는 집단을 의미한다. 이러한 집단을 원초적이라 부르는 데는 몇 가지 이유가 있는데, 그중 개인의 사회적 성격과 이상을 형성하는 데 근본적인 역할을 한다는 것이 주된 이유이다. 친밀한 교류의 결과는 심리학적으로 말하면 개인들이 공통된 통일체 안으로 들어가 일정하게 융합되는 것이다. 그래서 한 개인의 자아는 (적어도 많은 목적에서는) 그

---

[1] 옮긴이—원초 집단(primary group)은 쿨리에게서 중심적인 개념으로 많은 경우 1차 집단으로 번역되고 있음. 이는 2차 집단(secondary group)과의 대비를 강조한다는 점을 보여주는 데는 적절하다고 할 수 있음. 하지만 그것은 primary라는 용어에는 '순서상 먼저'라는 의미도 들어 있지만 이후 다른 집단을 형성하는 데 바탕 또는 근원이 되며, 의식형성에 있어서 본질적이라는 의미를 내포하고 있다. 쿨리 역시 이런 후자의 의미를 강조한다고 보고 '원초 집단'으로 번역하는 하는 것이 적절하다고 판단됨. 그러나 문맥에 따라서 의미상 큰 손상이 되지 않거나 '순서상 먼저' 의미가 강할 경우에는 '1차적'으로 번역하고, 다만 secondary group 역시 '부차적', '부수적', '파생적'의 의미를 지니고 있으나 원초 집단에 전적으로 영향을 받지 않을 수도 있고, 부차 집단, 파생 집단 같은 용어는 아직 익숙하지 않으므로 '2차 집단'으로 표기할 것임. 물론 문맥에 따라서 secondary 역시 '부차적', '부수적', '파생적'으로 번역할 것임.

집단의 공통된 삶이자 목적이 된다. 이러한 통일성wholeness을 묘사하는 가장 단순한 방법은 아마도 '우리'라는 표현일 것이다. '우리'라는 말은 공감과 상호 확인을 나타내는 자연스러운 표현이다. 개인은 전체의 느낌 속에서 살아가며, 그러한 느낌 속에서 자기 의지의 주요 목표를 찾는다.

원초 집단의 통일은 단순히 조화와 애정으로 하나가 되는 것을 상정하지 않는다. 그것은 항상 분화된 통일differentiated unity이자 대체로 경쟁하는 통일competitive unity이며, 자기확신과 다양한 독자적인 열정을 허용한다. 그러나 이러한 열정은 공감에 의해 사회화되며, 공동의 정신이라는 원리 하에서 생겨나거나 그런 경향이 있다. 개인은 야망을 가지고 있지만, 그 야망의 주요 대상은 다른 사람의 사고 속에 터하고 있으며, 봉사와 공정 게임이라는 공통된 기준을 충실히 따라야 한다. 소년은 팀 내 위치를 놓고 동료와 다투지만 이는 학급과 학교의 공동의 영광을 위한 것이다.

이러한 친밀한 교류와 협동의 가장 중요한 영역으로 가정, 어린이 놀이집단, 이웃 또는 노인 공동체 등을 꼽을 수 있다(물론 그밖에 다른 것들도 있다). 특히 이것들은 모든 시대 모든 발달단계에 보편적으로 나타나는 현상이며, 따라서 인간 본성과 인류의 이상의 보편성의 주요한 토대이다. 웨스터마크Westermark[2]나 하워드Howard[3]가 행한 가족에 관한 훌륭한 비교연구에서는 가족은 하나의 보편적 제도일 뿐만 아니라 (예전의 학교에서 연상되는 것과 같은) 뛰어난 관습을 과장한 것보다 더 닮은 세계를 보여주고 있다. 확실히 어린이들 사이에는 놀이집단이 곳곳에 널려 있고 장년층 사이에는 다양한 종류의 비공식 모임이 곳곳에서 왕성하게 열리고 있다. 현재 우리가 살고 있는 세계에서 그 같은 교제는 인간

---

[2] *The History of Human Marriage.*
[3] *A History of Matrimonial Institutions.*

본성을 길러내는 양성소이며, 그것들이 시간과 장소에 따라 본질적으로 다르다고 상정할 명백한 근거가 없다.

놀이와 관련해서 보면 나는 그것이 공통적으로 관찰되는 것이 아니었더라면 그 놀이에서 생겨나는 집단 토론과 협동이 보편적이고 자발적이라는 것을 보여주는 실례를 풍부하게 제시했을 것이다. 어린이―특히 소년―는 대략 12살이 지나면 가족보다는 종종 동료 속에서 공감, 야망, 명예 등을 훨씬 더 느끼며 생활한다는 것은 일반적으로 알려진 사실이다. 우리는 대부분 소년이 어떤 일의 부당함이나 심지어 잔인함 같은 것을 동료나 부모와 선생님에게 호소하기보다는 참고 넘어가는 경우를 떠올리게 된다. 이를테면, 학교에서 흔히 일어나고 있는 어쩔 수 없이 치러야 하는 호된 신입생 신고식 같은 경우가 그러하다. 그러면 토론은 얼마나 정교하게 진행되고 있는가? 여론은 얼마나 설득력이 있는가? 동료들의 야망은 얼마나 유망한가?

청소년 사이의 교류에서 나타나는 이러한 성질은 일부 사람들이 생각하고 있는 것처럼 영국 소년이나 미국 소년이 가진 특유의 기질이 아니다. 왜냐하면, 우리 같은 이주민들의 경험에서 보면 유럽 대륙의 보다 제한적인 문명의 후예들은 모두 똑같이 자진해서 자치 놀이집단을 형성한 것처럼 보이기 때문이다. 제인 애덤스Jane Addams4는 '패거리'gang라는 보편적인 현상에 대해 지적한 다음 무리 활동의 세부적인 면만 보고

---

4 **옮긴이**―제인 애덤스(1860~1935): 미국의 사회사업가로서 북아메리카 최초의 사회복지기관인 시카고 헐 하우스를 창립했으며, 니콜라스 머리 버틀러와 함께 1931년 노벨 평화상을 공동수상함. 많은 저명한 사회사업가와 사회개혁가들과 함께 다양한 사회복지 활동을 전개함. 특히 최초의 소년심리원법과 공동주택법을 위해 노력했으며, 이민자와 흑인에 대한 사법제도 정립, 여성 노동자의 근로조건 개선, 여성 참정권 획득을 위해 힘씀. 1910년 전국 사회사업가 회의에서 최초의 여성 의장이 되었고 1915년 헤이그에서 열린 국제 여성회의의 의장이 되어 '평화와 자유를 위한 여성 국제연맹'을 설립했으며, 『민주주의와 사회윤리』(1902), 『참신한 평화의 이상』, (1907) 등의 저서를 남김.

끝없는 논쟁이 일어나는 것을 두고 다음과 같이 말한다. "청년층은 이러한 사회적 시민집회에서 자신의 결정에 따라 소신껏 행동하는 법을 배운다."[5]

이웃집단은 인간이 토지에 영구적으로 정착한 때부터 적어도 근대 산업도시가 출현하기에 이르기까지 사람들끼리 마음을 터놓고 지내는 원초적 삶에 주요한 역할을 해왔다고 흔히 말하곤 한다. 우리 튜턴족 선조들에서 촌락공동체는 '암흑의' 중세시대 전반에 걸쳐 평민에게는 확실히 공감과 상호부조의 주요 영역이었으며, 오늘날에도 농촌지역에서 남아서 여러 목적을 수행하고 있다. 일부 나라에서는 촌락공동체가 아직도 예전의 활력을 그대로 간직하고 있는 것을 볼 수 있다. 특히 러시아에서는 대략 5천여 만에 이르는 농민에게 미르mir(제정 러시아 때의 촌락공동체―옮긴이) 또는 자치 촌락집단은 가족과 더불어 주요한 생활무대이다.

사람들이 폭넓게 접촉하는 복잡한 네트워크가 발달하면서 우리 생활에서 이웃의 친밀성이 무너지고, 같은 집에 살고 있는 사람들끼리도 낯선 사람이 되고 있다. 아직 분명하게 나타나고 있지는 않으나 시골에서조차 그와 유사한 현상이 나타나면서 이웃과의 경제적 및 정신적 공동체가 점점 사라지고 있다. 이러한 변화가 얼마나 건전한 발전인지 아니면 얼마나 병폐인지는 아직은 불분명하다.

이러한 원초적 교제는 거의 보편적 현상이라 할 수 있는데, 그 외에도 특수한 문명 상태에 따라 다른 많은 형태의 원초적 교제가 있다. 내가 말한 바처럼, 유일한 본질적 사실은 개성 간의 일정한 친밀함과 융화이다. 현재의 우리 사회에서는 장소에 별로 구애를 받지 않고 뜻이 맞으면 동아리나 우애협회 같은 것을 쉽게 결성할 수 있으며, 그 속에서 사람 간의 진정한 친밀함이 생겨난다. 그러한 관계는 학교나 대학에서 많이

---

[5] *Newer Ideals of Peace*, 177.

형성되고 있으며, 남녀는 직장에서 같이 일을 하게 되면서 처음으로 서로 어울리게 된다. 사람들 사이에 공통된 관심과 활동이 조금이라도 있으면 마치 길가의 잡초가 자라듯이 친밀함이 생겨난다.

그러나 아직 성격이 형성되지 않고 감수성이 강한 아동기에는 가족과 이웃집단이 지대한 영향을 미치며, 이후에도 다른 집단에 비해 큰 영향을 미친다.

원초 집단을 원초적이라 부르는 것은 그것을 통해 개인은 사회적 통일을 가장 일찍 그리고 가장 완벽하게 경험하기 때문이다. 또한 그것은 여타의 정교한 관계들이 변화하는 만큼 쉽게 변화하지 않으며, 그러한 관계들을 생겨나게 하는 비교적 영구적인 근원을 형성하기 때문이다. 물론 원초 집단은 광범한 사회로부터 독립적인 것이 아니며, 그것의 정신을 어느 정도 반영한다(마치 독일 가정과 독일 학교가 독일 군국주의의 흔적을 어느 정도 간직하고 있는 것처럼). 그러나 그것은 결국 작은 항구로 되돌아가는 조류와 같으며, 대체로 그리 멀리 벗어나지 않는다. 독일 농민층들 사이에는 국가의 성격에 영향을 거의 받지 않고 자유롭게 협동하고 토론하는 습관이 있으며, 이러한 습관은 러시아 농민층 사이에서 훨씬 많이 발견된다. 정착된 공동체에서는 지역 문제를 자치적으로 처리하며 토론의 습관에 익숙한 촌락 자치단체commune가 보편적인 제도로 자리 잡고, 씨족사회 이전에 존재했던 것과 유사한 자치단체를 계승하고 있다는 것은 익히 알려져 있으며 많은 지지를 받고 있는 견해이다. "군주제를 만들고 공화제를 수립하는 것은 사람이지만, 그러한 자치단체는 신의 손으로 직접 만든 것이다."[6]

현재의 우리 도시에서는 혼잡한 주택가와 전반적인 경제적 및 사회적 혼란으로 인해 가정과 이웃이 마냥 피폐해지고 있다. 이러한 상태에서도

---

[6] De Tocqueville, *Democracy in America*, vol. I, chap. 5.

가족과 이웃은 남다른 활기를 띠고 있다. 가정과 이웃을 건전하게 회복시켜 주는 것만큼 이 시대의 양심을 지켜주는 것은 그 어디에도 없다.

이러한 집단은 개인의 삶의 원천이자 사회제도의 원천이다. 그러한 집단들은 부분적으로는 특수한 전통에 의해 형성되며, 전반적으로 보편적 본성을 표현한다. 다른 문명의 종교나 정부는 우리에게 이질적인 것으로 보이지만, 어린이나 가족집단은 공통된 삶을 지니고 있으며, 우리를 항상 편안하게 한다.

인간 본성에 의해서 우리는 인간의 정서와 자극이 하등동물보다 우월하다는 것을 이해할 수 있게 되고, 또 인간은 어느 특정 인종이나 시대에 속하는 것이 아니라 인류 전체에 속한다는 점을 이해하게 된다. 인간 본성은 특히 공감을 의미하고, 그러한 공감이 파고드는 수많은 감정—사랑, 분노, 야망, 공허, 영웅숭배 그리고 사회적으로 옳고 그름에 대한 감정—을 의미한다.[7]

이런 의미를 가진 인간 본성은 당연히 사회에서 비교적 영구적인 요소로 간주된다. 인간은 항상 그리고 어디서나 명예를 추구하고, 남의 조롱거리가 되는 것을 두려워하고, 여론을 따르고, 자신의 재화와 자녀를 소중히 여기며, 용기, 관용, 성공을 칭찬한다. 사람들은 인간적이고 또 지금까지도 그러했다고 생각해도 무방하다.

물론 인류의 많은 부분이 아직 높은 수준의 사회조직을 형성하지 못했을 정도로 민족 간의 능력에는 확실히 상당한 차이가 있다. 그러나 이러한 차이는 같은 민족 내의 개인 간의 차이만큼 미미하다. 그것은 불명료한 지적 능력의 결핍이나 활기의 부족 또는 느슨한 도덕적 열정에 연유하며, 인간 본성의 유전적인 충동에는 차이가 없다. 이러한 점에서

---

[7] 이러한 문제들에 대해 토크빌은 『인간본성과 사회질서』(*Human Nature and Social Order*)에서 많은 분량을 할애해서 설명하고 있다.

볼 때 모든 민족은 매우 유사하다. 미개인, 특히 가장 낮은 수준에 있는 미개인의 삶을 유심히 관찰해보면 그것은 더욱 인간적이고 우리 자신의 삶과 같아 보인다. 스펜서와 길렌Spencer and Gillen이 묘사한 오스트레일리아 중부의 원주민[8]을 예로 들어보자. 그 부족에는 명확한 정부나 예배식 같은 것이 없고 그들은 겨우 5까지만 셀 줄 안다. 그들은 서로에게 관대하고, 자신들이 아는 만큼 덕을 쌓고자 하며, 어린이와 노인에게 친절하고, 여성을 거칠게 대하는 법이 없다. 사진에 나타난 그들의 얼굴은 그야말로 인간적이고, 많은 이들의 얼굴에서는 매력이 넘쳐났다.

동일 민족의 각 발달단계를 비교하거나 현재 시대의 우리와 시저 시대의 튜턴족을 비교해보면 그 차이가 인간 본성이나 능력에 있는 것이 아니라 조직에 있고, 관계의 범위와 복잡성에 있으며, 실제로는 동일한 권력과 열정을 다양하게 표현한 것일 뿐임을 알 수 있다.

호머, 니벨룽겐 이야기[9], 헤브루 성서, 아메리카인디언 전설, 서부개척 생활 이야기, 병사와 선원 이야기, 범죄자와 방랑자 이야기 같은 문학작품에서는 별 연관성이 없고 아주 다채로운 삶의 국면들을 묘사하고 있다. 이러한 문학작품들에서는 근대적 인간을 편안하게 해주는 평온함과 즐거움을 표현하고 있는데, 이들 작품에 나타난 평온함과 즐거움만큼 인간 본성이 유전적으로 유사하다는 것을 잘 보여주는 증거는 없다. 인

---

[8] *The Native Tribes of Central Australia.* 다윈(Darwin)의 저작 『인간의 혈통』(*Descent of Man*) 제7장에 제시한 다윈의 견해 및 사례와도 비교해보라.
[9] 옮긴이—니벨룽겐의 노래(Niebelungenlied): 중고지 독일어로 쓰여진 작자 미상의 민중서사시로, 게르만족의 대이동 시대인 5~6세기경부터 전승되다 1200년경에 궁정서사시로 정리되어 현재까지 전해진 것으로 추정되고 있으며, 13세기에 기록된 3개의 주요 사본에 실려 있음. 초기 중세 고지 독일어 제목은 <니벨룽겐의 고난>이며, 14세기의 한 초기 사본에는 제목이 <크림힐트의 책>으로 나와 있는데, 대체로 튜턴족의 대이동 시기의 영웅설화를 바탕으로 하고 있음. 그 가운데 프리드리히 헵벨이 쓴 희곡 <니벨룽겐 사람들>(1862)과 바그너가 작곡한 연작 오페라 <니벨룽겐의 반지>(1853~1874)가 유명함.

간생활의 각 국면을 유심히 탐구하면 할수록 우리의 본질적 유사성은 더 많이 드러난다.

다시 원초 집단에 대해 살펴보도록 하자. 여기서 표명한 견해에 따르면, 인간 본성은 개인과 분리되어 존재하는 것이 아니라, **사회의 집단본성** 또는 **원초적 국면**a group-nature or primary phase of society이며, 사회적 정신의 비교적 단순하고 일반적인 조건이다. 그것은 한편으로는 비록 우리 안에 들어있긴 하나 우리가 가진 타고난 단순한 본성 그 이상의 것이며, 또 한편으로는 제도를 형성하는 이념과 정서의 정교한 발달 그 이하의 것이다. 그것은 어느 사회에서나 유사한 단순한 대면 집단―가족, 놀이터, 이웃 등의 집단―에서 발달되고 표현되는 본성이다. 이러한 집단 간의 본질적 유사성 속에서 인간 정신의 유사한 이념과 정서의 토대가 경험을 통해 발견된다. 이러한 집단에서는 어디서나 인간 본성이 나타난다. 인간 본성은 타고난 것이 아니다. 동료의식을 통하지 않고서는 인간 본성을 획득할 수 없다. 고립상태에 있게 되면 인간 본성은 쇠퇴한다.

이러한 견해를 상식으로 권할 만한 것이 못 된다면, 세밀하게 논의를 전개하는 일이 얼마나 소용이 있을지 나로서는 알 수가 없다. 여기서는 다만 사회와 개인은 공통된 전체를 이루고 있는 분리할 수 없는 국면이라고 생각할 따름이다. 그래서 개인적 사실이 존재하는 곳이라면 사회적 사실은 언제나 개인적 사실과 함께 있다는 것을 발견하게 된다. 개인에게 보편적 본성이 있다면, 그에 상응하여 교제도 보편적이기 마련이다.

인간 본성이 원초 집단의 특성과 다른 것이 될 수 있는가? 정말로 고립된 개인의 속성이 있을 거라고 생각하더라도 실제로 그런 것은 있을 수 없다. 왜냐하면, 사회를 벗어나서는 정서, 야망, 공허, 분노 같은 전형적인 특성을 생각조차 할 수 없기 때문이다. 그러면 만약 그러한 속성이 교제하고 있는 사람들에 속에 있다면, 그것이 발달하기 위해서는 어떤 종류 그리고 어느 정도의 교제가 필요한가? [사회에는] 분명 정교한 국면이라는 것은 없다. 왜냐하면, 사회의 정교한 국면은 일시적이고 다양하지만, 인간 본성은 상대적으로 안정되어 있고 보편적이기 때문이다. 요컨대 인간 본성이 발생하려면 가족과 이웃 생활이 반드시 있어야 하며, 그 이상의 것은 필요가 없다.

이제 어디서나 사회를 연구할 때는 인류를 인위적으로 분리된 것으로 보지 말고 물리적 통일체physical wholes로 보도록 학습을 해야 한다. 우리는 가족과 지역집단의 공동체생활을 당면한 사실로 보아야지 다른 어떤 것들이 결합된 것으로 봐서는 안 된다. 우리는 우리 자신의 경험을 상기하여 공감을 불러일으키는 관찰을 통해 경험을 확장함으로써 그렇게 해 나갈 것이다. 우리의 삶 속에서 가족과 동료는 어떤 존재인가? '우리 의식'we-feeling에서 우리는 무엇을 느끼는가? 이런 종류의 사고는 사회적인 모든 것은 원초 집단의 산물이라는 사실을 굳게 인식하는 데 도움을 줄 것이다.

# 제4장 원초적 이상

원초적 이상주의의 성격 / '우리' 또는 도덕적 통일의 이상 / 원초적 이상은 자기주장을 배척하지 않는다 / 적개심에서 우러나오는 관념 / 충성심, 진리, 봉사 / 친절 / 합법성 / 자유 / 자연권 원리 / 원초 집단이 교육 및 자선활동에 미치는 영향

원초 집단의 삶은 전 인류가 유사한 경험을 겪으면서 공통적으로 공유하는 여러 사회적 이상을 낳는다. 이러한 이상은 사회진보를 야기하는 동기이자 시금석이 된다. 어떤 체계에서든 인간은 원초 집단에서 겪은 친숙한 경험이 제시하는 목표를 (설령 맹목적이더라도) 실현하고자 노력한다.

모든 사회제도에 항상 적용되고 있는 사랑, 자유, 정의 같은 개념은 어디서 비롯되는가? 이런 개념은 추상적인 철학에서 나오는 것이 아니라 가족이나 놀이집단같이 단순한 그리고 어디에나 존재하는 여러 형태의 실제 생활에서 나온다. 이러한 관계 속에서 인류는 자아를 실현하고 원초적 욕구를 만족스럽게 충족하며, 그 경험으로부터 더 정교한 결사체를 형성하기 위한 기준을 마련한다. 이 같은 종류의 집단은 인간이 겪는 경험에서 결코 소멸되지 않으며, 모든 종류의 제도에서 여러 가지 형태

로 번성한다. 그리하여 원초 집단은 마침내 각종 제도를 판단하는 영구적인 기준으로 존속하게 된다.

물론 이러한 단순한 관계들은 모든 사회에서 동일한 형태를 띠는 것이 아니라 민족마다 그리고 전반적인 문명 상태에 따라 다르며, 또한 그 사회의 보편적인 제도의 종류에 따라 상당한 편차가 있게 된다. 원초 집단은 때로는 번성하기도 하고 때로는 쇠락하기도 하므로 각별한 관심을 가지고 지켜보며 소중하게 간직해 나가야 한다.

원초 집단은 최상의 이상적인 조건을 실현하는 것이 아니라 다만 일반적 경험 속의 다른 어떤 것에 비해 이상적인 조건에 더 가까이 다가가게 하여 더 높은 상상력을 수립하려는 실천적 토대를 마련해줄 뿐이다. 원초 집단이라고 해서 항상 유쾌하고 올바른 것은 아니라 다만 유쾌하고 올바른 이상을 형성하는 여러 요소를 내포하고 있는 것이다.

친밀한 교류에서 발달하는 이상이야말로 인간 본성의 주요 요소라고 할 수 있는데 그중 가장 일반적인 형태가 도덕 통일체a moral whole 또는 공동체이다. 그 속에서 개인의 정신이 통합되고 구성원들의 높은 재능이 총체적으로 그리고 적절하게 표출된다. 친밀한 교류에서의 여러 이상들이 발달하는데 이는 그 교류가 우리의 정신에 집단 내 다른 구성원들과 집단 전체의 사고와 감정을 채워주기 때문이다. 그리하여 우리는 그러한 사고와 감정을 우리 자신의 일부로 만들고 또 우리 자신의 감정에 일치시켜 많은 목표를 달성해 나간다.

어린이와 미개인은 어떠한 이상도 명확하게 스스로 형상화하지 못하지만, 그럼에도 자신들만의 이상을 가지고 있다. 또 그들은 자신과 동료를 서로 분리되지 않는 '우리'(그 형태는 다양하다)로 생각하며, 이러한 '우리'가 조화를 이루고 행복하고 성공하기를 바란다. 자신이 열의를 가지고 가족 또는 동료와 융화를 이루는 것은 우리 모두가 겪는 경험에서 나타난다. 지금 우리는 동일한 정신이 우리나라, 우리 민족, 우리 세계로 확대되어 가고 있음을 감지하고 있다. "고쳐야 할 나쁜 습관은…친구들과 친하게 어울리다 보면 부지불식간에 개선된다."[1]

친밀한 가족생활은 옛적부터 내려오는 도덕적 통일의 한 형태이며, 그러한 통일을 묘사하는 형제애, 친절 등과 같은 용어들이 통일의 근원이다. 각 구성원은 친밀한 교류를 통해서 하나의 통일체로 융합되며, 연령, 성에 따라 각자 나름의 방식으로 참여한다. 그들은 각자 다른 사람의 정신과 상상적 접촉을 통해 살아가며, 그 속에서 자신의 사회적 자아, 자신의 감정, 야망, 분노 그리고 옳고 그름의 기준을 발견한다. 구성원들은 모두가 상이함에도 불구하고 통일을 유지하며, 자유롭고, 유쾌하고, 건전하고, 풍부하고, 공통된 생활을 영위한다.

조셉 리Joseph Lee는 놀이터를 연구하여 "시민의 학교: 놀이"Play as a School of Citizen라는 탁월한 논문을 저술했는데, 이 논문에서 그는 스포츠를 통해서도 사람들이 통일체 속에 스스로 통합되는 것을 터득하게 된다고 설명한다. 그에 따르면, 소년은

> "공동의 목표에 깊숙이 참여하고 있다. 그 소년의 의식 속에는 자신이 참여하는 팀과 경기가 아주 생생하게 자리하고 있다. 그 자신의 의식적인 개성은 다른 어떤 때보다도 팀 성원의 의식 속에 완전히 융합되어 있다. 그가 이처럼 아주 단순하고 본질적인 형태 속에서 시민으로서 겪는 순수한 경험—공적 의식 속에서 함께 한다는 것, 즉 사회조직을 마음속으로 절제된 이상으로 생각하게 되는 것—은 매우 강렬하다.…
> 공동의 목적을 실현하고자 하는 팀 의식은 기계적 도구로서 팀 의식과 병존하며, 그 둘은 그 소년의 마음속에서 분리될 수 없다. 팀플레이를 통해 목표를 수립하고 [다른 구성원들이 경기를 잘 수행할 수 있도

---

[1] Thoreau, *A Week on the Concord and Merrimack Rivers*, 283.

록] 그것을 효과적으로 수행하는 것이 그에게는 아주 친숙한 경험이 된다. 팀플레이에는 두 가지 방법이 있는데, 하나는 어떤 강력한 인물이 앞으로 나아가는 길을 돌파하여 나머지 사람이 잘 따라오도록 확신을 주는 명민한 방법이고, 다른 하나는 열렬한 상상력을 가진 사람이 창의력을 가지고 자신이 생각한 대로 경기를 잘 수행해나갈 수 있게 하는 방법이다. 이 두 방법은 특별한 분석을 하지 않아도 쉽게 이해할 수 있다. 충성스러운 구성원들이 각자 마음속으로 경기 전반의 흐름에 대해 확고하게 파악하고 있거나 또 경기가 잘 수행되도록 한결같은 마음으로 참여하면 다른 모든 구성원을 구제하는 데 어떻게 기여하는지를 당신은 절실히 느끼게 될 것이다. 개별 성원들 각자가 팀에 어떻게 기여하는지 그런 다음 팀이 어떻게 개별 성원의 정신적 본성spiritual nature을 수립하게 하는지 당신은 친숙하게 경험하게 된다.…

팀은 [개별] 행위자의 의식을 단순히 확장해 놓은 것이 아니다. 팀은 각 행위자 개성의 일부이다. 행위자는 구성원들과 협동cooperation을 하여 성원 의식membership을 가질 때 팀에 대한 참여가 한층 깊어져 간다. 행위자는 팀의 일부이기도 하지만 팀도 행위자의 일부이다."[2]

위의 예문에서 나타나듯이 도덕적 통일은 [구성원들에게] 정력적인 야망을 가지게 하고 그것에 대해 보상을 한다. 그러나 이러한 야망은 집단의 성공을 위한 것이거나 적어도 그것에 부합하는 것이어야 한다. 완전한 자기실현은 강렬한 자기감정으로 동료의 목표를 포용하고 그러한 목표 달성을 위해 일생을 바치는 사람의 몫이다.

나는 도덕적 통일의 이상이야말로 모든 사회적 이상social ideals의 모태라고 생각한다.

그렇다고 내가 자기 확신에 찬 개인의 열정을 폄하하려는 의도는 전혀 없다. 격렬하고 꺼질 줄 모르는 그러한 열정은 반드시 필요하다고

---

[2] *Charities and Common*, Aug. 3. 1907.

생각한다. 경쟁과 적자생존은 친절과 협동만큼이나 그 자체로 올바른 것이며, 친절 및 협동과 대립되는 것이 아니다. 이 상반되는 두 측면은 서로를 포용하고 조화를 이루고 있는 것으로 보아야 한다. 이 장에서 각별히 강조하고자 하는 점은 정상적 자아normal self는 원초 집단에서 형성되고 사회적 자아a social self는 집단의 공동 사고에 의해 형성된다는 사실이다.

욕망, 탐욕, 복수심, 권력욕 같은 아주 조야한 형태의 열정은 인간 특유의 본성이 아니라 동물 본성이다. 우리는 가족 또는 이웃과 친교를 맺는 정신으로 그러한 조야한 열정을 조절하고 억제해 나간다. 그런 조야한 열정은 공감의 규율을 지킬 때 인간적이 되고 사랑, 분노, 야망 같은 정서로 순화된다. 그러한 열정은 이렇게 교화되어야만 유익한 기능을 하게 된다.

이를테면, 고대에는 물질욕을 탐욕의 죄악으로 간주했다. 단테는 물질욕을 "다른 모든 짐승보다 더 많은 먹이를 차지하려는 늙은 늑대"라고 말한다.[3] 하지만 소유의 욕망은 그 자체로 선한 일이며, 자기실현의 한 측면이자 사회발전의 원천이다. 그러나 물질욕이 공감에 의해 조절되지 않으면, 즉 실현된 자아가 협애한 자아가 될 경우에는 그것은 부도덕하거나 탐욕적이게 된다. 그럴 경우 그것은 고립 또는 약한 사회의식 같은 악폐가 되며, 잔인함과 완전히 인간적인 것 또는 도덕적인 것 사이의 정신상태가 된다. 욕망이 부나 권력 같은 사회적 대상을 목표로 행동할 경우 그와 동일한 대상을 갖고 싶어 하는 다른 사람에 대한 태도는 사회적이지 않게 된다. 친밀한 집단에는 탐욕을 억제하는 요소가 있다. 아주 예의가 바른 사람이라도 자기 가족이나 친한 친구가 아닌 다른 사람에

---

[3] (라틴어 원문은 다음과 같다.) Antica lups, Che Piu tutte l'altre bestie hai preda. *Purgatorio*, xx, 10.

대해서는 탐욕을 가지는 경우가 간혹 있긴 하나 사람들은 대체로 자기 가족이나 친한 친구에 대해 탐욕을 가지는 경우는 별로 없다. 비록 다른 사람과 잠시 동안 친하게 지냈더라도 그에게 친근감을 가지게 되어 그를 이용하여 탐욕스럽게 행동하면 부끄럽게 여기게 되는데, 이 점에 대해서는 모두가 유념하고 있어야 한다.

일각에서는 인간 본성은 기본적으로 이기적 측면을 가진 것으로 생각하고 그것이 '이타적' 측면을 가진다는 보는 것을 감상주의라고 비꼬는 사람이 있다. 이런 사람은 우리의 자아는 그 자체로 이타적이라는 사실, 우리가 가진 탐욕의 대상은 다른 사람이 마음속으로 바라던 것이라는 사실 그리고 이 탐욕을 통해 평범한 인간 본성이 이상적인 목표에 이르게 된다는 사실을 이해하지 못하는 중대한 오류를 범하고 있는 것이다. 사회가 진보하는 데는 인간 본성의 근본적 변화를 요구하는 것이 아니라 다만 그것의 친숙한 자극을 더 넓고 더 높게 적용하는 것이 요구된다.

또한 사무엘[4]의 난폭함 같은 아주 잔인한 행동을 이상理想으로 칭송하는 경우도 있다. 사무엘은 하나님 앞에서 [아말렉[5]의 왕] 아가그를 도끼로 토막을 냈다.[6] 또 고대 정통파 기독교도들은 이교도들을 무참히 살해했다. 일반적으로 대항opposition의 도덕이라는 것이 항상 존재하는데, 이는 공감대를 형성한 집단이 생존투쟁에서 자신의 권리를 주장하기 위한 필요에서 비롯된 것이다. 오늘날에도 (상업에서의 갈등이 아닌) 전쟁에서의 갈등상태에서는 이러한 대항의 도덕이 파괴와 기만을 다소 이상화

---

[4] **옮긴이**—구약성서 <사무엘서>에 나오는 인물. 고대 이스라엘의 예언자로 하느님의 허락을 받고 이스라엘왕국을 건설함.
[5] **옮긴이**—유목생활을 하던 고대 부족으로 <구약성서>에 따르면 이스라엘의 12지파 중 하나인 에브라임과 밀접한 관계가 있으면서도 이스라엘을 무자비하게 대한 원수로 묘사한다. 그들은 후일 사무엘에게 멸망의 저주를 받고 전멸함.
[6] 사무엘 상. 15: 33.

하고 있다.

그러나 대항의 도덕은 부차적 이상이지, 충성심이나 친절함과 같은 원초적이고 영속적인 이상은 아니다. 그러한 도덕은 성찰적으로 조명할 때 돋보이며, 주로 적과의 싸움에서 '우리' 집단의 필요성을 표현하고자 하는 신념이 있을 때 설득력을 가진다. 대항의 도덕은 파괴적인 갈등이 만연한 상태에서 필수적인 요건이기 때문에 일정한 발전 단계에 이르렀을 때 번성하며, 그런 갈등 상황이 변화하면 서서히 소멸하거나 변형된다.

개인이든 계급이든 심지어 민족이든 대항의 도덕이라는 습관을 인정하나 대부분의 인류는 그것을 좋아하지는 않는다. 문명이 발달한 선진사회에서는 원초 집단 내의 지배적인 원리가 갈등을 조절해 나간다. 그렇기 때문에 이러한 원리를 위반하는 행위는 이상적인 가치를 가질 수가 없다.

모든 사상가들은 각자의 방식대로 도덕 통일체의 이상을 특수한 이상으로 분해하고 싶어 하나 그러나 이것은 작위적인 과정이다. 그 특수한 이상 중 가장 돋보이는 원리가 충성심loyalty, 법칙성lawfulness, 자유freedom 세 가지 원리이다.

개인이 자신을 전체와 동일시하는 경우에는 전체에 대한 충성심이 곧 자신에 대한 충성심이다. 충성심은 자기실현 없이는, 즉 자기 존중 없이는 도달할 수가 없다. 나아가 충성심은 자아를 넓게 확장하여, 삶을 더 넓고 풍부하게 하며, 그리하여 열의와 활기 있는 이상에 호소한다. 사람들은 자신의 협애하고 사적인 이익을 마음이 맞는 집단의 더 높은 요구에 바칠 때 더 없이 인간적이고 행복하다고 느끼게 된다. 이러한 정서는 사람들이 서로 얼굴을 맞대고 협동을 하면서 친밀함을 느낄 때 자연스럽게 우러나온다. 가족들 사이에서는 그러한 정서가 예외적이 아니라 당연한 것이며, 어린이와 청년들은 공동의 목표를 공유하고 행동하는 법을 신속하게 터득하여 그들 사이에서 그러한 정서가 발달한다. 무엇보다도 팀 의식에서 그러한 정서가 두드러지게 나타난다.

충성심과 떼어놓을 수 없는 이상으로는 진실, 봉사, 친절 같은 이상이 있다. 이런 이상은 더 넓은 세계보다는 가까이 있는 친밀한 집단에서 두드러지게 나타난다.

내가 아는 한에서는 다른 동료를 대하는 진실함 또는 선량한 신의가 보편적인 인간적 이상이다. 거기에는 성실성 같은 추상적인 사랑은 포함되지 않으며, 본질적으로 친한 친구들 사이에서는 '진실한 상호교류' 또는 공정한 거래를 추구하지만 외부인에 대해서는 속임수를 써도 된다. 설령 법을 잘 지키지 않는 사람이라 하더라도 마음속으로 자신과 가까워지려고 선물을 주며 자신과 한마음이 되려고 하는 사람을 믿지 않는 경우는 거의 없을 것이다. 덴버 시의 재판관 린제이Lindsey는 그 도시에서 소외된 소년을 '우리'의 일부로 만들어서 동일한 도덕 통일체 속으로 들어오게 하는 일대 변화를 일으켰다. 그는 그 소년에게 명예감을 심어 주고, 그것을 신뢰했으며 결코 낙담하지 않았다. 그가 어떤 소년을 교화원에 보내기로 하자 그 소년은 그 기관에서 주어진 시일 내에 반드시 개과천선할 것을 약속했다. 부랑자 사이에도 비슷한 정서가 퍼져 나갔다. 부랑자들과 함께 어울려 여름휴가를 보낸 한 젊은이가 말했다. "그들을 공정하게 대우한다면 그들도 우리와 같아지게 된다는 것을 알게 될 것이다."

마찬가지로 봉사의 이상도 통일과 같은 성격을 띤다. 우리가 살아가는 데는 반드시 통일체가 필요하다면 무엇보다도 통일체에 봉사하는 것이 개인의 활동에서 올바른 목표이다. 이것은 하나의 이론theory이 아니라 그러한 통일체가 있다고 느끼는 곳이라면 어디서나 존재하는 느낌feeling이다. 자신이 속한 집단의 원대한 목표에 헌신할 필요를 느끼지 않는다면 그는 보잘 것 없는 개인이다. 우리 사회에서는 많은 사람이 이러한 필요성을 청년 시절에 느끼고 놀이터에서 그것을 표현하는데, 친밀한 관계를 형성하지 못하는 사업이나 직장 생활에서는 그러한 목표를 성공적으로 실현하지 못한다.

모든 인류는 친절함kindness을 사회집단의 올바른 상호교류 법칙으로 인정하고 있다. 친교에 의해 사람들은 공감대를 형성한 전체 속에 융화되고, 각 부분은 모든 나머지 부분과 삶을 공유하게 된다. 때문에 친절은 공동의 기쁨이요 불친절은 공동의 고통이다. 친절은 인간의 여러 이상 중에서 가장 단순하고 가장 매력적이며 가장 널리 보급된 이상이다. 행동규범은 인간 본성에서 직접 우러나온다.

따라서 이러한 이상은 과거의 모든 시대 모든 민족에 이를 것 없이 상호교류와 결부되어 있다. 사람들은 전쟁, 산업, 예배, 스포츠 등에서 함께 어울려 행동하는 과정에서 자연스럽게 형제애와 우애를 쌓아나갔다. 감정이 더는 지속되지 않고 우애가 없는 상태에서 협동에 친숙하게 된 것은 아마도 각종 활동이 급격하게 그리고 심하게 분화되기 시작한 근대에 들어와서 일어난 일이다.

웨스터마크는 『도덕적 이념의 기원과 발전』*The Origin and Development of Moral Ideas*이라는 책을 저술했는데 당시에는 이러한 종류의 문제를 다루는 데 있어 그보다 권위 있는 인물이 없었다. 그는 이 책에서 여러 장을 할애하여 친절 및 친절한 이상이 보편화되어 있는 증거를 기술해 놓았다. 그는 미개한 민족은 부모가 자녀를, 자녀가 부모를 부양하고 형제끼리 그리고 친척끼리 친절하게 대하는 것을 의무로 인식하고 있다는 점을 상세하게 보여준 다음, 이렇게 말한다.[7] "어려운 처지에 있는 사람을 돕고 위험에 처한 사람을 보호하는 의무는 가족과 씨족에만 국한된 일이

---

[7] Vol. I, 540 ff.

아니다. 미개한 민족은 대체로 자기 공동체나 부족 구성원들 전체에 친절하게 대한다. 그들 사이에서 자비는 지켜야 할 의무이며, 관대함을 미덕으로 칭송한다. 사실 그들의 상호부조 관습은 가끔 우리보다 훨씬 엄중하다. 우리가 가장 야만적이라고 여기는 부족에서조차도 이러한 모습이 엿보인다."

웨스터마크는 호주 원주민에 대해 기술하면서 스펜서 & 길렌Spencer & Gillen의 말을 인용한다. 호주 원주민들이 서로를 대하는 태도는 "친근한 집단의 구성원들 사이에서는 잔혹한 행동에 대해서도 매번 친절하게 대하고 있는 데서 고스란히 드러난다." 웨스터마크는 북아메리카 인디언을 언급하면서 많은 저술가의 말을 인용한다. 캐틀린Catlin은 "지구상에서 그들만큼 친구에게 친절하게 대하는 민족은 그 어디에도 없다고" 말한다. 어데어Adair는 다음과 같이 말한다. "그들은 자기 부족 모든 사람에게 매우 친절하고 관대하며, 마지막 남은 한 조각의 음식까지도 즐겁게 먹는다." 또한 자연이라는 학교에서는 그들에게 "다른 사람들이 당신에게 대하는 그대로 다른 사람들을 대하라는 평범한 규칙을 가르친다." 모건Morgan은 "이로쿼이족[8]은 고아에게 친절하게 대하고, 모든 사람을 환대하며, 그들의 종교 지도자들이 설교하는 교리들 가운데는 공동의 형제애가 들어있다."라고 지적한다. 이로쿼이족은 "굶주린 자에게는 먹을 것을 양보하고, 지친 자에게는 침대를 내주고, 헐벗은 자에게는 입고 있는 옷을 내준다."

웨스터마크는 이와 유사한 정서들이 세계 곳곳에 널리 퍼져 있다는 것을 자기 저서를 읽는 독자가 쉽게 이해할 수 있도록 여러 사례를 망라하여 보여주고 있다. 크로포트킨Kropotkin[9]은 『상호부조: 진화의 한 요인』

---

[8] 옮긴이—북아메리카 인디언의 한 부족으로 주로 펜실베이니아와 온타리오호 및 이리호 부근에 거주하며. 모계 사회로 혼인 후 처가살이하는 관습이 있음.
[9] 옮긴이—크로포트킨(1842~1921): 러시아 태생의 지리학자, 동물학자, 사회학자, 역사

*Mutual Aid a Factor in Civilization*에서 그와 유사한 증거들을 수집해 놓았다. 일반인 사이에서는 "야만족에게는 예의 바른 정서가 결여되어 있다."는 관념이 퍼져 있는데 이러한 관념은 우리가 그들과 접촉하면서 그들의 외적인 성질, 주로 적대적인 성질만을 본 데서 비롯된 오류이다. 우리가 살고 있는 도시에는 결핍과 풍요가 병존하고 있는데 아무도 풍요의 정서가 결핍의 정서를 구제해야 한다고 강요하지 않고 있다. 이러한 현실은 많은 야만족에게는 충격적이고 도저히 이해할 수 없는 일이다.

통상적으로 친절함의 이상은 문명사회나 야만사회 할 것 없이 공감대가 형성된 집단 내의 사람들에게만 나타난다. 여기서 문명사회와 야만사회의 주요한 차이는 문명사회에서는 집단의 규모가 확대되어 간다는 점이다. 한 가지 제약 요인은 친절함은 공감에 의해 생겨난다는 사실이다. 또 그것은 우리의 상상력이 다른 사람의 삶에 열려서 그것이 우리 자신의 일부가 되지 않으면 생명력을 가질 수 없다는 사실이다. 역사에서 드러나듯이, 기독교 교회조차도 주로 백인과 특정 종파 사람들에게만 친절함을 가르쳐왔다. 친절함이 모든 인류를 포용하는 근대적 이상(적어도 서구 국가에서 근대적 이상)으로 발전된 것은 민족의 통일에 대한 이해가 점차 확대된 데 따른 것이다.

모든 개인과 마찬가지로 모든 친근한 집단에는 내부에 상충하는 자극들이 존재한다. 개인이 자신의 행동을 규정하는 특정한 원리의 필요성을

---

학자이자 혁명가. 지리학·동물학·사회학·역사학 등 다양한 분야에서 명성을 얻었지만 세속적인 출세의 길을 버리고 혁명가로서 생애를 택함. 그는 육군장교로 재임하면서 동시에 동물의 생태를 연구하고 지리학적 탐사를 하며 산맥구조선 이론을 전개하여 명성을 얻게 됨. 1871년 러시아 지리학회 회장직을 제의받았으나 이를 거절하고 사회정의 실현을 위한 길을 걷게 됨. 1872년 스위스 시계제조업자들의 상호부조 자발적 결사체에 감탄하여 사유재산과 불평등한 소득 대신 무상분배를 지향하는 무정부주의 공산주의이론을 정립하게 됨. 그가 저술한 『상호부조』(*Mutual Aid*, 1902)는 이후 상호부조사상과 활동에 많은 영향을 남겼음.

느끼는 것과 마찬가지로 집단도 동일한 목표 달성을 위한 법규나 규칙을 필요로 한다. 이것은 단지 지나치게 강한 자나 반항하는 자를 억제해야 한다는 것이 아니라 유사한 사람은 모두 모범적인 구성원이 지켜야 할 일정한 기준을 가져야 한다는 것을 의미한다. 사회 통일체가 존재하는 곳에서는 잘못을 범하는 것은 (한 개인이 가진 정신이 분할되어 있기 때문에) 그것을 당하는 것만큼이나 고통스럽다는 것은 단순한 심리적 사실이다. 공동의 욕구는 전체의 이익을 위해 만들어진 법규를 통해 조화를 이루기 위함이다(그 법규는 모든 사람이 따를 수 있고 따라야 하는 것이다).

분화된 자극들을 전체의 이익에 맞게 조정하기 위해서는 규칙이 필요하다. 이러한 규칙의 필요성이 가장 분명하게 나타나는 곳이 놀이터이다. 벅Buck은 『소년 자치 동아리』Boys' Self-Governing Clubs라는 교훈적인 저작을 저술했는데, 이 저작에서 그녀는 다음과 같은 말을 한다. 초보적인 형태의 형평 원칙은 그네를 탈 때 '번갈아가며 차례를 기다리는' 데서 나타난다. 한 동아리에 같이 소속된 소년이라면 누구든 이러한 자연의 규칙을 지속적으로 요구할 것이다. 보트타기, 게임 등을 할 때 특권은 공정하게 배분해야 하고 음식도 공평하게 분배해야 한다. 로버트 우즈Robert Woods는 도시 거리의 불량배 소년들에게도 (어떤 방법으로도 합의에 도달할 수 없는 경우에는) 분쟁을 다루는 '재판관'이 있다고 말한 적이 있는데 이 말에서 우리는 교훈을 얻게 된다.[10]

물론 모든 사람들은 어린이들 게임에서 정의의 이상이 어떻게 생겨나는지를 상기한다. 우리에게는 항상 해야 할 어떤 일이 있는데 그 속에서 다양한 부분을 취하여 그것들을 어떻게 효율적으로 배분하느냐에 성공 여부가 달려 있다. 모든 사람이 개인들의 무분별한 야망을 제어하는 높

---

[10] *The City Wildness*, 116.

은 차원의 원리가 존재한다는 생각을 여러 경험에서 이끌어낸다. 벅이 말하기를 "난폭한 게임들에는 많은 점에서 정의, 자유, 평등 같은 이상을 전반적으로 확산시키는 조건이 압축적으로 나타난다."[11] 조셉 리는 위에서 인용한 글에서 많은 통찰력을 가지고 많은 지면을 할애하여 이 문제를 상세하게 설명한다.

> 당신은 경주에서 다른 사람을 물리치면 매우 흡족해 할 것이다. 그러나 경기를 치르는 그날 아침에 한 공정한 약속이 지루하고 말만 많은 논쟁에 의해 흐지부지되어 결국 아무런 결론을 내지 못하고 불만족스러운 결과로 끝나고 말 때가 있다. 그럴 경우 많은 경기를 치른 후에는 당신과 다른 동료들 그리고 나머지 군중들은 (당신이 경쟁자라는 이유로, 특히 유망한 경쟁자라는 이유로) 경주를 만족스럽게 진행하기 위한 규칙과 규율을 수립하고 유지하는 데 공동의 관심사에 관심을 가지게 된다는 것을 당신은 어렴풋하게나마 지각하게 될 것이다.···어린이들 사이에서 갈등의 필요성을 요구하는 것은 경쟁자를 완전히 없애버리려는 욕구에서 나오는 것이 아니라 경쟁자를 물리쳐서 자신의 우위를 인정받으려는 욕구에서 비롯한다. 그 소년은 남과 다른 대단한 인물이 되기를 원한다. 그러나 그에게서 대단한 인물이 된다는 것은 사회적 위업이다. 실제로 그런 증거를 구비하지 못한 상태에서 어떤 결단을 내리고자 할 경우에는 정의에 어긋나는 행동을 하고 싶은 유혹이 있긴 하나 한편으로 그런 행위를 하지 못하게 하는 동기도 있기 마련이다. 당신이 실제로 그리고 최종적으로 확신하고 싶어 하는 것은 바로 당신 자신이다. 당신 마음속 깊이 자리하고 있는 욕망은 다른 소년을 실제로 이기는 것이지 단순히 이기는 척하려는 것이 아니다. 불공정한 플레이를 하거나 당신에게 유리한 결정을 내려서 상대를 속일 수는 있지만 자신을 속일 수는 없다.
> 
> 그러나 대부분의 다툼에서 이루어지는 결정에는 그 배후에 게임을

---

[11] *Boys' Self-Governing Clubs*, 4, 5.

성공적으로 수행하고자 하는 한층 진전된 동기, 즉 명백한 사회적 동기가 있다. 경쟁의 자극을 사회 안으로 들여와 순화시켜 그것을 사회체계의 일부로 만들기 위해 공익 관념이 확장되어 왔다. 상습적인 불평가들이 난무하는 사회에서는 게임을 비롯한 그 어떤 것도 제대로 수행할 수 없으며 다가올 질서정연한 사회의 배경에 반하는 것으로 보이게 되는 것은 여실히 확인된 사실이다. 이러한 질서정연한 사회는 역사적으로 이따금 경험했지만 결국 사람들은 이에 공감하게 되었다. 이러한 사회에서는 한 개인의 이해관계가 전체의 이해관계 및 목표와 어느 정도 일치한다. 집단의 결정은 지미가 처음으로 한 것이든 나중에 누가 한 것이든 아니면 메리 앤이 실제로 채택한 것이든 상관없이 그것은 개인의 결정이 아니라 공동체의 결정이다.[12]

미국 소년들은 아마도 영국을 제외하고는 확실히 다른 어느 나라 소년보다도 이런 종류의 조직의 정신을 가지고 더 많은 실천을 한다. 미국 소년들은 연장자들을 위한 일관된 자치 조직을 가지고 있으며, 또한 천성적으로 그들을 돕는 태도가 돋보인다. 백인 사이에는 이러한 태도에 있어서 확실히 큰 차이가 있는 것은 아니다. 미국 어린이 가운데 독일계와 아일랜드계 어린이는 앵글로 색슨계 어린이보다 열등하지 않으며, 그런 조직을 이루는 데서는 새 이민자 가운데서도 유대계 어린이가 오히려 남다른 점을 보이고 있다. 이 문제는 우리 사회의 대도시를 보면 유익하게 탐구할 수가 있다.

물론 청소년기의 경험에서 생겨나는 이상은 더 넓은 생활로 이어지며, 사람들은 항상 페어플레이에서 올바른 태도를 쉽게 발견하곤 한다. 어느 통찰력 있는 작가는 이렇게 말한다. "사회문제Social Question는 불공정한 특권에 대해 끊임없이 공격하는 것이다."[13]

---

[12] *Charities and Commons*, Aug. 3, 1907, 요약.
[13] John Graham Brooks, *The Social Unrest*, 135.

인간 본성이 요구하는 법규나 규칙에는 민주주의 원리가 잠재해 있는데, 그러한 법규와 규칙은 일반적 정서에 부합해야 하기 때문이다. 그렇지만 명시적인 민주주의는 주로 대중투표 같은 것에 의해 결정되며, 이러한 민주주의는 법규의 필요처럼 원초적이고 일반적인 것이 아니라 규칙을 결정하기 위한 하나의 메커니즘이다. 그것은 권위에 호소하지도 않고 자연적인 것도 아니다. 사실 어린이 사이에서는 원시인과 마찬가지로 법규를 자기 자신과 동료들의 단순한 인간적인 선택으로 보는 것을 꺼리는 경향이 있다. 어린이들은 그러한 법규에는 보다 높은 근원이 있는 것으로 보고 그러한 법규에 의해 어떤 제재를 가하는 것을 당연하게 생각한다. 내가 관찰한 바로는 미국 어린이들까지도 규칙을 전통이나 연장자들에 의해 만들어진 것으로 받아들이는 경향이 있다. 부모나 어떤 스승이라도 어린이들을 신뢰한다면 또 그러한 법규 자체가 실행 가능하다고 증명된다면, 부모나 스승 스스로가 어린이에게 법규를 제정해주는 사람이 되는 것만큼 쉬운 일은 없다. 그러나 법규에 대한 실험은 사회적이고 대중적이다. 그것은 일반적 정신에 부합해야 한다. 한 예로 어떤 사람이 소년단원을 인솔하여 캠핑을 가면서 자신이 데리고 가는 소년들을 신뢰한다면, 그 소년들은 그가 정한 규칙은 좋은 규칙이라고 생각하고 그 규칙을 흔쾌히 받아들일 것이다. 그러나 그 규칙이 불합리하고 규칙을 지키기가 무척 까다롭다고 확인되면, 그 규칙은 곧바로 실행이 중단될 것이다.

자유는 사회적 이상의 한 측면으로 개성individuality을 강조한다. 우리가 속해 있는 통일체는 서로 마찰에 의해 불붙는 다양한 에너지로 구성되어 있다. 통일체가 활기를 가지려면 이 에너지들이 작동을 해야 한다. 그리하여 야망이나 자긍심 같은 격렬한 자극은 (그 대상들에 대해서 충분히 인간화되면) 그 밖의 다른 어떤 자극만큼 유기적이 될 수 있으며,

그러한 자극은 파괴적이거나 억압을 받을 경우에만 동력이 약화된다. 나아가 우리의 특이성이 가진 장점을 다른 사람에게 증명하려고 요구해서는 안 되지만, 만약 원한다면 "문기둥에다가 일시적인 생각을 적어 놓는" 것은 허용해야 한다. 우리의 바람과 목적이 비록 궁극적으로 사회적 성격을 가진다 하더라도 그것이 처음 제기되었을 때는 받아들이기가 쉽지 않으며, 특히 그 가치는 더더욱 받아들이기가 어렵다. 그래서 우리는 가끔 혼자 있고 싶은 욕구를 느끼게 되고 다른 사람이 그와 유사한 욕구를 가진 것에 공감을 하게 된다.

이러한 원리는 특히 기질과 전통이 기묘하게도 서로 잘 들어맞는 영국인과 미국인들 사이에서는 너무 친숙하므로 여기서 굳이 더 이상 길게 논의할 필요가 없다고 생각한다. 이러한 원리는 이상주의의 한 측면으로서 18세기에 그랬던 것처럼 형식적이고 낡은 통제체계를 해체할 필요를 느낄 때 아주 우리의 의식 속에 선명하게 나타난다. 이제 이 원리는 낡은 메커니즘에 대항하여 인간 본성에 호소하게 되었다. 우리의 전반적인 사회정치철학은 여전히 그러한 갈등을 되풀이하고 있다.

인간 본성에 대한 이러한 견해가 가진 의미에 대해서는 그것과 지연권Natural Right 사상과의 관계를 살펴보면 더욱 명확하게 이해할 수 있다. 자연권 사상은 우리에게 친숙하면서도 지금은 다소 의심을 받고 있다. 자연권 사상은 그리스 철학자의 사상에서 시작하여 로마 법학을 거쳐 홉스Hobbes, 로크Locke, 루소Rousseau 및 여타 사상가로까지 이어져 내려왔다. 이들은 자연권 사상에 근대적 형식을 갖추었고, 이들의 저작을 통해서 자연권 원리는 근대 역사의 한 요인이 되었다. 자연권 사상은 우리 선조들에게 친숙해졌으며 독립선언문의 기초가 되었다. 자연권 사상에 따르면 사회는 기본적으로 자유로운 개인으로 구성되어 있으며, 그 개인은 모종의 암묵적인 계약에 의해 정부를 비롯한 여타 제도를 수립하는

데 참여하며, 조직의 혜택을 누리기 위해 자신의 자연권 일부를 양보해야 한다. 그러나 조직이 이러한 혜택을 제공하지 않는다면, 많은 저술가들이 주장한 것처럼, 조직은 부적당해지거나 무의미해지게 되며, 개인들은 자신들의 타고난 자유를 온당하게 복원하고자 한다.

지금은 형식적 측면에서 보면 자연권 사상은 진화론 사상과 완전히 배치된다. 진화론 사상에서 사회는 유기적으로 발전한다. 즉 사회와 동떨어진 개인, 조직과 동떨어진 자유, 자연권 철학자들이 주창한 것과 같은 식의 사회적 계약은 존재하지 않는다. 그렇지만 자연권의 주장을 현실에 적용하게 되면 그것은 때때로 생각하는 만큼 그렇게 불합리하고 진부하지가 않다. 인간 본성은 어느 곳에서나 같은 모습을 하고 있는 원초 집단에서 발달되고, 또한 각종 제도가 표현하고자 하는 공동의 이상주의에서 나온다고 하는 것이 사실이라면, 선천적 자유가 계약에 의해 수정될 수도 있다는 이론에서 도출되는 것과 동일한 결론은 다소 근거를 가지게 된다. 천부적 자유natural freedom는 원초 집단에서 생겨나 그곳에서 부분적으로 실현되는 이상에 대체로 상응하고, 한편 사회계약social contract은 이러한 이상을 더 넓게 표현하는 과정에서 마주치는 각종 제약에 상응한다.

이러한 철학에서 말하는 자연권―사적 자유의 권리, 노동권, 재산권, 개방적 경쟁의 권리 등―이 그때는 철학자들이 소규모 대면집단에서 이루어지는 활동으로 알고 있던 것에서 생겨난 이상이라고 하면 틀린 말인가?

사람들이 독립선언문에 나타나 있는 것과 같은 이상을 (만약 그것을 대신할 만한 단순하고 인간적인 이상이 없다면) 포기하기를 꺼리는 것은 건전한 일이며 굳이 이론적으로 입증할 필요가 없다.

원초 집단이 시원적 성격을 가졌다는 생각은 교육과 자선활동에서 신속하게 나타난다. 우리는 인간은 모두 다 사회적이며 동료와 관계를 맺지 않는 상태는 정말로 생각할 수 없다고 배우듯이, 우리는 좋든 나쁘든 집단 조건이 개인적 특성의 근원이라는 데 시선을 고정해야 하며 개인을 대할 때는 그가 터하고 있는 관계망을 통해서 상호작용을 행동해야 한다는 것을 느끼게 된다.

학교에서는 전체에서 생겨나는 관념들을 훈련의 출발점으로 삼아 나머지 삶과 함께 전체를 형성해야 한다. 학자들의 여론과 전통을 존중하여 일련의 규율을 구성해야 한다. 각종 어린이단체를 설립하고 그들의 활동에 알맞은 소재를 마련해주어야 한다.

자선활동에서는 가족의 통일을 우선시하고 개인의 일시적 이익을 앞세워 가족의 자연적 유대가 약화되지 않도록 유의해야 한다. 특히 부모는 자녀에게 무책임한 행동을 자제하여 어린이를 보호하여 애정이 식지 않도록 해야 한다. 일반적으로 개혁의 열의는 가족과 이웃에 영향을 미치는 조건들을 통제하는 데 있다. 예컨대 주택 공급이 건전한 가정생활을 누리기 힘들게 만들면 소년소녀들은 거리로 내몰리고, 어른들은 술집에 들락거리게 되며, 결국 사회는 근원부터 병들게 된다.

건전한 놀이가 없으면, 특히 집단 놀이가 없으면, 인간 본성은 올바르게 발달할 수 없다. 따라서 상업주의가 거세게 밀어닥치고 있는 우리가 살고 있는 도시에서는 인간 본성을 지키는 것이 각별히 요청되고 있다. 민주주의는 좋은 놀이 전통의 우월성을 지키기 위해 적절하게 감독을 하여 이러한 목적을 달성하기 위한 풍부한 공간과 제도를 마련하는 것을 가장 필수적인 기능으로 받아들여야 한다.

많은 사람은 소년들의 각종 동아리 또는 '패거리'에 관심을 기울이고 있다. 소년 시절을 회상하는 사람이라면 누구나 청소년들은 모두 동아리를 구성하고 그 안에서 (가끔은 빗나갈 때도 있지만) 열렬한 이상을 불태우고 있을 것이라고 생각한다. 로버트 우즈는 보스턴 거리를 보면서 이렇게 말한다. "이 구역 아파트에 있는 소년들은 거의가 패거리 구성원이다. 패거리에 속하지 않는 소년이 있다면 이는 극히 드문 예외적인 경우이다."14 놀이터가 없어서 길거리 여기저기서 비합법적으로 운동을 즐기는 혼잡한 주택지구에서는 이러한 패거리의 인간 본성이 범죄로 이어지기 마련이다. 그러나 이들에게 더 나은 기회가 주어지고 올바르게 지도한다면 그것은 자연히 건전한 스포츠와 사회봉사로 바뀌게 된다. 사회복지사업이나 기관들의 최선의 결과는 패거리를 동아리로 탈바꿈시키는 것이다. 때로는 그들이 공립 초중등학교에 편입하여 패거리가 자치 동아리 같은 정식 조직이 되는 경우도 있다.

시골에서도 거의 동일한 양상이 나타나고 있다. 지방에 있는 모든 촌락과 소도시에는 일단의 비행 청소년 집단이 있는데 이들이 비행을 저지르는 것은 단지 넘치는 혈기가 잘못된 방향으로 흐른 결과이다. 이들 집단은 마음이 온화하면서도 현명한 사람들이 약간이라도 관심을 기울인다면, 다음 세대에는 범죄나 비행이 적어도 절반가량은 확실히 사라질 것이다.

---

14 *The City Wildness*, 113.

# 제5장 원초적 이상의 확장

원초적 이상은 민주주의와 기독교 신앙을 강조한다 / 원초적 이상이 대규모로 성취되지 않는 이유 / 원초적 이상은 개성에서 무엇을 요구하는가 / 또 사회적 메커니즘에서 요구하는 것은 무엇인가 / 보충 원리

가장 인간적이고 가장 영속적인 가치를 가진 이상주의 체계는 원초 집단의 이상에 기초하고 있다는 사실이 곧 드러날 것이다. 일례로 작금에 가장 활성화되고 있는 민주주의와 기독교 두 체계를 예로 들이보자. 이상적 민주주의(여기에는 사회주의는 물론 그밖에 특수한 명칭에 의해 지속된 것이라면 어떤 것도 포함된다)의 열망은 놀이터나 지역공동체에서 자연스럽게 생겨난다. 여기에는 동등한 기회, 페어플레이, 공동선에 대한 모든 사람의 충성스러운 봉사, 자유로운 토론, 약자에 대한 친절 등이 포괄된다. 이것들은 사람들의 마음속에서 매일 새로워지는데, 그것들은 우리에게 익숙하고 우리가 흔히 겪는 경험에서 비롯되고 또 그러한 경험에 의해 확인되기 때문이다. 나아가 역사의 흐름으로서 근대 민주주의는 북유럽 튜턴 족의 생활에서 그 기원을 찾을 수 있다. 거기서 발원한 근대 민주주의는 영국의 자유 헌법과 미국혁명, 프랑스혁명을 거쳐서 19세기와 20세기의 넓고 깊은 해협으로 흘러내려왔다.

하나의 사회체계로서 기독교는 가족에 기초하고 있는데, 기독교 이상은 유대인 목수의 가내 집단에서 기원을 찾을 수 있다. 거기서 하나님은 친절한 아버지이고, 남자와 여자는 형제와 자매이다. 우리는 모두 서로 하나의 구성원으로서 사랑의 규칙에 따라 행동을 하고 모든 것을 그 규칙에 맡긴다. 교회가 이러한 원칙에서 벗어나면 무의미한 것이 되고 만다. 그 원리는 계속 지속되는데 이는 그것이 인간적이기 때문이다.

그러면 인간 본성은 어떻게 해서 이러한 원초적 목표를 성공적으로 달성하지 못하는가? 원초적 목표는 단순하고 당연한 것으로 보인다. 사람들은 왜 그것들이 잘 실현되지 않는지 또 우리는 왜 실제로 도덕 통일체, 즉 행복한 가족이 아닌지 의문을 가진다.

우리가 그렇게 되기를 원하지 않아서 그런 것은 아니다. 영향력이 미미한 비교적 소수의 비정상적인 개인이 아닌 일반적인 사람이라면 당연히 공동체의 이상에 충성하고 작든 크든 그것을 기꺼이 실현하려 한다는 것은 의심의 여지가 없는 사실이라고 누누이 말해 왔다. 상상력이 풍부하고 포부가 있는 사람이라면 열의를 가지고 공동체의 이상을 바라볼 것이며, 스스로가 효과적으로 그렇게 할 수 있는 법을 명확하게 알고 있다면 희생정신을 가지고 열정을 바쳐서 공동체의 이상에 헌신할 것이다. 우리는 잘 알지 못하는 사람은 순수한 악의가 있다고 생각하기 쉽다. 자신 속 어딘가에 어떤 남자와 형제의 자극이 있다는 것을 알지 못하는데 누구의 마음속을 깊이 알 수 있겠는가?

실제로 이러한 자극을 깨닫지 못하게 되는 것은 부분적으로는 개인의 도덕성이 약한 탓이며, 우리의 고결한 본성은 저열한 본성을 불완전하게 그리고 일시적으로만 제어할 수 있기 때문이다. 그래서 우리는 이상을 따라서 살아가지 않게 된다. 그러나 더 넓은 정신의 입장에서 보면, 그러한 실패의 원인이 조직의 난점에 있다는 것을 알게 된다. 우리의 의도가 아무리 좋다 하더라도 우리는 그러한 의도를 효과적으로 실행할 수 없기 때문에 그 의도를 체계 속으로 확장시켜야 한다. 그 과정에서 우리는 건설적인 에너지를 소진하여 우리의 이상은 혼동과 좌절을 겪게 된다. 심지어 어떤 제도는 일부 측면에서는 좋은 것이지만 개인을 잔인하게 하거나 무감각하게 하여 개인한테서 원초적 이상이 거의 실종되는 경우도 있다. 도덕적 질서를 형성하여 지속적으로 확장시켜 나가게 된 것은 인류의 위대한 역사적 과업이다. 그러나 그러한 확장이 모든 결함의 원인이 되고 있다.

도덕적 질서를 수립하려면 개성에게는 좋은 자극은 물론 특성과 역량까지도 요구된다. 이상을 실현하려면 일관성과 자기통제, 지적 능력을 겸비해야 한다. 가족과 동료집단도 (설령 아주 높은 수준의 정교한 구조를 이루고 있더라도) 구성원들의 개성이 결여되면 종종 붕괴되고 만다.

그러나 개성이 불충분하면 상태가 더 악화된다. 우리 삶의 새로운 질서는 그 구조와 자유 원리를 확장해나감으로써 인류의 정치적, 도덕적 강인함과 방대하고 효율적이고 탄력적인 통일체를 유지할 수 있는 능력을 한층 더 엄격하게 시험하게 된다. 어떤 민족이든 어떤 사회체계든 이러한 강인함을 구축하지 못하면 그러한 강인함을 구축하는 데 성공한 민족이나 사회체계에 주도권을 내주어야 한다.

이처럼 아무리 강한 개성이라도 훈련에 의존하게 된다. 올바른 상태를 성취하는 데는 아무리 타고난 능력을 가지고 있어도 점점 증대하는 상황, 즉 광대하면서 동시에 전문적, 기술적, 인문학적 지식을 요구하는 상황에 필요한 교육을 추가로 받아야만 성공을 거둘 수 있다. 개인의 정신에 기초하지 않은 도덕적 질서는 성립할 수가 없다.

개성도 필요하지만 그 외에도 적절한 커뮤니케이션 및 조직 메커니즘이 있어야 한다. 소규모 집단에서는 구조를 이루는 요건들이 너무 단순하여 별 문제가 생기지 않지만, 관계망이 확장되고 다양화됨에 따라 인간 본성을 온전하게 두고는 요건을 충족하기가 점점 어려워지고 있다. 다른 조건이 같다면, 체계의 자유와 실제 통일은 그 정도가 역으로 변화한다. 실제의 통일이 자유와 조화를 이루게 된 것은 다만 다른 조건들이 변화했기 때문, 즉 커뮤니케이션 및 조직 메커니즘이 전반적으로 향상했기 때문이다.

도덕적 통일을 좌우하는 것은 메시지의 신속한 전달인데 이를 위해서는 의사소통이 충분하고 신속하게 이루어져야 한다. 대면 집단에서는 제스처와 말이 이러한 기능을 보장해준다. 그러나 최근에는 통신시설이 비약적으로 발달하여 대규모의 자유로운 의사소통이 가능하게 되었다. 상호교류를 통해서 사고와 정서를 전체에 전달해주는 수단이 없다면, 집단의 통일은 활력을 잃거나 비인간적이 될 것이다. 이러한 요인 하나만 보아도 19세기 이전까지는 자유가 확장되지 못했음을 충분히 알 수 있다.

또한 인간 본성을 조리 있게 효과적으로 표현하기 위해서는 합리적 조직의 형태와 관습이 있어야 한다. 어린이들조차도 규칙적인 토론 및 결정의 필요성을 배우는데, 협의를 위해 모인 일단의 성인들은 지금까지는 그런 행사 때만 실행되어 온 규칙들을 준수해야만 유기적으로 생각할 수 있다는 것을 알게 된다. 만약 나라의 규모가 크고 안정되어 있으면, 이러한 질서의 규칙이 일단의 법률과 관습이 되어야 한다(그러한 법률과 관습에는 사회의 익숙한 제도 가운데 [전부는 아니더라도] 대부분이 포함된다). 그러한 법률과 관습은 철도나 공장이 그런 것처럼 많은 점진적 혁신과 시험을 거쳐 생존해온 산물이며, 장기적으로는 동일한 목표, 즉 사회체계 내에서 인간 본성을 충실히 표현하는 목표를 가진다.

이러한 조건에서 알 수 있듯이, 정신이 확장하는 과정에는 보충 원리a principle of compensation가 작동한다. 사회가 향상될수록 더 많은 인간 이성, 감정, 선택 등 핵심 동력이 확장된 정신 속으로 더욱더 많이 들어간다. 이러한 것들이 제약을 받으면, 사회의 한 측면이 향상되더라도 다른 측면이 지체 또는 후퇴하여 사회 전체의 향상이 적어도 부분적으로 또는 일시적으로 상쇄되기 쉽다.

우리가 살고 있는 시대에는 통신수단의 급속한 발달로 인해 사회가 더 넓어지고 더 자유로워졌으며, 그 결과 정착된 관계가 혼란한 상태에 빠져들고 또 진보의 기계적 측면에 너무 많이 집중함으로써 자유에 반하는 혼란과 부정의가 만연하고 있다.

초기의 정치사에서 일반적으로 나타나는 사실은 성장에 따른 퇴보이다. 소규모 국가는 보다 넓은 세계의 일부가 되는 운명을 벗어날 수 없으며, 팽창을 하지 않으면 소멸하는 수밖에 없다. 소규모 국가는 생존 투쟁의 필요성 때문에 규모와 세력과 다양성을 키우게 된다. 실제로 로마와 아테네를 비롯한 수많은 나라가 그렇게 해왔다. 그러나 그 과정에서 막대한 군비 지출을 하느라 인간 본성을 희생시키고 기계적 또는 전제적 구조가 발달되었다. 이로 인해 결국 허약, 부패, 정복을 반복하고 때로는 반란과 혁명을 야기하게 된다. 인간 본성을 위한 요건은 사회적 이상주의처럼 직접 표현되기도 하고 아니면 그러한 요건을 무시하여 궁극적으로 체계가 유약해지고 결국 실패하는 경우처럼 간접적으로 감지되기도 하는데 어떤 경우든 인간 본성의 요건은 억누를 수가 없다. 그러므로 보다 넓은 형태의 구조에서는 인간 본성의 요건의 희생을 줄이기 위해 지속적인 개혁을 해나가고 그리고 갈등상태에서 더 높은 유형을 살려 점진적으로 발달시켜 나간다.

근대적 삶에서 부자유스럽고 비인간적인 요소가 나타나는 것은 대부분 근대적 삶의 누적된 요구를 충족할 정신적 및 도덕적 에너지가 부적절한 데서 비롯된다. 근대적 삶은 많은 방면에서 관심과 노력이 결핍되어 있고, 이에 따라 사회적 관계의 수준이 점점 낮아진다(이는 마치 선생이 학생들에게 너무 많은 것을 가르치려고 기계적인 훈육 방식을 채택하는 것과 같다). 그래서 공공기관에서는 '관료적 형식주의'가 만연하여 규칙이 정한 대로만 일을 하는 별 능력이 없는 사람들이 많은 업무를 수행하고 있다. 대규모 관료체계를 갖춘 제정 러시아가 그 대표적인 경우이다.

일반적으로 체계의 일탈은 대부분 나쁜 의도에서 비롯되기보다는 부적절함에서 비롯된다. 실제로 모든 관계가 완전히 합리적이고 사람들로부터 공감을 가질 거라고 기대하지는 않는다. 우리는 이성과 공감을 아주 긴요한 것에 주입시키는 데 만족해야 한다.

도덕 유기체로서 사회는 실험과 투쟁과 생존이라는 시험을 거쳐서 점진적으로 만들어진다. 개인은 물론 각종 이념, 제도, 민족, 인종도 사회에 영향을 미치다가 결국 소멸한다. 사회의 이상은 비록 그 정신이 단순하긴 하나 끊임없이 정교화를 거쳐야 성취된다.

이하에서는 커뮤니케이션, 여론, 정서, 계급, 제도 등 사회조직의 일정한 측면을 고찰함으로써 끊임없이 노력하는 전체를 조명하는 데 집중할 것이다. 그 과정에서 부분 속에서 전체를, 전체 속에서 부분을 보고 또한 전체와 부분 속에서 인간 본성을 보려고 노력할 것이다.

# 제2부
# 커뮤니케이션

# 제6장 커뮤니케이션의 중요성

커뮤니케이션의 의미 / 커뮤니케이션과 인간 본성과의 관계 / 커뮤니케이션과 사회 전체와의 관계

여기서 말하는 커뮤니케이션communication[1]이란 인간관계가 존재하고 발달하는 데 이용되는 메커니즘을 의미하는 것으로서, 정신을 나타내는 모든 상징들을 공간을 통해 전달하고 적시에 보존하는 수단이다. 거기에는 표정, 태도, 제스처, 음색, 말, 글, 활자, 철도, 전신, 전화 등이 포함되는데, 이것들은 모두 근래에 시간과 공간이 정복에 의해 성취된 것이다. 이것들은 모두 현실에서는 서로 복잡하게 결합되어서 인간 사고의 유기적 통일체에 상응하는 하나의 유기적 통일체를 형성한다. 정신의 발달과정에서 모든 것은 그 안에 외적 존재를 가진다. 이러한 메커니즘을 더 세밀하게 고찰할수록 그것과 인류의 내적 삶의 관계는 더욱 친밀한 것으로 나타나며, 이러한 고찰만큼 그러한 관계를 더 잘 이해할 수 있게 해주는 것은 없다.

---

[1] 옮긴이—communication은 문맥에 따라 의사소통, 통신수단 등 여러 용어로 번역되고 있으며 일반적으로 커뮤니케이션 그대로 쓰이고 있음. 여기서도 문맥에 따라 의사소통 또는 통신수단으로 번역하고 이를 포괄하는 보편적인 의미를 나타낼 때는 커뮤니케이션으로 번역하여 사용함.

의사소통 수단과 나머지 외부 세계 사이에는 명확한 경계선이 없다. 어떤 의미에서 보면 모든 사물과 행위는 정신을 나타내는 상징이며, 마치 어린이에게 그저 달이나 다람쥐를 가리키기만 하거나 목소리로 다람쥐 소리를 흉내만 내도 다람쥐를 나타낼 수 있고 또 달의 윤곽만 대충 그려주어도 달을 나타낼 수 있는 것처럼 어떤 것이든 기호sign로 나타낼 수 있다. 그러나 처음에는 의사소통이 관습에 의해 발달하는 경우도 있는데, 이때는 기호가 자연발생적으로 생겨났다가 이내 지시대상과의 명백한 연계성이 사라진다. 이 경우 기호는 단순히 사고의 전달만을 목적으로 존재하는 표준 상징체계이다. 우리는 바로 이 점에 주목한다.

의사소통이 이루어지지 않으면 정신은 진정한 인간 본성을 발달시키지 못하며 인간적이지도 않고 그렇다고 잔인하지도 않은, 말로 표현하기 어려운 비정상적인 상태에 머무르게 된다. 이러한 점은 헬렌 켈러의 이야기에서 감동적으로 나타난다. 세상 사람들에게 잘 알려져 있듯이 그녀는 생후 18개월 만에 시각과 청각을 잃어서 유쾌한 삶을 살지 못했고, 일곱 살이 될 때까지 사람들과의 관계가 단절되었다. 그때까지 그녀는 정신이 완전히 고립되어 있었음에도 유아 시절부터 배운 많은 기호의 사용법을 익혀 왔다. 그러나 그녀의 충동은 조야하고 절제되지 못했으며, 그녀의 생각은 너무 단절되어서 정신이 회복될 때인 일곱 살이 끝날 무렵까지 일어난 일에 대해서는 거의 기억하지 못했다.

헬렌 켈러가 정신이 회복되었을 때 그녀의 선생님이 들려준 이야기는 우리가 의사소통의 일반적 사실과 이념에 대한 개인의 정신이 갖는 중요성을 인식해야 하는 만큼이나 생생한 그림과도 같다. 설리번 선생님은 몇 주에 걸쳐 헬렌에게 글자 쓰는 법을 가르쳐 주었다. 헬렌에게 글자를 반복해서 쓰게 하고 그것을 사물과 연계시켜 주었다. 그러나 헬렌은 아직 언어 개념에 대해 파악하지 못했고, 모든 사물에는 명칭이 있다는 사실도 잘 이해하지 못했다. 또 명칭을 통해 다른 사람과 경험을 공유할 수 있고 그 경험을 배울 수 있다는 사실도 이해하지 못했다. 즉 **사유 속에 동료의식**이 있다는 것을 이해하지 못했다. 어느 날 갑자기 그녀는 이러한 사실을 깨닫게 되었다. 설리번 선생님에 따르면,

"오늘 아침에 헬렌은 세수를 하다가 물의 명칭을 알고 싶어 했다… 나는 '물'이라고 써주고는 아침 식사가 끝날 때까지 그것에 대해 전혀 생각을 하지 않고 있었다. 그러다가 마침 이 새로운 단어의 도움으로 이전에 논의한 개념에 대한 혼동, 즉 머그잔과 우유를 연계시키는 어려움을 해결할 수 있다는 생각이 떠올랐다. 우리는 밖으로 나가서 펌프실로 들어갔다. 내가 펌프로 물을 뿜어내는 동안 헬렌에게 펌프 아래 있는 머그잔을 잡고 있게 했다. 펌프에서 뿜어 나오는 차가운 물이 머그잔을 채우고 있을 때 나는 아무것도 잡지 않은 헬렌의 다른 손에 '물'이라고 적어 주었다. 손 위로 뿜어 나오는 차가운 물의 감각이 손에 적힌 단어로 점점 가까이 다가오자 헬렌은 움찔 놀라는 듯했다. 헬렌은 머그잔을 떨어뜨리고 꼼짝 않고 선 채로 있었다. 새로운 조명이 그녀 얼굴을 비추었다. 헬렌은 물이라고 여러 번 썼다. 그러고는 그것을 땅에 떨어뜨리고 그 명칭을 물었다. 그리고 펌프와 울타리를 가리키더니 갑자기 돌아서서 나를 어떻게 부르냐고 물었다. 나는 '선생님'이라고 적어 주었다. 바로 그때 간호사가 헬렌의 여동생을 펌프실 안으로 데려왔다. 헬렌을 '아기'라고 적고는 간호사를 가리켰다. 헬렌은 집으로 돌아와서는 줄곧 흥분되어서 자신이 접한 모든 물건의 명칭을 학습했다. 그래서 단 몇 시간 만에 30개의 새로운 단어를 익혔다."

다음날 설리번은 이렇게 썼다. "오늘 아침 헬렌은 찬란한 요정처럼 일어났다. 헬렌은 물건을 이리저리 옮겨 놓고 모든 물건의 명칭을 묻더니 아주 기쁘다고 내 뺨에 키스를 했다." 그리고 나흘 후 "이제 모든 사물은 이름을 가지게 되었다…헬렌은 이전에 사용하던 신호와 몸짓

을 버리고 그 대신에 단어를 사용하게 되었다. 새로운 단어를 습득하게 되면서 헬렌은 아주 활발해지고 즐거움을 느끼게 되었다. 사람들은 그녀의 얼굴 표정이 나날이 밝아지고 있는 것을 느끼게 되었다."[2]

우리는 이러한 유형의 경험을 갈수록 점점 더 많이 겪게 된다. 우리는 커뮤니케이션을 통해서 발전하게 된다. 동료와의 대면과 대화, 책, 편지, 여행, 예술 등은 사고와 감정을 일깨우고 그것을 일정한 방향으로 인도하여 우리가 발전하는 데 필요한 자극과 틀을 제공한다.

마찬가지로 더 넓은 시야를 가지고 사회집단의 삶을 살펴보면, 의사소통은 (문학, 예술, 제도 속에서 이것이 조직화된 것을 포함하여) 인간의 내면적 또는 의식적 삶의 원인이자 결과인 것만큼 진정한 외면적 또는 가시적 사유구조라는 것을 알게 된다. 모든 것은 발달한다. 즉 상징과 전통과 제도는 분명 정신에 의해 계획된 것이다. 그러나 그것들이 계획되는 바로 그 순간 그리고 그 이후부터 그것들은 정신에 영향을 미치고 정신을 통제하며, 어떤 자각적인 제안도 생겨나지 않게 다른 사유들을 억제하여 특정 사유를 자극하여 발전시키고 고착시켜 나간다. 이러한 구조의 도움으로 개인은 가족, 계급, 국가의 구성원이 되며, 나아가 보다 넓은 통일체의 구성원이 된다(이미 선사시대 사람들은 그러한 통일체를 수립할 생각을 가졌으며 실제로 그러한 통일체를 형성했다). 개인은 한 요소 속에서 살아가듯이 이 통일체 속에서 살아가며 그것으로부터 자신의 발달에 필요한 소재를 이끌어내어 자신이 표현하고자 하는 건설적 사유라면 어떤 것이든 그 통일체에 추가한다.

그리하여 커뮤니케이션 체계는 하나의 도구, 즉 하나의 진보된 발명물이며, 그것이 발달하여 인류에 다시 영향을 미치고, 모든 개인과 제도의

---

[2] *The Story of My Life*, 316, 317.

삶을 바꾸어놓는다. 커뮤니케이션 체계의 발달과정을 연구하는 가장 훌륭한 방법은 그것과 결부된 정신적, 사회적 변화를 이해하는 것이다. 그러한 변화가 우리의 사고를 명백하게 틀 짓기 때문이다. 이는 마치 공업과 상업의 유기적 성격을 파악하려면 우선 철도 체계와 이것이 운반하는 상품의 양과 종류를 연구하고 그런 다음에 보다 추상적인 금융거래에 대한 연구를 진행해나가는 것과 같다.

커뮤니케이션 체계의 혁명적 변화가 새로운 세계를 가져왔다는 것을 인식하지 않고서는 근대시대를 올바르게 이해할 수가 없다. 다음 장에서는 교류의 발달이 사회발전 과정에 어떤 영향을 미쳤는지 보여주고 특히 최근에 일어난 변화가 어떤 결과를 낳았는지 논의할 것이다.

## 제7장  커뮤니케이션의 발달

언어 이전의 커뮤니케이션 / 언어의 출현 / 커뮤니케이션의 정신적 기능과 사회적 기능 / 글쓰기의 기능 / 인쇄술과 근대세계 / 비언어 기술

　말을 배우기 전의 주요한 의사소통은 얼굴 표정을 통해 이루어진다. 특히 눈과 입의 움직임이나 음조, 억양, 목소리에 실린 감정, 머리와 손발의 동작을 통해 의사소통을 한다. 어린이에게는 이러한 것들이 모두 처음에는 무의식적으로 이루어지지만 점차 의식적인 동작이 되고, 말을 배울 때까지 이러한 것들을 열심히 반복하고 익히게 된다. 이러한 것들은 곧바로 행동과 감정에 결합된다. 이를테면 목소리의 억양은 음악처럼 어린이의 감정에 직접 이입되고 부분적으로 본능적 감각에 의해 해석된다. 7개월 된 어린이가 발음은 분명하지는 않으나 표현력이 풍부하게 목소리를 내는 것을 들은 적이 있다. 그 소리는 마치 가까이서 활기 있게 대화를 하는 것처럼 들렸다. 손을 내밀거나 허리를 굽히거나 머리를 흔드는 몸짓은 뭔가를 표현하고자 하는 생각과 느낌에서 직접 우러나온다.
　얼굴 표정은 "마음과 삶의 모양과 색깔"을 나타내는 것으로 일종의 사회 축소판이다. 사람들의 표정 속에 나타난 모든 것을 보고 그들이

지낸 삶을 읽어낼 수만 있다면, 그 표정 속에서 상당한 양의 사회학을 발견하게 될 것이다. 물려받은 습관, 가정교육, 학교 인쇄물, 현재의 여론, 현행 제도는 모두 아주 섬세한 연필로 그려진 것이다. 헨리 8세[1] 당시의 인간적 통찰을 파악하는 데는 홀바인Holbein[2]이 그린 초상화를 연구하는 것만큼 좋은 방법은 없다. 초상화 전시회를 보면, 우리가 살고 있는 시대는 물론 다른 시대의 특성도 뚜렷하게 나타난다. 많은 사람은 표정을 보고 어떤 계층인지(이를테면 성직자인지를) 분별한다. 하지만 표정만 보고는 그가 어떤 교회 소속인지 알 수 없고 또 평범한 신도인지 권위 있는 성직자인지 정확하게 알 수가 없다. 한편 미국 청소년의 생김새와 영국 청소년의 생김새(특히 소녀들의 생김새)에는 말로 표현하기는 어려우나 명백한 차이가 있는데, 이러한 차이는 사회체계의 상이함을 반영한다.

물론 이러한 종류의 의사소통은 무의식적으로 나타난다. 인위적인 의사소통 메커니즘은 사람이 자기 자신의 본능적 동작과 환성 또는 자신에 관한 세계의 소리, 형태, 움직임과 연계된 개념을 상기하기 위해 그것들을 의도적으로 재현하기 시작할 때 생겨난다. 모든 종류의 관습적인 의사소통은 이러한 원시적인 모방에 뿌리를 두고 있으며, 이러한 모방은 쉽게 상상할 수 있는 과정을 통해 몸짓과 말과 글 그리고 각종 예술과 과학의 특수한 상징으로 확대, 분화되며 그렇게 하여 외부의 모든 사유 조직이 처음으로 되돌아오게 된다.

---

[1] **옮긴이**—헨리 8세(Henry VIII): 헨리 7세의 뒤를 이어 튜더 왕가 출신으로는 두 번째로 등극한 잉글랜드 국왕(재위 1509~1547)이자 아일랜드의 영주(재위 1541~1547).
[2] **옮긴이**—홀바인(1497/98~1543): 독일 태생으로 영국 헨리 8세의 궁정 화가. 르네상스 시대에 국제적으로 유명한 초상화가인 홀바인은 날카로운 성격 묘사로 명성을 쌓은 뒤 종교개혁으로 혼란된 독일을 피해 영국으로 건너가 토머스 모어 일가의 초상화를 그리게 됨. 이를 계기로 영국 왕실의 총애를 받아 헨리 8세의 궁정화가로 일하게 됨. 그가 그린 헨리 8세 초상화는 현재 로마 국립미술관에 소장되어 있음.

언어를 습득하기 전의 사람이나 선조들의 삶은 그저 추측만 할 수 있을 뿐이다. 그러나 얼굴 표정, 불명확한 음성과 노래[3] 그리고 공감을 불러일으키는 다양한 흉내 내는 소리와 동작으로부터 다소 단순한 종류의 일반적 개념이 형성되었으며, 그러한 것들이 옛적부터 전통과 관습을 발달시킨 매개체였다고 생각된다. 인위적인 몸짓 언어는 말이 발달되기 전에 제법 체계화된 것으로 추정된다. 언어가 없는 가운데서도 지속적이고 활력 있는 정신 통일체가 형성되었으며, 이러한 통일은 단순히 세습에만 의존한 것이 아니라 다소 단순한 종류의 사고와 감정과 더불어 의식 공동체를 형성하고 전통을 통해서 그러한 사고와 감정을 전달하고 축적하여 이루어져 왔다. 비록 미숙한 형태이긴 하나 협동과 교육이 존재했으며, 이 협동과 교육 속에서 미래의 제도들이 싹텄다.

어린이를 유심히 관찰해 본 사람이라면 누구나 어린이가 말을 언제 시작하는지 쉽게 예측할 수 있다. 거의 모든 어린이가 자신을 위한 언어를 개발하려고 시도하지만 자신에 대해 이미 만들어진 말이 있다는 것을 알고는 단념하기 때문이다. 사람에서 나온 것이든 동물에서 나온 것이든 무생물에서 나온 것이든 [사물과] 한정된 연계성을 가진 친숙한 소리만큼이나 많은 자연 단어natural words가 있다. 어린이들은 처음에는 일상적인 스포츠나 사교 모임에서 자연 단어를 본능적으로 재현하고 소통하기를 좋아하다가 이후에는 특별한 행사가 있을 때 한정된 의미에서 그것을 재현하고 소통한다. 이러한 한정된 의미는 여러 개념과 다양하게 연계되면서 금세 확장되어 간다. 여러 음성이 사용과정에서 변형되고 결합되어 마침내 언어가 형성되기 시작한다.

많은 소박한 발명가들이 언어 발달에 기여하며, 모든 사람은 자신의

---

[3] 노래가 말보다 먼저 생겨났을 개연성에 관해서는 다음을 보라. Darwin, *Descent of Man*, chap. 19.

언어에 자기 개성을 포함시켜 나가면서 전통을 바꾸어놓는다. 다양한 형태의 개념들이 단어와 여타 상징들 속에 보존되어 연속적 통일체 속에 저장되면서 그 폭이 부단히 넓어지고 다양해져 간다. 이리하여 인간 사고가 외부에서 또는 구체적으로 구현된다. 또한 그 속에서 모든 특수한 정신이 존속, 발달하고 그러한 정신으로부터 자기 삶의 소재를 이끌어내어 그 소재를 가지고 더 고귀한 산물을 만들어내는 데 기여한다.

언어는 전달수단이다. 그것은 지금까지 우리가 알지 못했던 인간 사고를 가득 싣고 과거로부터 흘러 내려오는 배이다. 언어를 이해하게 됨으로써 우리는 동시대인들의 정신 속으로 들어가며 나아가 여러 시대를 거쳐 지속되는 인류의 일반적 정신 속으로 들어가게 된다. 일반적으로 말을 배운다는 것은 어린이가 처음에는 개념을 익히고 그런 다음에는 그것을 전달하는 데 사용하려고 다른 사람들로부터 소리를 익히는 것으로 알려져 있다. 그러나 엄밀하게 살펴보면, 아주 단순한 개념 경우에도 그렇지 않으며, 발달된 개념의 경우에는 그와는 거의 반대로 나타난다. 대체로 단어가 먼저 나와서 개념을 이끌고 부각시키므로 먼저 단어를 익히지 않으면 개념이 나올 수가 없다. 단어가 말하기를 "이 방법은 흥미로운 생각이다. 단어가 나오거든 찾아라." 그렇게 하면 우리는 옛 지식을 재발견하게 된다. 이를테면 **선함**, **올바름**, **진실함**, **사랑**. **가정**, **정의**, **미**, **자유** 같은 단어들이 그 의미를 훌륭하게 부각시켜 준다.

단어 없는 정신은 길도 없고 탈 것도 없으며 나침반조차도 없이 황무지 한가운데 있는 유랑객처럼 유약하며 불확실하게 전진해 나갈 따름이다. 단어를 가진 정신은 문명이 발달한 곳의 여행객과도 같다. 그곳에는 편편하게 다져진 길과 빨리 달리는 수레가 갖추어져 예전에 사람들이 있던 곳이라면 어디든지 그를 데려다 줄 준비가 되어 있다. 어찌하든 여행객은 땅 위를 지나가야 하듯이, 정신은 경험experience을 거쳐야 한다. 그러나 정신이 언어를 지니고 있다면, 과거의 모든 지혜를 통해 자기 경험을 예견하고, 계획하고, 해석할 수가 있다. 그리하여 그 정신은 자기 자신의 경험만이 아니라 동족의 경험까지도 겪게 된다. 마치 현대의 여행객이 예전의 농촌만 보는 것이 아니라 도시와 농장까지도 보는 것처럼 말이다.

단어에 적용되는 원리는 단어가 구성하고 있는 구조, 문학 그리고 문학이 전달해주는 다양한 전통에도 적용된다. 단테 시의 구절들이 '이탈리아 사상의 길잡이'이듯이 모든 분야에서 성공한 정신의 노력은 그 상징 속에 보존되어 다른 모든 정신이 동일한 지점에 이르게 하는 길잡이가 된다. 여기에는 일정한 사상은 물론 감정feeling도 포함된다. 언어와 관련하여 가장 놀라운 것은 그것의 배열과 움직임만으로는 파악할 수 없고 또 단어들의 선택과 배열을 통해서도 간파할 수 없는 무언가에 의해 인간의 정신을 전달하고 인간이 특정한 개념이 가치를 상실했을 때 그가 겪은 사건을 생생하게 보여준다는 점이다. 이를테면 우리가 토머스 브라운 경Sir Thomas Browne4한테서 배울 것은 그의 자부심과 우직함이 아니라 일생 동안 그를 감싸고 있는 고귀한 신앙 정신이다.

언어 성취는 인간 특유의 특성이며, 흔히 인간 이전의 상태에서 인간으로 태어나게 한 통로로 간주되고 있다. 이 말은 헬렌 켈러처럼 인간은 모든 사물에는 명칭이 있다는 것을 터득하고 그럼으로써 다른 사람과 의식적인 친교를 맺게 되었다는 것을 의미한다. 언어 터득은 보다 합리적이고 인간적인 사고와 감정을 생기게 할 뿐만 아니라 명확한 제도를

---

4 **옮긴이**—토머스 브라운(1605~1682): 영국의 의사이자 작가로서 명상록 『종교의학』(Religio Medici)으로 가장 잘 알려짐. 이 책은 1643년 출판되자마자 영국에서 대성공을 거두었으며, 곧 라틴어로 번역되어 유럽에서 널리 읽혀지고 네덜란드어와 프랑스어로도 번역됨. 이후 열정적인 작가로서 많은 의학에 관한 많은 저작을 펴내 당시 널려 퍼진 많은 미신을 바로잡으려 함. 이러한 공헌으로 찰스 2세로부터 기사작위를 받게 됨.

형성하는 기초이기도 하다. 언어를 가진 집단은 모두 사고의 통일을 충분히 광범하게 이루어냈다. [언어를 가지게 되면서] 사냥, 전쟁, 결혼, 축제 등 원시적 삶의 주요 관심사와 관련된 개념이 정의되고 전달되고 확장되었다. 또한 부족사회에서 여론이 형성되기 시작하여 현재의 격언으로 굳어지고 사고와 행동 규범으로 기능하게 되었다. 축제 송가는 예전부터 있었지만 언어를 터득하면서 더욱 명료해지고 역사적이 되었다. 집단 내에서 특수한 가치가 성취되면서 그것은 소멸되지 않고 전통을 통해 다음 세대로 전수되어 새로운 발전의 토대를 형성했다. 그리하여 원시적 지혜와 규범은 의례 및 여타 상징과 결합되어 지금까지 영속적으로 존재하며 확대, 발전되어 왔으며, 그것들은 모든 미개부족에서 발견되는 정부, 결혼, 종교, 재산 등과 같은 여러 제도를 형성했다.

이러한 사물의 상태가 (획득된 사회적 습성과 기질을 직접 상속함으로써, 특히 그런 습성과 기질을 가진 탓에 남보다 사회생활을 윤택하게 하는 데 더 적합한 사람들이 살아남음으로써) 인간의 타고난 능력에 다시 영향을 미친다는 사실을 잊어서는 안 된다. 이처럼 어떤 사람이 언어를 사용하기 시작하면 그는 그렇지 않은 사람보다 더 빠르게 확장, 발달하여 더 많은 사회적 유신을 쌓아가게 된다.

그래서 언어를 연구하면 진리를 밝혀낸다(물론 진리에 도달하는 데는 다른 많은 방법도 있다). 즉 언어를 연구하면 개인 정신은 각각 분리되어서 발달하는 것이 아니라 일반적 정신 내에서 분화된 것임을 밝혀낸다. 우리는 사적 생활의 근원은 부분적으로는 타고난 기질에 있고 부분적으로는 의사소통의 흐름에 있는 것으로 이해하고 있는데, 그 둘은 모두 인류의 통일된 삶에서 유래한다. 개인이 자신이 인류와 동떨어져 있다고 생각하는 것은 과거에 자신이 인류와 동떨어져 있던 것만큼 현재에도 동떨어져 있다고 생각하기 때문이다. [언어가 없다면] 과거에도 연속성이 없었듯이 현재에도 그러한 연속성이 없을 것이다. 자신이 그저 인류와 동떨어져 있다는 느낌 때문에 자신이 동떨어져 있다면, 유아는 매 순간 동떨어져 있다고 답해야 할 것이며 또 우리는 사유와 기억의 발달을 통해서만 사적 생활이 통일체를 형성하게 된다고 답해야 할 것이다. 마찬가지로 더 넓은 통일 또는 사회 통일에 대한 의식은 다만 우리가 그러한 통일에 대해 얼마나 생생하고 현명하게 의식하고 있느냐 하는 문제가 된다. 이러한 의식은 이미 성찰적 관찰을 통해 충분히 밝혀진 바 있다.

저술writing은 여러 생각을 영속적으로 기록하여 인간의 정신을 더욱 확실하고 연속적이며 다양한 방면으로 발달하게 하는 사회적 기능이다. 그것은 개인을 위한 것이기도 하지만 인류에게도 큰 기여를 한다. 학자는 좋은 생각이 떠오르면 그것을 글로 적어놓는다. 그렇게 하면 그는 그것을 마음대로 상기할 수 있고 사고를 동일한 방향으로 나아가게 하는 출발점으로 삼을 수가 있다. 그래서 인류는 자신의 통찰을 기록하여 보존한다.

저술 능력을 성취하기 전까지는 사고의 축적이 구술 전통에 의존했는데, 구술 능력은 전통을 전달하는 사람의 관심과 기억력에 의해 측정되었다. 그리하여 구술 전통은 호머의 전설 같은 통속적인 이야기나 노래, 속담, 격언 등 다소 일반적이고 지속적으로 요구하는 이념과 정서에 한정될 수밖에 없었다. 세습 성직자들이 광범하게 존재하고 있는 것에서 보듯이 전통도 특정 가문과 카스트 내에서 다소 분화되어 있었다. 하지만 이러한 전문화는 그들 내부에서 세습되어 더는 정교해지거나 안전하게 지켜질 수가 없었다. 저술 활동이 없으면 어떤 과학도 어떤 다양한 문학도 존재할 수가 없다. 과학자나 문학가에게는 시공간적으로 멀리 떨어져 있는 사람들에게 필수적으로 요구되는 사고를 고스란히 전달해

줄 수단이 필요하다. 기번Gibbon의 말을 빌려 다음 같이 말할 수 있다. "저술활동이 없다면 어떤 민족도 역사 기록을 충실하게 보존할 수 없고, 추상적 과학을 충분히 발전시킬 수 없으며, 어느 정도 완전하고 유익하고 쾌적한 예술을 영위할 수가 없다."[5]

아무리 안정적이고 확장된 정부도 저술활동이 없으면 조직화될 수가 없다. 그런 정부는 사회질서 유지와 관련된 과거의 지혜를 포괄하는 헌법과 명확하고 영속적인 법률 및 관습 체계를 갖추고 있어야 하기 때문이다.

종교 체계도 마찬가지이다. 역사적으로 유명한 종교는 경전에 기초하고 있다. 경전의 핵심적인 부분은 창시자와 직계 제자들의 가르침을 기록해 놓은 것이다. 그러한 기록이 없었으면 기독교, 불교, 이슬람교는 소규모 종파로서 일시적으로 존재하고 말았을 것이다. 문자를 모르는 선조 가운데 비범한 종교 지도자가 꽤 있었을 것이다. 그러나 그들은 영속적인 [종교] 체계를 세우지 못했다.

근대적 삶의 전반적 구조와 발전은 아마 고대 정신의 업적을 문서로 보존해 놓은 기록―특히 유대인, 그리스, 로마의 기록―에 의지하고 있다. 이러한 기록이 없었다면 어떻게 되었을까 질문하는 것은 우리 조상이 존재하지 않았다면 어떻게 되었을까 질문하는 것과 매한가지다. 저술 능력은 역사를 가능하게 하고, 역사를 가진 인간은 복잡한 제도를 만들어내게 되었다. 저술활동은 과거에 소규모의 불안정한 집단에 한정되었던 인간 본성을 급속하게 그리고 확고하게 확장시켰다.

저술 능력이 사고를 영속적으로 보존하여 일찍이 문명을 발전시켰다면 인쇄술printing은 사고를 널리 전파하여 근대 세계의 문을 열어 놓았다. 인쇄술이 출현하기 전에는 인류의 기록은 식자층에만 한정되어 있었

---

[5] *Decline and Fall*, Milman-Smith edition, i, 354.

고 그 때문에 그들은 사회체계가 의지하고 있는 전통을 독점하였다. 예컨대 중세 초기에 유럽에서는 성직자 또는 일부 교육 받은 성직자가 이러한 위치를 독차지했고, 그들의 체계는 그 시대에 활기 있고 널리 보급된 유일한 정신적 조직이었다. 수 세기 동안 평신도 중에서 자기 이름을 쓸 줄 아는 이는 아주 드물었다. 라틴어는 교회에도 남아 있지 않을 만큼 명백히 소멸되었는데도, 당시에는 라틴어로 된 말과 글을 통해서 인간 정신의 연속성과 협동을 유지해 나갔다. 라틴어를 읽을 수 있는 사람이 전체 사회의 문학을 가졌고 통일감과 우애정신이라는 모호한 의미를 가졌다. 로마 사상은 비록 불완전하나마 보존되었고, 이상적인 로마는 교황제와 제국 속에서 생명을 유지했다. 당연히 교육은 성직자의 통제 하에 있었는데, 그들은 또한 정치적 서신을 교환하고 법률을 제정하는 권한을 위임받았다. 주지하다시피 그들은 전통을 자신들에게 유리하게 뜯어고쳤고, 유럽의 지배적인 권력을 차지하기 위해 통신수단을 장악했다.

　인쇄술은 민주주의를 수반한다. 인쇄술은 보통사람들에게 지식을 보급하고, 지식의 보급은 마침내 권력에 대한 주장을 훌륭히 이행하기 때문이다. 인쇄술은 사상의 유산 중에서 개인에게 적합한 것이라면 어떤 부분이라도 취할 수 있게 한다. 사유의 세계 궁극적으로 행위의 세계는 (배타적 기회에 의해 만들어진 인위적인 계층을 밀어내고) 점차 지식과 인격을 가진 진정한 귀족층이 지배하게 된다.

　인쇄술이 보급되면서 아직 정착되지 않은 여러 착상이 국외로 전파되자 모든 곳에서 전반적으로 자각 현상이 일어났다. 예전에는 전혀 일어나지 않았던 정치적, 종교적 소요가 빈발하며 현재까지도 누그러지지 않고 지속되고 있다. 리H. C. Lea는 16세기 초에 일어난 자유주의 소요에 대해 언급하면서 다음과 같이 말한다. "인쇄술의 발명에 의해 이러한 전반적인 변화가 가능해졌다. 인쇄술의 발명으로 지식이 널리 보급되었고, 여론의 형성과 표현이 가능해졌으며, 비슷한 사고방식을 가진 사람들끼리 소통을 할 수 있게 되어 서로 행동을 결합할 수 있는 기회를 제공했다." "1517년 10월 31일 비텐베르크의 교회 정문에 루터가 제시한 선언문이 걸렸다. 그 선언문은 2주 만에 독일 전역에 알려졌고, 한 달 후에는 로마에 도달했으며 유럽의 모든 학교와 수녀원에서 그 내용을 읽게 되었다. 인쇄술의 도움이 없었다면 분명 불가능한 일이었다."[6]

또한 인쇄물은 우리 시대에 살고 있는 개인이 더 넓은 삶의 방에 들어갈 수 있게 하는 문이다. 좋은 책은 "위대한 인물이 인생 너머 삶에 의도적으로 저장해 놓은 귀중한 생활 활력소이다."[7] 그런 책은 거의 항상 비범한 정신에 자극을 주고 또 다른 비범한 정신이 만들어 놓은 더 높은 사고 속으로 끌어올리도록 도와주는 통로 역할을 한다. "학습을 할 때는 현명한 자와 대화를 하고 행동을 할 때는 대체로 우둔한 자와 대화를 한다."[8] 우리 주위에 있는 대다수의 인류는 평범하지만, 이 시대에는 우리가 그토록 선망하는 상류사회가 그리 멀리 떨어져 있지 않은 곳에 늘 존재한다. 에이브러햄 링컨도 몇 세기 전 같았으면 삶의 희망이 없는 노예 신분으로 태어났을 것이다. 그러나 누구라도 십여 권의 책을 읽으면 많은 권위와 혜택을 누릴 수 있는 포부를 가지게 될 것이다.

구어口語는 그것을 보존하고 전파해 주는 역할을 하는 저술활동 및 인쇄술과 함께 의사소통의 주요한 수단이지만, 애초부터 여러 가지 부수적인 채널이 존재했다.

예컨대 우리는 어디서나 미개인이나 야만민족은 몸짓 언어 외에 전쟁을 알리는 붉은 화살, 평화를 알리는 피리, 불빛 신호, 눈금 새긴 막대,

---

[6] *The Cambridge Modern History*, i, 684, 685.
[7] Milton, *Areopagitica*.
[8] Bacon, *Antitheta on Studies*.

혹이 있는 줄, 토템 같은 수많은 상징을 사용하며, 문명이 발달한 민족은 문장紋章, 깃발, 그 외에 여러 가지 상징 의례를 사용하는 것을 볼 수 있다. 한다. 사실 언어 세계 외부에는 기호signs의 세계가 있다. 그렇지만 언어가 가진 전반적 성격이 충분히 명확하기 때문에 우리는 그중 대부분을 별로 중요하게 여기지 않는다.

회화, 조각, 음악, 건축 등의 예술도 의사소통 역할을 하는 것으로 간주되고 있는데 이것들은 다소 상이한 두 가지 기능을 지니고 있다. 하나는 단순한 그림 또는 이미지 쓰기의 기능으로 (비록 차이는 있지만) 단어 속에 들어 있는 생각을 전달하는 기능을 한다. 다른 하나는 다른 방식으로는 전달할 수 없는 정서의 특이한 측면을 전달하는 기능을 한다. 과거의 예술에는 대체로 이 두 기능이 종종 결합되어 있다. 근대시대에는 문맹률이 낮아지면서 전자의 기능이 지닌 중요성이 약화되고 있다.

그림-쓰기 기능을 보여주는 유명한 예로 흔히 사람들은 베네치아에 있는 성 마르코 성당 내부 벽 전체를 형형색색으로 장식하고 있는 모자이크를 들고 있다. 그 모자이크는 여러 상징이 어우러져 다소 조잡한 형상을 띠고 있다(당시의 기독교 신학에서는 이런 식으로 이해했다). 그것은 사람들이 종교적 전통에 입문할 때 익혀야 하는 신성한 계몽 학습서였다. 샤르트르와 랭스(프랑스 북동부에 있는 두 상공업도시 - 옮긴이)에 있는 성당의 조각상에서도 동일한 전통을 엿볼 수 있다. 그 조각상에는 프랑스 역대 왕들의 모습을 형상화한 세속의 역사, 미덕과 악덕 그리고 상과 벌을 형상화한 도덕철학, 농업과 수공업을 나타내는 문장紋章 등 서로 다른 많은 소재가 함께 표현되어 있다. 이러한 조각상들 주위에는 그림이 그려진 창문, 성물聖物(기번은 이것들이 "충실한 신도들의 헌신을 고착시키고 부추긴다."[9]고 말한다), 음악, 정성 들여 꾸민 가장행렬과 의례

---

[9] *Decline and Fall*, Milman-Smith edition, iii, 428.

가 나란히 배열되어 있다. 이 모든 것은 하나의 풍부한 신호로 함께 어우러져 당대의 이상적인 삶을 구현하고 있다.

무언無言 예술은 다른 방법으로는 얻을 수 없는 것을 전달하는 기능, 특히 사람들에게 영속화되고 전파되는 특정 종류의 정서를 전달하는 미묘한 기능을 한다.

이를 보여주는 가장 단순하고 풍부한 예로 그 시대의 고귀한 감정과 열망을 마치 살아 있는 듯이 구현하고 있는 인간의 형상과 표정에 대한 묘사를 들 수 있다. 이러한 형상과 표정은 상징으로 계속 남아 그것에 친숙해지는 사람들의 마음속에 유사한 정서가 싹트게 한다. 사고와 마찬가지로 정서도 다소 불분명하고 불명확하긴 하나 인간 역사에서 누적된다. 기독교 정서는 중세 시대에 싹터서 번영한 것만큼 조각과 회화에 의해서도 크게 번영했다. 그리스 조각은 인문주의자에서 시작하여 빙켈만[10]과 괴테를 거쳐 현재에 이르면서 그리스 정서를 근대적 삶 속으로 흘러들어 가게 하는 통로 역할을 했다.

라파엘로의 성모 마리아 그림이나 성인聖人 그림처럼 인간의 감정을 그 형상과 표정으로 표현해 놓은 이러한 기록을 일부 비평가들은 '일러스트레이션'illustration이라 부르는데 이것은 '장식'decoration과 구분된다. 일러스트레이션은 어떤 것을 전달하기 위해서가 아니라 (색상의 미, 형태, 조합, 예상된 움직임 같은) 자기 자신의 즉각적인 가치를 위해 존재하는 예술 작품 속의 모든 요소들을 포함한다. 장식 역시 의사소통 역할을 하는데, 이것은 생생하게 보이지만 없으면 불분명하게 나타나는 인간

---

[10] 옮긴이—요한 요아힘 빙켈만(Johann Joachim Winckelmann, 1717~1768): 독일의 미술사가 고고학자로서 일찍부터 미술사 연구에 몰두하여 그리스 미학에 대한 철학적 정의를 내린 <그리스의 회화와 조각에 대한 의견>을 발표하며 널리 인정받게 됨. 『고대 예술사』 등 그의 저작은 대중이 고전예술에 관심을 갖게 해주었으며 서구의 회화와 조각만이 아니라 문학과 철학에도 영향을 미쳐 예술에서 신고전주의운동의 부흥에 중요한 역할을 함.

본능의 측면에 호소한다. 모든 예술은 각자 나름의 고유한 정서를 전달할 수 있으며, "각자의 특이하고 말로 표현하기 어려운 감각적인 매력, 즉 상상력에 도달하는 고유의 특수한 양식"을 지니고 있다. 회화에서 가장 특징적인 점은 "진짜 그림 같은 성질…순수한 선과 색을 창의적으로 처리하는 데 있다. 이러한 점은 네덜란드 회화에서 주로 나타나고 티치아노[11]의 작품이나 베로나[12] 풍의 작품에서도 종종 나타나듯이 그 소재가 명확하게 시적으로 표현해놓은 것과는 매우 독립적이다." 음악에서 가장 특징적인 점은 "음악 자체가 가지는 매력이다. 즉 정서이든 사고이든 어떤 단어로도 그것이 우리에게 전달해주는 특수한 형식을 나타낼 수 없는 순수한 음악이다."[13] 건축은 사회조직과 각별히 가까운 예술인데, 이러한 건축은 여러 방면에서 사회조직의 정신을 마치 베네치아 광장의 돌처럼 선명하게 부각시켜 준다.

이러한 예술들은 두 말할 나위도 없이 문학이나 정부 못지않게 인간 정신의 발달에 필수적인 요소이다.

---

[11] **옮긴이**—티치아노(Tiziano Vecellio: 1477?~1576): 르네상스시대 대표적인 이탈리아 베네치아파 화가로 초기에는 신화(神畵), 종교화 중심으로 작품을 남겼으나 1530년 카를 5세가 신성로마제국 황제에 즉위하면서 볼로냐로 불려간 이후로 초상화에 매진하여 황제, 교황 등의 많은 초상화를 남김.

[12] **옮긴이**—이탈리아 북부, 베네치아 서쪽 베네토 주에 있는 중세풍 도시. BC 89년 로마 식민지가 되었으며, 1405년 베네치아의 소유가 되어 1797년까지 지배를 받았으며, 1866년 이탈리아 왕국에 합병됨. 로마 시대의 유적이 매우 많으며, 중세시대 미술의 중심지로 유명함.

[13] Walter Pater, *Essay on the School of Giorgione*.

# 제8장 근대적 커뮤니케이션: 확장 및 활성화

최근의 변화의 특징 / 최근의 변화의 전반적 영향 / 미국사회의 변화 / 조직화된 풍문 / 여론, 민주주의, 국제주의 / 확산의 가치 / 감정의 확장 / 결론

19세기 이래로 많은 변화가 일어나면서 커뮤니케이션을 비롯한 사회 체계 전반에 새로운 시대를 열었다. 이러한 변화가 가져온 기술적 측면은 잘 알려져 있으므로 여기서는 그러한 변화가 정신의 확장에 미친 영향에 집중하여 살펴보고자 한다.

상호교류 메커니즘을 분석하려면 그것의 효능에 기여하는 요인을 중심으로 살펴보는 것이 중요하다. 이러한 요인은 대체로 네 가지로 구분된다.

① 표현력 또는 일련의 사고와 감정을 적절하게 전달할 수 있는 능력.
② 기록의 내구성 또는 시간 극복.
③ 신속성 또는 공간 극복.
④ 보급 확대 또는 모든 계층의 접근 용이성.

근래에 와서 표현력에서는 확실히 상당한 진전이 이루어졌다. 근대과학의 개념을 포용하는 어휘들이 확장되고 과학적 목적 및 여타 특수한

목적을 위한 기록의 내구성이 크게 진전한 것이다. 최근에 이루어진 이러한 눈부신 발전은 신속성과 보급 확대에 치중하여 전개되었다. 우리의 언어능력은 대부분의 목적에서는 좋아졌다고는 하지만 엘리자베스 여왕[1] 시대보다 더 나아진 것 같지는 않다. 그러나 언어 적용능력 면에서는 훨씬 나아졌지 않은가! 근대 우편제도가 출현하고 철도, 전신, 전화에 의해 거리를 극복함에 따라 대중서적, 잡지, 신문이 대량으로 보급되고 인쇄비용이 갈수록 낮아지게 되었다. 구어 및 문어의 확장과 더불어 사진술, 사진 조판, 표음 속기법 등 새로운 복제 기술이 등장했다. 이런 것들은 우리가 알고 있는 것보다 그 사회적 의미가 훨씬 크다. 이러한 복제 기술에 의해 시각 및 청각 세계에 대해 새로운 종류의 인상이 정착되고 확산되고 있는 것이다.

이러한 변화는 두 말할 나위도 없이 기술적 측면에서는 근대적 삶의 심리학을 특징짓는 거의 모든 것의 기초를 이룬다. 일반적으로 이러한 변화는 인간 본성의 확장, 즉 사회 통일체 속에서 자신을 표현하는 능력의 확장을 의미한다. 이러한 변화는 사회를 권위나 카스트, 관행에 의해서 구성되는 것이 아니라 인간의 더 높은 능력에 기초하여, 즉 사고력과 공감에 기초하여 구성된다. 그러한 변화는 자유, 전망, 무한한 가능성을 수반한다. 공적 의식은 그 활동 영역이 지역 집단에 한정되지 않고 의견 교환을 진전시켜 새로운 교류를 가능하게 하며, 온 나라를 그리고 종국에는 전 세계가 활기 있는 정신 통일체를 이룰 때까지 지속적으로 확장된다.

---

[1] 옮긴이—엘리자베스 1세(재위 1558~1603): 메리 1세에 이어 영국의 두 번째 여왕으로 1588년 아르마다해전에서 당시 세계를 지배하던 펠리페 2세가 이끄는 스페인의 무적함대를 물리치면서 영국을 세계적으로 도약시켜 영국의 역대 왕 중 위대한 왕으로 꼽힘. 쿨리는 이 시대에 황금기를 맞이하면서 일어나는 일대 통신체계의 변화를 자신이 성장하던 미국의 변화상과 비교하고 있음.

이러한 변화가 초래하는 일반적 특성을 집약적으로 표현하는 두 단어가 바로 확장enlargement과 활성화animation이다. 사회적 접촉social contacts이 공간적으로 확장되고 시간적으로 빨라지면서 정신적 통일도 더욱 확대되고 한층 기민해진다. 개인은 더 넓고 다양한 삶과 관계를 맺게 되면서 활동 영역이 확장되고 또 그에 따른 수많은 변화에 의해 때로는 그 정도가 지나칠 정도로 끊임없이 분발하게 된다.2

현대사회를 연구하는 목적은 과거사회와 비교하거나 미래사회를 예측하기 위한 것이라는 견해가 있는데 그 견해가 어떠하든 우리는 적어도 이러한 메커니즘이 근본적으로 변화하고 있다는 것을 잠재적으로나마 늘 의식하고 있어야 한다. 그렇게 하지 않으면 우리는 다른 어떤 것도 이해할 수 없게 된다.

18세기 말엽까지만 해도 미국에서는 활기 찬 공적 의식은 모두 소규모 지역에 한정되어 있었다. 여행을 하는 데는 시간이 많이 걸려 불편했으며 비용도 많이 들었다. 오랜 기간 여행을 하는 사람은 종종 사전事前에 유서를 써 놓기도 했다. 대도시에서 일주일에 한 번 발행되는 신문에는 우리에게 필요한 뉴스가 전혀 실려 있지 않았다. 13개 주 전체에서 1년 동안 발송하는 서한의 수는 요즘 뉴욕 시청이 하루에 처리하는 서한의 수보다 적었다. 요즘 사람들은 당시 사람들이 백마일 밖에서 벌어진 사건에 대해 느끼는 것보다 중국에서 일어나고 있는 일을 훨씬 더 생생하게 받아들인다. 큰 도시들조차도 나머지 세계로부터 고립되어 있어서 지역 문제에만 관심을 가졌는데 지금은 도저히 그런 일을 생각하기 어렵다. 농촌에서는 "농장의 환경은 이웃이었다. 촌락의 환경은 울타리로 에

---

2 옮긴이—커뮤니케이션의 공간과 시간의 극복과 확장에 관한 쿨리의 논의는 이 글을 집필하던 당시로부터 100여 년이 지난 21세기 현재 일어나고 있는 정보화와 지구화로 인한 인간 활동 범위를 예측하고 있는 측면이 엿보임.

워싸인 농장으로 이루어졌고 지역 전통을 가졌다…사람들이 모여서 토론하고 공동의 행동을 하려고 모이는 것은 보기가 힘들었다. 새로운 지적 생활의 자극을 모든 부락으로 전파하는 교육시설은 부재했다. 연맹체와 연합체라는 것이 있어도 가까이 있는 사람들과 멀리 떨어진 사람을 결속시키지 못했으며 때문에 여러 유형의 사람을 묶어서 하나의 형태로 협력하는 관계로 발전하지 못했다. 그때는 친근한 사람들끼리만 교류하고 그 밖의 사람과는 교류를 허용하지 않는 분파로 이루어진 시대였다."[3]

    철도, 전신, 일간신문, 전화 등 현재에 일어나고 있는 시스템의 변화는 상업, 교육, 정치, 심지어 단순한 사교와 한담에 이르기까지 모든 생활 분야에 일대 변혁을 야기했다. 이러한 변혁은 삶의 종류를 확장하고 활기를 불어넣어 주고 있다.

    새로운 메커니즘 중에서 아마도 일간신문만큼 널리 유포되고 특색을 지닌 것은 없을 것이다. 일간신문은 혹평을 받는 만큼 한편으로 열렬히 찬사를 받고 있는데, 둘 다 그럴만한 이유가 있다. 한 남자가 아침 식사 테이블에 앉아서 아내와 자녀들과 대화를 하는 대신에 온 세계 소식이 가득 실려 있는 스크린 같은 것을 얼굴 앞에 대고 있다. 이러한 광경이야말로 이전까지는 보지 못했던 야릇한 풍경 아닌가!

    물론 신문의 본질적 기능은 인터뷰, 통신문, 연설, 논평 등을 활자로 인쇄하여 중요한 소식을 전달하고 여러 견해를 상호교환하는 매개체 역할을 하는 것이다. 이와 같이 신문은 공적 정신을 조직화하는 데 필수불가결한 요소이다.

    그런데 공적 정신의 대부분은 뜬소문gossip을 조직화하여 진술해 놓은 것에서 가장 잘 나타난다. 과거에는 상호교류가 길거리 가게에서나 담장 너머 대화로 이루어졌는데 이제는 인쇄물의 기품과 당당한 체계를 갖추

---

[3] W. L. Anderson, *The Country Town*, 209, 210.

고 있다. 이러한 변화의 홍수를 흡수하는 것이 반드시 정신의 퇴보를 의미하는 것이 아니다. 그것은 다만 과거의 욕구를 새로운 방식으로 충족하고 있음을 뜻한다.

헨리 제임스Henry James4는 신문에 대해 문학적 감수성을 발휘하여 통렬하게 논평한다. "여기저기 아무데나 있는 신문은 얼굴이 괴물같이 기형적이고 입은 정신병원에서 울려나는 울음소리를 내는 것처럼 떡 벌어져서 온갖 비속어를 항문으로 마구 토해낸다. 이러한 모습은 그 어느 나라보다 [미국에서] 더 심하게 나타난다."5 그러면 결국 신문이 예전에 사람들이 지껄이던 한담보다 더 저속하단 말인가? 인쇄된 단어들을 감히 문학과 같은 수준에 놓으려는 것은 분명 잘못된 처사라 할 것이다.

신문에 실린 대부분의 내용은 뜬소문 같은 것들인데 이러한 점은 세 가지 특성에서 확인할 수 있다. 이 세 가지 특성은 모두 그 단어를 올바르게 정의하고 있는 것처럼 보인다. 신문은 별 노력을 하지 않고서 수많은 풍부한 어휘를 이용하여 사람들의 마음을 사로잡기 위해 고안된 것이다. 그것은 대체로 인물 중심으로 구성되어 있으며 피상적인 감정에 호소한다. 신문은 공중이 약간의 내용만 순간적으로 믿고 따를 뿐 믿을 만한 것이 못 된다. 호기심 많은 사람이라면 누구나 아침에 받아보는 조간신문을 자세히 살펴보면 이러한 특성을 입증할 수 있다.

이와 같이 뜬소문을 널리 퍼뜨리는 데는 좋은 측면도 있고 나쁜 측면도 있다. 신문이 상호 교류의 범위와 공동체 의식의 확장을 촉진한다는 점은 좋은 측면이다. 이 점은 우리가 잘 알고 있는 사실이다. 또 온 나라

---

4 옮긴이—헨리 제임스(1843~1916): 미국 태생의 근대 사실주의 문학의 지도자. 주로 영국에서 활동하여 미국과 영국 두 나라의 문학을 대표하는 소설가로서 인간 의식을 철저히 탐구하면서 심리소설, 현대소설의 기틀을 확립함. 유럽 전통과 대비되는 미국적 가치를 그려 마크 트웨인과 함께 19세기 후반 미국을 대표하는 양대 작가로 꼽히는 등 미국 문단에서도 중요한 위치를 차지함.
5 *The Manners of American Women*, Harper'g Bazar, May, 1907.

사람들이 동일한 농담에 웃음을 터트리거나 축구경기를 보고 동일한 미세한 흥분에 스릴을 느낀다는 것도 우리는 알고 있다. 또 우리는 그들이 우리와 같은 좋은 친구라고 확신한다. 또한 신문은 공공성이라는 두려움을 통해서 다소 통속적이긴 하나 대중적인 그렇지만 건전하고 인간적인 도덕성의 기준을 따르게 하는 힘을 가진다. 한편, 신문은 모든 영역에서 사고와 감정의 피상성과 평범함을 조장한다. 이것은 물론 문학을 비롯한 고귀하고 섬세한 모든 정신적 위업과는 대조를 이룬다. 신문은 구별짓기에 반대하고 확산을 촉진한다.

정치는 커뮤니케이션을 통해 여론을 형성하며, 여론이 조직화되어야 민주주의가 이루어진다. 전신, 신문, 고속 우편제도의 출현이 커뮤니케이션을 발달시키고 아울러 대중교육과 문명 발달에 직접적인 영향을 미친다. 사람들이 그날 여러 분야에서 일어나는 일에 대해 즉시 알고 서로 의견을 교환할 수 없다면 공중의 정신은 존재할 수 없다.

우리 정부는 헌법제도를 갖추었지만 원래는 민주주의가 아니었으며, 그런 헌법제도를 만든 사람도 그렇게 할 의도가 없었다. 중앙으로 진출하여 현재의 현안을 파악하고 그 현안에 대해 숙고하고 결정을 내릴 만한 인격과 지혜를 가진 사람을 국민이 선출할 때 대의제 공화제를 기대할 수 있다. 국민이 직접 사고하고 행동할 것이라고 예견하지 않았다. 헌법제도의 정신은 민주적이 아니었으며, 브라이스Bryce가 지적한 바 있듯이6 상황이 달라졌으면 귀족정치의 기초가 되었을 수도 있다.

근대적 통신시설이 출현하지 않은 상태에서 원래의 13개 주가 확고한 연합을 구성하여 체제를 유지할 수 있었다는 것은 믿기 어려운 일이다. 플라톤에서 몽테스키외에 이르는 정치철학에서는 자유로운 국가는 규모가 작아야 한다고 가르쳐 왔고, 프리드리히 대왕7이었다면 메인주에

---

⁶ *The American Commonwealth*, chap. 26.

서 조지아주⁸까지 확장하려는 생각을 비웃었을 것이다. 몽테스키외에 따르면, "대규모 제국을 통치하려면 전제군주가 되어야 한다. 군주의 결정은 신속해야 멀리 떨어진 지역으로까지 전달될 수 있다."⁹

민주주의는 문명화된 모든 세계에서 나타났는데, 이는 주로 형식적 구조상의 변화 때문이 아니라 대중이 일상적인 문제에 대해 의식하고 그것을 표현할 수 있는 조건이 자연스럽게 형성된 결과이다. 중국의 사정에 대해 잘 알고 있는 사람들은, 중국 전역에서 일본과 전쟁이 벌어지고 있는데도 대다수 중국인은 전쟁 상황을 잘 알지 못한다고 말한다. 이러한 무지 때문에 여론의 형성이 불가능하게 된다. 거꾸로 국민의 인식이 왕성한 나라는 사고의 교환을 억제하지 않고서는 오랫동안 여론의 형성을 쉽게 막을 수가 없다. 대중은 많은 정보를 가지고 토론을 할 수 있을 때 의지를 가지게 되고, 그래야만 대중은 사회의 여러 제도를 이해하게 된다.

우리는 민주주의보다는 근대적 운동modern movement에 다소 폭넓은 명칭을 붙여야 한다는 생각에 종종 공감을 하게 된다. 그러한 명칭은 일반적 정신의 확장과 신속성을 한층 명확하게 담고 있어야 하며, 그중에서 '국민의 형식적 동지'라는 표현은 많은 표현 가운데 그저 하나의 표현일 뿐이다. 처음에는 새로운 삶의 흐름이 사회의 낡은 구조를 통해서 힘을 얻어 갔는데, 지금은 그런 낡은 구조를 밖으로 밀어내 주변에 머물게 하고 있다. 그런데 이러한 새로운 삶의 흐름을 적절하게 표현하

---

[7] 옮긴이—프리드리히 빌헬름 2세(Friedrich Wilhelm II: 재위 1786~1797): 프로이센 왕으로 오스트리아와 주변 강국에 맞선 외교 전략과 전쟁을 통해 영토를 확장하고 유럽 최강의 군사대국으로 만든 특출한 군사 전략가. 신성로마제국의 해체와 독일 통일을 이루는 데 주도적 역할을 했으며, 나폴레옹과 함께 역사적으로 위대한 지도자의 한 사람으로 꼽힘.

[8] 옮긴이—미국 동부에 위치한 13개 주를 하나로 통합된 국가로 만드는 것을 말함. 메인주가 가장 북쪽에 위치하고 조지아주가 가장 남쪽에 위치함.

[9] *The Spirit of Laws*, book viii, chap. 19.

는 명칭은 아직 없다.

대중교육은 이 모든 것에 없어서는 안 되는 필수적인 요소이다. 개인은 적어도 읽고 쓸 줄 알아야 한다. 그렇지 않으면 새로운 유기체의 중요한 구성원이 될 수가 없다. 교육의 지속적인 발달은 근대사회가 의식적으로 추구하고 있는 목표로서 모든 개인이 어떤 기능에도 적응할 준비를 갖추도록 전문적인 훈련을 제공하는 데 중점을 둔다. 또한 교육의 발달은 정신적 에너지를 자유롭고 유연하게 조직할 수 있는 한 측면이기도 하다. 유행과 온갖 사소한 또는 일시적인 각종 교류를 비롯한 모든 삶의 영역에서 동일한 확장이 진행되고 있다. 문학과 과학 그리고 마침내 정치까지 모든 영역에 걸쳐 국제적 의식이 출현하고 있는데 그 중요성에 대해서는 굳이 강조할 필요는 없다. 이러한 의식은 정의와 우호의 무한한 확장이라는 약속을 지켜나간다.

사고의 자유로운 교류를 통해서 삶의 통일을 이루는 것은 공간을 극복한다는 점에서 현시대의 현상이며, 아울러 과거를 현재로 옮겨놓고 또 인류의 모든 위대한 업적을 현재 삶 속에 가능한 요소로 만든다는 점에서 역사적 현상이다. 이는 마치 중세 화가의 작품을 능숙하게 복제하여 5백년이 지난 후 지구 반대편에 살고 있는 사람에게 진품인 것처럼 느끼게 하는 것과 같다. 우리 시대는 "과거와 미래를 아우르는 풍부한 담화discourse"의 시대이다.

이러한 확산된 활력 속에는 주목할 만한 가능성이 존재한다. 지금만큼 엄청난 수의 사람의 생활 수준이 빠르게 향상된 적이 결코 없었다. 물질적 장치만 발달한 것이 아니라 그런 만큼 정신과 예절의 발달을 한층 더 촉진하는 시설이 생겨나고 있다. 새로운 통신수단이 전 세계로 확산되어 마치 아침 햇살을 비추듯이 사람들을 일깨우고 계몽하고 확장시키며 기대로 가득 채우고 있다. 인간 본성은 선을 갈구한다. 인간 본성이 선을 지각하게 될 때 그리고 모든 것을 쉽게 이해하고 모방할 때 엄청난 진전이 이루어진다.

나중에 보여주겠지만, 특수하고 정선된 유형의 탁월성이 출현하는 것을 항구적으로 가로막는 조건이 존재한다고 생각할 아무런 합당한 이유도 없다. 동일한 커뮤니케이션이 한편으로는 수많은 사람으로 하여금 같은 모델을 모방하도록 부추기며 다른 한편으로는 여러 사람을 소규모 집단으로 연합하여 명확하게 구분시키기도 한다. 인간 본성이 자유로워지는 것은 일반적인 현상이다. 머지않아 인간 본성은 분명 그 자유를 정당화할 것이다.

확장은 사고뿐 아니라 감정에도 영향을 미치며, 민족, 인종, 계급 사이에 인류의 공동의식, 즉 도덕적 통일의 발달을 촉진한다. 구성원끼리 전체 감정을 서로 전달한다고 해서 항상 친한 것은 아니지만, 다른 구성원의 생각을 의식하여 어느 정도 공감대를 형성하고 있어야 한다. 근대 국가에서는 [구성원 사이의] 적의조차도 인간적이고 창의적이며, 원시 시대의 맹목적인 동물적 적대성이 아니다. 근대 국가에서의 적의는 분노 resentments, 즉 찰스 램Charles Lamb이 말하는 사랑하는 가족 사이의 분노이다.

상호이해를 바탕으로 하지 않는 상태에서 이루어지는 개인이나 공동체 사이의 관계는 반드시 그 수준이 낮게 마련이다. 그들은 서로 무관심하든가 아니면 간섭한다는 이유로 무턱대고 화를 내기도 하며, 때로는 온화한 마음으로 관용을 베풀기도 한다. 그러나 친근한 정서에 활기를 불어넣어 주는 공동의 본성에 대한 의식이 없다. 고대에는 부족 사이에만 진정한 인간적인 동료애가 한정되어 있었고, 외부 사람은 공동체 구성원으로 생각하지 않았다. 외부 사람에 대해서는 때로는 유용한 동물처럼 대하기도 하고 때로는 위험한 동물처럼 대했다. 심지어 외부인을 죽이거나 가진 것을 빼앗기도 하고 노예로 삼기도 했다. 오늘날에도 우리와 다른 삶을 사는 사람들에 대해 공감을 가지고 접촉을 하려 하지 않는 경우가 있다. 우리는 뉴욕과 시카고에 사는 이탈리아인과 유대인들의 비참한 생활상에 관한 통계를 읽는다. 그들은 누추하기 짝이 없는 집에서 살고, 일하는 작업장은 열악하기 그지없으며, 많은 이가 결핵을 앓고 있다. 그런데도 개인적인 접촉을 통해서나 아니면 그림이나 상상적인 묘사를 통해서 그들의 삶을 다소나마 인간적으로 일깨워주지 않으면 우리는 흑사병 환자들을 대하는 것보다 그들에게 덜 관심을 기울이게 된다.

현재 우리는 이러한 상황을 맞이하고 있다. 근대적 커뮤니케이션은 인간 생활의 모든 측면에서 우리의 관심을 자극하고 충족하는 데 이용된다. 러시아인, 일본인, 필리핀인, 어부, 광부, 백만장자, 범죄자, 부랑아, 아편투약자 모두가 우리와 가까워지고 있다. 서로 이해할 수만 있다면 우리와 소원한 사람은 아무도 없다는 것을 언론은 잘 알고 있다.

오늘날의 사람들은 정신이 그 같은 훈련에 의해 확장되고 공급을 받아 모든 곳에서 공동의 본성을 추구하고 온 세상이 친절과 정의 같은 공통된 원리를 따르기 바란다. 오늘날 사람들은 국제분쟁이 진정되기를 원한다. 그렇지만 힘 있는 민족이 팽창하여 보다 나은 형태가 생존하는 것을 방해하지 않게 하기를 바란다. 또 오늘날 사람들은 계급갈등이 완화되고 다양한 이해관계가 공정하게 다뤄지기를 원한다. 그러면서도 개성과 기업이 견제 받는 것을 원하지 않는다. 공정함이 사회 전반에 확산되어야 한다는 열망이 그토록 일반적으로 전파된 적은 없었다. 오늘날 분쟁의 주된 쟁점은 공정함을 확립하는 원리에 관한 것이다.

커뮤니케이션은 직접적으로는 사람 간의 접촉을 촉진하여 인간 본성을 확장하는 데 부분적으로 영향을 미치는 한편, 간접적으로는 지식의 증대를 촉진하고 기계적이고 자의적인 형태의 조직을 쇠퇴시켜 더욱 인도적 유형의 사회를 출현하게 한다. 역사는 조직을 통해 자기 열망을 실현하려는 인간 투쟁의 기록으로 간주되기도 한다. 새로운 커뮤니케이션은 이러한 목표를 효율적으로 달성하기 위한 장치이다. 인간적인 마음씨와 양심은 오직 조직이 어려움에 처했을 때만 제약을 받는데, 이러한 마음씨와 양심이 각종 제도가 이루고자 하는 것들을 조정하는 역할을 한다고 상정하면, 그러한 상호교류 수단이 도덕적 진보 시대를 여는 출발점이 될 것이라고 생각한다.

# 제9장  근대적 커뮤니케이션: 개성

문제 / 커뮤니케이션이 개성을 발달시키는 이유 / 반대 이론이냐 평준화 이론이냐 / 양 견해의 화해 / 개성과 관련한 전망

우리에게 가장 관심 있는 문제는 이러한 변화가 개인 정신의 독립성과 생산성에 어떤 기여를 하는가이다. 그러한 변화가 어렵고 높은 목표를 추구할 때 필요한 독립적인 개성을 키워주는가? 아니면 개인의 독창성과 특성을 억제하여 모든 개인을 평준화하는 경향을 조장하는가? 사실 이 문제와 관련해서는 여러 견해가 상충하는데, 여러 저자들이 공들여 수집해 놓은 수많은 표현 중에서 비교적 많은 지지를 받는 견해가 하나 있다.

한 견해에 따르면, 새로운 커뮤니케이션은 당연히 모든 종류의 개성을 장려하는 것처럼 보인다. 새로운 커뮤니케이션은 주어진 환경에서 벗어나 더 친절한 사람의 지원을 쉽게 받을 수 있게 해준다. 세계는 더욱 다양해졌으나 동시에 접근이 훨씬 쉬워졌으며, 그래서 타고난 소질을 육성할 수 있는 요인을 더 많이 찾을 수 있게 되었다. 예를 들어 곤충학에 많은 관심이 있는 사람은 각종 잡지나 통신문, 회의를 통해 비슷한 성향을 가진 사람들의 모임에 쉽게 접근할 수 있고 그것에 적합한 전통

에도 쉽게 접근할 수가 있다. 종교나 정치, 예술은 물론 그 어떤 것에도 쉽게 접근할 수 있다. 문명화된 세계에서는 마음이 맞는 사람이 조금이라도 있으면, 그들은 정신적으로 비교적 쉽게 어울리며, 각자의 특성을 서로 격려한다. 유기체는 확장될수록 여러 부분으로 더욱 분화된다는 것은 잘 알려진 단순한 원리이다. 최근에 전개되고 있는 사회적 확장은 명백히 이러한 특성을 보여주고 있다. 몇몇 학자, 특히 허버트 스펜서Herbert Spencer가 이러한 사실을 명확하게 보여주고 있다. 실제로 많은 사람은 극단적인 개성에서 다소 무질서한 분화와 목적을 벗어난 활동 같은 새로운 시대 특유의 해악을 발견한다. 매켄지Mackenzie 교수는 다음과 같이 말한다. "아마도 사람들이 지금만큼 서로를 이해하지 못한 시대는 결코 없었다. 이는 사람들이 관여하는 대상이 다양해지고 그에 따라 각자의 견해가 다양해지고 있기 때문이다."[1]

한편 평준화 이론dead level theory이라 불리는 것이 있는데, 토크빌De Tocqueville이 그 대표적인 논자로서 그는 『미국의 민주주의』*Democracy in America*에서 이 이론을 제시했다. 이 이론에 따르면, 근대적 조건은 사고와 관습의 확장을 가로막는 모든 경계를 무너뜨린다. 거대한 인구가 하나의 정신 통일체 속으로 들어오고, 서로의 접촉을 통해서 사고의 운동이 군중 운동처럼 이 정신 통일체를 관류한다. 예전에는 여러 개로 분화된 구획 속에서 개성이 형성되었는데 이제는 [하나의 통일체 속에서] 보편적으로 동화된다. 또 이 이론에 따르면, 예전에는 지방마다 특유의 말씨와 의상이 달랐으나 지금은 방언이 소멸되고 있으며 문명화된 세계에서는 동일한 패션이 유행한다. 이러한 외형상의 균일성은 사고가 일치하여 평준화된 것을 겉으로 드러내는 가시적인 기호로서만 유지된다. 이를테면, 사람들은 간절하게 서로 같은 모습을 하고 싶어 하는데, 이러

---

[1] *Introduction to Social Philosophy*, 110.

한 근대적 장치가 그런 욕망을 만족시켜 준다. 이미 18세기에 존슨Johnson 박사는 "상업 때문에 우리는 독특성을 상실하게 되었다."라고 한탄한 바 있다. 요즘에 와서 존 버로스John Burroughs는 다음과 같이 말한다. "끊임없는 상호소통 그리고 여행, 거리, 서적, 신문에 의한 마찰 때문에 우리는 모두 같은 모습을 하게 된다. 우리는 모두 동일한 해변 위에서 동일한 파도에 휩쓸려가는 자갈이다."[2]

내가 판단하기로는 개성에는 고립isolation에 의한 개성과 선택choice에 의한 개성 두 종류가 있는데, 근대적 조건이 전자를 밀어내고 후자를 육성한다는 점을 인식하는 것이 문제의 핵심이다. 근대적 조건은 국소적이고 우발적인 삶이 아니라 합리적이고 자유로운 삶을 추구하게끔 한다. 근대적 조건은 사고의 경쟁을 무한히 확장하며, 그러한 경쟁의 지속을 단순히 비교의 결여 탓으로 보는 것은 어느 것이든 쉽게 사라지며, 선택에 의한 정신에 부합하는 것은 모두 소중히 간직하여 증가시켜 간다. 인간 본성은 완전히 자유로워지며, 그것에 순응하든 그렇지 않든 막대한 영향을 미친다.

이러한 양상은 도시와 농촌에서 대조적으로 나타난다. 농촌에서는 대체로 고립에 의한 개성이 나타나고 도시에서는 선택에 의한 개성이 지배적이다. 하트R. L. Hartt는 뉴잉글랜드의 농촌 촌락에 대해 다음 같이 말한다. "농촌에서는 낭비벽이 심하다. 농촌은 극단적인 경향이 있다. 사람은 스스로 논리적으로 결론을 이끌어내려 한다. 그는 자신의 본질을 집중시켜 나간다."[3] 나는 몇 년 전에 노스캐롤라이나의 산악지대를 여행한 적이 있다. 당시 그곳은 근대 공업과 통신시설이 전혀 닿지 않아 그 지역의 말씨는 이웃 지역들의 말씨와는 전혀 달랐을 뿐만 아니라 인접해 있는

---

[2] Nature's Way, *Harper's Magazine*, July, 1904.
[3] A New England Hill Town. *The Atlantic Monthly*, April, 1899.

계곡의 지형도 전혀 다른 모습을 띠었다. 그 지역에서 나는 옥수수와 돼지고기를 먹고 인근 지역의 전통에 기대어 생활하는 문맹 부족에서 특징적으로 나타나는 이러한 종류의 지방 특유의 개성이 강하면 새로운 커뮤니케이션이 들어오더라도 오래 버티기가 힘들다.

그렇지만 농촌생활에는 단순한 고립보다는 더 건전한 방식으로 개성을 육성하고 실제로 개성의 발달을 촉진하는 다른 조건이 있다고 말하는 것이 마땅하다. 농촌에는 당면한 환경에 대한 조절, 자연과 직접 부딪혀 싸우는 습관, 비교적 안정된 경제적 지위 등과 같은 조건이 있다. 이러한 모든 조건이 농민들이 자부심을 가지는 바탕이 되는 자립성을 유지하는 데 영향을 주고 있다.

도시의 개성은 목가적이기보다는 기능적 성격이 강하다. 도시는 전문화된 집단을 형성하고 특수한 역량을 육성하는 데 유리한 조건을 갖추고 있다. 이 때문에 도시는 통신과 상업 때문에 요란함에도 불구하고 예술, 과학, 문학의 생산적 창의성을 낳는 주요 중심지가 된다.

이러한 차이는 섬이나 그 밖의 고립된 지역에서 발달한 자연 생물과 광활하게 펼쳐진 대륙에서 발달한 생물의 차이와 유사하다. 섬이나 고립된 지역에서는 캥거루 같은 독특한 종이 많이 생겨나지만, 그보다 힘 있는 종과 접촉하면 소멸하게 된다. 그러나 광활한 대륙에서는 균일한 종이 생겨나는 경우가 전혀 없다. 대륙에서는 오히려 각 부분이 각자 특수한 방식으로 비교적 완전한 모습을 갖추고 있는 서로 연관된 다양한 종과 변종으로 이루어진 복잡한 유기체가 여러 종과 생존투쟁을 하는 과정에서 생겨난다.

이처럼 사고의 소통이 원활해지면 합리적인 기능의 분화를 촉진하게 된다. 이것은 고립 상태에서 우연적으로 일어나는 돌연변이와는 구분된다. 인간 정신에 실제로 부합하는 것이라면 어떤 종류라도 합리적이고 기능적이라는 사실을 명심하고 있어야 한다. 지금 유행하는 유형에 반항하기가 이전보다 쉬워졌다. 그런 반항자는 과거의 비순응자가 남긴 성공한 기록을 가지고 자신을 더 튼튼히 할 수 있기 때문이다.

이와 같이 말씨와 예절의 지역 특색 또는 그 밖의 유별나고 본능적인 개성은 소멸하게 된다. 또한 지역 특색이나 지역 분위기 그리고 사회적 유형에 따른 고립된 개성이나 무의식적인 풍경이 갖는 신선한 풍취도 대부분 사라질 것이다. 중세 시대 유럽에서는 규모가 작은 남작령마다 의상, 언어, 문화가 특이한 전통을 유지하며 다양하게 발전되어 왔는데 이제는 이러한 다양성을 다시 보기 어렵게 되었다. 이탈리아에서는 정치 단위나 사회 단위마다 개성을 가진 건축물이 축조되었는데, 근대 도시에서는 그런 건축물을 볼 수가 없다. 아주 오래 전에 하이네Heine는 스콧Scott에 대해 다음과 같이 표현했다. "새로운 문화의 확산으로 인해 민족적 특성이 사라지면서 크게 아쉬워했는데 그런 아쉬움이 지금은 모든 사람들의 가슴 속에서 울리는 진통이 되고 있다."

그러나 더 중요한 개성은 명백히 증가할 것이다. 이때 말하는 개성이란 지식이나 예술, 행동, 즉 하늘 아래에 있는 모든 것—실제로는 소수의 사람만이 추구할 수 있는 것—의 특이한 측면을 가진 특수한 집단에 의해 소양을 함양하는 것이다. 균일한 제품은 저렴하고 간편하므로 그 속에서 사람들은 자신의 주장을 부각시키는 데 별 관심을 기울이지 않는다. 우리가 가지고 있는 의복과 실내 가구야말로 대표적인 균일한 제품이다. 우리는 이미 만들어진 그런 균일한 제품을 가지고 싶어 하지만, 그것을 가지고 나면 그것을 독특한 물건으로 만들려고 한다.

언어나 민족적 특성조차도 사람들이 많은 관심을 기울인다면 비록 정치적으로 흡수되고 의사소통 능력이 동화되더라도 보존될 수 있으며 실제로 보존되고 있다. 근래 역사에서 폴란드만큼 정치적 표현을 잃은 상태에서도 민족성을 강하게 보존한 경우는 없다. 언어에 관해서 보면, 루마니아어, 불가리아어, 세르비아어, 핀란드어, 노르웨이어 등 많은 나라의 언어가 부활되어 문학이 발전하고 19세기에는 대중이 그 언어를 사용하게 되었다고 한다. 레키Lecky는 자신의 저서 『민주주의와 자유』Democracy and Liberty에서 "독특한 민족성과 지역성을 뚜렷하게 강조하는 경향이 많은 형태로 나타났다."고 말한 바 있다.[4]

여러 사고들이 자유롭게 교류하면서 균일성을 낳게 되었다고 보는 생각은 많은 문제를 야기한다. 사람들의 재능이 선천적으로 다양하다면, 자유로운 교류는 오히려 다양성을 키우게 된다. 특히 사람들이 다른 사람과 구별되고 싶어 하고 군중 속에서 [개성을] 상실하는 것을 싫어하는 본능이 강하게 작용할 경우 그러하다. 실제로 근대적 삶의 경향에서 볼 때 오직 선천적으로 완고하고 논리적인 사람만이 확신을 가지고 개성이 소멸하는 것을 저지한다. 우리가 개성을 지나치게 과시한다고 비난하는 사람은 적어도 우리와 같은 이성을 가지고 있다.

정서 측면에서 보면, 근대 시대에 들어서 감정이 확장되고 통일감이 확대되었다고 해서 반드시 개성이 상실되는 것은 아니다. "사랑의 위대한 통일"[5] 속에서는 사기감정과 야망이 '사라질' 전망이 없다. 그와 반대로 자유는 이러한 정서의 발달을 촉진하고 공감은 그것을 억제하는 것이 아니라 오히려 이끌어준다.

진정한 유기적 삶을 사는 개인은 자기의식적이고 자신의 일에 충실하면서도, 자신과 그 일을 넓고 유쾌한 전체의 부분으로 생각한다. 개인은 자신이 거대한 사건들의 그물을 엮고 있는 실이라고 인식하고 또 가족, 국가, 인류의 구성원으로서 그리고 마음속에 있는 거대한 통일체 속의

---

[4] I, 501.
[5] E. W. 실(E. W. Sill)의 시 「감히 너에게?」(Dare You?)의 마지막 구절.

구성원으로서 효과적으로 봉사한다고 생각하기 때문에 자기확신을 가지게 된다. 아직 우리는 이런 의미의 유기적 사회an organic society에 도달하지는 않았지만, 적어도 그런 사회의 바탕이 될 기계적 조건mechanical conditions은 갖추고 있다.

# 제10장 근대적 커뮤니케이션: 피상성과 긴장

근대적 삶의 자극적 효과 / 피상성 / 긴장 / 병리적 효과

새로운 커뮤니케이션은 본질적으로 많은 자극을 가져다주고 있지만 그만큼 많은 측면에서 유해한 영향도 끼치고 있다. 새로운 커뮤니케이션에서 개인은 정신적 기능 측면에서 보면 종래의 사물의 질서에 참여할 때보다 새로운 사물의 질서에 참여할 때 더 많은 비용을 부담해야 한다. 개인은 광범한 범위의 사안에 대해 생각하고 느껴야 하는 자극을 받기 때문에 식견이 넓어져야 할 뿐만 아니라 특수한 기능을 숙달하여 철저한 전문가가 되어야 한다. 사물은 더욱더 확대되는 동시에 강화되고 있기 때문이다. 일반 문화와 기술훈련 모두 예전보다 더 긴요해졌으며, 이에 대한 요구는 학교뿐 아니라 생활 전반에 걸쳐 해마다 괄목하게 증대하고 있다. 이러한 요구를 충족하지 못하면 다른 사람들보다 뒤처져서 결국에는 실패하게 된다. 그렇게 되면 제대로 생활을 할 수 없게 되거나 아니면 풍부한 활동 기회가 좁아져서 그 기회로부터 점점 멀어지게 된다.

이러한 견지에서 볼 때 다행히도 우리의 정신적 기능은 대체로 오히려 느긋한 편이어서 근대적 상호교류의 확대는 대부분 건전하고, 정신을 일깨우고, 육욕을 누그러뜨리며, 사고와 목표의식을 갖게 한다. 한편 근

대적 상호교류는 피상성superficiality과 긴장strain 같은 나쁜 영향을 미친다. 이에 대해서는 앞서 논의한 바 있는 확장 및 활성화와는 또 다른 측면에서 이해할 필요가 있다.

자신의 전문 영역과 무관하게 다소 성급하게 교육을 받은 사람은 사고와 감정에서 모두 마음이 조급하고 건성으로 대하는 습관을 가지고 있는데 이 점에 대해서는 관찰자들 사이에서 대체로 의견이 일치한다. 우리는 여러 가지 다양한 일을 하느라 애쓰고 있으며, 다소 깊이가 없고 진솔하지 않더라도 다재다능하게 빨리 일을 처리하도록 재촉을 받고 있다. 1835년에 토크빌은 "민주주의의 가장 큰 결함은 만사에 허둥대는 습관"이라고 지적한 바 있다.[1] 근자에 토크빌의 견해를 오스트로고르스키Ostrogorski는 이렇게 입증했다. "시간과 공간의 구속으로부터 벗어나면서 미국인은 근시안적이 되었다. 그들은 현재와 결혼하고, 빨리 결과를 내는 데 익숙해졌으며, 깊은 뿌리가 없게 되었다."[2] 요즘에는 나태함이 상당히 줄어들었다. 그러나 콩트Comte를 비롯한 여러 사상가들은 약간의 나태함을 진보의 원천이라고 여겼다. 우리는 불행할 정도로 너무 바쁘게 사는데 이는 우리가 순수하게 바라던 것이 아니다.

다른 많은 문제와 마찬가지로 이 문제와 관련해서도 우리는 근대적 삶에서 영구적으로 변하지 않는 조건들과 변화하는 조건을 구별해야 한다. 즉 민주주의와 혼란을 구별해야 한다. 민주주의는 그 본성상 변화가 완만할 때는 아무것도 그것이 다양화되고 안정적으로 조직화되는 것을 방해하지 않는다. 우리에게는 정신적 냉정함과 생산성이라는 막대한 이점이 있기 때문이다.

한편 혼돈의 시대에는 끊임없는 다양한 자극 때문에 지속적으로 관심

---

[1] *Democracy in America*, vol. ii, book iii, chap. 15.
[2] *Democracy and the Organization of Political Parties*, ii, 579~588.

을 집중하기 어렵게 만든다. 우리의 대중문학은 읽는 사람을 위해서는 물론 달리기를 하는 사람을 위해 저술되고 있으며, 지금까지는 상상하지 못했던 '관심의 경제'economy of attention3 원리를 제시하고 있다. 그리고 우리의 친절한 태도는 마음에서 우러나온 것이라기보다는 상황에 대처하기 위한 외관상의 친절이라는 느낌이 든다. 일반적으로 말하자면, 정신은 우리의 문명 위에 매우 얄팍하게 흩뿌려져 있다. 그 정신은 분명 선하지만 아주 빈약하다.

이 모든 것들은 여러 방면, 특히 교육에서 심하게 방해를 받고 있는데, 이는 치유가 불가능한 결함이라기보다는 미성숙한 결과로 간주되고 있다.

정신적 긴장에 대해 때때로 우려하는 견해가 표출되고는 있으나 이는 현대 사회의 일반적인 상태가 아니며 쉽게 그렇게 되지도 않는다. 정신적 긴장 상태는 정신적으로 허약한 사람이나 상시적인 긴장 상태에 있는 비교적 소수의 사람에게만 해당된다. 그런데 여기에는 모든 생활 영역에서 각별히 허약하거나 민감한 사람 또는 불운한 사람 그리고 사업이나 업무상 엄격한 지적 기능을 수행하는 대다수의 사람도 포함된다. 일반적으로 자의식과 선택권은 증가한다. 또한 이에 따라 더 많은 기회, 책임, 복잡성이 주어지며, 이해력, 의지, 품성에 대한 부담도 훨씬 커지게 된다. 개인은 넘쳐나는 긴급한 제안을 처리할 수 있어야 하며, 그렇게 하지 않으면 그 제안 속에 파묻혀 정신을 못 차리게 된다. "삶을 물음표로 얼룩지게 하는 이 시대는"4 우리로 하여금 얼마나 준비가 되었는지에 대해 생각하고 선택하도록 강요한다.

---

[3] 옮긴이—'주목의 경제'라고도 불리는 이 용어는 근대적 커뮤니케이션의 급속한 발전으로 정보가 넘쳐나는 상황에서 소란을 피워서 소비자, 독자, 시민의 관심을 끌기 위한 경제 전략을 지칭하는 것임. 이 용어는 최근 정보화로 인한 정보의 홍수 속에서 주목을 받고 있음.

[4] J. R. Lowell, *The Cathedral*.

변화무쌍한 우리의 삶은 가난한 사람 부유한 사람 할 것 없이 대부분의 사람을 불안과 걱정에 빠지게 하고 있는데 아무리 파괴적인 것이라 하더라도 아마 그보다 나쁘지는 않을 것이다. 교육을 받고 상상력이 풍부한 사람은 무지하고 둔감한 사람보다 그러한 불안을 더 느끼게 된다. 토크빌이 말하기를, "미국에서 나는 세상에서 가장 행복한 환경 속에 살면서 아주 자유롭고 넓은 견식을 가진 사람을 보았다. 그들의 삶은 마치 구름이 산마루에 걸쳐 있는 것처럼 [위태롭게] 보였고, 그들은 쾌락을 즐기고 있는데도 심각하고 슬픔에 잠긴 것처럼 느껴졌다."[5]

세지위크H. D. Sedgwick는 "새로운 미국형"The New American Type[6]이라는 개념을 고안해내고 얼마 전에 그 내용을 한 잡지에 기고했는데, 그것은 최근에 그린 것과 한 세기 전에 그린 영국 초상화와 미국 초상화 전시회를 바탕으로 한 것이다. 그는 최근의 초상화에서는 불안과 긴장이 뚜렷하게 표현되고 있는 점을 발견했다. 그는 사전트[7]가 그린 작품을 두고 다음과 같이 말한다. "그의 작품에 나타난 명백한 특징은 안정감이 없고, 균형감을 결여했으며, 원칙이 없다…그것은 마치 원칙과 신조라는 집이 여행객을 위한 여관으로 변형된 것처럼 적법한 상속자가 물려받지 못한 정신과도 같았다. 사전트가 그린 여성 초상화는 남성 초상화보다 특색이 더 뚜렷하다. 여성은 신체적으로 더 섬세하여 신체적, 정신적 부적응에 의한 긴장을 훨씬 뚜렷하게 드러낸다. 엷어진 삶의 정신이 '육감적인 의상' 속에서 애처롭게 떨고 있다. 열망이 너무 강하여 자신이 타락한 것을 보고도 정신적 불안함을 전혀 알아채지 못한다—길도 없고 강렬한 빛도 없는 상태에서 옛 것은 잊히고 새로운 것은 형성되지 않았다. 그는 초기

---

[5] *Democracy in America*, vol. ii, book ii, chap. 13.
[6] 이 제목을 단 저작이 출간된 이후에 나온 용어이다.
[7] 옮긴이—사전트(John Singer Sargent: 1856~1925) 영국에서 생활한 미국의 초상화가. 에드워드 7세 시대의 상류사회를 인상적으로 묘사한 우아한 초상화로 유명함.

미국인에 대해 다음 같이 말한다. "그들은 마음이 유연하지도 않았고, 불가지론자도 회의론자도 아니었다. 그들은…18세기의 영국인이었다." 그는 레이놀즈Reynolds8가 그린 초상화의 여인을 관찰하고 다음과 같이 논평한다. "그 여인들은 차분한 모습을 하고 있다. 자연스러운 매력, 간결한 몸매, 여섯 개의 절조, 매끄럽게 다듬어 놓은 눈썹, 도톰한 볼, 매력적인 입술." [초상화의] 사람들은 "안정된 신체와 질서정연하고 논리적이며 독단적인 철학"을 가졌다. 예전의 초상화들은 "민족적 특성, 계급 특질, 신조와 신앙, 개성, 바른 예절, 명예, 명상, 삶을 전체로 보려는 시각, 세상을 즐겨야 한다는 인식, 민주주의로부터의 해방, 밝은 분위기로 존재를 골도니Goldoni9가 들려주는 코미디처럼 밝은 분위기로 다루는 능력 등을 찬미하는 노래를 부른다."10

이 말은 냉정하게 보면 공정할 수도 있고 그렇지 않을 수도 있다. 그러나 그것은 사실의 한 측면, 즉 대중적이지 않은 것에 더 적합한 측면을 설명해주며, 우리 시대 사람과 한 세기 전 사람 간에 매우 실질적인 차이가 있음을 보여주고 있다(비록 그 차이는 파악하기는 힘들지만 모든 연구자들은 그 차이를 간파하고 있어야 한다). 문학에서는 제인 오스틴Jane Austen 작품에 등장하는 사람들과 『환희의 집』*The House of Mirth*에 나오는

---

[8] 옮긴이—레이놀즈(Sir Joshua Reynolds: 1723~1792) 18세기 영국 예술계를 주도한 초상화가이자 미학자. 그는 주로 영국에서 활동했지만 16세기 티치아노 등(각주 참조) 르네상스 시대의 베네치아 화가들의 영향을 많이 받았으나 이후에는 고전주의 화풍으로 바뀜. 그는 많은 초상화를 그렸는데 왕이나 왕비 등 상류사회 인물보다는 사교계 여성이나 친구들을 모델로 그리기를 좋아함. 이 점에서 사전트와는 비교됨.

[9] 옮긴이—골도니(Carlo Goldoni: 1707~1793): 이탈리아의 희극 작가. 이탈리아의 기존 극 형식인 코메디아 델라르테(극의 큰 줄거리만 써 있고 나머지는 배우가 즉흥적으로 대사나 동작을 꾸미는 것)를 새롭게 바꾸어놓고, 가면을 쓴 판에 박힌 인물들을 사실적인 인물로 대체하고, 느슨한 구성과 반복적인 줄거리를 빈틈없이 짜인 구성으로 바꾸는 등 진부한 내용의 소극을 유쾌하고 자연스러운 분위기로 새로이 재창조함으로써 이탈리아 사실주의 희극의 창시자로 여겨지고 있음.

[10] *The Atlantic Monthly*, April, 1904.

사람들을 비교하면 그 차이를 알 수 있다.

　나는 긴장이 신경쇠약, 약물남용, 정신이상, 자살 같은 뚜렷한 병리적인 현상을 증가시키는 데 얼마나 영향을 미치는가에 대해서는 깊이 논구할 의향은 없다. 긴장이 그런 병리적 현상에 중요한 영향을 미친다는 것은 일반적으로 인정되고 있다(물론 그것을 다른 요인과 분리된 것으로 보기는 어렵다). 자살의 증가에 따라 사회적 스트레스가 최악의 상태에 이르면 전반적인 마비현상을 초래하여 유해한 결과를 가져온다는 것은 각종 통계가 보여주고 있다. 이러한 마비현상이 급격하게 증가하면서 그것은 세기의 질병으로 불리고 있으며, 이러한 현상을 "과식, 매춘, 과로, 만성적인 고민이 낳은 병"이라고 한다. "특히 이러한 마비현상은 대도시에서 발생하는 질병이며, 이러한 현상의 존재는 유기체가 충분한 준비를 갖추지 않은 상태에서 경쟁적인 레이스에 뛰어들었음을 보여준다."

# 제3부
# 민주주의 정신

# 제11장 의식의 확장

부족사회 의식의 협소성 / 대면 모임의 중요성 / 개성 / 폭넓은 관계의 잠재의식적 특성 / 의식의 확장 / 성장의 불규칙성 / 근대적 의식의 범위 / 민주주의

튜턴족은 로마 문명을 받아들이기 전에는 사회생활 환경이 대부분의 목적에 맞게 가족이나 부족 또는 촌락 집단에 국한되어 규모가 작았다. 이러한 좁은 범위 안에서 사고와 감정의 활발한 교류가 이루어지고, 도덕적 통일, 공감, 충성심, 명예, 친근한 교제가 형성되었다 그 안에서 소중한 전통이 간직되었고, 또한 그곳은 활발한 여론, 제안과 토론, 지도와 추종, 찬성과 반대가 이루어지는 장場이었다. 『게르만족의 기원』 *Germanic Origins*에서 굼메레Gummere 교수는 다음과 같이 말한다. "가족 같은 친근한 토양에서는 고된 삶에서 나온 것처럼 나날이 정서가 발달한다. 평화, 선의, 명예감, 친구와 친지에 대한 충성심, 형제애 이 모든 것이 게르만족의 가정에서는 성장하는 작물과도 같았다. 게르만족 가정은 이러한 식물들의 발달 초기에 필요한 알맞은 온기를 제공한다.…처음에는 가족 또는 부족이 삶의 영역 또는 체계의 경계를 이루었다. 사람들이 그 영역이나 체계 밖을 벗어나 오갈 데가 없어지면서 혼돈상태에 빠지게

된다."¹

우리가 여론이 근대적이라고 말하는 것은 그 형식이 폭넓고 정교하기 때문이다. 규모가 작더라도 공통 관심사에 대해 토론을 하고 작용을 가하는 기회를 가진 곳에는 항상 여론이 존재했다. 한 예로, 아메리카 인디언 사이에서 "여론은 모든 부족에서 가장 영향력 있는 요인이었으며, 주로 인기 있고 힘이 있는 자가 여론을 주도했다. 아메리카 인디언 부족의 소규모 공동체에서는 관리들이, 실제로는 모든 사람이 서로 잘 알려져 있다. 모든 기질의 특성이 알려졌고, 그 개인은 특출한 성격에 따라 존중을 받기도 하고 멸시를 받기도 했다. 대담하고 포악하며 풍부한 전략을 가진 자는 전쟁 지도자가 되고, 판단력과 결단력을 가진 자는 시민 지도자나 통치자가 되었다."² 게르만 부족은 촌락 토론회를 자주 소집하는 관습이 있는데 역사가들은 이 촌락 토론회에 주목하며 다음과 같이 반복해서 말한다. 거기에서 "영국인들은 여론, 즉 공적 토론의 가치를 배우게 되고, 합의의 가치, 즉 토론에 의한 '상식'의 가치를 일반적 확신에 대한 표현에서 설득력을 이끌어내는 법칙으로 배워 왔다."³

잘 알다시피 그런 단순한 종류의 토론과 여론은 자유롭게 놀이를 하는 어린이들 사이에서도 발견된다. 사실 여론은 인간 본성에서 직접 생겨나며, 모든 형태의 사회 그리고 모든 역사 시대에 전국 곳곳에 존재하여 아무리 엄격한 방법을 사용해도 억누르기가 어렵다. 그것은 발언이 금지된 곳에서는 표정과 몸짓에 의해 발달하고, 그래서 감옥 안의 투옥자들 사이에도 여론이 존재한다. 그러나 지역 집단이 활기 있고 의식적인 사회의 발달을 억제한 부족 생활에서는 기록 수단과 신속한 전송 수단이 없어서 광범한 범위의 통일을 형성할 수가 없었다.

---

[1] p. 169, 171.
[2] F. S. Dellenbaugh, *The North Americans of Yesterday*, p. 416.
[3] J. R. Green, *History of the English People*, i, p. 13.

간접 의사소통이 부재한 상태에서는 사회적 자극을 느끼고 의식을 발달시키기 위해 사람들은 대면 접촉을 하게 된다. 그런 상태에서는 게임과 축제 그리고 온갖 종류의 공공 집회가 지금 시대보다 일상생활에서 더 일반적인 의미를 지녔다. 그것들은 환희의 축전이자 웅변을 시연하는 극장이었으며(그곳에서는 당면의 문제를 토의하기도 하고 과거의 공적을 하나하나 이야기하기도 했다), 춤과 연극, 시와 음악을 하나의 포괄적인 공통된 예술 속에 하나로 결합하여 율동적인 공연을 펼치는 무대였다. 인간 본성은 집단생활의 발전을 가져온다. 그러므로 그러한 모임은 아마도 인간 본성보다 훨씬 오래 전부터 있었던 것 같다. 그중 일부의 원시적 형태에서 일부 사람에 의해 언어speech가 생겨난 것으로 추정된다. 어린이들이 놀이를 하는 과정에서 각종 단어를 고안해내는 경우나 길거리의 소년 패거리 사이에서 은어가 생겨나는 경우와 마찬가지로, 최초의 인간도 축제 같은 흥분된 분위기에서 흘러나오는 시적 감흥이나 환희 또는 자기헌신적인 대담한 행위에서 언어를 고안하는 자극을 받았을 것이다.[4]

이러한 원시적 모임의 정신은 많은 이가 회상하는 캠프파이어 주위에서 벌어지는 저녁 축제의 사회적 들뜸 분위기 속에서 재현된다. 여기서 개인과 집단은 노래와 찬가를 부르고, '곡예'를 펼친다. 거기서는 뛰어난 업적을 찬양하거나 독특한 개인을 풍자하는 등 독창적인 면은 보이지 않고 거의가 즉흥적인 것 일색이다. 공동의 흥분은 유능한 어떤 한 사람 또는 몇몇 사람의 정신에서 생겨난다.

부족 생활에서는 모든 사람이 하나로 어우러져 있어서 개인에 대해서는 전혀 고려하지 않고, 가족이나 씨족이 사회의 단위였다고 일부 사람들은 말한다. 조직의 관점에서 보면, 이것은 맞는 말이다. 친족 집단은

---

[4] J. Donovan, *The Festal Origin of Human Speech. Mind*, October, 1891.

(정치적, 경제적, 종교적 목적 등) 많은 목적을 수행하고 하나의 통일체로서 행동하며 나머지 사회에 대해 책임을 지는 하나의 통일된 단위이다. 이를테면, 어떤 개인이나 집단이 잘못된 행위를 했을 때는 특정 가해자에게 벌을 주는 것이 아니라 집단에 벌을 준다. 그러나 심리학적으로 볼 때 이것을 자기확신이 결여된 것으로 이해하는 견해는 근거가 없다. 오히려 야만족의 정신은 공격적이고 방탕한 개성을 강하게 표출한다. 아킬레스야말로 많은 영웅 중 가장 적당한 본보기이다. 그는 힘이 세고 용맹무쌍하지만 허영심이 많고 건방지며 화를 잘 낸다. 우리는 그런 인물을 두고 대개 개인주의자individualist라고 부른다.5 니벨룽겐의 노래6에 나오는 인물이나 베오울프7에 나오는 인물, 북유럽과 아일랜드 동화에 나오는 인물들은 아킬레스를 많이 닮았다.

또한 도시Dorsey가 묘사한 바처럼 오마하족8이 진군을 할 때 주전파 세력이 보여준 어떤 개인의 통솔력을 살펴보라. 그러한 통솔력이 오늘날 상업 및 여타 기업을 낳게 한 방식과 별 차이가 없다는 점에 주목하라.

"어느 청년이 적을 물리치기 위해 원정에 나서기로 결단을 내렸다… 그는 계획을 세운 다음 동료에게 말한다. '친구야, 원정을 나서려 하는데, 같이 가자. 축제 때처럼 음식을 끓이자.' 친구는 그 말에 동의했고 이제 다른 사람들이 자신들을 따른다면…그 둘은 지도자가 된다. 그래서 그들은 자신들이 지명한 사람들을 초청하기 위해 전령자로 보낼 두 청년을 찾아낸다….모두 집합하자 원정을 계획한 청년이 대원들에게 연

---

[5] "모든 법과 규약을 제거하고, 오로지 검을 가지고 승부하자"(Jura neget sibi nata, nihil non arroget armis) Horace, Ars, *Poet*., 122.

[6] 옮긴이—제3장 각주 13 참조.

[7] 옮긴이—베오울프(Beowulf): 8세기에서 11세기 사이에 쓰인, 고대 영어로 된 작자 미상의 영웅 서사시. 1010년경에 만들어진 필사본이 유일하게 전해지고 있으며, 고대 영어로 된 가장 긴 작품으로 언어학상으로도 중요한 문헌임.

[8] 옮긴이—북아메리카 평원에 거주하는 인디언 부족.

설을 한다. '오! 친구들이여, 나와 나의 친구는 원정을 추진하려고 여러분들을 향연에 초청했습니다.' 원정길에 참여할 뜻을 가진 이들은 이렇게 답했다. '그래, 친구야 같이 가자.' 그러나 원정길에 오를 의향이 없는 자들은 이렇게 대꾸했다. '친구야. 나는 가고 싶지 않아. 별로 내키지 않거든.' 주최자는 이렇게 말한다. '그날 갈 테니 채비를 갖추어라.'"9

전체 흐름을 보면, 소년들 사이에서 게임이 진행되는 방식, 즉 '게임을 주도하는' 소년이 가장 좋은 위치를 요구할 권리를 가진다는 것을 알 수 있다. 부족사회의 구조에 따라 확실히 주도권을 허용하는 정도가 다르게 나타난다. 그러나 그러한 차이는 모든 문화 단계에 존재한다.

자기 감정과 자기 확신 그리고 개인과 집단의 관계는 어느 시대에나 거의 같으며, 사람man이 인간적human이 된 이래로 일각에서 말하듯이 '개성personality이 출현한' 적은 결코 없다. 변화는 주로 개인이 호소하는 집단의 정도와 성격의 [차이]에 의해 일어나며, 개인이 [타인과] 자신을 구별하는 방식에 따른 것이다. 게르만 부족인, 중세시대 기사, 르네상스 시대 화가나 학자, 근대의 기업 대표는 모두 똑같이 야망을 가지고 있다. 그들 간의 다른 점은 그 목표이다. 사실 역사적으로 개성은 발달해왔다. 그러나 개성의 발달은 일상생활의 발달과 상호 관계가 있으며, 그 둘 간의 본질적 관계는 변화하지 않았다.

부족 생활에서는 넓은 범위의 통일이 이루어질 조건이 형성되지 않았기 때문에 공적 의식의 범위가 지역에 한정될 수밖에 없었다. 부족 생활이 좁은 범위를 벗어나 삶을 함께 묶어주게 하는 기반은 잠재의식적 특성이었다. 거기에는 정신적 및 사회적 경향을 지닌 유습, 구술 전통(이것은 종종 모호하고 우회적이다), 일단의 관습(이것은 충분한 이해 없이

---

9 J. O. Dorsey, *Omaha Sociology*, 315, 316. A publication of the U. S. Bureau of Ethnology.

존중을 받는다) 등이 포함된다. 이러한 폭넓은 관계들에 대해서는 아직 조사되지도 논의되지도 않은 상태이므로 신중한 사고와 의지의 대상이 될 수가 없다. 그렇지만 그 관계들은 사물의 필수적인 질서의 한 부분으로 받아들여졌으며, 다소 신성한 근원으로 간주되고 있다. 이렇게 하여 언어, 법률, 종교, 각종 형태의 정부, 사회계급 그리고 다른 씨족이나 부족과의 전통적인 관계가 당시에는 인간 통제 범위 밖에 있다고 생각했다 (지금은 이 모든 것이 인간 정신의 누적된 업적에 의해 형성된 것으로 알고 있다).

그때도 지금처럼 넓은 범위의 통일이 이루어졌으며, 인간의 발달은 적시에 그리고 동시대 사람끼리 맹목적인 협동을 하면서 연속되었다. 생활 도구는 부족끼리 서로 모방하여 점진적으로 혁신되고 확산되어 나중에는 항상 최적의 도구가 남게 되었다. 그러나 그러한 변화의 세부적인 면은 의식과 관련되었다. 과정으로서 그러한 변화는 인간의 인식 범위를 넘어섰다. 인간은 새롭게 출현한 것에 맞게 옛 풍습을 순응시켜 나간다. 그러나 스스로가 제도를 발달시켜 나간다는 것은 잘 의식하지 못하였다.

비록 진행이 느리고 잘 의식하지 못하긴 하지만 부족이나 민족에도 여론이 있었다. 그것은 종교나 결혼, 정부 같이 일반적이고 영속적인 이해관계와 관련된 사안에 대한 생각의 발달이자 합의이다. 여느 때와 달리 억압이 심한 상태에서는 의식적인 정신 통일을 촉구하는 자극이 더 크게 생겨난다. 로마제국에 대항하여 연합체를 결성한 게르만족이나 갈리아족[10]이 그런 경우이다. 그러나 이러한 통일은 금세 무너지는 경우가 많았다.

---

[10] 옮긴이—이탈리아 북부·프랑스·벨기에·네덜란드·스위스·독일을 포함한 옛 로마의 속령(屬領)에 있던 민족.

심리학적 관점에서는 사회적 의식과 합리적 협동의 점진적 확대를 역사적으로 중대한 사실로 본다. 정신은 더 높은 능력을 발휘하기 위해 (비록 규칙적이지는 않지만) 끊임없이 영역을 확대해 나간다. 인간 본성은 가족과 공동체 속에서 형성된 이상에 매몰되어 다소 맹목적으로 전체를 위해 끊임없이 노력하고 있는데, 커뮤니케이션 및 조직의 난관이 이를 대규모로 실현하는 것을 방해한다. 진보가 전반적으로 이루어지느냐 아니냐는 더 이상 논구할 필요가 없다. 확실한 것은 더 열성적인 민족이나 운이 좋은 민족이 많은 혜택을 누리게 되며, 또 다른 많은 민족이 이러한 혜택을 선망하고 기대하며 우러러본다는 사실이다.

적어도 근대의 유럽 역사에서는 의사소통과 협동의 전파 범위가 명백히 확장되어 왔는데, 전반적으로 협동의 질이 향상되었는지는 이상적인 도덕적 통일에 의해 판단된다. 도덕적 통일이 이루어지면 더욱 자유롭고 더욱 인간적이 되며, 공동체 의식을 더욱 적절하게 표현하는 경향을 띠게 된다.

이러한 경향에서 명백하게 벗어나면 그것은 분명 비정상적인 발달의 사례라고 설명할 법하다. 로마제국처럼 광대한 규율 체계기 붕괴된 것을 보면, 정신적 상태가 낮은 수준이었다는 것을 알 수 있다. 또한 그중에서 결국에는 최상의 형태가 보존되었고, 떠오르는 새로운 체계가 (비록 정도가 약하더라도) 전반적으로 인간 본성을 더 높고 완전하게 표현하게 되었다는 것을 알게 된다.

제국 말기에는 확실히 사회 메커니즘이 인간 본성을 속박하면서 발달한다(사회 메커니즘의 적절한 종류와 정도가 자유의 조건 중 하나이다). 제국이 통제 범위를 확장하고 유지하기 위해 국가는 점점 더 중앙집중적인 관료제 구조를 취할 수밖에 없으며, 그 결과 개인과 지역 집단의 자립성이 발달할 여지를 남겨놓지 않는다. 공적 정신과 정치적 리더십은 억압을 받고, 조직화된 자기표현의 습관은 소멸되어 사람들은 집단 활력을 잃어버려 어린이처럼 스스로 아무것도 할 수 없게 된다. 사람들은 겁쟁이나 방탕아가 아닌데도, 어떤 교육도 받지 못하여 효과적인 공적 능력을 갖출 수가 없게 된다(그들이 용기를 잃고 가정 도덕을 받지 못했다고 말하는 것은 과장된 듯하다). 딜Dill이 말하듯이, 사회는 정교하고 신중하게 짜여 있다.

모든 생활영역에서 활기와 창의성이 갈수록 쇠퇴하고 있다. 공업과 농업은 종류를 막론하고 어떤 혁신도 진전도 이루어지지 않았다. 롱기누스Longinus가 말하듯, "일부 어린이가 유아 때처럼 손발이 짧은 난쟁이 상태로 있는 것처럼, 우리의 미숙한 정신은 편견과 노예근성에 사로잡혀 더는 확대될 수 없게 되거나 아니면 옛 사람들을 보고 감탄하던 균형잡힌 위대함에 이를 수가 없게 되었다(옛 사람들은 대중 정부 하에 살면서 자유롭게 행동하고 자유롭게 글을 썼다).[11]

고대 세계의 발달한 국가들은 (스스로 알고 있든 그렇지 않든) 자유와 팽창 간의 화해할 수 없는 대립에 직면했다. 고대 국가들은 작은 영역 안에서 단순하고 대중적인 제도를 유지하든가(모든 대규모 민족은 그런 제도에서 출발했고, 그 제도가 활력의 원천이었다) 아니면 대규모의 기계적인 통일을 조직해야 했다. 첫 번째 경우에는 국가의 수명이 단명했다. 왜냐하면 적대 세력으로 둘러싸인 세계에서 영속성을 유지할 군사력이 없었기 때문이다. 두 번째 경우에는 인간 본성의 억압 때문에 퇴보하고 말았다. 시간상의 차이는 있지만 이러한 형상은 고대의 모든 대규모 국가에서 나타났다.

이와 같은 식으로 우리는 (고대와 중세의 도시공화국의 몰락처럼) 역사에서 나타난 자유로운 조직의 실패를 보여주는 수많은 사례를 찾아볼

---

[11] *Decline and Fall*, Milman-Smith edition, I, 194, 195. 기번(Gibbon)의 글에서 인용.

수 있다. 이때 자유는 기껏해야 불완전한 자유였으며 대부분 독재적 또는 관습적인 세계에서 자기 자신을 지키기에는 규모가 너무 작았다. 자유는 (비록 그 자체로는 강인하지만) 스스로를 방어하기에는 규모가 너무 작았던 것이다. 몽테스키외가 말하기를 "공화국의 규모가 작으면, 외부의 힘에 의해 무너진다. 또 공화국의 규모가 크면, 내부의 결함에 의해 파멸된다."[12]

그러나 문학과 예술 그리고 심지어 무기에서는 이러한 많은 실패가 얼마나 근사한가. 아테네와 피렌체 그리고 수많은 도시는 근대적 조건을 무한히 확장할 수 있게 해주는 자유 원리의 내재적 강인함과 풍부함을 얼마나 잘 갖추었는가.

현재 시대에는 의식이 넓어지고 적어도 잠재적으로 더 높아지고 자유로워진다. 생활 측면에서 개인은 상황에 대한 이해가 넓어지고, 따라서 각자의 위치에 맞게 이해력, 공감, 의식을 폭넓게 적용하게 된다. 그 과정에서 개인은 맹목적인 행위자가 아닌 전체의 합리적 구성원이 된다.

개인은 광범한 통일체—국가, 제도, 경향—와 의식적으로 관계를 맺으면서 그 속에서 개인으로서 더욱 중대한 역할을 하게 된다. 개인은 자신의 본성을 그렇게 하듯이 자기감정을 자신의 자유로운 활동의 대상과 연계시키며, '자기 작품에 대한 작가의 애착', '구성원으로서 전체에 대한 정신적 일체감'—이것이 바로 조직의 이상이다—을 느끼게 된다.

토크빌은 미국에는 프롤레타리아가 없다는 사실을 발견했다. "난폭한 다수의 대중은 존재하지 않는다. 법을 자신의 선천적인 적으로 간주하는 자는 두려움과 의혹으로 법을 바라본다. 이와 달리 모든 계급이…부모의 애정에 의해 법에 속박되어 있다는 것을 느끼지 않을 수 없다."[13] 그

---

[12] *The Spirit of Law*, book ix, chap. 1.
[13] *Democracy in America*, vol. i, chap. 24.

럼에도 불구하고 '사회불안'은 오늘날에도 뿌리 깊게 남아 있으며, 모든 현실 민주주의에도 역시 그런 사회 불안이 존재해야 한다. 국가가 국민의 생각에 직접 그리고 명확하게 기초하고 있는 경우에는 국가에 대한 근본적인 적대감이 조성될 수가 없다. 온건한 동요가 있어야 불만의 활력을 잠재우게 된다.

범위와 선택의 폭이 확장되면 장기적으로 정치적 기회와 자유가 확대되고 따라서 모든 종류의 기회와 자유가 확대된다. 그렇게 되면 개인은 전체의 모든 영역에서 중대하고 결정적인 역할을 활발하게 할 수 있게 된다.

이와 동시에 인간은 사고 능력의 한계 때문에 실제로는 어느 누구도 자신에게 열려 있는 모든 사고 영역을 원하는 만큼 차지할 수가 없다. 개인은 예전보다 폭넓은 활동을 할 수 있는 자극을 받긴 하지만 선택과 포기를 지속해야 한다. 개인의 삶의 대부분은 여전히 관습과 메커니즘에 얽매여 있다. 개인이 더 자유로워졌다는 것은 대체로 더 넓은 전체를 조망할 수 있고 스스로 표현할 각종 관계를 선택할 수 있게 되었음을 의미한다.

실제로 새로운 질서에는 항상 위험이 존재하여 개인은 선택과 포기를 마음대로 할 수가 없다. 즉 개인은 적당하게 소화할 수 있는 것보다 더 많은 것을 삼키게 되고, 철저한 잠재의식적 동화의 혜택을 받지 못하게 된다. 현재의 삶은 연구하면 할수록, 개인은 그것을 다루기 아주 어려운 결함을 가진 것으로 피상적으로 파악하게 된다.

또한 새로운 조건은 이처럼 자유롭고 긴급한 사회에 참여하는 개인에게 완전하면서도 다양화된 그리고 현실에 쉽게 적용할 수 있는 훈련 체계를 요구한다. 하나의 정신a spirit으로서 민주주의는 자연적으로 발생하는데, 개인 능력이 완전하게 발전해야만 이러한 정신을 더욱 효과적으로 만들 수 있다. 우리의 직관에 대한 확신이 흔들려서는 안 되지만, 그것의 적용은 확장되고 계발되어야 한다. 우리는 일을 잘 수행하는 법을 배워야 하며, 어떤 일은 많은 노력을 해야 이룰 수 있다는 사실을 망각해서는 안 된다.

보다 넓은 의식은 일반적 또는 공적 측면을 가지는데, 이러한 측면이 우리가 민주주의라 부르는 것이다. 민주주의는 무엇보다도 여론이 조직적으로 영향력을 발휘하는 것을 의미한다. 또한 여론은 집합적 삶을 인간답게 만드는 과정에서, 즉 제도를 (잔인한 또는 기계적인 조건 대신에) 인간 본성의 더 높은 자극을 표현하는 과정에서 실행된다. 근대적 삶은 보통 사람들이 직관을 실현하고자 의식적으로 노력한다는 데서 고대나 중세 시대의 삶과 본질적으로 구분된다. 모든 체계는 여론에 의지한다. 그러나 이 시대는 이러한 여론이 더욱 합리적이고 자기결정적이라는 점에 그 특징이 있다. 이 시대의 여론은 과거처럼 불가피하다고 믿는 조건을 단순히 반영한 것이 아니다. 이 시대의 여론은 원리를 추구하고 그 원리를 인간 본성에서 찾으며, 삶을 그 원리에 순응하도록 그리고 왜 그래서는 안 되는지 알도록 결정한다. 여기에는 모든 성실한 사람들이 참여하는데 참여하는 방식은 각자 다르다.

물론 우리는 극히 소수의 사람만이 최상의 도덕적 경지에 이를 수 있는 것으로 알고 있다. 적절한 표현을 해가면서 많은 일에 정신을 집중할 수가 없기 때문에 항상 보충 원리가 작동한다. 한 가지 일이 잘 되면, 다른 일을 간과하게 되고, 그래서 우리가 무시했던 메커니즘에 계속 사로잡히게 되어 그것에 의지하게 된다.

그렇지만 전반적으로 정신의 폭이 넓어지게 되면 삶의 모든 측면이 민주적이 되고 인도주의적이 된다. 올바른 민주주의는 단순히 보편적으로 올바르다고 느끼는 (소규모 집단에 적용되는) 원리 – 각자가 자기 능력에 따라 기여하는 공동의 정신이 동기가 되는 자유로운 협동의 원리－를 더 넓게 적용하는 것이다. 이 시대의 특징적인 현상은 대부분 이러한 성격을 띤다. 페어플레이 정신, 친절함의 신장, 여성 예찬, 육체노동 존중, 사회를 경제적으로 조직하려는 노력, '상업 원칙' 같은 것이 그런 것이다. 이러한 이념이 카스트, 지배, 군사의 영예, '과시적 여가'conspicuous leisure[14] 등 이차적인 인위적 체계에서 싹튼 이념—이것들은 원초적 이상이 넓게 실현되는 것을 가로막은 각종 조건에 기초한다—을 대체한다.

대체적으로 말하면, 민주주의 경향은 항상 있어 왔다고 말할 수 있지 않을까? 즉 민주주의의 발전은 그러한 현실적인 조건 하에서 대중의 사고와 의지를 대규모로 조직할 수 있는 가능성에 의해 지대한 영향을 받아 왔다. 자유로운 협동은 자연적이고 인간적이다. 그것은 놀이터의 어린이들 사이에서, 새로운 나라의 정착민 사이에서 그리고 가장 원시적인 사람 사이에서 자연발생적으로 생겨난다. 요컨대 부차적인 그리고 인위적인 규율이 그것을 대체하지 못하는 모든 곳에서 생겨난다. 부차적이고 인위적인 규율에는 온갖 종류의 강압적이고 기계적인 통제가 포함되는데, 이것 역시 넓은 의미에서 보면 자연적이고, 인간의 발전에 기능적이다. 그러나 그러한 통제에 대해서는 언제나 저항이 있기 마련이며, 이러한 저항은 편의주의 압력에 의해 그러한 통제가 더 이상 유지되지 못할 때 효과를 발휘하게 된다. 따라서 근대 역사 전반에 걸쳐, 특히 지난 세기에 인도주의가 점진적으로 발전하여 더 이상 필요가 없는 낮은 수준의 협동을 일소하고 자연적 자극에 적합한 협동으로 대체하려고 노력해 왔다는 것을 보게 된다.

군주제, 귀족정치, 민주주의 각각의 장점을 비교하는 논의는 그간 형

---

[14] 이것은 베블런(T. V. Veblen)이 『유한계급론』(The Theory of the Leisure Class)에서 소개한 많은 설명 중 하나이다.

식적인 논조에 얽매여 전개되어 왔다. 세상은 확실히 민주화되고 있다. 다만 문제는 그것이 얼마나 빠르게 진행될 수 있는가 그리고 다양한 조건 하에서 실제로 그것이 어떤 결과를 낳는가 하는 것이다. 민주주의는 단일의 명확한 정치 형태가 아니라 단지 조직의 폭에 관한 원리일 뿐이라는 것이 밝혀졌다. 민주주의는 사람들이 그 작동 방식을 배워가는 과정에서 자연스럽게 확산된다. 민주주의 하에서는 삶의 형태가 이전보다 다양해진다.

민주주의의 진전에 따른 사회적 규율의 특성의 변화는 정치에만 국한되지 않고 다른 영역에도 그만큼 많은 변화를 수반한다. 민주주의는 부득이 자체의 기계적 토대인 의사소통 수단을 가지고 종교, 산업, 교육, 자선활동, 가정에서 이루어지는 자유로운 행동양식을 통해서 토론과 실험을 전개해 나간다. 과거에 그랬던 것처럼 사회제도에서는 적자생존의 법칙이 일반화되겠지만, 적자생존의 조건은 많은 변화를 겪어 왔다. 그러한 조건이 어떤 함의를 갖는지는 어렴풋하게 예견만 할 수 있을 따름이다.

# 제12장  여론 이론

조직으로서 여론 / 합의는 필수적이 아니다 / 여론인가 대중의 생각인가 / 공적 사고는 평균치가 아니다 / 집단은 가장 유능한 구성원을 통해 의사표현을 할 수 있다 / 일반 여론과 특수 여론 / 일반 여론의 범위 / 특수 여론의 범위 / 일반 여론과 특수 여론은 개성 속에서 통일된다 / 여론을 통한 통치방식 / 도덕적 통일에 기초한 효과적인 통치

여론은 서로 분리되어 있는 개인 의견의 단순한 합숨이 아니라 하나의 조직이다. 즉 의사소통과 상호 영향이 협동하여 어우러진 산물이다. 여론은 여러 개인의 생각을 묶어놓은 것과는 다르다. 이는 백 명의 사람이 모여 건조한 하나의 배가 한 사람이 만든 백 척의 배가 다른 것과 같은 이치이다.

개인이 자기 정신을 형성하는 것과 똑같은 방식으로 집단은 "집단정신을 형성한다." 개인은 어떤 문제에 대한 자신의 실제 생각을 알기 전에 그 문제에 시간과 주의를 집중하고, 적절한 아이디어와 취지를 위한 자신만의 의식을 찾아내서 그것들을 하나의 전체로 통합해야 한다. 국민의 경우에도 다만 그 규모만 클 뿐 마찬가지이다. 개인은 각자 사전에 자기 정신을 구축해야 한다. 그런데 그 과정에서 이전의 생각이나 기억을 다

루어야 하고 뿐만 아니라 다른 사람들의 정신에서 나오는 신선한 아이디어도 다루어야 한다. 어떤 사실에 대해 아직 잘 알지 못하거나 불충분하게 알고 있다고 느끼는 사람은 모두 그것에 대한 내용을 다른 사람들에게 알려주려고 무척 애를 쓴다. 그리하여 적합한 소재를 찾기 위해 (하나의 정신이 아닌) 모든 정신을 샅샅이 탐구하여 그것을 자신의 능력껏 활용하여 전체적인 사고의 흐름 속에 투입한다. 이렇게 해서 서로 소통하는 집단 속의 여러 정신이 단일의 유기적 통일체가 된다. 그 정신의 통일은 정체성의 통일이 아니라 삶과 행동의 통일, 즉 다양하면서도 서로 연관되어 있는 사고의 결정체이다.

그렇다고 모든 개인의 의견이 반드시 합의에 도달해야 하는 것은 아니다. 근본적으로 추구하는 것은 배려와 토론을 통해서 사고가 무르익고 안정되게 하는 것이다. 예전에 그런 것처럼 많은 견해차가 있을 수 있다. 그러나 지금 존재하는 차이는 예전에 비해 지적이고 영속적이다. 사람들은 어떤 문제에 대해 자신이 실제로 생각하는 것과 다른 사람들의 생각이 다르다는 것을 알고 있다. 사람들은 서로 협동을 하여 도와주며 또 반대의 의견을 정의하는 데 이용되는 방침, 강령, 후보, 신조 및 여타 상징을 고안해냈다. 사람들은 사고를 비교적 완전하게 조직화했으며, 개인 또는 집단은 각자 나름의 방식으로 그러한 조직화에 기여한다.

미국 남북전쟁 발발 당시 노예제를 둘러싼 여론을 예로 들어보자. 이 문제에 대해서는 어떤 일반적 합의도 이루어지지 않았다. 그러나 이 문제와 관련하여 대중의 정신은 조직화되어 그에 대한 여론이 일정하게 성숙하기 전에 사회 각층에서는 이미 이 문제에 대한 관심이 무르익고 있었다. 그 과정에서 남부와 북부 사이에 사고의 갈등이 격화되고 지역적 다양성이 심하게 표출되었다.

여론을 이해하려면 진정한 또는 성숙한 여론과 대중적 인상popular impression을 명확하게 구분해야 한다. 진정한 또는 성숙한 여론은 상당한 시간의 진솔한 주의와 토론을 요하며, 설령 잘못된 것이라 하더라도 언제 합의에 도달하느냐가 중요하다. 일시적으로 제기되는 사안에 대해서는 진정한 또는 성숙한 여론은 거의 존재하지 않으며, 거리에서 유행하는 담론이나 인쇄물은 그러한 여론을 가장 불확실하게 나타내는 지표이다. 한편, 대중적 인상은 가볍고 깊이가 없으며 일시적이다. 또한 그것은 일반적인 대중 정신의 탓으로 돌릴 때 이용되는 변덕과 속임수로 가득 차 있다. 그것은 개인의 무분별한 견해 또는 무심코 내뱉는 말과 유사하며, 깊이 연구할수록 그것은 덜 진지하게 받아들여진다. 현재 백 명 중 99명이 받아들이고 있는 여론이 한 달 후에는 반대의 여론이 될 수도 있다. 이는 부분적으로는 그 99명이 아직 자기 고유의 정신을 찾아내지 못했기 때문이고, 부분적으로는 소수의 사람이 가진 의미 있고 근거 있는 생각을 나머지 사람에게 심어줄 시간이 부족하기 때문이다.

그러므로 그냥 지나치는 것을 여론으로 아주 가볍게 여기는 것과 성숙한 유기적인 사회적 판단이 가진 건전성을 확신 있게 결합하는 것은 불합리한 일이 아니다.

공적 사고 또는 공적 행위는 보통의 또는 평범한 정신을 어느 정도 표현해야 하고, 또 집단의 높은 이해력과 낮은 이해력 사이의 평균이어야 한다는 관념이 널리 퍼져 있는데 내가 보기에 이러한 관념은 합당하지 않다. 오히려 공적 사고는 대의적representative이라고 말하는 것이 아마 더 올바를 것이다. 즉 집단 내에 보편화된 감정feelings은 개인(특히 그러한 감정을 표현할 수 있는 유능한 개인)을 통해서 명확하고 효과적으로 표현되도록 해야 한다. 대학연합 체육대회나 토론회에서 어느 한 대학이 펼치는 활동을 예로 들어보자. 어느 대학이든 경쟁에서 승리하고 싶어 하는 막연한 바람 때문에 큰 집단에 소속되고 싶어 한다. 그러나 스스로 현실을 깨닫게 되면 그러한 바람은 자신이 최상의 경기자나 토론자가 되는 행위자가 되는 것으로 바뀐다. 약간의 상식과 관찰만 있어도 집단의 표현은 당면 목적과 관련하여 그 구성원들의 평균 능력을 거의 항상 능가한다는 것을 알 수 있다.

　나는 전자가 현재 우세한 감정에 의해 결정되는 방향과 관련하여 도덕적으로 우월하다는 것이 아니라 단지 [후자보다] 더 효과적이라고 본다. 폭도가 나타나 문제를 일으킬 경우에는, 집단 내에서 가장 잔인한 사람들이 일시적으로 자신의 우월함을 드러내기 위해 잔인한 본성을 표출하게 된다. 마찬가지로 이윤을 추구하는 기업은 직원을 채용할 때 도덕적 자질보다는 기업에 충실하게 일하는 아주 약삭빠른 자를 중시한다.

　그러나 집단의 생활이 신중하고 공감대를 형성하고 있다면, 그 집단은 보통의 구성원보다는 물론 가장 유능한 최상의 구성원보다도 도덕적으로 수준이 높을 것이다. 평균 이론을 공적 의식에 적용하는 것은 전혀 적절하지가 않다. 공적 정신은 개인 각각의 사고보다 낮을 수도 있고 높을 수도 있지만, 서로 다른 수준에 있는 것은 분명하다. 평균을 가지고는 공적 정신의 특성을 전혀 파악힐 수 없다. 정치적 수완이나 과학, 도덕에 관한 것이든 그 밖의 것이든 하나의 올바른 정신은 그 일반적 능력에서 인정과 존경을 받기 때문에 자기 자신의 관점에서 다른 모든 정신들을 고양시킬 수도 있다. 이는 마치 갑작스러운 분노와 공포를 느끼는 우리의 기질을 이용하여 하나의 그릇된 정신이 나머지 모든 정신들의 가치를 떨어뜨리는 것과 같다.

　이렇게 해서 올바른 사회적 판단이 과학과 철학 그리고 많은 문학과 예술처럼 평범한 능력 이상의 수준에 도달하게 된다. 인류의 판단은 결국 확실하고 건전하다고 모든 훌륭한 비평가들이 말한다. 에머슨Emerso

니이 말한 것처럼 플라톤에 대해서는 세상 사람들은 실수하지 않으며, 독자들은 그의 저작에 일일이 관심을 기울일 만큼 충분하게 이해하지 못하였다. 어떤 면에서는 이것은 아주 훌륭한 판단이다. 요점은 많은 사람이 그러한 판단을 받아들일 분별력을 가지고 있다는 사실이다.

문학과 예술과 과학에서 플라톤과 단테, 레오나르도와 미켈란젤로 그리고 베토벤과 뉴턴을 뛰어난 존재로 만든 집합적 판단을 민주적 판단이라고 말해 두자(민주주의에서는 시민이 정치에 자유롭게 참여하듯이 모든 사람이 자신의 능력에 비례하여 자유롭게 참여한다는 의미이다). 많은 부와 높은 지위를 가진 자들이 이러한 일에 지시를 내리려고 이따금 시도했지만 실패하고 말았다.

유기체가 자신의 적절한 기관을 사용하는 것은 당연하다. 사물을 보는 신체의 능력과 더불어 손, 코, 간 등의 시각적 능력의 평균을 통해서 알 수 있다고 말하는 것이 온당한 만큼 특수한 목적을 위한 집단의 능력은 평균적인 구성원의 능력이라고 말하는 것 역시 온당하다. 집단이 자신이 가진 가장 유능한 도구를 이용하지 못한다면 이는 다만 조직이 불완전하기 때문이다.

평균 이론을 민주주의에 적용하면서 그것을 (만약 확고하다면) 역사의 모든 사회현상에 적용되어야 한다는 것을 이해하지 못한다면 이상한 일이다. 사회현상은 집합 정신의 업적들을 기록해 놓은 것이다. 왜냐

---

[1] 옮긴이—에머슨(Ralph Waldo Emerson, 1803~1882): 뉴잉글랜드의 초절주의 사상가. 유럽의 심미적·철학적 조류를 미국에 전파한 문화의 중개자. 미국의 르네상스 (1835~1865)라 할 수 있는 문예부흥기 동안 미국 국민을 인도한 사상가. 초절주의의 대변자로서, 또한 유럽 낭만주의의 지류를 미국에 심으며, 모든 사람 안에 깃들어 있는 정신적인 잠재력에 대한 믿음을 강조하도록 종교적·철학적·윤리적 운동의 방향을 제시했으며, 영국에서 새뮤얼 테일러 콜리지, 윌리엄 워즈워스, 토머스 칼라일 등과 교류하며, 18세기 합리주의의 막다른 골목에서 이상적인 철학을 개진한 것으로 평가됨.

하면 민주주의와 고대 또는 중세 체계의 주요한 차이는 단지 전자가 시간, 공간, 카스트의 제약을 덜 받으며, 사실상 기계적 또는 전통적인 것에 대항하여 자유로운 인간 능력에 호소한다는 데 있다. 그러면 유능한 개인이 가진 호소력이 어떤 마법을 이용하여 고대의 특권을 박탈하게 되는가?

이러한 사실을 깊이 생각하는 사람이라면 집합적 표현의 원리는 예나 지금이나 동일하다는 것을 알게 되고, 또 우리가 안고 있는 특수한 난점 중 일부는 빠른 변화에 따른 혼란에서 비롯된 것이고 일부는 자유로운 체계가 인간 능력에 가하는 요구가 증대한 데서 비롯된 것임을 알게 될 것이다. 문제는 민주주의가 그리 심각하지 않은 이론적 장애를 식별하여 실제로 효과적으로 표현할 수 있느냐 하는 것이다. 즉 민주주의가 단순한 사실을 과거보다 더 방대하고 복잡한 규모로 제대로 처리해 나가느냐 하는 것이 문제이다.

여론은 (우리가 흔히 생각하는 것처럼) 획일적인 것이 아니라 다종다양하게 분화되어 있다. 일반 여론은 대략적으로 구분되는데, 공동체 내의 거의 모든 사람은 그중 한 부분을 취하고, 특수 여론이나 계급 여론 또는 가족, 동아리, 학급 여론, 성당, 노동조합 등의 여론 등 무수하게 다양한 여론이 존재한다.

공적 정신과 관련된 견해도 역시 매우 다양하며, 그 안에 온갖 종류의 내용이 들어있다. 집단 이상group ideals이라는 것도 존재하는데, 이를테면 여러 주가 분리되지 않고 통일을 이루는 미국의 이상, 국가 영광 그리고 많은 가문이 소중히 여기는 명예와 예의범절 같은 프랑스의 이상이 그에 속한다. 종교, 상업, 농업, 결혼, 교육 등과 관련된 집단 신념도 존재한다. 과거에는 사람들이 적극적인 관심을 가진 모든 문제에 대해 잠재적인 기질과 선입견이 존재했는데, 이러한 문제들이 토론에 의해 제기되고 조직화되면 사람들은 그것들을 다른 사안들과 결부시켜 여론을 형성한다. 히긴슨Higginson은 매사추세츠 주 의회에서 겪었던 경험을 일일이 열거하면서 다음과 같이 말한다. "사회 곳곳에 확산된 방대하고 수많은 편견은 도시 시민들은 물론 학자들조차도 결코 파악할 수 없다." 그러나 그러한 편견들은 대개 억제할 수가 없다. 이러한 편견은 마을 주민의 권리, 공립학교 제도, 정주법, 도로, 운항가능 개천, 자동차 바퀴 폭, 조업 중단 시기 등과 관련된 것이다. "의회 내의 모든 훌륭한 논객도 공인된 법률 기관도 모두 일면적이며, 이러한 잠재적 편견 중 어느 하나와 아주 사소한 논전을 벌이면 그것들을 소수 의견으로 만들 수도 있다."[2]

여론의 이러한 다양성은 그저 조직의 복잡성을 반영한 것인데, 현재의 여론과 토론은 사회 곳곳에서 진행되는 활동으로 사회 발전에 필수적이며, 체제 전반에 그리고 각각의 특수한 구성원에 사이에서 전개되고 있다. 일반 여론은 과학이나 예술 등 다양한 분야의 특수한 형태의 사고와 무관하게 그 자체로 존재하며, 합리적 사회에서는 잘 나타나지 않고 군중 같은 낮은 형태의 구조에서 나타난다. 우리는 일반 여론의 안내를 받기 위해 이러한 특수한 형태와 이를 지지하는 개인들에 의지하며(이는 마치 현재의 통화 흐름에 대해 가르쳐주는 경제학자에 의지하는 것과 같다), 그러한 특수 여론이 성숙하지 못하면 일반적 업적의 기반이 약해지고 의미를 상실한다. 이러한 결함을 때때로 민주주의 탓으로 돌리는 경우가 있는데, 오히려 민주주의는 카스트에 기초한 낡은 형태 대신에 선택에 기초한 자유로운 형태의 특수성speciality을 이용한다. 결함이 있다면 그것은 주로 변화에 따른 혼란에서 빚어진 조건 탓이다.

일반 여론은 흔히 생각하는 것보다 범위가 좁다. 새로운 커뮤니케이션 덕택에 전체 사람은 충분하게 관심만 기울이면 일시적인 문제에 대해서

---

[2] On the Outskirts of Public Life, *The Atlantic Monthly*, Feb., 1898.

도 공적 판단을 내릴 수 있게 되었다. 그러나 전체 사람이 공적 판단을 내리려고 많은 문제에 충분한 관심을 기울이는 경우는 가능하지도 않을 뿐 아니라 바람직하지도 않다. 도덕적 통일을 이루기 위해서는 반드시 사람 사이에 정신과 원칙이 유사해야 하나 세부적인 사항과 관련해서는 마땅히 분화되어야 한다. 세상일에는 대개가 특수한 성질이 있으며, 한 개인은 공적 정신을 가져야 하지만 그런 만큼 자기 일에 정진하는 것도 중요하다. 즉 자신만의 특수한 일에 매진하는 것도 매우 중요하다. 어쩌면 공적 정신을 가지고서 자신의 사적인 일에 정진하는 것이 중요하다고 할 수도 있다. 즉 사람들이 어떤 위치에서 일을 할 때는 공적인 사안에 주의하면서 자신의 사적인 일을 해나가야 한다는 것을 늘 염두에 두고 있어야 한다. 사람들을 일반적인 일에 대해 소홀하게 대하고 또 한 번에 한 가지 이상의 일에 대해 여론을 환기시킬 수 없도록 정치적 구호를 강조하는데 이는 사람들이 게으르거나 타성에 젖어서가 아니라 여러 요구가 불가피하게 충돌하기 때문이다. 군대의 최고사령관처럼 공적인 것을 세부적인 것과 분리시켜 본질적인 선택을 하는 데 자유롭게 생각을 집중시키는 것이 더 낫다.

나는 국민투표의 효능이나 세부적인 입법에 국민 참여 증대를 위한 그와 유사한 각종 제도가 가진 효능에 대해서는 약간만 믿는다. 이러한 제도는 공중이 진솔하고 지속적인 관심을 기울일 준비가 된 사안에 대해 공적 의지를 형성하고 표현할 수 있을 때만 유용성을 가진다. 그러나 많은 문제가 속출하거나 그 문제가 기술적 성질을 가지게 되면, 사람들은 혼란스러워지거나 무관심하게 된다. 또 그렇게 되면 그 장치를 조종하는 소수의 사람이 실질적 힘을 가지게 된다.

공중이 이러한 직접적인 일반적 판단을 가지고 유익하게 결정할 수 있는 문제는 대체로 유기적 변화나 재조정과 관련된 것이다. 산업 통합과 관련한 정부의 역할 같은 당면한 이슈가 그런 문제에 속한다. 일반 사람들이 결정해야 하는 이러한 문제는 일반적 의식을 형성하지 않은 상태에서 수행된다(개인이 그런 것처럼 사회도 작은 권력이 아닌 관행적인 활동을 따르기 때문이다). 또한 일반 사람은 개성을 과시하기 위해 특이한 선택을 하려 한다(이 점에 대해서는 곧 논의할 것이다).

벽돌공, 군인, 화학자, 법률가, 은행가, 정치가, 공무원 등 모든 종류의 전문가는 대체로 각자가 속한 특수한 집단의 여론의 지배를 받지 일반 여론에 직접 의존하는 경우가 없다. 또한 자신들의 일에 명백히 효과가 없거나 일반 사람들이 어느 정도 싫어하지 않으면 공적인 일에 관심을 기울이지 않는다.

사고의 특수한 측면은 실제로 독립적인 것으로 간주할 것이 아니라 덜 일반적인 의식(걸음을 걸을 때 다리의 움직임처럼 부분적으로 자동적인 의식)과 함께 작동하는 공적 정신으로 간주해야 한다. 사고의 특수한 측면은 여전히 일반적 견해에 의존한다. 특수한 집단에 재정적 후원과 사회적 지위를 부여하는 것은 대체로 신발, 은행, 교육, 의료 등과 같은 특수한 산물의 일반적 필요에 따른 것이다. 더욱이 특수한 집단 내의 일반적 이익은 (건물 매매나 파업 중인 탄광 운영자의 경우처럼) 기능이 혼란할 때나 (전시의 군대처럼) 재정이 중요해질 때 환기되고 비판을 받게 된다. 이제는 전문가가 자신에게 부여된 재능을 펼쳐야 할 때이다.

특수한 집단의 독립성 역시 개성의 제약을 받는다. 왜냐하면 전문성을 실행하는 사람은 다른 문제에 있어서 사회의 나머지로부터 떨어져 있다고 생각하지 않고, 사회가 도덕 통일체를 이루고 있는 한 우리는 사회의 일반적 정신을 공유하며 모두가 함께 여론을 받아들이는 동일한 사람이기 때문이다. 한 사람의 정신이 가진 상이한 부문은 일반 여론과 특수 여론에 상응하는데 이 상이한 부문이 얼마나 상이한 원리의 지배를 받느냐는 이해관계와 관련된 문제이다. 이러한 이해관계는 우리 모두가 도덕적 기준에서 갈등상태에 있다는 사실에서 비롯된다. 우리는 그간 각 활동영역에서 익숙하게 사용하던 원리가 서로 일치하든 그렇지 않든 그러한 원리를 대체로 별 비판 없이 받아들이고 있다는 사실이 일반적 관찰과 고백에서 명백하게 나타나고 있다.

그런데 이러한 사실은 합리적인 것이 아니다. 그러한 갈등을 시정하려고 의식적으로 노력해야 하는데 실제로는 사회가 분할되고 무정부상태로 나아가는 경향이 있다. 사업, 정치, 전쟁, 납세에서 특수한 기준이 널리 확산되어 있으며 우리의 행동이 관습에 의해 정당화되고 있다고 말하는 것은, 이러한 영역의 낮은 행동원리를 쉽게 그리고 약하게 방어하는 것이다. 우리는 관습에서 완전히 벗어날 수는 없지만, 우리 자신과 다른 모든 사람에게는 더 낮은 목표를 희생시키더라도 그 기준을 끌어올리도록 성실하게 노력할 것이 요구된다. 그런 노력이야말로 삶의 질을 향상시켜 주는 유일한 근원이며, 그러한 노력이 없으면 사회는 퇴보하고 만다.

달리 말하면, 우리의 정신 속에 다양한 활동에 적합한 사유와 감정이 어우러지게 하고 또 각자에게 더 높은 더 합리적인 것이라면 무엇이든 다른 사람들의 기준을 향상시키는 것이 바로 도덕적 및 지적 진보의 주요한 방법이자 아마도 유일한 방법이다. 만약 어느 사업가가 탐욕스럽고 편협하다면 그는 애국자이자 가족 구성원으로서 정서 그리고 학생으로서 정서를 그 영역 속으로 끌어들여야만 자신이 사업에서 배운 체계와 통찰력을 가지고 사업영역을 풍부하게 할 수 있다. 폐쇄적인 구획을 지키게 되면 정체와 부패를 초래한다.

그러므로 여론의 지배는 (특수한 기능을 직접 담당하는 전문가에 대해 충분히 만족하지 못할 때) 공중이 행사하는 잠재적 권위를 의미한다. 여론의 지배는 집단 전체가 공적 업무의 세부적인 사항에 대한 직접 참여로 확대되지는 못한다.

이 원리는 다른 어디보다도 정부 행동에 특히 잘 적용된다. 국가의 정치는 너무 복잡하여 항상 (아마도 다른 대다수의 전문성보다 공적 이해관계에 더 가까운) 전문성을 요하지만 이유야 어떠하든 정치는 대개 이 전문성에 자신의 주요한 에너지를 투입하는 자들이 장악한다는 점이 경험에서 드러난다. 이런 점에서 직업 정치인은 아마추어와 겨루면 분명 이기게 된다. 정치 운영이 서투를 경우에는 전문직의 수준을 향상시키는 것이 주요한 처방이다.

토크빌이 말하기를 "우주는 신이 통치한다면 미국의 정치는 국민이 통치한다. 국민은 만사의 원인이자 목표이다. 모든 것은 국민에서 나오고 국민에 의해 흡수된다."[3] 우리는 다음과 같은 말을 덧붙일 수 있다. "신이 대리인에게 일을 맡기듯이 국민도 역시 대리인에게 일을 맡긴다. 그 대리인에게 주인의 잠정적인 속성들의 상당 부분이 감춰져 있다."

정부는 다른 분야에서처럼 일반적 정서를 무시하거나 거스르는 경우가 많아서 어떤 사람은 우리나라는 민주주의가 아니라고 말하기도 한다. 그러나 어떤 정치형태도 사정은 마찬가지이다. 실제로 [민주주의 형태보다] 군주제나 과두제에서 그런 경향이 훨씬 심하다. 국민의 통치는 확실히 루이 14세나 헨리 8세의 통치보다 더 실질적이고 보편적이다. 어떤 군주도 통치 기구를 완전히 장악하지 못했지만 민주주의는 다른 어떤 정치제도보다 훨씬 치밀하게 통치 기구를 장악한다.

정부나 상업, 교육 같은 중요한 기능이 도덕성을 만족시킬 만큼 실행되지 못할 경우에는 다음과 같은 처방이 필요하다. 사실들을 공표하고

---

[3] *Democracy in America*, vol. i, chap. 4.

그 사실과 기초적인 권리의 기준이 불일치하다는 것을 보여줌으로써 그 문제와 관련한 일반적인 도덕적 정서를 자각시켜 나가야 한다. 이러한 정서는 그저 일반적 정서이기만 하면 별 효과가 없다. 그러나 그것이 활력을 가져야만 그와 관련된 기구들이 신속하게 만들어진다. 특수한 개인이나 집단에게 그러한 정서를 조직하고 효과적으로 만들도록 자극을 가하는 것이 그 정서의 본질이다.

언론은 상황을 생생하게 들추어서 그러한 정서를 활용하고 증대시키는 동기로 작용한다. 또한 출구를 찾으려고 열광할 때 그러한 정서를 발견한다. 즉 그 요구를 충족하기 위해 야망과 특이한 관심까지도 동원된다. 이렇게 하여 유능한 지도자가 출현하고, 조직이 공중의 열기를 받고 성장하지만 요구를 오래 충족시키지 못한다. 정직을 선택할지 부패를 선택할지 기로에 놓인 유권자를 인도하기 위해 시민협회를 비롯한 정치 문제와 관련된 여러 단체가 신뢰받는 지도자들 및 독립 언론과 연합을 한다.

전문직 집단 내에서도 도덕적 기준이 생겨나기 시작한다. 규칙을 위반한 자들 중 일부는 처벌을 받았고, 많은 사람이 경고를 받았다. 그리고 그간 관행적으로 해 왔거나 묵인해온 것을 모든 사람이 잘못된 것으로 여기게 되었다. 이러한 과정이 미국 같은 활기 있는 민주주의에서는 수많은 소수 집단 사이에서 대대적으로 진행되고 있다. 즉 공적 정신은 근면한 농부처럼 자기 영역 주위에서 호미질 하여 씨앗을 뿌리고 울타리를 고치고 그 밖의 시간에는 물건을 정돈하며 움직인다. 그는 일이 제대로 되지 않는다고 단념하지 않는다.

그 같은 끊임없는 쇄신이 일어나고 있는 것은 자기 기준을 부활시켜 적용하는 집단 내에 (비록 잠재적이긴 하나) 실질적인 도덕적 통일이 이루어졌음을 의미한다. 예컨대 미국에서 전개되는 모든 정당한 운동이 가진 장점 중에 밝혀지지 않은 것이 있는데, 국가nation는 전통적으로 정의, 자유, 박애 같은 목표를 위해 존재한다는 것이다. 이러한 전통은 고귀하고 소중하게 간직한 이상이 이미 존재하고 있음을 의미한다. 그러한 이상에 대한 진솔한 호소가 없으면 헛된 일이다. 우리는 독립선언문의 정서가 없을 때 한 것만큼 헌법의 지혜가 없어도 잘 해낼 수 있다.

동일한 원리에서 볼 때 우리의 도시들에서 펼쳐지는 실정失政의 주요한 원인은 그 도시들이 대체로 너무 새롭고 이질적이어서 의식이 확립되지 못한 데 있다. 사람들은 자신이 통일되어 있다는 것을 느끼자마자 시민의 미덕과 헌신을 추구하게 된다. 왜냐하면 통일이 이루어지면 그 안에서 활동할 사회적 매개체가 필요하기 때문이다. 사람들은 자신이 헌신할 명확하고 인간적인 통일체가 존재하지 않으면, 즉 자신의 헌신이 인정을 받지 않고 가치를 발휘하지 않는다면 대개 헌신하려 하지 않는다. 그러나 자신에게 절실하게 필요한 집단 그리고 지속성을 가진 집단에 대해서는 자연스럽게 헌신하게 된다. 그러한 집단이 자기의식적인 도시, 국가, 대학, 직업이 고결한 미덕을 펼칠 무대가 될 것으로 기대한다.

# 제13장 대중의 기여

대중: 정서의 창조자 / 대중은 경험의 중요한 흐름 속에 살고 있다 / 구별짓기나 특권은 고립을 초래한다 / 상층계급의 제도적 특성 / 대중은 현명한 재판관이다 / 사람들은 결국 옳은 판단을 하게 된다 / 민주주의는 항상 대의민주주의이다 / 결론

혼란스러운 공적 정신을 규정하고 조직화하는 데 있어 지도자가 하는 기능은 분명하게 나타나지만 대중이 기여하는 바는 명확하게 드러나지 않는다.[1] 그렇지만 불특정 다수의 생각이 뛰어난 소수의 생각보다 덜 중요하거나 반드시 덜 창의적인 것은 아니다. 뛰어난 소수의 창의성은 단지 대중에 비해 뛰어나다는 이유만으로 쉽게 과대평가되고 있다. 리더십이란 것은 다만 주도성이 특출하다는 것일 따름이다. 다수의 대중 가운데서도 비록 특출하지는 않지만 전반적으로 중요한 주도성을 가질 수가 있다.

대중의 창의성은 공식화된 관념에서 발견되는 것이 아니라 정서 sentiment에서 발견된다. 정서는 사회발달의 고유한 목표를 표현하는데,

---

[1] 리더십에 대한 논의는 다음 저작에서 살펴볼 수 있다. *Human Nature and the Social Order*, chaps. 8, 9.

이러한 정서를 느끼고 신뢰하는 재능은 유명한 인물이나 특권층 계급보다 일반적으로 대중이 더 뛰어나다. 그 이유는 대중의 경험은 자신들을 인간 본성의 근원에 더 가까워지게 하며, 그래서 원초적 자극으로부터 더 많은 제약을 받기 때문이다.

정서를 더 높은 수준으로 확대 적용하려는 목표를 지향하는 급진적 운동은 특권층 계급이나 탁월한 지도자들이 추진하는 것이 아니라 대체로 보통사람들에 의해 추진된다.2 이러한 사실은 모든 시대의 기독교에서도 나타났고, 근대 민주주의와 선거권의 많은 측면에서 나타나고 있다. 특히 미국역사를 보면, 우리에게 독립을 가져다준 혁명이나 노예제를 폐지하고 전국을 재통일한 남북전쟁은 식자층이나 부유층보다는 대체로 대중으로부터 확고한 지지를 받았다. 히긴슨은 『문화의 비겁』 Cowardice of Culture3에서 다음과 같이 주장한다. 혁명이 발발했을 때 자유의 편에 선 부유층과 고위층은 극히 소수였으므로 고려대상이 아니었다. "미국이 독립한 이래 미국 역사에서 고등교육을 받은 사람들만이 나라를 지배하는 비운을 겪은 시대는 결코 없었다." 영국에서도 역시 식민지 철회를 주장하고 미국의 남북전쟁에서 북부를 지지한 것은 대중이었다.

보통사람들은 대체로 부유층이나 특권층보다 인간적인 경험의 주요한 흐름을 더 많이 겪는다. 가정 도덕, 종교적 정서, 인간과 신에 대한 믿음, 나라에 충성 등은 일상적인 조건 속에서 발달하는 인정人情의 결실이며, 이러한 조건이 사라지면 쉽게 위축된다. 개인이 잘난 척하지 않고 다수의 사람 가운데서 일인이 되는 한 가지 방법은 안전하고 웅대한 위치에 있는 것이다. 말하자면, 그 일인은 자기 등 뒤에 인류가 자리하며, 진리, 정의, 신에 대한 요청을 공유한다. 사적인 것을 추구하는 자는 공

---

[2] Mr. Brice, The American Commonwealth, chap. 76. '주도한다'(initiated)와 구별하기 위해 '추진한다'(pushed)에 강조표시를 해두었다.
[3] *The Atlantic Monthly*, Oct., 1905.

동의 것을 잃는다.4 평범한 사람은 남보다 뛰어나게 사적인 것을 얻지 못했으나, 공동의 것, 즉 신념과 우애에서는 모두가 더 풍부하게 된다. 우리를 인류 공통의 운명으로부터 떼어놓는 것, 특별한 용도로만 이용되고 기능적이지 않은 것, 대중이 이해하더라도 모두가 즐거워하지 않는 것—이런 것들은 전혀 유익하지가 않다.

제인 애덤스는 온갖 나라에서 이주해 온 사람들이 여기저기 몰려 있는 우리 도시에는 곤란한 처지에 있는 불우한 대중이 있는데, 이들이 우리 문명을 위한 새롭고 더 높은 이상을 주도한다고 주장을 펴고 있다. 그런데 이러한 주장에는 나름대로 일리가 있다.5

"이상理想은 상황이 낳은 산물"이다. 그러므로 낡은 전통과 체계를 분쇄해야 그 이상이 잘 기능하게 된다. 이렇게 여러 요소가 뒤죽박죽 섞여 있는 상황에서 인간 본성을 제외한 모든 것이 버려지고, 새로운 시작을 위해 낡은 요소가 폐기되고 있다. 이들은 '아무런 방해도 받지 않는 프롤레타리아'라 불리며, 원초적 신념과 친절함으로 유명하다. 이들은 "오직 진심으로 선함을 추구하고자 하는 욕망으로 가득 찬 평범한 사람이다. 그들은 원시적 동정심을 가진 탓에 빈궁한 살림마저 정기저으로 고갈시키며, 어떤 종교를 믿든 자신들의 잘못을 고백하고 자신들이 배운 대로 확고한 도덕을 지킨다. 또 그들은 자비와 정의가 사람 간의 관계를 규제한다는 피할 수 없는 생각을 받아들인다."6

고립과 정신적 빈곤의 경향들은 온갖 종류의 구별 또는 특권을 수반한다. 부, 문화, 평판은 특별한 만족감을 가져다주며, 특수한 취향을 조

---

4 사적인 것을 추구하는 자는 공동의 것을 잃는다. Thomas à Kempis, *De Imitatione Christi*, book iii, chap. 13, sec. 1.
5 Jane Addams, *Newer Ideals of Peace*.
6 *Newer Ideals of Peace*, chap. 1.

장하여 특수한 생활방식과 사고방식을 낳는다. 또한 이러한 생활방식과 사고방식에 따라 개인은 공동의 공감으로부터 부지불식간에 분리되어 특수한 계급이 생겨난다. 말하자면, 어떤 사람이 소득이 높으면 그것을 자기 마음대로 소비하는 것은 당연하지 않은가. 또 그러한 소비를 통해서 소득이 낮은 사람들과 친하게 교제하지 않는 것도 당연하지 않은가. 성공은 소유possessions를 의미하며, 소유는 [개인의] 정신을 고립시켜 가두어놓는다.

세상 사람들이 늘 말하듯이 세속적 재화―물론 여기에는 부뿐만 아니라 명성도 포함된다―는 최상의 정신생활을 (비록 불가능하게 하지는 않지만) 어렵게 한다. 거의 모든 종교는 경건한 마음을 강조하며 개인의 빈곤과 겸손을 덕성을 함양하는 조건으로 삼는다. 형식적인 것에 몰두하는 사람은 그만큼 일을 망치거나 산만해지게 된다Tantum homo impeditur et distrahitur, quantum sibi res attrahit.[7] 어느 심리학자는 이렇게 말한다. "나태함이나 비겁함은 우리가 지켜야 하는 한 푼 한 푼의 달러나 기니[8]와 함께 슬금슬금 찾아온다…소유에 기초한 생활은 행동이나 존재에 기초한 생활보다 자유롭지 못하다."[9] "낙타가 바늘구멍을 통과하는 것이 더 쉬울 수도 있다." 통찰력 있는 사람들은 당연히 이 같은 진술에 동의한다.

구별짓기distinction 역시 과도한 자기의식에서 비롯되는 경향이 있는데, 이러한 과도한 자기의식은 일반적 삶의 심층적인 흐름에 자연스럽게 열성적으로 참여하기를 꺼린다. 남과 다르게 보이려는 야망과 열정은 그 나름대로 좋은 일이다. 그러나 대부분의 좋은 일이 그렇듯이 그런 야망과 열정에는 대가가 뒤따른다. 즉 자신을 가까이에 있는 이웃 사람

---

[7] *De Imitatione Christi*, book ii, chap. 1, sec. 7.
[8] 옮긴이―영국의 옛 금화로 21실링에 해당; 현재는 계산상의 통화 단위로서, 상금·사례금 등을 표시할 때만 사용함.
[9] William James, *Varieties of Religious Experience*, 319.

들과의 친교로부터 단절하는 결과를 낳는다. 남과 다른 높은 목표를 향해 행동하는 것은 옳은 일이다. 그러나 오만하지 않고 신용을 잃지 않으며 또 침울하지 않고 고립의 악덕을 범하지 않고서 그런 목표와 행동을 추구하는 것은 쉬운 일이 아니다. 오직 건전한 정신만이 구별짓기와 이웃과의 친교 둘 다 흩트리지 않고 동시에 행할 수 있다.

부와 지위를 추구하는 사회적 관심 때문에 우리는 전체를 위해 기능하는 개인 능력의 가치가 가진 모호한 의미를 상징으로 표현한다. 그러나 그러한 능력의 소유자가 이러한 관심에 의해 도덕성을 잃지 않으려면 사회적 감정social feeling의 남다른 순수함과 깊이가 요구된다. 하지만 여기에는 반드시 명확하고 적절한 책임감을 수반하지는 않는다. 이는 남보다 뛰어난 사람은 (실제로 미덕의 신용을 가지고 있는지 아닌지에 관계없이) 대체로 직무상 미덕의 신용을 가지고 있음을 의미한다. 그러므로 권력은 단순히 높은 직무를 수행하기보다는 일반적으로 부패하거나 자기이익을 추구하며, 높은 지위의 사람은 그 지위에 오른 만큼 더 좌천되는 것을 가끔 보게 된다. 그 사람들이 약간 부도덕하더라도 그나마 그것이 기능적인 경우가 최선의 상태이고, 최악의 상태는 그들이 타락하여 사회를 문란하게 하는 경우이다.

속류문화vulgarity는 어원상으로 민초들의 저질문화를 의미하는데 이것을 무절제한 이기심과 허식을 뜻하는 것으로 받아들일 경우 그것은 육체노동자들에게만 만연해 있는 것이 아니라 부유층 사이에도 흔히 볼 수 있다. 부富가 고결한 전통이나 개인의 희귀한 영감을 결여하면, 속류문화로 빠져들게 된다. 왜냐하면 빈곤층은 생활이 곤궁한 탓에 부를 가지고 조악한 자극들이 팽창하는 것을 억제할 수 없기 때문이다. 생활에 절실하게 필요한 필수품은 결코 속류화될 수 없으며, 오직 고결함만이 넘쳐나는 부가 속류화되는 것을 막을 수가 있다. 별로 유용성이 없는 피상적인 교육과 순화는 영혼 없는 부처럼 속류화되기 마련이다. 잘 알다시피 화가는 현재의 우리 삶을 묘사할 때 "속류문화에 젖어 있는 하위계층으로 내려가서" 일부러 비천한 삶을 택하기도 한다.10

또한 남달리 성공한 사람은 보통사람보다 쉽게 제도화된다institutionized. 즉 그들은 특수성을 성취하기 위해 인간 본성을 희생시킨다. 요즘에는 성공을 하려면 화제의 인물이 되어야 하고, 결국에는 별 가치도 없는 활동에 수시로 영혼을 바쳐야 한다. 상류계층은 그 본질상 제도적이다. 어떤 사람이 상류계층이 되면 각종 제도의 통제를 받기 때문이다. 제도를 충실히 따르지 않고서는 이러한 통제를 제어할 수가 없다. 사업가, 변호사, 정치인, 성직자, 논설위원 등 성공한 사람들은 좋든 나쁘든 상업 제도 및 그 밖의 제도의 현재의 활동과 이상에 몰두한다. "새로운 도덕관념은 교사들이 사람들에게 무엇이 잘못된 것인지 명확하게 가르치도록 요구하고 교회나 국가, 문화의 고위직에 있는 사람한테 그런 일을 요구하는 경우는 거의 없다. 지위가 높을수록 비행을 저지르는 경우가 훨씬 많다."11

지위가 낮은 계층은 정신이 다소 덜 복잡하게 얽혀 있다. [이들은] 정신보다는 일에만 집중하는 손을 가지고 싶어 한다. 하루 10시간 정해진 시간만 육체노동을 하는 기계공은 나머지 시간을 고용주보다 인간적으로 더 자유롭게 지낸다. 그는 단순한 표정과 언어 습관을 더 쉽게 유지할 수 있다. 왜냐하면 법률가나 상인, 정치인 같이 자기 생각을 감추는 법을 배우지 않아도 되기 때문이다. 학생들 사이에서조차도 용모의 개방 정도와 관련하여 공학도와 법학도 사이에 현저한 차이가 있다는 것을 알고 있는데, 내가 보기에는 공학도의 복장이 훨씬 마음에 들었다.12 한편, 육

---

[10] P. G. Hamerton, *Thoughts About Art*, 222.
[11] Henry D. Lloyd, *Man the Social Creator*, 101.

체노동자는 일한 시간만큼의 임금을 계산하곤 한다. 그 시간에 다른 일을 하면 불성실한 것으로 간주된다. 그러나 전문직의 경우 특히 상업이나 금융업의 경우에는 대체로 일한 시간을 명확하게 측정할 수가 없으며, 다른 사람들이 얼마나 지불하는지 보고 대충 눈어림으로 급료를 계산한다. 그래서 그들은 위험을 무릅쓰더라도 다른 사람의 부나 약점을 착취하는 데 익숙해지게 된다.

각종 전문적인 제도의 수명은 그 전문성에 비례하여 종종 단명하며, 상업 및 전문직 활동은 그 자체로는 품위가 없는 순간적인 관심사를 주로 다룬다. 상인이 충족해야 할 공중의 '수요'는 비록 저급하지는 않더라도 대부분 무익한 것이며, 공급을 늘이기가 어렵다. 실제로 (대부분은 아니지만) 많은 사업가는 서비스 정신으로 직업에 임하는 것이 아니라 게임하듯이 참여하며, 사람들이 구매하고자 하는 것이라면 어떤 것이든 팔아도 무방하다는 잘못된 생각에 빠져 있다. 정신이 단순한 사람들은 높은 수익을 올리는 많은 직장에서 인간적인 서비스가 전혀 보이지 않는다는 사실에 불만을 표출하고 있으며, 젊은이들은 육체노동을 선호하게 하는 자극이 있을 경우 급료 수준만 보고 직업을 선택하는 경향이 있다.

공중의 정서는 인물에 대한 판단에 의해 가장 쉽게 그리고 훌륭하게 표현된다. 이런 이유로 몽테스키외는 공화정 정부에 대한 논의에서 "의원은 성인 남성의 보통투표를 통해 선출해야 한다."라고 주장했다. 그가 말하기를 "비록 그 사람의 능력이 어느 정도인지는 정확히 알지 못하더라도 자신들이 선출한 사람의 자질이 대다수의 이웃사람보다는 더 나을 것이다."[13] 아주 평범한 사람도 인간 본성을 판단하는 데 있어서는 그

---

[12] 이는 단지 법학도의 용모가 세련된 것으로 보일 뿐 그들이 부정직하다는 것은 아니라는 것을 뜻한다. 그들은 음성과 표정을 논쟁의 무기로 사용하는 법을 배웠다.
[13] *The Spirit of Laws*, book xi, chap. 6.

인물의 생각까지 깊이 파고들지는 못하더라도 인물을 훌륭하게 비평하는 타고난 통찰력을 가지고 있다.

자유로운 사회에서는 이러한 통찰력이 더욱 증진되며, 모든 사람은 동료들 사이에서 자기 고유의 위치를 유지해나간다. 이러한 통찰력은 정치 영역은 물론 다른 모든 영역에서 건전한 사고를 형성하는 데 효과적으로 이용된다. 한 예로 몇 년 전에 은의 실제 가치보다 높은 은화를 자유롭게 주조해도 되느냐 마느냐를 두고 국민투표가 실시된 적이 있다. 이 선거운동에서 아주 인상적인 두 가지 사실이 관찰자들의 눈에 들어왔다. 첫째는 대다수 사람은 물론 교육을 받은 사람조차도 일상적인 경험과는 거리가 먼 다소 추상적인 사안에 대해 명확하게 판단할 능력이 없다는 점이다. 둘째는 지도자가 선택한 방향은 뭇사람이 가진 건전한 직감이나 별 다름이 없다는 점이다. 양쪽 후보 모두 비상식적인 면이 두드러지게 나타났지만 인물의 개성이 결정적인 영향을 미쳤다. 어떤 제안을 두고 한쪽에서는 찬성해야 한다고 말하고 다른 한쪽에서는 반대표를 던져야 한다는 말이 곳곳에서 들려왔다. 어떤 사람은 그 제안을 열렬히 옹호하는 자를 신뢰하고 어떤 사람은 신뢰하지 않기 때문이다. 많은 사람들이 그 제안에 대해 잘 알지 못하는 자들에 의해, 심지어 자신에 대해서도 잘 알지 못하는 자들에 의해 좌우되었다. 보수적인 사람들이 한쪽으로 결집할수록 급진적이고 유동적인 사람들은 다른 한쪽으로 결집하였다.

선거에서 유권자들의 실제 관심은 대개 인물에 있다. 어떤 사람은 시의원 선거에 출마한 A 후보가 당선되면 어떤 일을 하게 될지에 대해서는 알지도 못하고 신경을 쓰지도 않는다. 다만 그 후보의 됨됨이를 보고 투표한다. 또 어떤 사람은 B 후보를 반대하는 이유는 그가 자신이 싫어하는 C 후보와 연합할 것 같은 생각이 들어서다. 이 밖에도 많은 비슷한 이유들이 있다. 대다수의 주州에서는 주민투표에 부쳐야 하는 헌법개정안 같이 인물과 무관한 사안과 관련한 투표에서도 대다수의 주민이 참여하거나 이성적인 투표를 하는 경우도 역시 불가능하다. 공중의 취향을 보여주는 신문도 투표사안에 대해 알려주지 않고, 보통의 유권자들은 투표소에 가기 전에 먼저 신문에서 투표사안에 대해 배운다. 음주운전 금지 같이 사람들의 직접적인 관심사와 관련된 사안인 경우에만 많은 사람이 투표장으로 몰려든다.

민주주의를 옹호하는 자는 사람들이 현명한 판단을 한다고 믿는데 이는 주로 사람들은 장기적으로는 옳은 방향으로 나아간다는 믿음에 근거한다. 오래 전부터 민주주의 옹호자에 반대하는 주장이 제기되어 왔다. 이에 따르면, "민주주의는 다수가 통치한다. 그런데 다중은 공적 문제들을 이해할 능력이 없다. 그래서 민주주의는 무능한 자가 통치한다." 맥콜레이Macaulay는 순수한 민주주의 제도에서는 "다수가 내각을 차지하고 부자가 모든 것을 좌우하므로"[14] 조만간 자유와 문명이 파괴될 수밖에 없다고 주장하며, 미국이 황폐화될 날이 올 것이라고 예고했다. 근래의 저명한 저자들도 동일한 견해를 피력하고 있는데, 그중 레키는 다음 같이 주장한다. "인구의 대다수가 가난하고 무지하므로 다수의 지배는 무지한 자의 지배이다."[15]

이에 대해 민주주의자들은 이렇게 응수할 것이다. "부유층이든 빈곤층이든 다수는 추상적인 문제에 관련해서는 진실을 파악할 능력이 없지만, 그들은 개인적인 상징을 통해 진리에 도달하며, 공감에 의해 자기 나름의 길을 찾고, 적어도 그들이 내린 결론은 인위적으로 선택된 어떤

---

[14] 1857년에 미국 통신원에게 보낸 서한을 트리벨리언 맥콜레이의 부록에 인쇄된 것을 인용한 것이다.

[15] *Democracy and Liberty*, vol. i, chap. 1, 25쪽 및 곳곳. 그렇지만 레키의 표현 중 일부는 민주주의에 다소 우호적이다.

계층의 결론만큼이나 옳을 수 있다." 그리고 그는 미국의 역사에 주목한다. 미국 전반적인 역사는 대중이 아주 곤란한 사안에 대해서까지도 적절하고 현명한 결정을 내릴 수 있다는 것을 확고하게 보여주고 있다. 우리는 과거의 내력과 훈련이 특히 운이 좋았다는 것을 인정할 수밖에 없다.

조야한 비관론적 견해는 대중을 과소평가하고 부를 과대평가한다는 점에서 피상적일 뿐 아니라(적어도 우리 시대에서 부는 오로지 특권층만이 누리는 유일한 바탕이다) 공중의 성숙한 판단이 가진 근본적인 성격을 제대로 이해하지 못한다. 무지한 자의 수가 교육을 받은 사람 수보다 많다고 해서 다수의 지배가 무지한 자의 지배라고 말하는 것은 명백한 오류가 아닌가? 이를테면 50명의 사람이 함께 상의를 하는데 그중 40명은 현안에 대해 무지하고 10명이 현안에 대해 잘 알고 있다면, 그들이 내린 결론은 무지한 자의 결론인가? 있을 법한 일은 아니지만 40명과 10명을 분리하여 40명이 10명에 이끌리는 것을 거부하는 일이 없다면 분명 그렇지 않다.

미개인이나 거리의 소년 불량배들도 협의를 할 때는 가장 총명한 자를 선출하고 해적들조차도 배를 운항할 때는 최고의 항해사를 배치한다. 앞서 말했듯이 집단이 가장 유능한 자를 따르는 것은 당연한 일이다. 만약 레키라면 이것은 의회에도 적용되는데 왜 다른 집단에는 적용해서는 안 되는가라고 꼬집었을 것이다. 나는 다수의 지배가 무지한 자의 지배라고 할 아무런 근거가 없다고 생각한다. 다수가 모두 무지하거나 바보가 아닌 다음에야 말이다. 또한 그 어떤 유능한 종족의 보통사람들이 무지하다거나 바보라고 생각하지도 않는다.

나는 태어나면서부터 고등교육기관, 즉 대학의 보호 하에서 거의 모든 생애를 보냈는데, 그 교육기관은 민주주의국가의 세금으로 운영되었고 국민이 직접 선출한 위원회가 관장했다. 내가 기억하고 있는 한, 그러한 조건에서 그 기관이 번영할 수 없다고 비관론적으로 말하는 자는 없었다. 비관론자들은 다음 같이 말한다. "농부들이 무엇을 알고 대학을 돌봐주겠는가? 농부들이 천문학, 산스크리트어, 고등수학을 후원해 줄 거라고 기대할 수 있을까?" 사실 초기에는 고등교육기관이 많은 어려움을 겪었는데 이후에는 개방적인 논의를 거치면서 꾸준히 자리를 잡아갔고, 이제 대학이 높은 수준에 이르러 이전보다 더 많은 후원을 받고 대중으로부터 인정을 받으며 더욱 확고하게 자리를 잡아가게 되었다. 민주주의가 높고 추상적인 이상을 추구하고 실현하는 능력에 대한 가혹한 시험을 이보다 더 잘 이겨낼 수 있을까? 이러한 현실에서 살고 있는 자는 맥콜레이와 레키의 견해에 어느 정도 공감할 수밖에 없다.

대부분의 사람이 이념보다는 인물을 보고 판단한다면, 우리는 민주주의사회는 정치뿐 아니라 모든 민주주의사상이 대의적representative이라고 말하게 된다. 어디에서나 소수의 사람은 나머지 사람에 대해 생각하고 행동하도록 되어 있으며, 민주주의적 방법의 본질은 많은 사안을 국민이 직접 선택하는 데 있는 것이 아니라 자신들이 뽑은 대표자를 바꾸거나 자신들이 원할 때 직접 선택을 할 수 있는 의식적인 힘을 가지고 있다는 사실에 있다. 모든 관용적인 정부는 대의적이지만, 민주주의는 당연히 관용적이며, 소수가 다수에 대해 명백한 책임을 가진다는 점에서 과두제와 구분된다. 그런데 영국처럼 세습 지배계급이 민주화된 유권자의 동의 하에 권력을 유지하는 경우도 있고, 프랑스처럼 절대군주제 하에서 생겨난 국가가 민중 정부 하에서 계승되는 경우도 있다.

현재 실행되고 있는 보통선거권은 사실 명확한 쟁점에 대한 여론의 압도적인 경향을 확인하기 위한 설익은 제도이다. 각 단위들 간에 상당한 차이가 있다는 점을 고려하면 보통선거권은 일면 피상적이고 기계적이며 상당히 불합리하다. 그러나 그것은 단순하고 교육적이며 명확한 판단을 내려 논쟁을 누그러뜨린다. 그것은 정신적 중요성은 분명 매우 크지만, 이것을 측정하는 공인된 방법은 없다. 그래서 우리는 1인 1표로 계산하고, 정신적 차이는 설득을 통해 표현할 수 있다고 믿는다.

그러므로 민주주의와 특정 분야의 전문화 사이에는 어떤 본질적인 갈등관계가 있는 것이 아니다. 집단의 통일이 가진 중요성을 의식하게 되면서 개별 구성원도 집단이 행하는 모든 것을 인정하게 된다. 그리하여 시민은 정부─촌락 또는 국가나 민족─가 자신을 표현해 주기를 바랄 뿐만 아니라 학교, 제조업, 상거래, 종교, 지식 발전에도 똑같이 그렇게 해 주길 바란다. 개인은 자기 속에 있는 인간 본성을 최대한 표현하기 위해 모든 것이 가능한 한 최상으로 실행되기를 바란다. 이것의 보증인으로서 개인은 자신의 통제권을 가장 적합한 개인에게 넘겨줄 개방적 원리에서 실행되기를 바란다. 그는 기능적이지 않은 모든 특권을 혐오하며 특권이 남용될 때 이를 억제해 주기를 바란다. 시민은 모든 것이 보통선거제에 직접 또는 간접적으로 따를 때 이러한 방향으로 나아갈 수 있다고 생각한다.

우리 시대에 사는 보통사람들의 생각도 이와 유사하다. 그러나 그는 정부 및 다른 어디에서도 자신 스스로 이러한 다양한 활동을 직접 수행할 능력이 없다는 것을 잘 알고 있다. 상식에서는 국회의원을 현명하게 선출하여 모든 기능을 위한 개방적이고 공정한 경쟁체계를 발전시켜서 자신의 목표를 추구하라고 시민에게 가르친다. 풍자만화는 민주적 시민을 어떤 것이든 할 수 있는 사람으로 묘사한다. 적어도 미국에서는 전문적 능력을 크게 존중하고 그것이 가치를 가지는 한에서는 이를 신뢰하는 경향이 있다. 만일 어떤 사람이 (예를 들어 정치경제에서) 전문가에 대해 때때로 회의적인 시선으로 보고, 자신이 가진 상식을 더 선호한다면, 이는 아마도 예전에 전문가에 대해 좋지 않은 경험을 한 적이 있었기 때문일 것이다. 지금은 전반적으로 '전문가가 부흥하는' 시대이다. 거의 모든 활동이 급속하게 정교해지고 있어서 훈련된 능력에 대한 요구가 갈수록 증대하고 있기 때문이다. 이것은 결코 비민주적이 아니다. 지금은 진정한 민주주의가 요구하는 공적 지식을 효과적으로 조직화하는 국면이다. 요컨대 이미 말했듯이 민주주의가 되는 것, 심지어 무지하게 되는 것이 반드시 바보가 되는 것은 아니다.

"불특정 다수의 대중이 일반적 사고에 어떤 기여를 하는가."라는 질문에 이제 이렇게 답변할 수 있다. "그들은 진보를 추진하고 전반적 방향을 안내하는 정서와 상식을 제시한다. 또 특수한 사안과 관련해서는 현명한 지도자를 선출하여 모든 방도를 찾는다." 천재가 자기 발언이 가진 독창성의 중요성을 찾으려면 먼저 불특정 다수가 가진 모호하고 불명확한 직감부터 자세히 살펴보아야 한다. 사업가가 부를 획득할 때 잠재적 욕구를 분할하고 공급하듯이 모든 지도자는 대중이 이미 직관적으로 간파한 것을 감지하고 표현할 수 있어야 한다.

## 제14장  민주주의와 군중 흥분

근대적 삶과 군중 이론 / 군중 심리 / 근대적 조건들은 정신적 감염을 조장한다 / 민주주의는 자기통제를 훈련시킨다 / 군중이 항상 잘못을 저지르는 것은 아니다 / 결론: 프랑스 사례

일부 학자는 통신이 용이해지면서 공간의 장벽이 거의 무너지고 이에 따라 민주주의가 크게 번성하여 군중crowd1의 지배하에 놓이게 되었다고 주장한다(이때 군중은 물리적으로 인접해 있는 군집처럼 충동적인 감정과 행동의 물결에 휩싸여 있는 일단의 사람들을 말한다). 일반적으로 군중은 대체로 감정적이고 비합리적이며 억압적인 개성이라고 알려져 있다. 민주주의 역시 군중의 지배하에 놓여 있는 점에서 동일한 속성을 보여준다.

시겔레Sighele2, 르봉Le Bon3 같은 학자들이 군중 심리에 대해 상세하

---

[1] 옮긴이—군중을 나타내는 용어에는 crowd 외에 mob, throng 등이 있다. 이 세 단어는 의미상 큰 차이가 없으며, 다만 그 중 mob은 폭도 개념으로 많이 쓰이며, throng은 드물게 쓰이며, crowd가 가장 일반적으로 쓰이는 용어이다. 군중이론의 대표적인 학자인 귀스타브 르봉이 사용한 프랑스어는 foule이다.

[2] Scipio Sighele, *La folla delinquente*. 프랑스어 번역판(*La foule criminelle*).
옮긴이—스키피오 시겔레(Scipio Sighele, 1868~1913): 이탈리아 사회심리학자. 로마대학에서 법학을 공부하고 프랑스의 J. G. 타르드, G. 르봉과 함께 사회심리학의

게 다룬 바 있는데, 이들은 군중 속에 있는 사람들의 특수성을 제시하고, 군중의 특성은 평상시의 개성과는 전혀 다르다는 점을 부각시켜 설명하고 있다. 때때로 말하듯이 군중 심리는 개인의 심리와 크게 다르지는 않으며(이때 개인의 자아 수준은 높지 않다), 단지 구성원들의 조야한 충동을 자극하여 통일을 이루는 낮은 수준의 집합심리collective mind를 말한다. 사람들은 어떤 장소에 함께 있지만 그것은 그저 "우연히 몰려있는 것이다." 합리적 통제와 책임의 결여는 군중의 주요한 속성으로 여겨지는데 이것은 일반적인 흥분상태, 이를테면 군중 상태에 있지 않은 사람의 화, 두려움, 사랑 등과 같은 것보다는 크지 않다.

군중이 개인에게 주는 위협적인 효과—이를테면 경험이 없는 강연자가 무대 위에서 느끼는 공포증—는 그리 별다른 것이 아니라 우리가 위압적인 사람에게 처음 다가갔을 때 갖는 느낌과 매우 흡사하다. 즉 그것은 모든 의식적인 삶 속에 스며들어 있는 알 수 없는 힘이 갖는 모호한 위압감에서 우러나오는 위협 같은 것이다. 후자처럼 그러한 위압감은

---

개척자로서 사회의 심리를 다루는 사회심리학과 일시적인 집합 심리를 다루는 집합심리학을 구별하고, 군중 연구에 전념하여 규집 및 번저심리힉에 대한 낳은 저서를 남김. 대표직인 서서로『군중의 지력』(*L'intelligenza della folla*, 1903), 『문학과 사회학』(*Lettura e sociologia*, 1914) 등이 유명함.

[3] Gustave Le Bon, *Psychologie des foules*. 영어 번역판(*The Crowd*).
군중심리(the mob-mind)를 막는 '예방약' 문제를 비롯한 전체 주제는 E. A. Ross, *Social Psychology*에 잘 논의되어 있다.

옮긴이—귀스타브 르봉(Gustave Le Bon, 1841~1931): 프랑스 사회학자이자 사회심리학자로서 '군중심리'를 통해 잘 알려져 있음. 그는 사회학 외에 의학, 이론물리학, 고고학, 인류학 등 다양한 분야에 대해 연구하는 등 많은 업적을 남겼으나 '군중심리'와 '민족진화의 심리법칙'에 대한 연구로 가장 유명하고 그의 저서『군중심리』(*La psychologie des foules*, 1895)는 사회심리 연구에 발판을 마련했다. 그는 책을 통한 공부보다는 유익한 경험을 중시하며 긴 여행을 통해 여러 민족의 관습을 연구하기도 했다. 그는『군중심리』에서 현대인의 생활은 점점 더 군중의 집합으로 특징지어진다고 믿고, 군중 속에서 개인의 의식적인 성격은 묻혀버리고 집합적인 군중심리가 지배하게 되며 따라서 군중행동은 획일적이고 감정이 앞서며, 지적인 면이 약하다고 보았음.

이내 사라지지만, 경험 많은 연설자라도 군중 앞에 섰을 때는 침착성을 잃게 된다. 군중심리가 가진 특이성은 언제든지 쉽게 전염될 수 있는 감정을 확산시키고 증가시킬 준비를 갖추고 있다는 데 있다. 한두 사람만 있을 때는 분위기가 냉랭하다가도 선동자 무리에 끼면 분위기가 격앙되는 것처럼 군중 속에서는 "상호 공감과 상호 의식이 생겨나서 서로를 자극한다."[4] 이러한 현상은 늘 하던 습관적인 활동이 일시 중단될 때 더욱 심화된다. 군중 속에 있는 사람은 마치 배 밖으로 밀려나는 사람과 흡사하다. 그는 평상시의 환경에서 멀어져서 생소하고 불안한 환경으로 몰려난다. 사람들은 일단 흥분하여 위협을 느끼게 되면 평소에 일어나지 않던 감정—공황, 분노, 자기희생—에 휩싸여 무모한 행동을 하게 된다.

근대적 조건은 과거 그 어느 때보다도 그 같은 감염을 쉽게 확산시키는데 우리는 이러한 현상을 인정할 수밖에 없다. 이제는 전 국민이 물리적으로 하나의 군중이 되어 버린 것과 같이 신문을 통해서 감정의 물결이 전 국민에게 전달된다. 전투함 메인호가 아바나 항에서 파괴되었을 때 분노의 물결이 미국 전역을 휩쓴 것처럼 말이다. 친숙한 예로 운동경기에서 흥분하는 대중의 모습을 들 수 있다. 경기 장면을 생생하게 묘사하는 정교한 장치는 유명한 풋볼 경기에서 나타나는 군중의 감정을 신속하게 전국에 전달한다. 경기에 대해 아는 것이 거의 없는 수많은 사람도 신문을 읽고 경기장 게시판 주위에서 흥분에 빠져 일상의 단조로움을 벗어난다. 사람들은 로마 시민이 전쟁이 발발했을 때 원형 투기장으로 갈 때와 같은 느낌으로 신문을 읽는다. 하지만 그들이 느끼는 흥분은 피를 보면서 스릴을 느끼는 로마 시민의 사악한 취향과는 사뭇 다르다. 우리 시대의 '개인주의' 그리고 지칠 줄 모르고 '사업'을 추구하는 것조

---

[4] 웨이틀리(Whately)가 『담론』(Discourse)에 관한 베이컨(Bacon)의 에세이에 대해 논평한 것을 보라.

차도 대체로 군중의 전염 탓이다. 사람들은 경기를 보면서 흥분하게 되고 명확한 대상이 있거나 말거나 흥분에 빠지고 싶어 한다. 일단 흥분에 빠졌다고 생각하면 그 상태를 유지하여 도취될 수밖에 없다.

그렇다면 민주주의는 군중의 지배인가? 또 근대시대에는 사회의 정신이 비합리적이고 타락하는 경향이 있는가? 이 문제는 근대적 삶의 경향과 관련된 다른 문제와 마찬가지로 접근하는 관점에 따라 다르게 나타난다. 일반적으로 말하자면, 근대적 인구를 밀집된 통일체 속으로 모여들게 하는 여러 변화가 한편으로는 그들을 군중 상태에서 벗어나게 하는 조직의 규율과 자기통제 장치를 만들어내기도 한다.

군중에 대한 학자 간의 의견은 일치한다. 이를테면 소방관이 화재 경보음을 듣고서도 침착하게 행동하듯이 사람들은 훈련된 사유 습관을 가지고 있어서 어떤 사안에 대해 우르르 몰려들지 않는다는 것이다. 군중을 나타내는 기준은 단지 사람 수가 많다거나 여러 사람이 가까이 몰려 있는 상태가 아니다. 군중은 안정된 조직의 부재로 인해 흥분상태에 있는 집단을 말한다. 경험이 많은 노련한 군인은 그 수가 아무리 많고 한군데 몰려있어도 군중이 아니다. 유권자 수가 2천만 명이라고 해서 성숙한 민주주의가 되는 것은 아니다.

사실 건전한 민주주의는 정치행위에 적용되는 판단과 자기통제를 익히는 훈련과정이다. 소방관이 아슬아슬한 사다리 위나 숨 막히는 화염 속에서 침착하게 행동하듯이 자유로운 시민은 격렬하게 논쟁을 하는 '맹렬한 민주주의자'의 열정과 여론 속에서 냉정을 유지하는 법을 배운다. 자유로운 시민은 많은 혼란한 상황을 무사히 통과한 후에야 냉정한 판단과 사물의 기본적인 안정에 대해 확신을 가지게 되는데, 엄격한 통제 하에서 그 같은 교육을 받지 못한 사람은 이러한 확신을 가질 수 없다. 자유로운 시민은 피상적인 정서나 "언론이 퍼뜨린 유명인에 대한 풍문"

을 곧이곧대로 받아들이지 않는 법을 잘 알고 있다. 그래서 (보불전쟁[5]이 끝날 무렵 파리에서 대패한) 오합지졸들의 무분별한 충동을 막아주기 위해 노련한 정치인을 훈련시키는 것이 안정된 자유의 본성이다. 근대시대는 권력이 국민으로부터 멀어져서는 안 되며, 그러한 훈련이 사회의 안정을 지켜주는 주요한 안전장치이다. 우리 사회[미국사회]는 단단한 끈으로 느슨하게 결합되어 있는데도 이런 우리 사회보다 더 단단하게 결합된 유럽의 구조에 비해 사회적 동요를 더 안전하게 받아들이고 있다. 그런데 그토록 현명한 관찰자 눈에는 이러한 사실이 보이지 않는가?

이 문제는 비단 정치에만 해당되는 것이 아니다. 왜냐하면 자유로운 체제에서는 사람들을 자주적으로 행동하고 이리저리 휩쓸리지 않도록 단련시켜 주기 때문이다. 질서가 고정된 사회에서는 창의적이거나 분화된 발달이 이루어지기 어렵기 때문에 개인은 자신이 독특하고 자기결정권을 가진 것으로 인식하지 못한다. 때문에 어떤 이는 개인이 르봉이 말하는 군중foules의 속성을 가지게 된다고 생각하는데 미국 민주주의의 명민한 농부와 기계공은 전혀 그렇지가 않다. 수많은 인구가 살고 있는 대도시에서는 사람들이 밀집된 상태에 있어서 얼핏 보면 군중 심리를 가질 수밖에 없는 것처럼 보인다. 그런데 도시가 사람들을 나쁜 요소들로 매혹하는 것으로 알고 있으나 실제로는 그렇지가 않다. 군중 현상mob phenomena은 대체로 대중의 흥분에서 나오는데, 이러한 흥분은 나태한 생활습관 속에서 비롯되며, 삶의 열정을 내뿜는 배출구 역할을 한다. 이러한 군중 또는 (군중 같은) 종교 부활은 뉴욕이나 시카고 같이 개방적인 장소에 밀집해 있는 유쾌하고 활기 있는 사람들이 사는 도시보다 외진 농촌에서 나타난다.

---

[5] 옮긴이—보불전쟁: 프랑스의 나폴레옹 3세의 선전포고로 시작된 1870~1871년 사이에 일어난 프로이센과 프랑스 간의 전쟁. 이 전쟁은 비스마르크의 정략과 몰드케의 전략에 의하여 프로이센이 승리하고, 프랑스의 나폴레옹 3세 제정이 마감됨.

더욱이 "군중은 항상 나쁘다."라고 말하는 것은 전혀 잘못된 지적이다.[6] 결론적으로 말하면, 대중의 열광이 어느 정도 고양된 상태에 도달할 때가 더 없이 건전하고 중요할 때도 있다. 공동생활의 스릴을 느끼지 않고 사적인 일에만 몰두하는 개인의 정신상태가 군중 속에 있는 사람의 정신상태보다 반드시 수준이 더 높은 것은 아니다. 이러한 요소가 혼합될 때 최상의 결과를 낳는 것처럼 보이며, 최고의 합리성은 그것을 준비하는 과정에서 생각을 하나하나 쌓아가지만 일정한 흥분의 순간에 이를 때 명확하게 의식하고 표현된다.

예술가, 시인, 성인이 각자 공동의 경험을 통해 이루어놓은 최상의 업적이 일종의 희열 속에 오랫동안 누적되어 온 결실이듯이 민주주의의 가장 선명한 족적은 북군이 섬터 요새[7]를 공격한 후에 대승을 거둔 시대에서 찾을 수 있다. 충동성이야말로 대중 감정의 주요 특징이라 할 수 있는데 이러한 충동성은 인간 본성의 잔인함 또는 천박한 측면을 표현할 때도 있고, 심오한 도덕적 직관을 표현할 때도 있다. 이를 나타내는 유일하게 명확한 시금석은 현실에서 두드러지게 나타나는 정서의 지속성이다. 만약 충동성이 일반적 도덕의식을 지속적으로 보증해준다면, 그것은 사람의 목소리 중 하나일 것이며, 후대 사람들은 그 소리 안에서 신의

---

[6] 로스코먼(Roscommon): 영국 아일랜드 중북부의 주—옮긴이)의 백작이 한 말로 추정됨. 바틀렛(Bartlett)이 즐겨 인용한 문구를 보라.
토머스 브라운은 군중의 특징을 다음과 같이 묘사한다. "그것은 수많은 조각으로 이루어진 괴물이다. 조각조각 흩어져 있으면 사람처럼 보이거나 신이 만들어 놓은 잘 생긴 피조물로 보인다. 그러나 함께 뒤섞여 놓으면 거대한 짐승이 되고 또 히드라보다 더 무시무시한 괴물이 된다." *Religio Medici*, part ii, sec 1을 보라. 이 때 군중은 화형 준비를 마치고 화형을 실행하는 사람을 말한다.

[7] 옮긴이—섬터 요새(Fort Sumter): 미국 사우스캐롤라이나 주 찰스턴 항 연안의 설리번스 섬에 있는 요새로 1861년 4월 12일 남북전쟁의 첫 교전이 벌어진 곳. 미국 독립전쟁 때인 1776년 6월 28일 미국군이 영국군을 물리치고 승리를 거둔 곳으로 독립전쟁 당시의 애국자인 토머스 섬터를 기념하여 명명되었으며, 1948년 국립기념물로 지정됨.

목소리를 발견하게 될 것이다.

 군중을 비합리적이고 타락한 것으로 보는 견해는 복잡다단한 사회에서 나타나는 특유의 견해이다(이러한 사회에서는 독서가 대체로 집회장소를 사고에 자극을 주는 것으로 여겨 왔다). 원시시대에는 종교 및 여타 축제에서의 사회적 흥분을 고상한 삶으로 여겼으며, 미개척 공동체나 기질이 나태한 곳에서는 어디서나 여전히 그렇게 생각한다. 심지어 작은 도시에서도 음악, 연극, 춤, 연설 등이 어우러진 갖가지 사교모임에서 고상한 정서가 형성되고 있으며, 이러한 정서는 개인을 고독하게 지내고자 하는 생각에서 벗어나게 하여 동료와 함께 어울려 활기 있는 통일체 속으로 끌어들인다.

 기성의 민주주의를 무책임한 군중의 지배라고 보는 견해는 사실적으로도 이론적으로도 근거가 희박하다. 그런 견해가 미국에 맞지 않는다면 그것은 일반 원리가 될 수 없으며, 아무리 권위 있는 관찰자라도 그러한 견해가 타당하다고 주장할 수가 없다. 군중이론을 주장하는 사람은 프랑스 학자이든 아니든 대개 프랑스 역사를 가지고 일반화를 시도한다. 이에 대한 논의를 진행하기에 앞서 간과하기 쉬운 점을 한두 가지 제시하고자 한다.

 우선 프랑스 민주주의가 자기통제력을 결여하고 계획적인 진보를 이루지 못했음을 스스로 드러냈다는 것은 전혀 분명한 사실이 아니다. 예로부터 내려온 계급분할, 불가피한 군부통치 등 프랑스 민주주의가 안고 있는 여러 난관들은 우리[미국]와는 비교할 수 없을 만큼 컸으며, 프랑스의 정신은 우리로서는 쉽게 공감하기가 어렵다. 프랑스는 영국이나 미국의 입장에서는 이해하기 어려운 측면이 있는데도 우리의 견해는 프랑스 학자들에게 너무 많이 의지하고 있는 듯하다(한편으로 그들은 프랑스의 결점을 바로잡는 데 열중하여 그것을 과장하는 경향이 있다).

프랑스 또는 파리 민중의 악명 높은 부절제―이것은 실제로 있었던 사실이지 악의적인 비평가가 꾸며낸 것이 아니다―는 아무런 훈련을 받지 않은 상태에서 국가권력을 행사한 데서 비롯된 것으로 보인다(그런 상태에서 혁명에 의해 민주주의가 출현했다). 또 프랑스에서는 지역 및 민간에 의한 활발한 주도권이 결여된 상태에서 대체로 대중이 그냥 하나로 뭉쳐서 행동하는 경향이 나타났다. 이러한 경향은 프랑스혁명 훨씬 이전부터 존재했는데 이는 부분적으로는 민족적 특성 탓이기도 하고 부분적으로는 절대왕정에서 물려받은 중앙집중적 구조의 역사적 조건 때문이기도 하다.

# 제15장  민주주의와 구별짓기

문제 / 민주주의와 변화는 구별되는가 / 민주주의 평준화 이론 / 혼란과 그 영향 / '개인주의'가 개성의 구별을 조장하는 것만은 아니다 / 현대의 획일성 / 미국과 유럽의 상대적 이점 / 경솔, 피상성, 긴장 / 확립된 질서의 정신적 절약 / 상업주의 / 확산 열의 / 결론

　근대 세계에서 진행되고 있는 민주화 경향이 세련된 지적 성취에 어떤 영향을 미친다고 말할 것인가? 대중의 의식적인 지배가 정치가나 발명가, 군인, 금융업자 등에게는 더 통속적이고 명확한 탁월함을 성취하는 데 부적합하지는 않은 것으로 보이는데도, 많은 사람은 문학, 예술, 과학에서는 대중의 지배가 탁월함을 성취하는 데 적대적이라고 생각한다. 이 같은 점에도 희망이 있는가? 아니면 지나친 평범함으로 탁월함의 결핍을 상쇄하는 데 만족해야 하는가?

　내가 보기에 이것은 사실을 통해서 면밀하게 탐구할 문제가 아니라 선험적으로 추론할 심리적 문제이다. 현재 진행되는 민주화 경향은 역사적으로 거의 또는 전혀 비교할 수가 없을 만큼 과거의 그 어느 운동과도 다르다. 더욱이 현재의 민주화 경향은 본질적인 조건과 결부된 것이 아니라 여타의 일시적인 조건과 결부되어 있어서 현재의 사실조차도 확실

한 안내 역할을 하지 못하고 있다. 실제로 우리가 실행할 수 있는 모든 것은 현재 작동중인 광범위한 원리를 찾아내서 그 원리의 작동방식을 대강 예측하는 시도이다. 이러한 식으로 계속 탐구하다 보면 다음과 같은 결론이 나올 것으로 예상된다.

첫째, 민주주의 정신 또는 조직이 본질적으로 고귀한 생산에 적대적 성격을 띨 것이라고 여길 마땅한 논리적 근거가 없다고 생각한다. 사실은 그 반대라고 주장하면서도 비관론자의 주장을 억누를 능력이 없는 자는 자신의 신념을 뒤흔들 만한 사실이나 이론을 전혀 찾아내지 못할 것이다.

둘째, 비록 민주주의 자체가 [탁월성에] 적대적이지 않다 하더라도, 일반적 추론으로 그 성격을 이해할 수 있는 한에는 세계 전체에서는 물론 특히 미국에서도 현재의 사고 상태에서는 그보다 훨씬 더 심하다고 볼 수 있다.

현재의 추세와 관련한 모든 논의와 마찬가지로 여기에서도 민주주의와 과도 상태transition를 구분할 필요가 있다. 민주주의는 새롭게 형성되는 것이므로 현재에는 그 둘이 병행하지만, 사물의 성격상 그 둘은 계속 병행할 수가 없다. 민중의 지배가 확립되면 안정된 그러나 때로는 경직된 질서가 발달하게 된다. 예를 들어 미국의 민주주의는 안정된 상태에 이르렀기 때문에 여타의 대규모 국가와 달리 급격한 변화가 쉽게 일어나지 않을 것이다.

사실 민주주의는 항상 불안정 상태에 있다. 민주주의에서는 열린 기회를 요구하고 계층 세습을 방지함으로써 과거에 세계 어느 곳에서 그랬던 것보다 개인 간의 경쟁을 더욱 촉진하여 그 결과 개인의 지위는 더 불안정하게 된다. 그러나 개인 간 경쟁은 그 자체로는 우리 시대의 긴장과 무질서를 낳는 작은 원인일 뿐이다. 더 큰 원인은 사회체계의 전반적인 변화, 특히 산업의 변화에 있다. 우리는 그것을 전환 상태라고 부르기도 한다. 현재의 경쟁은 특수하게 무질서한 또는 과도 상태에 있으며, 사회가 안정되어 정의의 규칙이 확립된 상태에서 경쟁을 허용하고 또 사회 전반에 걸쳐 차별화된 교육이 실시되면 덜 불안정해질 것이다. 요컨대 민주주의가 반드시 혼란을 초래하는 것은 아니다. 우리는 혼란 상태야말로 탁월함과는 대립되는 것이라고 생각하는 이유를 찾게 될 것이다.

대중의 지배는 그 성격상 천재를 육성하는 데는 적합하지 않다는 견해는 주로 평준화 이론dead-level theory에 근거한다. 일반적으로 대중은 구별짓기가 아닌 평준화, 즉 집중이 아닌 분산을 열망한다고 말한다. 모든 것이 대규모로 이동하고 그 규모는 갈수록 커지고 있다. 상호 교류가 수월해지면서 세계가 하나의 유동적인 통일체로 융해되고 있으며, 개개인은 그 속으로 더욱 깊이 빨려든다. 특출한 개성의 시대는 지나가고 있으며, 사람들을 전반적으로 향상시켜 주는 평등의 원리가 특수한 위대함을 낳는 중대한 작용을 한다. 이 원리의 주요한 창시자인 토크빌이 말하기를 "근대사회에서는 모든 것이 거의 비슷해져서 거의 모든 측면에서 개개인이 가진 특이한 특성이 곧 완전히 사라지게 될 것이다."[1] 우리는 이러한 견해에 동의할 것인가 아니면 민주주의는 아주 다양한 인간 본성을 낳는다는 플라톤의 견해를 고수할 것인가?[2]

이 이론의 가장 설득력 있는 근거로 많은 사람은 지난 세기에 놀랄 정도로 발달한 통신시설에서 비롯된 평준화 효과를 들고 있다. 앞의 장에서 나는 이 문제를 논의하는 데 많은 지면을 할애했다. 거기서 나는 선택에 의한 개성individuality of choice과 고립에 의한 개성individuality of isolation을 구분해야 한다고 주장하며 근대의 상호교류가 선택에 의한 개

---

[1] *Democracy in America*, vol. ii, book iv, chap. 7. 그러나 다른 곳에서 그는 이러한 평준화와 혼란은 일시적일 뿐이라는 견해를 피력한다. book iii, chap. 21을 보라.
[2] *Republic*, book viii.

성을 촉진하게 된 이유를 제시한 바 있다.

이에 대해 나는 대중의 지배라는 단순한 사실이 우호적이든 적대적이든 개성의 다양성 및 활성화와 반드시 결부되는 것은 아니라는 점을 덧붙여 두고자 한다. 프랑스가 개성의 다양성과 활력이 다소 부족하다면 이는 그 나라가 민주주의인 탓이 아니라 대체로 그 나라 국민과 그들의 특수한 선조가 가진 민족성 탓이다. 미국에서 나름의 개성이 발달된 것은 대체로 영국에서 물려받은 개성을 개척 과정에서 발달시켰기 때문이다. 어떤 경우든 대중의 정부라는 점에서 민주주의는 부차적인 요인이다.

미국은 민주주의가 반드시 특출한 개성을 억누르지는 않는다는 사실을 여실히 보여주고 있다. 정신의 개성과 관련하여 우리의 삶은 원하는 대로 이루어지지 않는다. 어떠한 속성도 그 자체로는 유럽 대륙에서 건너온 관찰자들에게는 이것 이상으로 감명을 주지 못한다. 폴 부르제Paul Bourget는 이렇게 말한다. "미국에서는 모든 것이 분명하게 발달하는데 우리는 그 모든 것을 자신에게 주어진 개인의 에너지가 가진 사회적 시혜물이라는 거창한 신념으로 이해한다."3

현대의 저자들에게는 우리 사회체계의 '개인주의'individualism가 평범한 것으로 보인다. 영국뿐 아니라 그 어디도 비非순응자를 존중하거나 옹호하는 곳은 없다고 생각한다. 사람들은 치열한 경쟁을 하면서 유사성보다는 개성을 존중하도록 배우고, 개성 있는 사람은 자기 마음에 드는 의견을 고집하는 경향이 있다. 브라우넬Brownell은 미국인과 프랑스인을 대조하면서 다음과 같이 말한다. "개성은 우리가 가진 보편적인 관심사의 하나이다. 우리의 대화, 신문, 선거는 개성에 따라 달라지며, 큰 상업적 거래는 대체로 경쟁하는 지도자들끼리 우위를 확보하기 위한 싸움이다."4

---

3 *Outre-Mer*. 영역판, 306.

사람은 수가 많아지면 뛰어난 개인을 감추기보다는 오히려 그가 이룬 업적을 더 넓은 무대 위로 올려놓으려 한다. 개인적 명성은 그것이 부富든 정치적 수완이나 문학적 업적이든 아니면 단순한 특출함이든 간에 과거 그 어느 때보다도 훨씬 큰 규모로 조직된다. 미국생활의 어느 분야에도 익숙한 사람이라면(이를테면 관대한 개혁이나 형벌 개혁에 대해 잘 아는 사람이라면) 거의 모든 진전은 온 나라 사람들이 따르는 모범을 제시한 하나 또는 소수의 활동적인 개인이 자신의 이념들이 적시에 구현하면서 이루어진다는 것을 잘 알고 있다.

다수의 사람들과 함께 겪는 경험은 개인이 별로 중요하지 않다는 것을 보여주는 것이 아니라 신념과 가치 있는 목표를 가지고 있다면 누구든 뭐든지 할 수 있다는 것을 보여준다. 따라서 새로운 일을 시작하는 데는 수많은 도전이 뒤따른다. 외형상으로는 성공하지 못했지만 위험천만한 모험을 과감하게 추구하며 자기 확신을 즐기는 사람으로 온 나라가 가득 차 있다.

이 같은 민주주의에서 문학이나 예술의 업적이 결핍되어 있다면, 그것은 개인이 대중 속에 묻혀있어서라기보다는 몇 가지 다른 원인 탓이다.

모든 활동 영역에서 특출한 개인의 영향력이 줄어들지 않고 있다는 점을 감안할 때 평준화 이론을 일반 법칙으로 보는 견해는 심히 의심을 받게 된다. 사회의식이 확장되더라도 개성과 삶의 관계가 본질적으로 바뀌는 것이 아니라 단지 더 넓어진 영역에서 성공하느냐 실패하느냐가 문제가 된다. 위인은 더 많은 경쟁을 겪지만 그가 진정으로 위대하다면 보다 넓은 세상은 그의 것이 된다.

대중이 개인을 매몰시킨다고 생각하는 것은 사회의 한 측면은 성장하지만 다른 한 측면은 여전히 정지상태에 있다고 보는 것이다. 그러한

---

[4] 그의 저작 『프랑스인의 기질』(*French Traits*) 마지막 장을 보라.

생각은 피상적인 수량적 사고방식에 의지하고 있으며, 개인을 고정된 단위로 간주한다. 즉 개인은 그 수가 많아질수록 각자의 특성이 점점 더 드러나지 않는다는 것이다. 그러나 위인이 정신적 원리를 대표한다면 그의 영향력은 고정되어 있지 않고 생활의 향상에 따라 증대하며, 다만 그가 표출하는 활력의 정도에 따라서만 제약을 받는다. 플라톤, 단테, 셰익스피어 등과 같은 옛 위인들은 확실히 대중에 매몰되지도 않았고 존재의 위험에 처하지도 않았는데 어떻게 하여 그들의 후계자들은 그렇게 되었는지는 원인이 명확하지가 않다.

만약 문학과 예술이 실제로 약화되고 있다면 그 실제 원인은 주로 급변하는 전환기에 나타나는 정신적 혼란에 있다고 생각된다. 이러한 조건 및 그와 밀접하게 결부된 다른 조건이 위대한 심미적 생산 활동을 방해하는 요소로는 혼란confusion, 상업주의commercialism, 조급함haste, 확산 열의zeal for diffusion 네 가지를 들 수 있다.

고급문화의 산물 측면에서 볼 때 미국은 물론 현대의 일반 문명사회까지도 어느 정도는 혼란한 사회, 즉 미숙한 사회이다. 즉 미국은 민주주의 사회가 아니라 새로운 사회일 따름이다. 미국이 영국이나 독일보다 약간 더 미숙하다는 점은 대체로 우리의 신문과 공장 등에서 나타난다. 유럽 국가들 사이의 주요한 차이는 현재를 과거 문화의 조건으로부터 쉽게 분리될 수 없다는 점에 있다. 이 시대에 나타나는 일반적 특성은 각종 사회유형이 해체되고 있다는 사실이다. 즉 옛것은 사라져 가는데 새로운 것은 완성되지 않아 개인은 옛것에서도 새로운 것에서도 적절한 규율을 찾지 못하고 있다.

오랫동안 위대함을 간직하고 있는 작품들이 이제는 무엇보다도 역사적 조건의 일정한 성숙 정도에 좌우되고 있다. 개인은 아무리 능숙한 재능을 부여받았더라도 자신이 살고 있는 시대를 벗어날 수 없다. 그러나 자기 능력을 최대한 발휘하여 최상의 작품을 만들 수는 있다. 한 가지 측면에서 보면 위인은 성숙한 경향에 의해 완성된 열매가 달려 있는 가지일 뿐이다. 새로운 시대에는 방대한 일들이 아직 완결되지 않고 진행 중에 있어서 개인의 재능을 고전 시대의 완전함에 비견할 만큼 충분하게 발휘할 수가 없다. 그래서 우리의 삶은 여전히 모호한 상태에 있어서 우리의 문학 더 나아가서 우리의 창조적인 예술이 아직은 근대적 정신의 핵심을 적절하게 표현하지 못하고 있다.

혼란에 따른 심리적 결과는 성숙한 문화집단이 부재하고 지적 또는 미적 생산을 위해 그들이 할 수 있는 일이 없게 되었다는 것이다. 이것은 스포츠 경기를 유추하여 비교해보면 그 의미를 명확하게 알 수 있다. 대학들이 풋볼 경기에서 우승을 하거나 달리기, 도약 경기에서 우수한 성적을 내려면 무엇보다도 투철한 정신을 가져야 한다. 투철한 정신을 가져야만 타고난 재능을 가진 개인의 야망을 일깨우고 그들의 훈련을 지원해주고 성공하면 보상을 해준다. 투철한 집단정신이 없으면 어떤 조직도 효율적으로 운영될 수 없고 높은 수준의 성취를 이룰 수도 없다. 소규모 집단이라도 이러한 정신을 가지면 그렇지 않은 대규모 집단까지도 쉽게 이길 수 있다. 그러한 정신과 그 정신을 갖춘 조직을 완성하는 데는 많은 시간이 걸린다는 것이 여러 경험에서 나타나고 있다.

이와 동일한 식으로 문학 또는 여타 예술 분야의 생산능력의 성숙과 발전은 단순히 유능한 개인의 완성만을 의미하는 것이 아니라 사회집단의 완성을 의미한다. 또한 사회집단의 전통과 정신은 개인을 흡수하고 또 개인 혼자서는 성취할 수 없는 지점으로 향상시킨다. 이러한 집단 또는 유형의 통일은 정신적 통일spiritual unity이지 반드시 공간적 또는 시간적 통일일 필요는 없다. 그러한 통일은 그 유래를 추적하기 어렵긴 하나 인간은 사회적 존재이며 동료와 공감하지 않고서는 온전하고 확고하게 생각할 수 없다는 원리로서 분명 실제로 존재한다. 우리의 이상을 공유하고 확인하고 향상시켜 줄 다른 누군가가 존재해야 하며, 그렇게 하려면 어느 누구보다도 위인과 연계를 맺는 것이 필요하다.

집단은 다른 어떤 예술 분야보다 일부 예술 분야, 대체로 회화, 조각, 건축 분야에서 분명하게 또는 뚜렷하게 나타난다. 이들 분야에서는 거의 항상 한 예술가의 영감이 다른 예술가로 전달되어 일정하게 발전되는 경향이 나타난다. 문학에서는 이러한 연계가 덜 뚜렷하게 나타나는데, 그 방법이 시간과 장소로부터 더욱 자유롭기 때문에 멀리 있는 소재로부터 비교적 더 쉽게 영감을 이끌어낼 수 있다는 것이 주된 이유이다. 또한 문학은 부분적으로는 기질과 관련되어 있어서 혼자서 상상을 하면서도 멀리 떨어져 있는 사람들과 집단을 형성할 수가 있다. 즉 시간과 장소의 구속을 거의 받지 않고서 다른 사람들과 집단을 형성할 수가 있다. 예컨대 소로Thoreau[5]는 그리스와 인도의 고전, 옛 영국 시인들, 자연의 연상들과 함께 인생을 보냈다. 그러면서도 그는 동시대의 유명한 인물로부터도 많은 영향을 받았다. 그를 깊이 연구할수록 그는 덜 외로워 보인다. 워즈워스나 단테 그리고 홀로 있다고 생각되는 사람들 모두가 그런 모습을 보이지 않았는가?

이 문제와 관련하여 권위 있는 모든 사람 중에서 가장 유능한 인물—괴테—은 위인의 영향력에 대한 의존을 깊이 믿고 있었다. 괴테가 말하기를 "사람들은 늘 독창성을 말하곤 하는데 그들이 말하는 독창성은 도대체 무엇을 의미하는가? 우리가 태어나자마자 세상은 우리에게 영향을

---

[5] 옮긴이—소로(Henry David Thoreau, 1817~1862): 미국의 초절주의자 저술가. 그의 대표 저작 『월든』(*Walden*, 1854)은 당시 미국사회에 만연한 물질문명의 발전에 따른 상업주의에 의해 변질된 자연과 자연으로부터 인간의 소외를 극복하기 위해 직접 숲속으로 들어가 몸소 소박한 삶을 실천하며 저술한 것으로 생태주의를 환기시키는 데 많은 영향을 미치고 지금도 교양도서로 세계 곳곳에서 읽히고 있음. 인간 본성의 회복을 강조하는 쿨리의 이 저작에도 많은 영향을 끼친 것으로 보임.

미치기 시작하며 그 영향은 죽을 때까지 계속된다. 우리는 원기와 힘과 의지 말고 결국 무엇을 우리 자신에게 요청할 것인가? 만일 내가 위대한 선조들과 동시대인들에게 빚진 모든 것을 설명할 수 있다면, 나에게 남는 것은 극히 미미한 부분뿐일 것이다."[6] 심지어 그는 위인은 다른 누구보다도 주위환경에 더 큰 영향을 받는다고 주장한다. 왜냐하면 위인은 신경이 예민하여 외부의 영향에 더욱 민감하고 더욱 불안을 느끼며 특히 자신의 섬세한 기관을 충분히 작동시키려면 주위환경이 필요하기 때문이다.

이 문제를 놓고 논쟁을 벌이면 끝이 없을 것이다. 그렇지만 모든 사람의 사고는 (눈에 보이든 보이지 않든) 집단의 사고와 같다는 기본 원리는 건전하다는 결론으로 끝맺을 것이다. 만약 그러하다면 위대한 능력은 자신을 최상의 상태로 만드는 이상과 기준을 가진 집단에 접근하는 길을 찾을 수밖에 없게 된다.

근대세계의 미숙함이 위대한 작품의 생산을 저해하는 또 하나의 이유는 위대한 예술이 표현하고자 하는 이상이 전반적으로 사물의 불완전함에 함유되어 있어서 그 정신이 명확하게 정의되지 못하고 또 선명한 상징으로 구체화되지 못하고 있기 때문이다. 현재의 예술과 문학이 일정하게 파편화되고 왜소해지고 있는 것은 무엇보다도 바로 이 때문이다. 즉 이 시대의 열망이 연기 속에 자욱하게 가려져 있어서 [사물을] 명확하게 그리고 꾸준하게 파악할 수 없기 때문이다. 이를테면, 우리는 민주주의를 신봉하고 있지만 정작 민주주의를 **목도하고** 있다고 말하기는 어렵다. 이는 마치 중세시대의 예술 속에서 기독교를 보고 있는 것과 같다.

집단 및 조직의 관점에서 보면, 우리 시대의 '개인주의'가 필연적으로 위대한 개인을 낳지 못하게 하는지 쉽게 이해할 수 있다. 개성은 진취적

---

[6] 에커맨(Eckermann)과의 대화. 1825년 5월 12일.

이긴 하나 별 효과를 낳지 못할 수도 있는데, 이는 개성이 잘 조직된 훈련에 기초하고 있지 않기 때문이다. 이는 마치 혼자서 쓸데없이 용맹을 부리는 병사와도 같다. 우리의 예술과 삶에서 두드러지게 나타나는 이러한 종류의 개성에 대해 브라우넬은 우리[미국인]와 프랑스인을 비교하고 있다. 파리에는 뉴욕과 달리 "다양한 유형마다 개인의 다양성과는 구별되는 고유한 성질"이 있다. "우리는 취향과 문화 같은 일반적인 매체에 따르는 것보다 뛰어난 예술적 품성에 따라 생산할 때 훨씬 좋은 작품을 만들어낸다. 우리는 언제나 살롱에서 온갖 상상을 한다…비유적으로 말하면, 물론 우리에게는 어떤 주위환경도 없다."[7]

여러 조건이 동일한 탓에 미국인의 삶이 비교적 획일적이 되고 있으며, 이러한 획일성이 방문객을 지루하게 하고 원주민에게는 유럽에 대한 동경심을 심어주고 있다. 몇 알의 씨앗이 이식되어 빠른 속도록 인구가 조밀한 사회가 형성되면 그 사회의 구조는 아무리 방대해지더라도 필히 단순하고 단조롭게 된다. 수천 개의 마을과 교회, 수백만 개의 주택이 동일한 모델로 건립되고, 주민과 사회제도가 유사한 유형의 틀을 벗어나지 못한다. 물론 이것은 때때로 과장된 것으로 미국은 다양한 형태의 변화를 보여주고 있다. 하지만 그서 부모한 열광만이 미국과 유럽의 모습을 똑같게 만들 것이다. 근래에 이루어진 어떤 문명을 두고 문화의 외적 측면에서는 물론 많은 내적 조건에서도 이탈리아 문명보다 열등하다고 할 수 있는가. 온갖 풍부함을 가지고 쌓아온 최근의 문명은 수천 년에 걸쳐 누적된 침전물이다.

그렇지만 그 같은 침전물은 과거의 것이며, 현재의 침전물에 비추어볼 때 런던이나 로마에서 보이는 단조로움은 시카고에서 보이는 단조로움 못지않다. 그것은 이 시대의 문제로서 여기서 더욱 뚜렷하게 나타나는

---

[7] *French Traits*, 385, 387, 393.

것은 주로 이 시대가 이미 충분히 발전했기 때문이다. 조야한 상업주의의 급격한 몰락이 역사의 지형을 신속하게 감추고 있다.

유럽과 비교할 때 미국은 완전히 새로운 흐름 속에서 출현하고 있다는 이점을 가지고 있다. 미국의 정신은 다가오는 질서에 더 가깝고, 그리하여 그 정신을 예술에서 한층 적절하게 표현할 수가 있다. 이러한 새로움이 갖는 또 하나의 이점은 그러한 정신을 길러주는 확신에 찬 태도이다. 만약 미국이 테니슨Tennyson[8]이 보여준 우수함을 유지할 수 없다면, 영국도 아마 에머슨[9]이 주창한 것과 같은 낙관론을 유지할 수 없게 될 것이다. 후자와는 대조적으로 칼라일Carlyle, 러스킨Ruskin, 톨스토이Tolstoi 같은 구세계의 선각자들은 낡은 또는 쇠퇴일로에 있는 제도들의 부상과 관성 때문에 그늘에 가려져 있다. 그들은 그러한 부상과 관성을 우려하여 한층 더 격렬하게 저항을 하게 된다. 미국인은 인간 본성이 각자 고유한 방식을 가지고 있는 것을 오랫동안 보아 와서 그 결과에 대해 심각하게 불신하지 않는다. 에머슨, 롱펠로우Longfellow, 로웰Lowell, 휘티어Whittier, 홈스Holmes, 소로, 휘트먼Whitman, 호손Hawthorne 등 미국 학자들은 거의 모두 쾌활하고 건전한 품성을 가졌다.[10]

한편 옛 문명은 풍부하고 복잡한 정신을 가졌으나 너무 고색창연하여 새로운 세계에 이식될 수 없다. 이주민들은 자신들에게 즉각 필요하다고 생각하는 전통을 들여온다. 그러한 전통은 국가, 교회, 가정을 세우는 데 필요하지만 그것들조차도 원래 가졌던 풍미를 잃어버리게 되고, 특히

---

[8] 옮긴이—테니슨(Alfred Tennyson, 1809~1892): 영국 잉글랜드 출생의 시인. 일찍부터 시에 대한 재능이 뛰어나 15세에 이미 형과 함께 '형제의 시집'을 냈고, 1850년대에는 죽은 친구를 추도하여 쓴 대작 '인 메모리엄'을 출판하여 워즈워드의 뒤를 잇는 계관 시인의 영예를 받음. 대표적인 작품으로는 '왕녀' '이녹 아든' '국왕 목가' 등이 있음.
[9] 옮긴이—제12장 각주 1 참조.
[10] 포(Poe)는 내가 기억하는 유일한 유명한 예외적 인물이다.

그중에서 미세하고 별로 쓸모가 없는 것들은 대부분 버려진다. 또한 구세계의 문화는 주로 계급문화이며 또 이주민은 대개 구세계 문화에서 비주류 계급 출신이라는 점도 유념해둘 필요가 있다.

이와 더불어 건축, 회화, 조각, 고대 대학 등 과거로부터 물려받은 유형 문화 유적도 자취를 감춘다. 영국의 화가 번-존스Burne-Jones11는 젊은 시절을 보낸 상업도시를 두고 다음과 같이 말한다. "만약 거기에 고대 그리스 조각품이 하나라도 있었더라면 혹은 내가 어릴 적 버밍엄에서 본 멋진 이탈리아 회화를 충실하게 본뜬 복제품이 하나라도 있었더라면 내가 처음 붓을 잡았던 십년 전부터 그림을 그리기 시작했을 것이다…. 당신이 사는 마을에 훌륭한 작품이 묵묵히 존재하기만 해도 그것을 본 사람은 깊은 감명을 받을 것이다. 다음 세대는 어떤 방법과 이유를 몰라도 주변 환경이 아주 열악한 상태에 있을 때보다 더 수월하게 배우게 될 것이다."12

미국 생활은 너무 빠르게 변화하고 불안정하기 때문에 새로운 예술문화가 신속하게 결실을 맺기에 적당하지가 않다. 미국 사람들은 대서양을 건너 이주했고 그런 다음에는 동부에서 서부로 도시에서 농촌으로 계속 이동한다. 그러는 사이에 각종 산업이 지속적으로 파괴되고 있다.13

또한 구세계의 남부와 동부에서 수많은 사람이 거침없이 새로 이주하

---

11 옮긴이—번-존스(본명 Edward Coley Burne Jones, 1833~1898): 19세기말 영국의 대표적인 화가 디자이너. '화가 겸 공예가'라는 이상을 되살린 선구자로서 그가 미친 영향은 오래 지속되었으며 특히 20세기의 산업 디자인의 발전에 큰 영향을 줌. <코페투아 왕과 거지 소녀>(1884), <멀린과 니무에>(1858~59) 등 그의 그림은 중세시대 기사들의 이야기에 대한 관심을 담고 있으며, 그때부터 죽는 날까지 그는 영국의 위대한 화가라는 평판을 얻어 1894년에 준남작 작위를 받기도 함. 사후 그의 그림은 교회 스테인드글라스 같은 장식 디자인 분야에 많은 영향을 미침.
12 *Memorials of Edward Burne-Jones*, ii, 100, 101.
13 미국의 가장 저명한 학술단체가 1850년대 콩코드와 보스턴에서 왕성하게 활동했는데 지방 문화가 성숙하면서 부분적으로 고립 상태에 있다가 지금은 해체되었고 이 시대의 광범한 흐름에 따라 여기저기로 분산되었다.

면서 각종 민족, 기질, 전통이 마구 뒤섞여 우리의 삶을 혼란스럽게 하고 있다. 만일 우리가 때때로 생각한 대로 그들이 전부 열등했다면, 아마도 큰 문제가 없었을 것이다. 그러나 현실에서는 그들은 과거의 혈통에 따른 지적 기능을 두고 서로 다투고 있다. 이를테면, 대학에서는 우리 자녀들에게 자신들의 역사와 문학을 가르치고 있는 모습을 볼 수 있다. 그들은 [현지에] 동화되는 가운에서도 항상 차이를 유지하고 있다. 이 때문에 예전에 뉴잉글랜드 세력14이 지배하던 미국 북부에서는 혁명적 변화가 진행되고 있다. 그것은 마치 누군가가 갑자기 집에 찾아와 [식사 대접을 위해] 날고기, 야채, 양념을 부랴부랴 마련하여 그것들을 섞어서 불 위에서 조용하게 끓이는 수프 냄비와도 같다. 여러 재료를 풍부하게 배합은 했지만 충분하게 끓일 필요가 있다.15

식민지 개척자를 거쳐서 우리에게 전수된 세련된 영국의 정서—아마도 구세계의 영국인에게 전수된 것보다 아마도 더 순수한—가 (독특한 시류처럼) 지나가면서 대도시 삶의 홍수 속에서 사라져 가고 있다. 우리 앞에는 분명 더 큰 인류가 있지만, 뒤에는 소중하게 간직해온 되살아나기 어려운 정신이 있다. 집을 떠난 소년처럼 우리는 돌이킬 수 없는 과거로부터 우리의 사고를 되돌려서 희망을 품고 미지의 세계로 나아가야 한다.

요컨대 우리 세계는 아직 문화 조직culture organization이 무르익지 않았다. 우리는 때때로 우리 문명이 복잡하다고 말하는데, 경제생활과 관련

---

[14] **옮긴이**—영국 청교도 세력을 일컬음. 뉴잉글랜드는 미국 동북부 대서양 연안에 있는 메인, 뉴햄프셔, 버몬트, 매사추세츠, 로드아일랜드, 코네티컷의 여섯 주를 지역을 통틀어 이르는 말. 1620년 영국 청교도가 메이플라워호가 도착한 곳으로 영국계 이민자가 많이 살았으며 1776년 영국으로부터 미국이 독립하는 시발점이 되었음.
[15] **옮긴이**—다양한 이민자들이 모여 혼합되어 다양성은 갖추었으나(미국사회를 비유적으로 표현하는 도가니[melting pot]를 말함) 아직 통일성은 갖추지 못한 상태를 비유적으로 일컫고 있음.

해서는 정말로 충분히 복합적이지만 정신적 구조는 빈곤하고 여전히 단순하다. 우리는 하찮고 부패한 것은 버렸고, 지금은 우리가 바라는 대로 우리의 활력과 열망을 바칠 가치가 있는 예술과 문학을 생산할 준비를 하고 있다. 그러나 과거에는 분명 그렇지 못했다.

요즘에는 조급함과 그에 따른 피상성과 긴장 때문에 훌륭한 작품이 교묘하게 두루 파괴되고 있다. 무지나 빈곤, 억압, 혐오가 아닌 다른 어떤 정신적, 사회적 조건도 조급함만큼 예술을 말살하지는 않는다. 완벽한 작품을 만들어낼 수 있게 깊은 생각에 잠길 수 있는 고요한 상태가 충분히 유지된다면 우리 삶은 거의 모든 측면에서 고귀해질 것이다. 그런데 조급함 때문에 고귀한 삶은 출현하지도 않았고 출현할 수도 없게 되었다. 예술은 인간 본성을 완전하고 적절하게 표현해야 한다. 고요함과 즐거움 속에서 정신적 성향을 완성하고 기록해야 한다. 그런데 우리는 전반적으로 긴장 상태에 있어서 미완성 작품을 내곤 한다. 그래서 그 작품은 마음에 들지 않고 불안정하다. 그 결과 미래에는 즐거움이 사라지게 된다. 우리는 그저 그런 물건을 대량으로 생산하는 데만 속도를 맞추고 있다.

다른 측면에서 보면, 이 시대는 **소란스러운** 시대이다. 신문과 광고 그리고 각종 제안에 대한 강조는 소음 효과를 낸다. 그래서 사람들이 알아들을 수 있게 목청을 높여야 된다고 생각하게 되고 하느님의 작은 소리는 잘 알아들을 수 없게 되었다. 천성적으로 목소리가 낮은 사람도 요즘에는 이러한 성질을 잃고 나머지 사람들처럼 큰 소리로 말하게 된다. 그런 사람은 과장하거나 반복해서 말하고, 광고나 풍자를 통해서 말한다. 그들은 몇 사람만 알아듣기를 바라면서도 많은 말을 한다. 물론 장기적으로 보면 그것은 중대한 기만이다. 조용한 진실만 경청할 가치가 있고 나머지는 실제로 들리는 것이 없다. 그러나 그러한 진실은 사물의 일반적인 상태에 너무 깊숙한 곳에 있어서 그것을 피할 수 있는 사람은 극히 드물다. 목소리가 낮은 사람들조차도 큰 소리로 말하려고 애쓰게 된다.

끊임없이 노력하고자 하는 정신 상태는 항상 편파적이고 특수적이며, 강도는 높이지만 범위는 좁아지고, 직관보다는 실행을 중시한다. 그러한 정신 상태는 때때로 유용하나 모든 힘의 원천인 잠재적 정신의 바다에서 완전히 벗어났을 때만 그러하다. 폴 부르제[Paul Bourget]는 미국을 두고 다음과 같이 말한다. "예술의 세계에서는 자기의식을 별로 필요로 하지 않는다. 자기의식은 자신을 망각하게 하는 삶의 자극제이며, 꿈같은 게으름을 열정적인 실행으로 바꾸어놓는다."[16] 그래서 헨리 제임스[17]는 실제로 우리는 주의력을 상실했다고 말한다. 예술작품을 생산하거나 평가하는 데는 열심히 노력하는 것보다는 깊이 있는 생각을 하는 주의력이 요구된다. 이러한 주의력은 요즘 유행하는 사업정신이나 직업정신에 곧바로 해당된다.

주의력 상실은 주로 너무 많은 일을 생각해야 하는 데서 비롯된다. 즉 조급함과 산만함이 그 원인이다. 이러한 조급함과 산만함은 정신을 지탱해주고 그 에너지를 비축해 놓는 전통적 구조가 거의 소멸된 시대와 나라에서 나타난다. 다른 조건에서는 자동적으로 일어나는 기능을 의지를 통해 공급하려고 애쓰면 삶이 분망해진다. 이러한 분망함은 모방에 의해 전염되고, 또 그러한 분망함을 벗어나 조용한 상태에서 자기 능력을 키우기가 쉽지 않다.

사회가 안정되면 정신이 엄청나게 절약되어 생산이 정체되거나 공격

---

[16] *Outre-Mer*, 25.
[17] 발자크(Balzac)에 관한 그의 평론에서.

적이 되는 경우가 많이 줄어든다. 또한 의지도 비축되고 집중된다. 한편 토크빌이 지적했듯이 자유는 때때로 "사람들끼리 끊임없이 밀치고 부딪히는 사소하고 괴롭히는 동작을 낳는데, 이러한 동작은 정신을 흥분 또는 고양시키기보다는 괴롭히고 혼란스럽게 한다."[18] 현대 예술가에게는 많은 선택의 여지가 있다. 그가 삶을 다루려 시도할 경우 미적 종합을 이루는 데 많은 비용을 들여 자신의 의지를 탕진하게 된다.

자유와 기회에는 한계가 없고, 모든 문화는 그의 도달 범위 안에 있으며, 찬란한 성취가 이루어지기를 기다린다. 그런데 찬란한 통일체를 만들어내는 것은 평범한 재능의 한계를 뛰어넘는 일이다. 그러나 사람들이 건축물을 두고 말하는 것처럼, 대부분의 건축물을 보면 "외형적 효과를 보여주기 위해 묵묵히 애써서 노력을 한 흔적은 보이지만 여러 가지 유형을 무분별하게 조합해서 뒤섞어 놓은 탓에 아무런 조화도 기품도 스타일도 없는 결과를 낳았다."[19]

중세의 성당이나 그리스의 사원은 오랜 사회발달을 거치면서 점진적이고 계획적으로 이루어진 결정체이며 공동 노력의 산물이다. 개인이 가진 재능은 마무리 손질 단계에서 약간 추가되었을 뿐이다. 물론 근대 건축물은 많은 개인이 능력이 힙쳐서 이루어진 산물이다. 그러나 개인에게 많은 것을 요구하는 것은 지나치다. 단테같이 비범한 재능을 가진 천재만이 사회 곳곳에 흩어져 있는 여러 조건을 적절하게 종합적으로 다룰 수 있다.

긴장의 원인은 급격하고 불안정한 변화에 있지 민주주의 자체에 있는 것이 아니다. 대부분의 사람—특히 농민계층—은 그러한 긴장에 별 영향을 받지 않는다. 미국은 다른 어느 나라보다도 그 영향이 크며, 요즘

---

[18] *Democracy in America*, vol. ii, book i, chap. 10.
[19] Henry Van Brunt, *Greek Lines*, 225. 이러한 구절들 중에서 '무분별한 조합'이라는 말은 훌륭한 건축물에는 해당되지 않는다.

여기저기서 최악의 상황이 나타나고 있다.

요즘은 상업주의에 의해 사람들의 능력이 물질적 생산과 이에 기초한 교역 및 금융에 몰두하고 있다. 바로 이 점이 부분적으로는 이 시대의 특성이며 부분적으로는 미국의 특성이다. 새로운 나라로서 미국이 가진 특성은 근본적인 뿌리를 뽑아내고 그 위에 물질문명을 세우는 것이다.

그 결과 상업적 방향을 취하기 위한 기회와 자극을 찾으려고 부단히 노력하는 한편 순수 예술이나 문학은 추구하지 않게 된다. 개인은 어떤 방면에서 성공하고 싶어 하며, 만약 사업 또는 직업생활에서 성공할 능력이 있다고 생각하면, 그는 예술가적 소명을 추구하여 그에 뒤따르는 가난, 불확실성, 무관심을 꺼리게 된다. 사회가 번영하지 못하는 이유는 기회가 부족하여 예술가적 능력이 다른 방향을 취하기 어렵게 하고 있기 때문이다.

더 큰 위험은 미발달된 시장에 의해 예술이 손상되는 것이다. 여러 분야에 수많은 예술가가 있는 것처럼 보이지만 그들의 성공 수준은 대체로 낮다. 초심자는 일찌감치 상업적으로 고용되어 높은 이상에 이르지 못하게 된다. 이 때문에 우리는 예술가와 공중 모두를 교육하기 위한 잘 조직된 예술가적 전통을 결여하는 것으로 후퇴하게 된다. 러셀 스터지스Russell Sturgis가 말하듯이 "고유의 정신을 가진 예술가 공동체 그리고 예술 작품에 대한 일정한 일반적 합의를 결여하게 된다." 이러한 결여로 인해 예술가가 스스로를 성찰하는 데 요구되는 비판의식이 약화된다. 헨리 제임스가 말하듯, "'정작 비판이 필요함에도 불구하고 그 어디에도 비판의식이 없다는 것'이 외부에서 온 관찰자가 느끼는 첫 인상이자 마지막 인상—다른 모든 것을 삼키거나 밀어내 버릴 정도로 확고한 인상—이다."

그런데 예술과 상업정신 간의 적대성을 종종 지나치게 부풀려 말하는 경향이 있다. 역사적으로 예술과 문학은 아테네와 피렌체, 베네치아 같은 번창한 상업사회에서 번성했고 또 13세기와 14세기의 공동 생활체, 독일과 네덜란드 공화국, 엘리자베스 시대 영국의 무역도시 등에서 가장 번성했다. 상업만큼 지식과 모험심, 자유정신을 일깨우는 것은 없으며, 이러한 것들이 이상적인 생산을 촉진한다. 오히려 편파적인 것은 이와 관련한 우리 문명이 가진 극단적인 일방성이다.

확산 열의는 소통과 공감에서 비롯되는데, 실제로 그러한 열의 안에는 세련된 생산을 직접 촉진하지 않는 것도 많이 들어있다. 여기서는 지금까지 언급한 문제보다는 민주주의 본성 자체와 관련된 사실을 중심으로 다룰 것이다.

동류의식과 상호구별 중 어느 것이 더 바람직한가? 양쪽 모두에 대해 해둘 말이 많다. 그렇지만 우리 시대의 세련된 정신은 전자 쪽으로 기울고 있으며, 새로운 것을 찾아 쓸쓸하게 돌아다니는 것보다 기존에 있는 좋은 것을 해외로 전파하는 것이 더 인간적이고 유쾌한 일이라는 것을 알게 된다. 내가 아는 가장 뛰어난 사람들이야말로 민주주의의 내적 동향을 가장 잘 대변하는 것처럼 보이는데, 그런 사람들 사이에서는 너그럽지만 상호구별을 경멸하고 일반적 흐름에 삶을 충실히 하려는 열정이 엿보인다. 그러나 동류의식을 노골적으로 표출하지 않거나 즐거움을 발산하지 않는 것이 가장 좋은 일이다. 종국적으로는 보편적 선善을 지향하더라도 그들이 직접 행동할 때는 이기적일 정도로 사적이며. 그것들은 항상 쉽게 구별되지는 않는다. 그것들은 강렬한 자기의식을 수반한다. 천재들의 말만 따르는 사람들은 언제나 동료들과의 사이가 벌어진다.

우리 시대는 이제 확산의 시대Age of Diffusion이다. 이전 시대에서는 최상의 정신과 열의를 가진 사람이 즐거움과 자기망각을 고독한 숭배에서 추구했다면, 이 시대에는 적극적인 봉사에서 그것을 추구한다. 종종 들리는 것처럼 과거에 비해서 우리는 인간적인 동류의식을 통해서 신을 찾으려 하지 고립된 자기의식을 통해서 찾으려 하지 않는다.

교육 및 자선활동의 열의는 이런저런 방식으로 동료들 사이에서 더 나은 사람이 나오도록 자극하며 그 사람이 물질적 재화나 정신적 재화를 해외로 전파하는 데 별 도움이 되지 못할 때 죄의식을 느끼게 한다. 여기서는 그런 열의에 대해 굳이 일일이 설명할 필요까지는 없다. 어느 누구도 이러한 열의가 식는 것을 바라지는 않는다. 장기적으로는 그러한 열의가 많은 훌륭한 업적을 남길 것이다. 그러나 그러한 열의는 종종 진부한 것만 대량으로 만들어내는 결과를 낳기도 한다. 이에 대해 토크빌은 다음과 같이 회고한다. "귀족정치 시대에는 소수의 걸작만이 생산되었는데, 민주주의국가에서는 하찮은 것을 대량으로 생산하고 있다."[20] 물질적 의미도 정신적 의미도 없는 값싼 물건이 만들어져 잡다한 것을 파는 시장에 쏟아져 나오고 있다.

"사람도 신도 너무 방대하다."[21]

끝으로, 개인적 성취의 한계를 사회적 조건에서 이끌어내고자 하는 이론을 받아들일 때는 상당히 주의해야 한다. 통상적인 것이나 예정된 것을 뿌리치고 독자적인 길을 추구하고자 하는 것이 자아의 본성이다. 물론 이러한 본성을 지지하는 것이 마땅하지만, 문학과 상상적 교류에서도 그러한 본성을 찾을 수 있다. 이를테면 미국에는 에머슨, 소로, 휘트먼 같은 뛰어난 인물이 있으며 물론 앞으로도 더 많은 훌륭한 인물이 생겨날 것이다. 우리를 고무시켜 주는 일들이 사라진다고 해서 우려할 것까지는 없다. 낡은 것이 사라지면 혈기 왕성한 정신이 항상 새로운

---

[20] *Democracy in America*, vol. ii, book i, chap. 11.
[21] Emerson, *Alphonso of Castile*.

것을 만들어내어 삶의 요구를 더 크게 충족시켜 주기 때문이다.

 우리 시대에 와서 온갖 종류의 구조를 폐기했는데 그렇게 함으로써 한편으로는 [새로운 것의] 지속적인 생산을 촉진하고 있다. 이는 우리가 인간 본성에 의지해 왔음을 의미한다. 인간 본성은 영구적이고 본질적이다. 그러한 인간 본성을 적절하게 기록하는 것이야말로 정신의 산물에 생명을 불어넣어주는 주요한 동인이다.

# 제16장 정서의 흐름 I

정서의 의미와 전반적 흐름 / (정서의) 쇠약 / (정서의) 순화 / 정의감 / 정의로서 진리 / 현실주의로서 진리 / 편의주의로서 진리 / 관심의 경제로서 진리 / 전도유망

정서[1]란 사회화된 감정socialized feeling을 의미한다. 즉 감정이 단순히 본능적인 상태에 있다가 사고와 상호교류에 의해 자각되어 완전하게 인간적이 되는 상태를 말한다. 정서는 상상력imagination을 의미하며, 타인의 정신과 공감하며 접촉하는 가운데서 생명력을 가지게 된다. 이를테면 사랑은 정서이지만 갈망은 정서가 아니다. 분개는 정서이지만 격노는 정서가 아니다. 불명예나 조롱을 두려워하는 것은 정서이지만 동물을 두려워하는 것은 정서가 아니다. 정서는 삶의 주요한 원동력이며, 대체로 우리의 마음속 깊은 곳에 자리하고 있어 사고thought와 달리 본질적인 변화를 덜 겪는다. 그렇지만 사고와 정서는 명확하게 분리되어 있는 것은 아니다.

---

[1] **옮긴이**—'감정'이라는 뜻을 가진 단어로는 sentiment 외에 흔히 emotion과 feeling이 쓰이는데 각각은 문맥에 따라 뉘앙스 상 약간의 차이가 있다. emotion은 이성(reason)과 대비될 때 많이 쓰고, feeling은 감각으로서 느낌을 뜻할 때 많이 쓰는 경향이 있다. 반면 sentiment는 정서를 의미할 때 주로 쓰인다.

정서의 발달 과정에는 근대적 삶의 특징을 이루는 두 가지 특질이 나타난다. 그 두 가지 특질은 앞에서 이미 논의한 바 있는 다른 심리적 변화와 밀접하게 결부되어 있다. 이 점에 대해서는 아래에서 논의할 것이다.

첫 번째는 다양화diversification 추세이다. 다양한 제안과 교류가 증가함에 따라 지금까지 알려지지 않은 새롭고 다양한 많은 정서가 생겨난다. 관개시설을 설치하면서 개천이 여러 갈래로 분할되어 흘러들어가듯이 사회적 감정의 거대한 조류도 여러 갈래의 작은 수로로 흘러들어간다.

두 번째는 인도주의humanism 추세인데, 이는 각종 정서가 넓은 범위에 적용되어 원초 집단의 친숙한 상호교류 속에 자연스럽게 확산되어 가는 것을 의미한다. 이러한 경향이 사회적 정신의 모든 측면에서 명확하게 나타나면서, 이전 시대의 형식적이고 억압적인 구조와 함께하던 정서를 버리고 새로운 정서가 확대, 조직화된다.

정서가 다양해짐에 따라 감정은 다소 순화되거나 약화되며 때로는 더욱 세련화되기도 한다.

감정이 순화 또는 약화된다는 것은 (원시사회에서 특별한 경우에 제기되는 심각한 요구와는 달리) 근대적 삶에 의해 끊임없이 생겨나는 다양한 감정의 요구가 (관개를 위해 여러 갈래로 분할된 개천의 경우처럼) 보다 많은 절약과 규칙성을 가지고 실행된다는 것을 의미한다. 그래서 미발달된 상태에서는 감정을 '심하게 억제하면'[2] 냉담과 폭발이 교대로 일어난다. 따라서 우리의 감정 경험은 다양하면서도 대체로 온순한 흥분으로 이루어져 있다. 우리 문명에서 살고 있는 사람은 과거 문명의 사람보다 비록 정서에 있어서는 영리하나 그 깊이에서는 다소 뒤떨어진다. 도시인과 농부 사이에도 마찬가지의 차이가 있다. 농부의 감정은 다면성

---

[2] 배젓(Bagehot)의 저서 『물리학과 정치학』(*Physics and Politics*)에서 따온 구절.

과 준비성에서는 뒤떨어지지만 그의 감정은 아주 다양하다. 농부가 소중히 간직하고 있는 정서는 그 깊이와 추진력이 훨씬 뛰어나다. 농촌사람들 가운데 한결같은 충실함과 친절함 또는 노여움을 경험하지 않은 사람이 있겠는가? 또 그것을 도회지 사람들의 불안정한 감정과 비견할 수 있겠는가?

  삶이 세련되는 경향이 있다고 말할 때는 단지 그 전반적인 추세만을 강조하는 것이다. 우리는 세련된 정서의 많은 측면이 현재보다 과거에 더 완전하게 감지되고 표현되었다는 사실을 인정해야 한다. 그러나 이것은 사회가 전반적으로 진보했음을 나타내는 것이 아니라 특수한 유형의 문화가 성숙되었다는 것을 나타낸다. 이를테면, 보티첼리의 회화에서 나타나듯이 이탈리아의 르네상스시대는 경이로울 정도로 예술이 세련되었다. 그러나 그때는 암살과 고문, 약탈이 일상적으로 일어나는 등 우리 시대와 비교할 때 전반적으로 살벌하고 투박하며 호색을 즐기는 시대였다. 또한 우리가 그토록 칭송하는 셰익스피어와 그의 동시대 인물들의 언어 감각은 세련되었으며, 그들이 쓴 희곡은 당시의 전반적인 감정 상태를 그림처럼 묘사하고 있다. 초서Chaucer에서 시작하여 제임스, 하월스 Howells 부부, 워드Ward로 이어지는 영어 소설을 읽어 내려가면 분명 우리의 감수성이 갈수록 세련되어 가는 인상을 받을 것이다.

  이러한 현상은 주로 문학에 심취해 있는 부유층보다는 평범한 사람에게서 더 많이 나타난다. 이들에게서 세련화가 확산되는 추세는 부유층 사이에서보다 훨씬 뚜렷하게 증가한 것으로 나타난다. '신사'와 농민 사이에서는 예절과 감정이 현격하게 대비되는 반면 기능공과 상인계급 사이에서는 이러한 대비가 부분적으로 사라졌다. 부의 차이와 직업의 차이가 이제는 더 이상 문화의 차이를 반영하지 않으며, 직업의 기회가 모든 계급에게 개방되고 있다. 적어도 미국에서는 중간계층 중에 원주민 출신

농부나 수세공이 실제로 더러 있다.

  감정은 삶의 여러 활동에 반응하는데, 이러한 활동이 더욱 다양해지고 섬세해지면서 동물적 조건에 의해 그대로 결정되는 경우가 전반적으로 드물어지고 있다. 물질적 다양성과 편리함이 이러한 현상을 보여주는 한 측면이다. 즉 우리는 비교적 섬세한 존재에 익숙해지고 그래서 조잡함을 피하도록 훈련을 받는다. 통신수단이 발달하면서 사회적 교류가 풍부해지고 선택의 폭이 넓어져 다양성[의 확장]에 영향을 미치고 정서를 더욱 세련화한다. 질서가 발달하면서 예의에 어긋나는 행동을 삼가게 되고, 민주주의는 개인 또는 계급에 의한 억압 같은 저열한 관행을 서서히 제거해나간다.

  이러한 근대적 세련화는 어느 한 계급이나 민족의 성취물이 아니며 사회의 전반적 수준을 향상시킨다. 그것은 그리스의 세련미처럼 일시적인 조건에서 이루어진 불확실한 결실이 아니라 인류 전체의 소유물이다. 그것은 증기기관같이 더는 사라질 위험에 처해 있지 않다.

  이 장의 나머지 부분에서는 정의, 진실, 친절, 봉사 등 인도주의 및 정서의 경향에 대해 서술하는 데 할애할 것이다. 첫 번째 경향은 다음과 같다.

  이러한 모든 종류의 정서는 공동체 의식 또는 공동의 사회적, 정신적 통일체 속에서 공유하고 있는 의식을 바탕으로 하고 있다. 이 공동체 안에서 구성원들은 각자의 특수한 부분이 어떠하든 모두 평등을 유지한다. 그렇지만 사람 간의 차이는 임의적이거나 우연적이 아니라 기능적이고 본질적이어야 한다고 생각한다. 공감대가 형성된 집단의 구성원들 사이에서는 대체로 정의감이 강하게 나타나는데, 이러한 정의감은 각자 일정한 목적을 위해 해야 할 역할을 결정하는 기초이다. 그래서 공동의 목적을 위해 기능을 가장 잘 수행할 수 있는 자가 높은 위치에 있게 된다. 어떤 사람이 선장의 자리에 적합하다고 인정한다면 그가 선장 역할을 맡는 동안 내가 일반 선원으로 머물러 있다고 해서 나의 자존감이나 충성심이 훼손되는 것은 아니다. 사회 내의 위치가 명백하게 이런 식으로 분포된다면 그 사회에서는 심각한 저항이 일어나지 않을 것이다. 공정성의 이상이 사물의 실제 체계와 어긋날 때 문제가 발생한다.

공감대가 확장되고 통일 의식이 보다 넓게 확장됨에 따라 그에 상응하여 정의의 확대에 대한 기대와 요구가 비등해졌다. 이렇게 정서가 확대되면서 (하등 동물은 말할 것도 없고) 모든 인류에게 이익이 되었다. 여러 계급도 서로를 이해하려고 노력하고, 여성과 어린의의 인격도 인정을 받고 육성되고 있다. 문명사회든 야만사회든 이민족과 타 인종 사이에 공감대를 형성하려는 시도가 진행되고 있으며, 그들이 인류의 공동생활에서 정당한 대우를 받게끔 도와주고 있다.

국제적 권리에 대한 우리의 생각도 동일한 견해를 반영한다. 적어도 미국인들은 정직한 사람이 다른 사람을 대하듯이 우리나라가 다른 나라들을 대하기를 바라며, 또 미국이 그렇게 해왔다고 믿을 때 자긍심을 가진다. 유럽의 유능한 관찰자가 보기에는 분명 아주 강력한 민주주의의 국가 이기주의가 유럽의 어느 강대국보다도 덜 냉소적이고 덜 눈에 거슬리는 것으로 보인다.[3]

진실함은 정의의 일종이다. 자신의 삶을 집단의 삶과 일치된 것으로 생각하는 사람은 마음속에 진실함을 품고 있으며, 거짓말을 하는 것은 비열하고 졸렬한 것으로 여기게 된다. 교양 있는 어른들은 물론 미개인과 어린이조차도 대체로 친구들 사이에서 심각한 거짓말을 하는 것을 싫어한다. 친구에게 거짓말을 하는 것은 친구의 뒤통수를 쳐서 어려운 궁지로 몰아넣는 행위이다. 그래서 모든 집단의 도덕적 정서는 외부인에

---

[3] James Bryce, *The American Commonwealth*, chap. 87 참조.

게는 거짓말하는 것을 어느 정도 허용하더라도 자기 구성원들 사이에서 거짓말하는 것은 용납하지 않는다. 바울이 이르기를 "그런즉 거짓을 버리고 각각 그 이웃과 더불어 참된 것을 말하라 이는 우리가 서로 지체가 됨이라."[4]

민주주의 체계에서는 도덕적 통일을 보다 넓게 조직하여 개인의 감정에서 자기 동료에 대해 개방적이고 솔직한 태도를 육성해 나간다. 이념상으로나 실제상으로나 우리는 공생체이다. 거기서 각인은 필요에 의해 그리고 자기 의지와 지식에 의해 그 구성원이 되며, 그에 따라 구성원들 사이에서 서로 자연스럽게 인간적인 충성심의 정서가 싹터서 힘을 발휘하게 된다. 예를 들어 과세 평가 같은 문제를 둘러싸고 가끔 진실함과 공정성 사이에 불일치가 존재하는데, 사람들은 이러한 불일치가 일어나는 것을 꺼린다. 그런데 바로 이러한 태도가 진실함의 정서가 널리 퍼져 있음을 입증하는 증거이다.

인위적인 체계는 그 숨은 기반이 아무리 견고하더라도(물론 모든 체계는 모종의 사실에 의지한다) 명백히 진실함과 공정함 원리를 바탕으로 한 것이 아니어서 공동의 충성심을 이끌어내지 못한다. 어떤 사람은 이러한 인위적인 체계에 헌신하기도 하지만, 그의 헌신은 참여에 의미를 두기보다는 자신 위에 있는 무언가에 대한 숭배에 의한 것이며, 솔직한 거래가 아닌 순종에 의한 것이다. 주인에 복종하는 태도, 즉 우월하면서 이해할 수 없는 힘에 복종하는 태도에서 거짓을 행하고 굴종하는 것은 당연한 것으로 보일 수도 있다. 그런데 진실함은 공감에서 생겨난다. 폭군은 위선을 미덕으로 만든다는 말도 있고, 현재의 러시아[5]에서는 은폐

---

[4] 에베소서, 4장 25.
[5] **옮긴이**—이 글이 발표된 1909년은 러시아혁명(1917)이 일어나기 전으로서 이때는 제정 러시아를 말함.

와 탈세가 인간 본성의 목표를 추구하는 데 필수적이고 정당화된 수단으로 간주되고 있다.

자유와 진실함이 서로 결합되는 또 하나의 이유는 사회적 원인과 결과에 있어서 전자[자유]는 훈련과정이라는 점에 있다. 인간 능력을 자유롭게 발휘하는 것은 위선에 반대하는 현실의 능력을 지속적으로 보여주는 것이다. 삶에 대한 지적 실험을 계속 해나갈수록 우리는 명확한 인과관계를 파악하게 되고 위선을 믿지 않게 된다. 자유는 실험의 연속, 즉 개인과 모든 종류의 사회적 이념 및 합의를 부단히 실험하는 것을 의미한다.

그래서 자유는 사회실재론social realism을 배태한다. "자유의 열린 눈은 진실함을 요망한다." 훌륭한 사람은 삶은 너무 현실적이어서 굳이 믿으라고 할 필요가 없다는 생각으로 충만해 있다. "심장을 방패로 가리지 않는 기사들," 그들은 모든 허식과 가식을 벗겨내고 아무 것도 바라지 않으며, 모든 허식과 가식으로부터 벗어나기 위해 사물을 있는 그대로 맞이한다. 그들은 허위와 가식이 치유 불가능할 정도로 나쁜 것은 아니라고 확신한다.

나는 요즘 신문에서 다음과 같은 기사를 읽었다. "신세대 소녀들의 자태는 단도직입적이고 꾸밈이 없으며 진솔하다. 신세대 소녀들은 학교를 빼먹을 궁리만 개발하는 것은 아니다. 가운을 사면서 실제로는 50달러를 주고는 100달러를 준 것처럼 거짓 행동을 하는 것은 요즘 소녀들에게는 익살을 떨며 시간을 보내는 일이다…새로운 가운을 가지게 되면 그녀는 그 가운의 가격, 그 가운을 만든 허름한 양장점의 상호, 가운 값을 깎아준 양장점의 장소를 말해줄 것이다."

파렴치한 정치가와 금융업자들은 자신들의 관행을 냉소적이고 뻔뻔하게 표명하고 방어하는데, 바로 그 냉소주의와 뻔뻔함 속에도 진실함이 엿보인다. 그들은 나폴레옹이나 마키아벨리처럼 비록 현실을 약간만 그리고 부분적으로만 받아들이고 있으나 적어도 미신은 버리고 현실을 다루고 있다. 만일 그들이 거짓 행동을 한다면 자신들이 바보로 간주하는 사람들에게 모종의 영향을 주려고 일부러 의도적으로 그러는 것이다. 이러한 합리적 정신이 미덕의 원천이 되려면 그것은 높은 정서 및 깊은 통찰과 결합되어야 한다.

여기서는 정직함이 얼마나 또는 어떤 의미에서 최선의 방침인지에 대해서는 상세하게 논의하지 않을 것이다. 다만 삶이 자유와 정의에 기초하여 더욱더 조직될수록 속담 속에 더 많은 진실이 들어있다고 말하는 편이 무방하다. 전반적인 상황이 마키아벨리 시대처럼 무정부 상태일 때, 합리주의rationalism는 허위를 물질적인 것에 적합한 도구로 냉소적으로 사용하게 된다. 오늘날에도 역시 그러한 현상이 종종 나타나고 있음은 부인할 수 없는 사실이다.

그러나 근대 민주주의의 목표는 정의를 조직화하는 것이며, 이러한 목표가 성공하면 진실은 남게 되고 거짓은 사라지게 하는 매개체를 형성하게 된다. 우리는 모두 이러한 매개체 안에서 살기를 원한다. 즉 사물의 질서가 진지하다는 확신, 즉 사물의 질서는 모종의 현실에 기반을 두고 있다는 확신보다 더 진솔한 것은 없으며, 미국인들은 대부분 이러한 확신을 가지고 있다. 그러한 확신이 민주주의를 '영혼을 위한 부드러운 의자'로 만든다. 즉 개인은 자유롭게 행동하게 되고 가식으로 꾸미지 않게 된다. 가식은 민주주의 체계의 일부가 아니다. 현실적 자아를 가져라 그러면 당신은 정당한 위치에 있게 될 것이다.

"어떻게 모든 힘의 위대함이
솔직함에 기초하고 있는지 나는 알고 있지.
세상에는 진실한 혀만 있지.

흥미를 자아내는 비밀은
두려움과 허약함을 보여주는 증거요 공허한 상태인 걸."

인위적인 체계는 사회적 힘의 자유로운 활동을 억제하고 경험에서 이끌어낸 개념 대신에 그 자리에 자체의 인위적인 개념을 주입시킴으로써 자신을 유지해 나가야 한다. 인위적인 체계는 자유로운 결사, 자유로운 발언, 자유로운 사고가 권위의 가장 핵심적인 부분을 건드릴 때 그것들을 제한하며 지금까지 항상 그렇게 해 왔다. 그 결과 사람들의 정신 전체가 무기력해지게 되었다(실제로 이탈리아의 정신은 17~18세기에 스페인의 지배를 받고 종교 반동이 일어나면서 무기력해졌다). '동양에서 부정이 만연한 것'은 전제군주의 지배 하에서 생명과 재산의 안전을 지키기 위한 것이었다. 그러나 그것은 생명과 재산에만 영향을 준 것은 아니었다. 인간사에서 진실과 이성 이념은 그것을 확인하기 위한 관찰을 할 여유가 없는 체계에서는 널리 보급될 수가 없다. 이를테면, 외교에서는 단순하고 정직해야 된다는 생각이 확산되고 있는데 나는 이러한 사실이 갈수록 지적인 여론에 기초하고 있는 국제체계가 점차 우리가 살아가는 데 적합한 진실함의 매개체가 되고 있는 사실을 반영하고 있다고 본다.

기존의 제도가 아무리 인간화되더라도 모든 제도 속에는 진실에 대한 적대감이 여전히 남아 있게 될 것이다. 그 제도는 완전한 솔직함을 꺼려하는 특정한 이념 속에 기존의 이해관계를 주입시킨다. 때로는 아주 정직하고 인간 본성이 뛰어난 사람조차도 종교적, 정치적, 교육적으로 충실하지 못할 뿐만 아니라 법과 언론 그리고 사람들이 제도의 일부라고 보는 모든 위치까지도 피하려 하는 것처럼 보인다. 일반적으로 위대한 예언가와 사상가는 인간 본성이 허용하는 것만큼 제도로부터 멀리 벗어나 있었다.

오늘날 진실함을 더욱 절실히 요구하는 또 하나의 이유는 주의를 집중할 필요성 때문이다. 요즘에는 살아가는 게 따분하다. 이런 사회에서는 소설이나 시를 읽거나 세련된 양식의 교제를 하면 기분전환에 도움이 된다. 그리고 소설은 애당초 명확한 해를 끼치려는 의도가 없다면 어떤 분노도 일으키지 않는다. 중국인은 금전적 약속을 지키는 데는 정직한 것으로 알려져 있다. 그렇다 하더라도 단순한 진실함은 그러한 약속 때문에 평가를 받는 것도 아니고 중국의 고전 도덕사상가들에 의해 주입된 것도 아니다. 이탈리아 사람들은 해당 사실에 대해 전혀 알지 못하는 상태에서 다른 사람에게 그것에 대한 정보를 알려주려고 할 때는 정중하게 거짓말로 둘러대는데 이런 거짓말은 순전한 진실보다 더 친절하다고 그들은 생각한다. 우리처럼 격심한 변화 속에 있는 문명에서는 이러한 모든 것을 조급하게 만든다. 그렇다고 우리가 늘 서두른다는 것은 아니다. 그러나 우리는 주의를 집중하는 데 너무 큰 한계를 느껴서 좀처럼 주의를 집중하려 하지 않는다. 사고思考는 삶이다. 우리에겐 조건이 주어져 있다. 그 주어진 조건 안에서 최대의 실적을 달성하고자 한다. 우리는 어떤 사업이든 아니면 아주 정교한 이론이든 현실에서 그것이 즉시 이루어지길 바란다.

이 시대에 장려하는 또 하나의 정서는 사회적 용기와 희망이다. 즉 우리 시대는 개인과 사회 전체가 미래에 대해 확신을 가지고 전진하고 있다. 적어도 민주주의사회인 미국에서만큼은 이러한 태도가 사회 전체에 팽배해 있으며, 거의 모든 사람이 이에 동의한다. 라이먼 애벗Lyman Abbott은 다음과 같이 말한다. "우리나라 넓은 도로 위에 서서 지나가는 행인들의 모습을 보라. 대부분의 행인 얼굴에는 열망, 야망, 기대, 희망이 엿보인다."[6] 이러한 무모한 낙관주의 한편에는 냉혹함이 자리하고 있다.

---

[6] Shale, *United States*, ii, 594에서 인용.

그러한 낙관주의는 실패와 좌절을 부정하거나 무시하는 경향이 있는데, 이는 마치 예전의 어떤 종교가 신체 상해를 부정하고 무시한 것과 비슷하다. 그러나 그것은 전투원들을 지원해주기 위한 것이라고 응수한다.

이러한 경향은 체계가 경직되어 어느 누구로부터도 지원을 받지 못한 개인이 어린 시절부터 자신을 평범한 생활 흐름에 맡겨 온갖 실험을 거치는 조건에서 비롯된 것이다. 즉 모험의 습관과 사회적 힘의 실용적인 지식을 획득할 수밖에 없게 되는 조건에서 비롯된다. 현실은 사람들로 하여금 노력을 하도록 자극을 주며 개인의 용기에 대해 충분히 보상을 한다. 가끔씩 실패를 하더라도 그러한 실패는 적어도 현실보다 종종 더 나쁠 수도 있는 미지의 사실에 대해 모호하게 가지고 있는 두려움을 제거해준다.

인생은 자연스럽고 그 자체로 활력을 가진 것이지 밀랍인형처럼 인위적으로 만든 것이 아니며, 인간 본성이 후퇴할 때 활력을 불어넣어 준다. 혁명 세력이 자신들이 원하는 변화가 곧 자연적 진화라고 주장하더라도 현재의 일반적 추세를 절망적으로 보는 현실적인 비관론은 드물고 사회에 별 영향을 미치지 않는다. 불만은 정체된 것이 아니라 긍정적이고 건설적인 것이다. 그것은 계획을 세우고 그 계획이 실현하도록 재촉한다. 신에 대한 이러한 충성과 믿음은 작은 무리의 사람이 자신들이 옳다고 믿는 원리가 성공할 것이라는 확신 속에 있다.

# 제17장 정서의 흐름 II

동료애 감정의 성격 / 의사소통 및 확립된 원리가 조장하는 정서 / 정서가 현대의 삶에 미치는 영향 / 현대의 삶과 정서의 관계 / 전반적 결과 / 봉사 정신 / 매너의 추세 / 동료애와 갈등의 관계 / 비난 / 민주주의와 기독교 정신

상호 친절 및 동료애는 단순하면서도 널리 확산되어 있는 정서이다. 이러한 정서는 인류의 모든 발전단계에 존재하며 조악한 형태이긴 하나 대부분의 동물 세계에도 널리 퍼져 있다. 크로포트킨은 『상호부조: 진화의 한 요인』에서 상호부조의 보편성과 중요성과 관련된 많은 사례를 보여주고 있다. 그는 그 책에서 다음과 같이 말한다. "여러 인상을 전달하고 또 다른 친족과 같이 놀이를 하고 이야기를 나누든가 아니면 그냥 가까이 있다는 것을 느끼고 싶은 필요성은 자연 곳곳에 퍼져 있다. 그것은 다른 신체 기능과 마찬가지로 삶의 독특한 특성이자 감수성이다."[1] 크로포트킨을 비롯한 여타 학자가 충분한 확신을 가지고 보여준 데 비해 다윈Darwin은 이러한 친절은 보다 높은 단계로 진화하는 기초이며, 협동적인 삶 속에서 사고와 능력을 발달시키는 데 필수적이라고 인식했다.

---

[1] p. 55.

친절함의 정서는 적자생존에 방해가 될 뿐이라는 견해가 널리 퍼져 있는데, 이는 사실을 잘못 이해하고 있으며 해로운 결과를 낳는다.

친절함의 정서는 도덕적 통일의 주요한 부분으로 앞서 말했듯이 원초집단에서는 친절함의 정서가 도덕적 통일의 이상을 실현하는 데 크게 기여한다. 자아-의식I-feeling은 이러한 정서의 영향을 받아 우리-의식이 되며, 집단에 해를 끼치는 것은 추구하지 않는다. 우리 시대의 휴머니즘은 우리-의식을 삶의 전체 영역에 확산시키려고 끊임없이 노력한다. 우리와 거의 같은 생각을 가지고 있는 어느 저자는 이렇게 말한다.[2] "개인은 자기 성취감에만 도취되지 말고 자신의 활동을 많은 사람들의 활동과 연계시켜서 실현시켜 나가는 데 마음을 열어야 한다." 헉슬리Huxley는 한때 이런 느낌을 강하게 받고는 다음과 같이 말했다. "내가 한 해에 400파운드를 벌었다면 내가 한 일이나 앞으로 하게 될 일 그 어디에도 내 이름의 흔적을 남기지 않았을 것이다."[3]

이러한 발언은 비록 의미심장하긴 하나 일면적이다. 그것은 더 나은 진보를 요구한다. 즉 개인적인 성취감을 버리라는 것이 아니라 그것을 동료-의식fellow-feeling과 더욱 더 결부시켜 나갈 것을 요청한다. 우리-의식이 가지는 야망은 한 사람의 성공이 모두의 성공이 되는 공동의 목표를 지향하는 야망이지 그저 칭찬을 받거나 부를 위한 야망이 아니다. 물질적 재화는 남에게 자랑을 하거나 사치를 위해 전유해서는 안 되고, 그 양을 제한하여 공동의 욕구를 위해 사용해야 하며 또 전체의 생활수준이 향상되도록 분배정의를 실현해야 한다.

많은 사람은 우리-의식을 즐거움으로 표현하기도 한다.

왜냐하면 사람들이 '우리'라고 더 많이 말할수록

---

[2] Jane Addams, *Democracy and Social Ethics*, 275.
[3] *The Commons*, October, 1903에서 인용.

각자는 그만큼 더 많은 선을 얻게 되고
또 그 수도원에서 더 많은 사랑을 태우네.[4]

세상에는 양심의 가책보다 더 온전한 것은 없으며 그것으로 추구하지 못할 것은 아무것도 없다. 우리의 감정은 동료의 감정과 섞이게 되면 확대되고 부드러워진다. **우리가 함께 분노하면 나 혼자 분노하는 것보다 순화되며, 절친한 동료가 해를 입고 있어도 일말의 유쾌한 면이 있다.** 이기심이 초래하는 가장 명백한 점 중의 하나는 불행, 즉 상상적인 유쾌함의 결여이다. 요컨대 더 넓은 전체와 의식적으로 작용하는 영감의 결여, 말하자면 "개인의 공감과 사고력을 대중의 직관적인 전진 운동 속으로 융합시킬 때 나오는 유쾌함과 향상감"[5]을 결여한다는 사실이다. 따라서 동료애는 결코 남용할 수는 없지만 무한히 확산될 수 있다는 점이 훌륭한 즐거움의 하나이다. 왜냐하면 진실함과 건전함, 개성을 희생하더라도 그것은 배양되기 때문이다.

모든 것은 공감과 배려로 이루어진 보다 큰 통일체 속에 인류를 함께 어울리게 하며 친절한 감정의 범위를 확장시켜 나간다. 이러한 효과를 가장 명백하게 발휘하는 조건이 형성되면 공동의 원리를 수용할 수 있는 능력이 배양된다. 또한 이러한 조건이 조성되면 여러 정신이 서로 접촉하여 융합되고 나아가 그 집단은 도덕 통일체로 형성된다.

---

[4] Dante, *Purgatorio*, 15, 55~57. 단테는 낙원에 대해 말하고 있다.
원문은 다음과 같다.
   Perchè quanto si dice piu Ii nostro,
   Tanto possiede piu do ben ciascuno,
   E piu di caritate arde in quel chiostro
다음은 롱펠로우(Longfellow)가 번역한 것이다.
   For there. as much the more as one says *Our*,
   So much the more of good each one possesseth,
   And more of charity in that cloister burns.

[5] Jane Addams, *Democracy and Social Ethics*, 272.

역사적으로 각종 원리가 확립되고 통신기술이 발달한 시대에는 인간의 형제애가 자연스럽게 발달되었다. 로마제국 시대가 바로 그러했다. 한편, 도덕 통일체를 파괴하고 인간 이기심을 무절제하게 하는 것은 그 어떤 것이든 형제애를 말살한다. 전쟁뿐 아니라 모든 종류의 파괴적 또는 무절제한 경쟁은 불친절한 감정에 의해 정신 속에 투영된 것이다. 그러한 경쟁에서는 한 쪽이 가진 재화를 다른 쪽에 해를 끼쳐 획득한 사적인 재화로 여긴다. 인간 본성이 필요로 하는 것은 대립의 소멸―어쩌면 완전하게 절멸될 수도 있다―이 아니라 파괴적 행위를 억제하고 정의와 친절의 원리에 의해 모든 행위를 통제하는 것이다. 그렇게 해야 사람들은 선하다는 것을 느끼게 된다.

현대의 여러 조건과 형제애 정신 간의 관계에는 서로 상충하는 요소들이 크게 작용하기 때문에 관찰자의 편향성에 따라 상반된 결론이 도출되고 있는 것이 자주 목격된다.

의식이 확장됨에 따라 정서도 다방면으로 확대되어 왔다. 일반적으로 친절한 감정이 있으면 화합이 뒤따르게 되는데, 지금처럼 화합을 위한 기회와 자극이 있던 적이 없었다. 러시아인, 중국인, 남태평양제도 주민들 같이 지리적으로 아주 멀리 떨어져 있는 사람들이나 부랑자, 저능아, 정신이상자같이 우리가 멀리하는 사람들이 언론에 의해 우리와 가까워지고 있으며, 또 언론은 자기 동료 주위의 사람들에 대해 자연스럽게 생기는 호기심을 캐고 자극을 가한다. 어떤 사람들은 신문 읽는 습관을 비난하고 있는데 사실은 그런 습관이 우리-의식의 형성에 크게 기여한다. 신문은 모든 사람의 참여를 이끌어 공동의 사유를 저장하는 곳이기 때문이다(내가 알기로는 이러한 참여가 자신의 일을 나머지 모든 사람에게 전가하기도 한다). 이러한 우리-의식이 온 세계를 친절함의 정서를 바탕으로 한 의식 공동체로 만들어나간다.

통신기술은 삶의 모든 측면을 대규모로 그리고 보다 인간적으로 조직할 수 있게 하는 데 그리고 민주주의를 증진시키고 카스트제도를 타파하는 데 간접적으로 매우 큰 영향을 미친다. 민주주의 체제에서 대중은 자기표현을 하는 수단을 가지고 있다. 그들은 투표를 하고, 파업을 하고 또 자기 견해를 인쇄하여 표현한다. 그들은 권력을 가지고 있으며, 이것이 본질적으로 모든 측면과 동기의 근원이다. 또 계층이 서로 다른데도 자신들을 공동의 인류로 생각하고, 느끼고, 인정하게 된다. 나아가 민주주의는 관습적인 구별을 철폐하고 오로지 기능적인 구별만 남겨 놓음으로써 유기적 통일체를 키워나간다. 모든 것은 이러한 통일체로부터 파생되고 그 속에서 각자 자신의 가치를 발견하게 된다. 이렇게 하여 공동의 본성과 취지가 육성되고, 형제애를 불어넣어주는 의식적인 행동 통일이 이루어진다. 사람들은 동일한 성질을 가지고 있으며 보편적 공감―이것은 상호대립과 양립할 수 없지 않다―이 전 세계로 전파된다고 생각하게 된다. 그리하여 "사람들은 재능은 다양하지만 정신은 동일하다는" 것을 깨닫게 된다.

한편 우리의 삶은 개인을 서로 분리되어 있는 것으로 종종 의식하게 하여 서로 싸우는 혼란으로 충만해 있다. 개인의 입장에서 보면 그 싸움은 정의나 공동선과는 전혀 무관한 개싸움이나 마찬가지이다. 이 경우 이기느냐 지느냐는 개인의 일반적 생활 전망에는 별 영향을 미치지 않는다. 그는 세계를 먹느냐 먹힐 수밖에 없느냐 하는 장소쯤이라고 생각한다. 사람들에게 형제애는 무기력한 감상주의로 비치고 그들에게 진정한 철학은 생존투쟁의 철학이다. 사람들은 이것을 실제로 과학이 가르쳐주는 것과는 대립되는 것으로 노골적으로 이해한다. 이러한 견해보다 우리-의식에 더 부합하지 않는 것은 있을 수 없으며, 불운한 경험은 삶을 여유 있게 하고 희망을 주기 위해 또 광대하고 친근한 통일체 속에 즐거움과 영감을 불어넣어주기 위해 우리-의식을 받아들이려고 많은 것을 준비해 놓았다.

우리들 대부분은 아마도 이 두 경향에서 지대한 영향을 받는다. 우리는 새로운 이상, 즉 민주주의의 발전과 향상을 감지하고 있지만 그럼에도 실제로 우리는 품위 있게 이용할 수 있는 모든 자기만의 장점을 살뜰하게 사용하고 있다. 우리에게는 이러한 원리를 조화시킬 만한 도덕적 열정이 없다. 경험에 의하면 형제애 같은 높은 정서가 명확하게 조직되고 계획된 단계에 이르지 못하면 그것은 이기적인 활동을 견제하는 데 별 효과를 발휘하지 못한다는 것이 드러났다. 사람들은 얕은 물길에서 이리저리 표류하면서, 단지 그 물길을 벗어날 수 있는 에너지와 여력이 없다는 이유로 물길을 욕하고 헐뜯는다. 정말로 얼마나 많은 사람이 지금보다 더 나은 삶을 살려고 하는가. 나는 낙관적인 이상주의자들이 (자신들이 세상을 바라본 대로) 갈수록 편협해지고, 탐욕스러워지며, 관능적이 되어 가는 것을 (물론 불행하게 되는 것을) 보아왔다. 거기에는 삶의 향상에 대한 자극이 결여되어 있다는 것 말고는 다른 이유가 없다. 인간 본성이 지금까지보다 더 높게 조직될 준비가 되어 있다고 보는 견해에는 그 나름의 확고한 근거가 있다.

근대 민주주의는 분명 과거 그 어느 때보다도 더 활기 있고 희망차게 형제애를 추구하고 있다. 문학이나 사회 동요, 평범한 교류의 목소리에 귀를 막은 사람이 아니라면 이러한 사실을 의심할 수가 없다. 인보사업 social settlement6 및 이와 유사한 운동이 이를 잘 보여주고 있으며, 또한

---

6 옮긴이—인보사업(隣保事業): 복지 시설이 낙후된 일정 지역에 종교 단체나 공공 단체가 들어와 보건, 위생, 의료, 교육 따위의 다양한 활동을 통하여 주민의 복지 향상을 돕는 사회사업을 말함. 영국과 미국에서 시작된 인보관(隣保館)운동은 자원 봉사자가 빈민들을 직접 접촉하여 지원하게 했으나, 그 선구자인 새뮤얼 A. 바넷 목사 부부는 런던 빈민가에 정착하여 토인비 홀(Toynbee Hall)이라는 인보관을 세우면서

부자와 빈자와 관련하여 우리 사회의 전반적 의식이 잘 나타나고 있다. 사회 전반에 박애정신이 확산되고 있으며, 나아가 자선에서 정의 원리로 그리고 겸손에서 우애 원리로 나아가는 혁명적 변화가 일어나고 있다. 부유층과 식자층은 (비록 막연하지만) 자신들이 가진 장점을 공익을 위해 사용하여 자기 동료와 자신의 양심에 자신들의 장점을 입증해야 한다고 생각한다. 교육, 과학, 자선사업에 대한 기부가 증가하고 있으며, 탁월한 정신적 업적을 일반 문화에 이용하려는 경향이 지금처럼 널리 확산된 적이 없다.

명성과 과시에 대한 추구는 지금까지는 부유층의 전유물로 알려졌는데 이제는 그것조차도 부유층만이 즐기는 배타적인 욕망을 넘어 일반인도 즐기고 있다. 사실 미국 사회 일각에는 여전히 배타적이고 자급자족적인 사람들이 있긴 하나 이들은 일반적 정신에 별 영향을 미치지 않는다.

(우리 형편이 나아졌을 때는) 동일한 정서가 자신에게도 좋지 않고 단지 계급 경계선만 부각시키는 습관이나 의상 스타일을 피하도록 우리를 부추기며, 또 더 많은 에너지를 인간적으로, 정신적으로 활발하게 사용하기 위해 사적인 물질적 대상을 비축해 두도록 부추긴다. 이것은 소로가 자신의 저작들, 특히 최근 널리 보급되고 있는 『월든』*Walden*에서 지적하고 있는 바이다. 소로가 민주주의를 다소 냉담하고 까다롭게 표현했다면, 휘트먼의 경우는 그렇지가 않다. 휘트먼은 도시의 분망함 속에서 즐거움을 찾았으며, "'민주적'Democratic이라는 단어, '모두 함께'En Masse라는 단어를 표현하는 데"7 열정을 바쳤다.8 그는 공동생활 속의

---

본격화됨. 이후 토인비 홀을 방문한 스탠턴 코잇과 제인 애덤스에 의해 미국에 도입되어 뉴욕의 인보관 조합이나 시카고의 헐 하우스(Hull House) 등이 설립되었고, 계속해서 유럽과 아시아 등지로 널리 확산됨.

7 *Leaves of Grass* (1884), p. 9.

8 옮긴이—이 두 단어는 휘트먼의 시집 『풀잎』(*Leaves of Grass*)에 실린 시 'One'-Self I Sing의 첫 번째 연에 나온다. One's-Self I sing, a simple separate person. Yet

멋진 즐거움을 영창조로 표현한다. "나는 이 모든 것을 삼킨다. 달게 맛본다. 그것을 진심으로 좋아한다. 나는 바로 그런 사람이야. 나는 고통을 겪었고, 그곳에 있었다9. 다른 사람을 멸시하는 사람은 누구나 나도 멸시하지."10 "신이여! 모든 사람이 내가 가진 것과 같은 이름을 가질 수 없다면 동일한 명칭을 가진 그와 비슷한 것이라 하더라도 아무것도 받아들일 수 없나이다."11 "이 말의 주요한 취지는 이전에 알려지지 않았던 멋진 우정을 발견하려는 것이라고 생각합니다."12

대체로 미국인들은 그토록 친절하고 즐거운 공동생활의 의미를 가진 가족처럼 느낀 위대한 국가가 이전에는 존재하지 않았다고 확신한다. 이는 정서의 범위가 넓어졌기 때문만이 아니라 미래에 대한 신념, 즉 정부를 비롯한 여러 제도가 그것을 표현하도록 만들 수 있다는 믿음이 더욱 커졌기 때문이다. 모든 나라에서 전개되는 대중 선동—노동운동과 반독재 및 반부패 투쟁은 물론 사회주의, 심지어 무정부주의—도 동일한 신념을 보여주고 있다.

봉사정신의 확대는 민주주의 감정을 적극적으로 보여주는 측면이다. 씨족이나 부족, 족장, 군주, 여왕, 교회, 하나님을 위한 봉사 등 지금까지의 봉사생활은 항상 이상적인 삶이었다. 어떤 상상적이고 진정하게 인간적인 정신도 분리된 선善으로만 만족할 수 없기 때문이다. 근대에 와서 새로워진 사실은 상상력이 확장됨에 따라 봉사의 대상이 모든 계층, 민족, 인종으로 확대되고 있다는 점이다. [계층 간, 민족 간, 인종 간] 좁아진 경계가 사라지는 것이 아니라 그 경계 사이의 구분이 불명확해짐에

---

utter the word Democratic, the word en-Masse.
9 같은 책, 59.
10 같은 책, 48.
11 같은 책, 48.
12 같은 책, 110.

따라 전체가 더욱 커져가고 있다. 어린이가 놀이터를 둘러싼 울타리 너머로 볼 수 있을 만큼 성장하듯이, 민주화된 개인도 씨족이나 카스트의 경계를 벗어날 만큼 성장했다.

적어도 미국에서만큼은 모든 사람이 유익한 일을 해야 한다는 의식이 확고하게 뿌리 내리고 있어서 어떤 유력한 계급이라도 게으름을 경멸한다. 이러한 정신은 아무리 협애하더라도 유용성이 불명확한 활동을 경멸한다는 점에서 전반적으로 건전하며 또한 부자를 속류와 타락에서 벗어나게 하는 데 상당한 기여를 한다. 앞서 주장했듯이, 우리나라[미국]의 부유층 자녀가 구세계 나라들[주로 유럽국가]의 동일 계층보다 덜 나태하고 덜 부도덕하다는 것이 사실이라면, 그 이유는 여론이 더 건전하고 더 유기적이라는 점에서 찾을 수 있다. 우리나라 여론은 개인의 중요성은 전체를 위한 봉사에 있다는 인식을 모든 계층에게 심어주고 있다. 이러한 정서가 우리나라 대학에서도 확산되고 있다는 사실은 이러한 제도에 익숙한 사람들은 분명하게 알고 있다.

각종 연구는 현재 또는 과거 사회의 성격과 영향을 조명하고 사회가 개인에게 제공하는 봉사 또는 구별의 기회를 조명하고 있지만 문화의 목적과 관련해서는 인간적 가치를 그리 명확하게 보여주지 않고 있다. 역사학(정치, 산업, 사회), 경제학, 정부와 행정, 사회학, 윤리학, 자선활동과 행형학을 가르치는 학급이 매년 늘어나고 있다. 이러한 연구들의 주요 관심 대상은 청년—주로 부유층 집안 청년—인데, 이들은 모두 특권은 기능에 따라 주어져야 한다는 민주주의 이념을 옹호한다.

매너의 경향은 정서의 경향을 잘 표현해준다. 매너는 진솔함과 대등함을 숨김없이 표현하여 자연스럽게 예의를 갖추는 것으로 보이기도 하고 때로는 거만하고 겉모습만 번지르르한 행동으로 보이기도 한다. 최선의 행동은 다른 사람을 대할 때 최대한 개방적이고 친절하게 마음의 문을 여는 것이다. 하지만 상대방에게 부자연스럽게 온화하게 대하는 것보다 냉담하게 대하는 것이 나을 때도 있다. 민주주의는 너무 분주하고 또 진실함과 인간 본성을 선호하므로 이따금 여흥을 즐길 때 말고는 형식적인 것을 좋아하지 않는다. 형식적인 예의는 결정화된 사회a crystallized society에서 나타나며, 이는 인간 본성에 대한 일정한 불신을 의미하며 예모를 통해서 그러한 불신을 감추거나 벌충하려는 욕망을 의미한다.

어느 중국인 교사를 예로 들어보자. 그는 자신의 노모에게 전갈을 전해주려 하는데 그럴 기회를 좀처럼 찾을 수가 없었다. 어느 날 그 교사는 제자 한 명을 불러서 말했다. "자! 이 종이에다가 어머니에게 보낼 편지를 써 주게." 이 행동을 본 관찰자는 기묘한 생각을 떠올리게 되었다. 그는 그 소년에게 선생님의 어머니와 잘 아는 사이냐고 물었다. 그리고는 그 소년이 그런 사람이 있다는 것조차도 알지 못한다는 사실을 알게 되었다. "그러면 들은 적도 없는데 전달해야 할 말을 그가 어떻게 알게 되었을까?" 이에 대해 교장 선생님이 답변했다. "그는 뭘 말하는지 잘 모를 걸? 그는 1년 넘게 문학작품 공부를 열심히 해서 그런지 엄청나게 많은 우아한 관용적인 표현에 익숙해졌네. 자네는 그가 아들이 어머니에게 편지 쓰는 법을 잘 알지 못한다고 생각하는가?" 대영제국에서는 어느 어머니에게도 똑같은 답장을 보냈을 것이다.[13] 이것이 하나의 극단적인 예라면, "전혀 예의가 없는" 인정 많은 시골 사람의 행동은 그 반대의 극단을 보여준다.

형식은 매너에서는 물론 다른 어디에서도 그 자체로 아름다움과 세련됨을 보여준다. 미숙한 민주주의에서는 형식을 경시하여 과도한 무절제로 빠지게 된다. 그러나 현실의 정서는 형식과 내용의 일치를 요구하며, 최상의 매너에서는 이러한 일치가 필수적인 요건이다.

---

[13] Arthur H. Smith, *Chinese Characteristics*, 181.

갈등(특히 일부 갈등)은 사회의 생명이며, 진보는 개인이나 계급, 제도가 자신들의 이상인 선을 실현하고자 하는 투쟁을 통해서 성취된다. 그 투쟁의 강렬성은 참여하는 사람들의 열의에 비례하여 달라지며, 갈등의 중단은 곧 [사회의] 죽음이다. 그러므로 아무런 이견 없이 고분고분하게 의견이 만장일치하는 사회는 아무런 전망이 없다. 그러면 다음 같은 질문이 제기된다. "대립과 적대 속에서는 어떤 변화가 형제애를 싹틔우는가?" 이에 대한 답변은 친구 사이의 대립과 적과의 대립 사이에 어떤 차이가 있는지 밝혀내면 찾을 수 있다. 친구 사이의 대립은 적과의 대립만큼 강렬하나 인신공격으로까지 나아가지는 않는다. 친구 사이의 대립은 대립하는 사람 자체를 겨냥하는 것이 아니라 그가 가진 특정한 견해나 취지를 겨냥하며 그 자신에 대해서는 여전히 친절한 감정을 간직하고 있다. 반면에 적과의 대립은 인신공격을 수반하며 인격적으로 타격을 주어야만 만족하게 된다.

 스포츠가 올바르게 진행될 경우 모든 사람에게 공정하고 정중하게 반대하는 것은 우애 의식을 증진시키기도 한다는 교훈을 가져다주며, 원초 집단에서 이루어지는 친근한 관계는 전체 사회에서의 경쟁을 우호적으로 전개하도록 해주는 훌륭한 준비과정이 된다. 실제로 우리는 경쟁을 통해서만 타자를 이해하는 법을 배운다. 경쟁의 순간에는 상대방을 분노하게 하지만 그 후에는 상대방이 강렬하게 발산하던 힘을 평온하게 존중하며 받아들인다. 예컨대 임금소득계층이 가진 자기 확신은 (그것이 모든 계층이 공유하는 이상을 질서정연하게 따른다면) 분명 전체 시민의 존중은 물론 그들의 선한 의지까지도 좌우한다. 개인의 나약함—구성원이 제 기능을 발휘하지 못하는 타고난 허약함—은 애초부터 경멸을 받아 왔다. 나는 자기 확신이 없는 상태에서 수동적으로 친절을 베푸는 것은 비도덕적인 이상이라고 생각하기도 하고 만일 그런 친절이 만연하면 그렇게 될 것이라고 생각하여 지금까지도 생존투쟁에 공감을 하고 있다. 자기 확신을 가진 자아, 즉 어떤 목적을 위해 싸우는 이상은 관대한 이상이어야 하고, 통상적으로 이해하는 자기희생을 수반한다. 그렇지 않으면 그것은 비열한 싸움이 된다.

　근대적 삶의 특징은 폭넓은 접촉, 인간 본성의 다양한 측면을 평가할 수 있게 해주는 유연한 상상력이자 더욱 단련된 정의감인데 이것들은 대립 자체를 줄이지 않으면서도 사적 적대감을 경감시켜 선한 의지로 변모한다. 원시생활에서는 인간의 대립이 거칠고 충동적이며 낭비적이다. 또 반대자에 대해서는 격렬한 분노를 표출하고 전면적인 인신공격을 한다. 문명인은 사물을 분별하는 훈련을 받으며 인신공격을 하는 것이 아니라 상대방의 성향을 겨냥한다. 또 문명인은 적대적 감정이 상대방의 마음에 상처를 주고 또 소모적이라는 것을 알기에 가급적 자제한다. 문명인은 반대자에 대해 미개인보다 친절하나 더 큰 위력을 가진다.

　반감을 누그러뜨리는 데 현재로서 가장 긴급하게 요구되는 것은 아주 넓은 의미에서 게임의 규칙을 명확하게 의식하는 것이다. 즉 이것이 일반적으로 받아들여지고 있는 정의의 이상이다. 정의의 이상에 따르면, 분별 있는 사람에게는 양심과 여론을 부과하고 분별없는 사람에게는 법을 부과한다. 권리와 의무에 대한 명확한 정의가 없으면 질서정연한 경쟁이 난투극으로 변질되고, 그렇게 되면 나쁜 열정이 발산되어 저질스러운 힘이 난무하게 된다. 이는 마치 규칙이 없이 진행되는 스포츠에서 잔인하고 교활한 행동이 자주 나타나는 것과 같다. 우리에게는 기독교 윤리와 진화론을 동시에 따르는 일반 대중적인 윤리가 필요하며, 견해의 다양성과 더불어 정신의 통일을 인정해야 한다. 동일한 조건에서는 협력적 경쟁cooperative competition이 개인, 집단, 인종에게 더 높은 자기 확신을 위한 공정한 기회를 부여하고, 나쁜 감정을 가질 기회의 여지를 남겨

두지 않는다. 이러한 것들이 근대 민주주의가 다소 무질서한 세계를 재건하고자 할 때 요구되는 이상이다.

근자에 자주 인용되는 프랑스 격언이 있다. "모든 것을 이해하면 모든 것을 용서한다." 어떤 이는 이것을 다음 같이 해석한다. "모든 증오는 실수다." "서로 충분히 이해하면 비난은 그치게 된다." 그런데 이 말은 절반만 진실이며, 이것을 전체에 적용하면 잘못된 오류를 범하게 된다. 타인의 마음속에서 우리 자신을 완전히 비우게 되면 비난이 사라지게 된다. 즉 어떤 일을 행하는 바로 그 순간에 그것을 행하는 사람은 아무것도 잘못된 것이 없다고 생각한다. 그러나 이것이야말로 우리가 어떤 일을 해야 할 권리를 가지고 있다는 것을 말한다. 그렇게 되면 우리는 도덕적 개성, 즉 우리가 가진 최고의 가치를 단념하게 되고 그것은 단순한 지식이 되고 만다. 모든 선택이 선택하는 자의 마음에 맞다고 해서 모두 옳은 것은 아니다.

활동적인 정신의 태도와 관조적인 정신의 태도는 모두 자연적이며 중요한 기능을 가지고 있지만 이와 같은 문제에 관해서는 그 둘을 구분해야 한다. 하지만 그것만으로는 충분하지 못하다. 순수하게 관조적인 태도는 사물과 사물들의 관계를 하나의 영상으로 보며 그것의 옳고 그름을 평가하지 않는다. 그러한 태도는 사물과 그 관계에 대해 깊이 파고드는 데 관심이 없다. 그것은 과학 및 사변적 철학의 이상이다. 순전히 이런 태도를 견지한다면 자아를 아예 상실하게 된다. 활동적인 개성, 특히 의무, 책임, 비난, 칭찬 등과 같이 옳고 그름을 판단하는 모든 의식은 정신이 어느 편을 드느냐 그리고 특정한 욕망과 목표를 가지고 있느냐에 달려있다.

소크라테스는 악인의 불행은 자신의 악함을 도의적으로 뼈저리게 느끼고 있느냐에 달려있다고 말했다. 만약 악인이 자신에 대한 질책에 무감각하거나 자신의 과오를 인식하지 못한다면, 그 악인을 선도하여 개선할 방도가 없다. 악인이 점점 더 악행을 저지르고 스스로 자신의 악행을 깨닫지 못한다고 해서 그를 비난해야 할 이유가 되는 것은 아니다. 비난의 기능은 악인과 타자에게 악행을 깨닫게 하고, 악행을 정의하여 인간의 관점에서 그것을 분명하게 이해하도록 해주는 것이다. 우리는 악인이 죽었을 때나 진심으로 솔직하게 후회할 때 그를 용서를 하지 그가 여전히 악행을 하고 있으면 용서하지 않는다.

예전에는 악행을 보복 차원의 징벌로 다루었는데 요즘에는 원한을 가지고 다루지 말고 신체의 질병과 똑같이 다루어야 한다는 견해가 제기되고 있다. 그런데 올바른 방법은 그 둘 사이에 있다고 생각한다. 사회의 분노가 공정하고 적절하다면 그것은 도덕적 힘이 되며, 명확한 형태로 징벌을 하는 것은 그것이 일반적 정신에 부합할 때 필요하다. 범죄가 일종의 질병이라면 그것은 도덕적 질병이며 따라서 도덕적 치료가 필요하다. 그 가운데 분노가 효과적인 치료법이다. 국가에 위해를 가한 자는 당연히 감옥에 보내야 한다. 그러나 그를 감옥에 보내는 것은 사회를 지키기 위한 것이지 그가 우리와 다른 종류의 사람이라고 생각해서가 아니라는 것도 당연한 것으로 이해해야 한다.

민주주의운동은 모든 사람이 공동의 정신을 느낀다는 점에서 기독교 정신과 동일하다. 사람들은 세상이 지금만큼 종교에 무관심한 적이 없었지만 기독교 감정은 그런 적이 없었다고 진심으로 말한다. 공동생활은 우리 주위의 사람들 속에 구현되는 동시에 우리 배후에 그리고 우리 위에 있는 어떤 거대한 통일체—신—속에 구현되는데 그 본질적 의미는 바로 예수의 가르침이며 곧 최고의 민주주의 정신이다.

그는 육감적인 식욕과 가시적인 부속물로 이루어진 협애하고 일시적인 자아로부터 민주주의 정신을 일깨우며(우리는 정신이 깨어 있는 순간에는 열등하다고 느낀다) 높은 정서를 가진 순수한 선으로 그 정신을 채운다. 우리는 사람들을 형제처럼 사랑하며, 그중에서 가장 뛰어난 사람에게 모든 것을 일임하고 우리의 야망을 추구한다.

그 같은 이상은 인간의 마음속에 영구적으로 존재하며, 종교적으로 건전한 만큼 정신적으로도 건전하다. 최상의 정신은 당연히 기독교 정신이다. 왜냐하면 우리의 삶이 가장 활력을 띨 때 '공감적인 것'이 '합리적인 것'이 되기 때문이다. 나와 당신은 삶을 공유하기 때문에 당신에게 좋으면 나에게도 좋다. 내가 당신이 할 일을 해 줄 텐데 내가 굳이 당신에게 재촉할 필요가 있을까. 정의와 친절은 행실의 문제이며 또한 겸손도 마찬가지이다. 겸손은 평범한 자신보다 누군가가 우월하다고 인식하는 데서 비롯된다. 인간 본성이 완전히 깨어있는 사람에게는 "원수를 사랑하고 그가 악의적으로 당신을 이용하더라도 그에게 선을 베푸는" 것이 쉽고 자연스러운 일이다. 그들에게는 악을 행하는 자는 친절함으로부터 벗어난 불행한 상태에 있는 것으로 보여 그들을 원상태로 복귀하도록 도와주고 깊은 충동을 느끼기 때문이다. 사려가 깊은 사람은 자신과 타인을 동일시하고, 공감적인 삶을 살아가며, 올바른 행동 규범을 따르는 충동을 느낀다.

달리 말하면, 기독교와 근대 민주주의는 공히 부정한 제도에 대한 저항이자 인간 본성에 더 높은 자극을 가하여 삶을 향상시키려는 시도이다. 모든 사람은 정의와 친절함 같은 일상적으로 존재하는 이상이 실현되기를 열망한다. 근대 민주주의자는 평범한 사람이고 예수는 특별한 인물이었다. 그러므로 이 시대의 특징적인 사상은 그리스도의 이상을 공유하고 있으므로 당연히 기독교 사상이 되는 것은 이상한 일이 아니다. 또한 기독교 사상이 교회를 불신하게 되면 교회가 더 이상 기독교 사상의 기반이 되지 않게 되는 것도 이상한 일이 아니다.

그러면 옛날이든 현대이든 이 같은 친숙한 평화로운 정서가 실제 생활에 얼마나 적용될 수 있을까? 그것이 현실적으로 가능한가? 또 실제로 올바른 것인가? 갈수록 경쟁이 심해지는 세상에서 그런 정서는 순종의 정서가 아닌가? 이에 대해 이미 말한 바가 있지만, 여기서는 그리스도의 삶에서도 근대 민주주의의 삶에서도 본질적인 도덕적 잘못에 대한 순종을 승인하는 경우를 발견할 수 없다는 점을 충분히 덧붙여 두고자 한다. 그리스도는 오늘날의 선량한 사람이 도저히 칼집에 넣을 수 없는 칼을 가져다주었다. 그가 순종에 대해 해준 조언은 단순히 개인적 위해에 관한 것이다. 보다 높은 수준의 갈등을 유지하기 위해서는 그 정도의 위해는 묵과하는 것이 나을 수도 있다.

기독교 정신을 모든 사람에 대한 아량과 형제애 정신으로 그리고 인간 배후에 있는 고등 생명체에 대한 존중—이것은 여건에 따라 무한하게 다양한 행동에서 표현된다—으로 이해한다면, 그 정신은 항상 올바르게 보이고, 또 우리가 그것에 대처할 능력이 있으면 언제든지 실현가능한 것처럼 보이게 된다. 민주주의가 종교적 정서에 가장 잘 대응하는 방법은 물론 그것을 세속화하여 (모호한 다른 세계가 아닌) 인간의 삶에 고정시키는 것이다. 사람들은 사회는 맹목적인 힘에 의해 조절되는 기계가 아니라 인간 본성의 표현이라는 것을 곧 느끼게 된다. 즉 사람들은 선량한 인간 본성이 야기하는 것이라면 무엇이든 성찰할 수 있다.

공적 의지가 출현하면 종교적 정신은 사회이상주의로 빨려 들어간다. 왜 사람들이 희망을 가지고 활동을 할 때 인류는 꿈을 가지게 될까? 신은 인간의 생활 배후에서도 발견되고 안에서도 발견되며, 신을 섬기는 한 가지 방법은 사회봉사이다. "그대가 직접 눈으로 본 형제를 사랑하지 않는데 어찌 보지도 않은 하나님을 사랑하겠느뇨?"

이상적 민주주의는 속성상 종교적이며 그 진정한 주권자는 최고의 본성 또는 신이라고 할 수 있다. 인류는 인간의 제도 속에서 최고의 본성이 구현되기를 갈망한다.

제4부

**사회계급**

# 제18장  세습 또는 카스트 원리

계급의 성격 및 관행 / 세습과 경쟁 계급 형성의 두 원리 / 세습계급을 형성하는 인간 본성의 조건 / 카스트 정신

대규모 집단 내에 영속적으로 존재하는 (가족이 아닌) 사회집단을 대체로 계급class이라 부른다. 원시사회를 제외한 모든 사회는 여러 계급으로 뚜렷하게 구분되어 구성되어 있다. 미개부족에도 가족과 씨족 외에 전사 집단, 마법사 집단 등 여러 집단이 거의 항상 존재한다. 이러한 집단들은 우리 시대의 복잡한 집단구조에 이를 때까지 모든 발진단세에 걸쳐 존속한다. 개인들은 혼자서 개별적으로 삶을 영위하는 것이 아니라 항상 다른 사람과 어우러져 집단을 형성하여 삶을 영위한다. 이러한 집단이 서로 뚜렷하게 구분되는 연합을 이루어 사회계급을 구성한다.

일반적으로 이러한 분화가 유익할 수도 있다고 말한다. 삶의 기능이 다양해지면서 특수한 능력을 가진 자와 조직이 필요하게 되고, 어느 정도의 계급정신이 없으면, 즉 전통과 표준의 전문성이 없으면 아무것도 제대로 실행할 수가 없다는 것이다. 이를테면 의사들이 자신들의 직업 활동을 하는 데 있어 모종의 정신적 단위를 형성하여 서로 의사소통을 하면서 지식과 정서를 확립하지 않고, 타인의 승인을 바라지 않으며, 동

료의 비난을 두려워하지 않는다면, 그 자신들은 물론 나머지 사람들에게도 나쁜 영향을 미칠 것이다. 물론 계급 분할이 무익하거나 해로운 경우도 있다. 그렇지만 그 정도의 문제는 있어야 한다. 이미 지적했듯이 우리 사회는 높은 정신적 활동을 하는 데 있어 집단이 적절하게 분화되지 않아 상당한 어려움을 겪고 있다.

모든 계급 연구에서는 계급을 결정하는 근본 원리로 세습과 경쟁 두 원리를 지적하고 있다. 영국과 독일의 세습귀족에서 나타나듯이 혈통이 지배원리인 경우에는 체계가 고정된다. 이와 상반되는 형태가 선발 selection 원리이다. 선발 원리에는 우리나라 정치에서처럼 선출 또는 지명에 의한 경우가 있고, 옛날 영국의 육군이나 해군의 용병처럼 매수에 의한 경우도 있다. 또 오늘날 대부분의 상거래와 전문직에서처럼 특별 채용, 기회, 노력 같은 비공식적 방법에 의한 경우도 있다.

현실에서는 명백하게 이 두 원리가 혼재되어 있다. 세습에 의한 구별짓기는 군사경쟁과 상업경쟁 같은 선발경쟁에 그 기원을 가지는데, 과거에는 이 경쟁에서 특권층 가문이 출현했으나 이후에는 유사한 과정에 의해 변경되지 않을 만큼 세습에 의한 구별짓기가 견고해지지는 않았다. 한편, 아주 자유로운 사회에도 세습에 의한 구별짓기가 모든 종류의 경쟁에 여전히 깊이 스며들어 있다.

또한 엄격한 혈통의 지배는 사회조직을 생명체의 신체적 연속성으로 파악하는 일종의 생물학적 원리라는 점에서 많은 사람이 관심을 두고 있다. 반면에 선발 또는 경쟁 원리는 신체적 요소에 아주 다양한 성질을 들여온다. 하지만 그렇게 하더라도 그것은 기껏해야 사회를 합리적인 방식으로 만들어 놓을 따름이다.

끝으로, 계급체계 내에서의 개인의 위치를 지정하는 데 큰 영향을 미치는 전혀 알 수 없는 원리가 있다는 것에 대해서도 잘 알고 있다. 세습은 물론 여러 종류의 선발(즉 사람과 체계 사이의 모든 명확하고 질서정연한 상호작용) 이외에도 우연에 의해서 이루어지는 중요한 요소가 있다. 이러한 요소는 혼란스러운 변화가 일어나는 현대 생활에서 주로 나타난다.

순전히 세습에 의해 계급이 결정되는 경우를 카스트라 부른다. 이 명칭은 원래 인도의 세습 계급을 지칭하는 것이었는데, 요즘은 관습적으로 흔히 일반적인 의미로 사용되고 있다.

카스트를 가장 잘 이해하는 방법은 그것을 낳게 하는 요인을 부각시켜 설명하는 것이다.

우리는 모든 방면에서 온갖 구별이 발생하고 이러한 구별짓기가 세습 결사체, 기회, 문화를 통해 영속되고 있음을 보게 된다. 카스트가 지속되는 것은 본인이 획득한 탐스러운 것이라면 무엇이든 자식에게 물려주어 지키려고 애쓰는 노력에서 비롯되며, 이러한 노력은 인간 본성에서 그리고 가족의 도덕적 통일에서 비롯된다. 어떤 사람이 돈을 저축하면 그는 죽은 후에도 그 돈을 소득이 나오는 데 투자하려고 노심초사하게 된다. 사업을 하는 사람이라면 자식이 그 사업을 이어받기를 바랄 것이다. 또 훌륭한 손재주를 가진 사람은 자식이 그 손재주를 배우기를 바랄 것이다. 교육, 문화, 종교적 또는 도덕적 이념 같은 비물질적 재화의 경우에도 마찬가지이다. 자식들에게 유산을 더욱 많이 물려주기를 바라는 부모만큼 좋은 부모는 없다. 자기 자녀와 세상의 나머지 사람이 각각 재화를 가지고 있다면, 보통의 부모는 자기 자식의 재산이 나머지 다른 사람의 재산보다 늘어나기를 바랄 것이다. 근래에 사회적 정신이 확장된 것은 우리가 이런 식으로 분할되어서는 안 된다는 믿음에서 그리고 우리 자녀의 재화를 지켜 주기 위해서는 우리 모두 함께 발전해야 한다는 믿음에서 비롯된다.

이와 같이 원하는 기능을 계속 승계하려는 노력이 부유층에만 국한된 것은 아니다. 실제로 노동조합에도 조합원 자녀에게 완전하게 또는 부분적으로 견습 기회를 독점적으로 제공해 주는 규약이 있다. 일례로 시카고에서는 최근까지도 배관공 자녀만 배관 기술을 배울 수 있다.

　부모는 어떤 형태의 장점을 실질적으로 소유하고 있으므로 대개는 그것을 자기 자식에게 직접 건네주거나 그것을 비교적 쉽게 획득할 수 있는 위치에 있다. 부는 카스트의 가장 명백하고 효과적인 원천으로 아주 자유로운 사회에서조차도 법률의 승인과 보호 하에서 [자녀에게] 물려줄 수가 있다. 부는 물질적 재화로 전환할 수 있을 뿐만 아니라 그 소유자가 약간의 재주와 감각이 있으면, 교육 기회, 사업 및 전문직 개업, 여행, 세련되고 교양 있는 사람들과의 교류 등 다른 이점으로 전환할 수도 있다. 물론 이와 반대로 우리는 노력 동기의 감퇴, 풍파를 거친 경험의 결여, 물려받은 부가 특히 너무 많아서 생기는 단점을 상쇄해 나가야 한다. 그렇다고 그러한 부가 관행적으로 가지고 있는 우위성이 지속되고 있음을 부인할 수는 없다.

　문화, 예절, 좋은 사교집단 등 무형의 이점은 부와의 연계성과 상관없이 실질적 상속이 가능하다. 왜냐하면 자식들은 그것들을 주로 부모의 개성과 지위에 의해 결정되는 사회 환경에서 이끌어내기 때문이다.

　사실 상속을 하려는 의도나 받으려는 의도와 관계없이 단순히 친하다는 이유로 상속을 하려는 경향도 강하게 일고 있다. 그것은 흔히 말하는 [부 또는 재능을 지키려는] 최소한의 저항선이다. 아버지는 자기 사업이나 그것과 긴밀하게 관련된 사항들에 대해서는 많은 것을 알고 있으나 그 밖의 다른 것들에 대해서는 잘 알지 못한다. 아들의 견해는 아버지와 같다. 그래서 아들은 직업을 결정할 때가 되었을 때 선호하는 명확한 개성이 없으면 자신이 할 수 있는 가장 쉬운 길을 택하려 할 것이다.

물론 아들이 아버지의 기능을 수행할 능력이 없을 수도 있다. 그렇더라도 이러한 사실이 전반적인 상황에 영향을 미치지는 않는다. 특이한 유형의 타고난 능력을 요하는 기능은 매우 중요하고 독창성이 뛰어나기 때문에 그런 기능을 가진 사람이 그리 많지 않고, 상당한 지식을 가져야 하며 견고한 특성과 훈련을 거쳐야 한다. 대다수의 개업자처럼 법률, 의술, 교육, 행정 등 전문적 학습을 거친 직업의 경우에도 특수한 소질이 아닌 상식과 근면에 의해 고유의 재능을 유지한다. 법률, 의술, 교육, 행정 등 전문적 학습을 거친 많은 사람은 법률, 상업, 정치 등에서 성공할 수 있는 타고난 능력을 가지고 있다. 다방면에 걸쳐 훌륭한 재능을 가진 사람은 다른 직업으로 바꾸어도 성공하지만, 선대로부터 물려받은 일을 벗어나 완전히 다른 직업을 찾을 수 있는 사람은 불과 얼마 안 된다. 지금 하는 일이 건강과 사고, 전문 지식을 충분히 가져다준다면, 설사 다른 직업으로 바꿀 수 있다 한들 누가 현재의 직업을 바꾸려 하겠는가?

그렇지만 나는 (기회를 중시하므로) 교육과 훈련에 열의를 가진 사람들이 타고난 차이를 경시하게 된다는 데 동의하지는 않는다. 나는 사람들이 선천적으로 평등하다고 믿는 사람들을 어떻게 대해야 할지 모르겠다. 내가 보기에 그들은 상식과 관찰력을 결여한 것 같다. 골턴Galton[1]이 보여준 바처럼,[2] 한 집안에서 태어난 쌍둥이조차도 하나는 리더십을 가지고 있고 다른 하나는 우유부단한 것처럼 능력의 차이가 큰 경우가 종종 있는데, 어떻게 해서 그들은 그런 차이를 이해하지 못하는 것일까?

---

[1] 옮긴이—골턴(Francis Galton, 1822~1911): 영국의 유전학자. 유전학 연구에 수학적 방법을 도입하였고 생물통계학, 우생학 및 인류유전학의 창시자라고 불림. 멘델에 앞서 유전의 연구는 개개의 형질을 다루어야 한다는 견해를 피력함. 1908년 우생학 연구협회를 설립하고 명예회장이 됨. 주요 저서로 『인간재능 연구』(Inquiries into Human Faculty, 1883), 『우생학에 대하여』(Essays in Eugenics, 1909) 등이 있음.
[2] 골턴의 저서 『인간 능력의 탐구』(Inquiries into Human Faculty)에 나타난 이 주제에 관한 논고를 보라.

개성에는 '선천적 개성'과 '후천적 개성'이라는 두 변수가 있는데 둘 모두 다양하고 중요한 변수이다. 이 둘을 함께 다루어야 주목할 만한 성과를 낼 수 있다. 타고난 능력은 본질적이다. 그러나 그 능력이 아무리 탁월하더라도 기회가 주어지지 않으면 그 능력을 제대로 알 수도 발전시킬 수도 없다. 실제로 타고난 탁월한 능력은 평범한 솜씨보다 종종 환경에 더 좌우된다. 극단적인 예민함 같은 것은 그것이 지닌 성질 때문에 다방면의 경쟁에 적합하지 않다. 더욱이 기회는 여러 경우의 여러 일에 적용되며, 부 또는 어떤 종류의 유순한 환경에도 적합하지 않다. 몇몇 종류의 난관이나 약간의 어려움이 도움이 되는 경우가 있지만 그 밖의 어려움은 별 도움이 되지 않는다.

그런데 한편으로 독특한 재능이나 에너지를 빼고 나면 그리고 다른 한편으로 명확한 허약함이나 우둔함을 빼고 나면, 보통사람들은 주로 어린 시절의 주위환경과 훈련에 좌우된다. 일반적으로 이러한 주위환경과 훈련이 그들의 삶의 방향을 결정하고 그들의 성공 또는 실패를 크게 좌우한다. 비교적 자유로운 나라조차도 사회가 대다수 사람이 벗어날 수 없는 세습 계층 또는 부문으로 분할되어 있다.

카스트 정신이란 부자父子 간의 부의 전수를 장려하고 부의 계층 간 이동을 억제하는 정서를 말하는데, 기능의 부자간 전수가 확립되면, 서민층 사이에서도 카스트 정신이 생겨나 확산된다. 그렇게 되면 개인은 자기 자신과 가족을 자신이 속한 카스트로 생각하고, 동일한 생각을 가진 다른 사람들과 공감대를 형성한다. 이렇게 하여 카스트는 정신적 유기체가 되어 정서 공동체 및 전통 공동체를 형성하여 공고화된다. 예컨대 영국에서 지배계급은 일부 법안에서 이런 식의 카스트를 조장했고, 하층계급도 부분적으로 동일한 방식을 따랐다. 물론 하층 카스트 중 일부는 세습 제도에 불만을 품고 반대하지만(확실히 영국에서는 항상 그래왔다) 실제로 큰 영향을 미치지는 못한다.

    중세 유럽에서는 카스트 정서에서 여러 사회제도, 정치제도, 경제제도가 생겨났는데, 이 중에서 다수는 아직까지 잔존하여 세습에 의한 구별을 규정하고 영속화하고 있다.

    카스트 경향이 인간 본성 자체에서 비롯된다는 점에 대해서는 충분히 언급한 바 있다. 인도처럼 카스트 경향이 널리 확산되어 있느냐 아니면 우리 사회처럼 주변적인 것으로 남아 있느냐는 그것의 작동을 제한하는 자극의 강도에 달려있다. 고사리같이 한때 숲에서 번성했던 특정 유형의 식물이 지금은 고등식물에 의해 가려지고 있는 것처럼 하등 원리로 여겨지던 카스트도 더 자유롭고 합리적인 원리에 의해 밀려나고 있다.

# 제19장 카스트 발달의 촉진 조건과 억제 조건

> 카스트의 증가 또는 감소에 영향을 미치는 세 가지 조건 / 인종 카스트 / 이주와 정복 / 기능의 점진적 분화; 중세 카스트; 인도 / 확립된 조건들의 영향 / 국가가 커뮤니케이션과 계몽에 미치는 영향 / 결론

카스트 원리를 증진 또는 감소시키는 조건에는 대략 세 가지가 있다. 첫째는 인구구성이 동질적이냐 이질적이냐이다. 둘째는 사회변동의 정도, 즉 체계가 고정되어 있느냐 변화하느냐이다. 셋째는 소통과 개화의 정도이다. 구성원이 이질적이고 체계가 고정되어 있고 소통 및 개화 정도가 낮으면 카스트 발달을 촉진하고, 그 반대의 경우이면 억제한다. 첫 번째 조건에서는 자연적 균열이 형성되고 세습집단으로 더욱 분할된다. 두 번째 조건은 세습을 한층 공고화하며, 세 번째 조건에서는 세습에 반대하는 의식적인 합리적 동인이 존재하지 않는다.

인구 구성을 이질적으로 만드는 가장 중요한 요인으로 다음 세 가지를 들 수 있다. ① 인종 차이, ② (인종과는 별개인) 이주자-정복자 차이, ③ (원래는 동질적이던 인구가) 사회적 기능의 점진적 분화로 인해 생기는 이질성.

동일한 공동체 안에 있는 두 인종의 눈 색깔과 생활양식이 확연히 구분되고 기질과 재능이 다를 경우, 사회체계가 아무리 동등성을 유지하더라도 카스트가 형성될 가능성이 크다. 이러한 유전적 차이는 그 속성상 카스트 개념에 부합하여 외관상 특징이 뚜렷한 의식적인 카스트 형성을 촉진한다.

미국 남부에는 인종 카스트가 존재하고 있어서 신체 및 정신상의 명백한 차이를 이유로 카스트 정신을 조장할 경우에는 민주주의 전통이 인종 카스트를 극복하는 데 무능하다는 것을 보여주고 있다. 이러한 카스트 정신은 백인에게서 유달리 강하게 나타나고 있으며 좀처럼 줄어들 전망이 보이지 않는다.

민주주의 전통에서는 개인적 차이에 의한 분할을 인정하는데 카스트에 의한 분할은 이러한 분할과 구분되는 특수한 성격을 지닌다. 이를테면 백인들 사이에서는 흑인은 개인으로서는 물론 인종 전체, 즉 사회 통일체로서도 백인과 분리되어 있어야 하고 백인에 종속되어야 한다는 사고가 보편화되어 있다. 즉 흑인 중에서도 많은 개인이 [백인과] 동등하고 일부 흑인은 많은 백인보다 우위에 있기도 하다. 그렇다고 해서 백인의 입상에서는 그들을 대부분의 다른 흑인과 별개로 다루는 것을 정당화하거나 편의적으로 해석하지 않는다.

흑인과 저녁식사를 같이 하거나 흑인과 함께 일하거나 또 흑인과 같이 놀이를 하거나 또는 우월성이 확인되지 않은 흑인과 교류를 하게 되면 [백인들 사이에서는] 지탄을 받거나 불길한 것으로 간주한다. 흑인은 태어나면서부터 벗어날 수 없는 특정 신분에 속해 있다는 점을 각인시키는 것이 지배 인종인 백인의 관행이자 수법이다. 흑인은 자기 운명을 받아들일 수밖에 없다. 만약 그가 백인과 어울리고 싶다면 자신이 열등하다는 것을 인정해야 한다. 그는 하인 신분으로는 백인과 같은 기차를 탈 수 있지만, 시민으로서는 같이 탈 수가 없다.

사려 깊은 백인 사이에서는 인종이 혈통과 사회적 연고로 결합된 유기적 통일체라는 점을 근거로 들어 이러한 태도를 정당화한다. 또한 백인들은 인종 문제를 다루려면 그러한 사실을 인정해야 한다고 강조한다. 그들은 이렇게 말한다. "백인 인종과 백인 문명의 고결함을 지키기 위해서는 흑인을 예속시키는 것이 필요하며(실제로 흑인을 분리하는 것은 실행불가능하다), [흑인을] 구분할 수 있는 유일하게 유효한 경계선은 피부색이다." 인종에 의한 분할은 개인의 특질에 기초한 분할보다 더 쉬울 뿐 아니라 (어떠한 개인의 판단도 개입되지 않으므로) 덜 불공평하다는 주장도 있다. 특정의 개인은 현실적으로 자기 가족과 조상으로부터 분리될 수 없다. 만일 그렇게 된다면 서로 동등한 관계를 맺고 있는 구성원들이 혼잡하게 뒤섞여 도덕적으로 문란해진다.

이러한 주장은 두 인종이 모종의 목적을 위해 독특한 유기체를 형성할 경우에만 견고한 타당성을 가진다. 이렇게 볼 때 이러한 주장은 모든 사람은 오직 그가 가진 장점에 기초하여 하나의 개인으로 고려해야 한다는 견해보다 아마도 더 나은 사회학이 될 것이다.

이와 동시에, 이러한 원리는 우리 사회가 카스트의 오만함으로 깊숙이 착색되어 있음을 너무나 분명하게 보여주고 있다(이러한 카스트 오만함은 모든 인종 차이 및 있을 법한 '열등성'을 바탕으로 하고 있는 정신적 형제애를 흑인에게서는 인정하지 않는다). 능력의 불평등 문제는 (개인에서나 인종에서나) 공동의 정신과 봉사를 공유하는 것과는 전혀 다른 문제이다(어떤 인간도 이것들로부터 공정하게 또는 기독교적으로 배척되어서는 안 된다). 어느 누구도 우리와 근본적으로 같은 사람이라는 사고는 다른 하층계급의 사람을 배척해서는 안 되듯이 흑인도 배척해서는 안 된다.

과학, 종교, 민주주의 정신은 모두 흑인에게 권리를 부여한다. 백인은 그 자신의 최상의 자아를 배반하지 않고서는 그 권리를 부정할 수 없다. 우리는 그것을 부정하는 현재의 우리 태도가 덧없는 것이기를 기대해야 한다. 왜냐하면, 근대적 상황에서 그런 태도는 끊임없이 불안과 증오를 낳기 때문이다. 그러한 태도는 노예제에나 있을 법하지 새로운 세계에는 전혀 어울리지 않는다.

이것은 미묘한 문제이다. 그러나 이러한 미묘함은 인종 문제의 본질이다. 그러므로 가장 중요한 문제는 무엇을 행하고 있느냐가 아니라 그것을 행하는 정신이다. 여기서 현실적인 문제는 카스트의 폐지가 아니라 카스트 간의 관계를 공정하고 친절하게 유지하는 것이다. 즉 카스트를 자유 및 권리의 이상과 조화를 이루게 하는 것이다. 이렇게 하는 것은 비록 어렵긴 하나 아주 불가능한 것은 아니다. 올바른 정신은 두 인종의 미숙한 열정을 확고하게 억제하는 정부와 더불어 그러한 조화를 성취해 나가야 한다. 사물의 속성상 분할된 인종은 분할된 개인과 마찬가지로 모든 인간 본성이 충실히 따르는 이상—친절함, 페어플레이 등등의 이상—을 공동으로 유지하면서 통일되어야 한다. 이처럼 카스트 분할이 유지되고 있는 데는 (우월성을 주장하는) 백인에게 주요한 책임이 있다고 본다.

동일한 인종의 사람이 이주하여 뒤섞일 경우 주로 각자의 문명 수준과 이주의 성격, 즉 적대적이냐 친화적이냐에 따라 계급이 형성된다. 미국으로 건너온 영국 이주민들처럼 동일한 혈족의 정착민들이 평화적으로 이주한 경우에는 어떤 계급으로도 분할되지 않는다. 독일인처럼 서로 언어와 관습이 다르거나 다수의 아일랜드인처럼 매우 가난하고 무지한 경우에는 당분간 [원주민과] 분리되어 있으며 멸시를 받는다. 그러나 그들은 자리를 잡고 점차 자신들이 원주민과 상당히 평등해지면서 원주민과 구별되지 않게 된다. 그런데 최근 몇 년 사이에 이탈리아인, 슬라브인, 유대인 등 다양한 성질을 가진 수많은 사람이 이주하면서 문화는 물론 인종에 따라서 현저하게 구별되고 있다.

물론 여러 제도와 전통이 지닌 특수한 성질이 서로 접촉함에 따라 많은 것이 이에 좌우된다. 어떤 사회는 그 구조가 경직되고 외부와 차단되어 있는데 비해 미국 같은 사회는 동화assimilation를 적극적으로 받아들이도록 거의 이상적으로 구성되어 있다.

전 세계적으로 정복은 카스트의 주요 원천 중 하나였다. 정복이 남긴 적대적인 전통은 무한정 지속되기도 한다. 피정복자는 대개 강제로 노예가 되고, 우월한 위치에 있는 정복자는 피정복민족과 결혼하는 것을 치욕으로 여긴다. 순전히 세습에 의해 형성되는 노예 카스트는 우리 대부분의 조상인 원시 게르만 부족에도 존재했으며, 이들이 자유인과 결혼하면 심한 벌을 받았다. 굼메레Gummere의 말에 따르면, "롬바르드족은 어느 노예가 감히 자유인 여성과 결혼하려 한다고 살해했다…서고트족과 부르군드족은 자유인이 노예와 결혼하자 두 남녀에게 채찍질을 가하고 화형에 처했으며, 색슨족은 신분이 서로 다른 남녀가 결혼하면 이유를 막론하고 남자와 아내를 사형에 처했다."[1]

이질성은 카스트를 조장한다. 이러한 이질성은 인종의 차이나 정복의 경우처럼 원천적인 것이 아니라 원래 동질적이던 구성원들이 점차 분화하면서 생겨난다. 남과 구별되는 사회집단, 이를테면 특수한 집단 공감대와 전통을 가진 사회집단은 자신의 기능과 이념을 그 구성원 자녀에게 물려주는 경향이 있으며, 자기네끼리 교류하고 통혼하여 카스트를 형성한다.

따라서 사회체계가 확대되면 필히 사회적 기능―정치적, 종교적, 군

---

[1] *Germanic Origins*, 154.

사적, 산업적 기능—이 더욱 복잡해지고 그 결과 카스트 경향이 나타난다. 이러한 카스트 경향이 나타나면서 구성원은 각자의 기능에 맞게 여러 집단으로 분할된다. [카스트 발달을] 촉진하는 다른 조건이 없더라도 이러한 사실만으로도 카스트가 생겨날 수 있다.

게르만족이 로마 영토를 정복했을 당시에 이 같은 현상이 나타났다. 그 결과 로마제국의 체계보다 더 복잡해진 체계를 관리할 필요가 생겨났다. 새로운 질서가 형성되면서 부족사회 때보다 더 명확한 신분 및 기능이 세습되는 경향이 나타났다. 물론 이것은 부분적으로는 로마 전통의 영향 탓이었으나 문명이 가진 성격 그 자체 때문에 그러한 경향이 요구되었다. 기능은 더욱 다양해졌으며, 시민들을 여러 계급으로 더욱 뚜렷하게 구분되는 경향이 지속되었다. 이를테면 (군사기능과 토지 관리를 겸비한) 다양한 등급의 전사들, 성직자, 장인, 농민 등이 대표적인 계급이다.

무력과 부를 모두 가진 군사-토지소유계급이 당연히 다른 계급을 지배했다. 장인들(특히 도시의 장인들)은 신분의 자유를 유지하여 후일 민주주의 형성에 주요한 역할을 했다. 농민층은 농노가 되었다. 당시 조건들은 여행 자유, 지식 전파, 부의 이동을 제한되는 등 자유롭고 개방적인 원리에 기초한 조직을 허용하지 않았으며 세습 원리가 공공연하게 사회에 만연했다. 당시의 지식과 통신수단을 대부분 독점하여 금욕에 의해 세습을 굳건히 막아낸 성직자 계급만이 비교적 개방적인 조직을 유지했다. 잘 알다시피 토지 및 그와 병행한 지방 지배권이 처음에는 개인에게 맡겨졌다가 점차 가족 소유가 되었다. 1037년에 이탈리아의 콘라드 황제는 장관직의 세습을 허용하는 칙령을 발표했는데, 이는 "북부지역에서 오랜 세월에 걸쳐 서서히 이루어진 관행과 정책을 단번에"[2] 남부지역에

---

[2] Tout, *The Empire and The Papacy*, 59.

서 실행하려는 것이었다. 관직과 문장紋章 및 여타 특권들도 같은 식으로 세습되었고, 농노의 노예 신분 역시 자녀에게 그대로 전수되었다.

봉건제는 기능의 세습에 기초했으며, 기사계급과 농노 두 개의 명확한 카스트가 존재했다(원래 기사계급은 유능한 전사들 중에서 말과 마구를 잘 다루는 능력을 가진 자들로 구성되었다). 이 두 카스트 간의 통혼은 불가능했다. 두 카스트 간에는 어떤 종류의 교류도 거의 이루어지지 않았고 상위 신분은 하위 신분과 교류하는 것을 경멸했다. "기사계급 집안의 소년은 예의범절 교육을 받고 자랐다. 그 소년은 유년 시절부터 자기 자신 그리고 자신과 동등한 위치에 있는 사람을 유복하지 않은 조건에서 자란 동료와 신분과 성질이 다르다고 보도록 배웠다. 그가 받은 첫 인상은 가문의 문장紋章에 자부심을 갖고 신분을 구분하는 것이었다."[3] 중세의 귀족은 사회적으로도 정신적으로도 세상 전체 속에 산 것이 아니라 자신이 속한 카스트 속에서 살고 있었다.

카스트는 사회적 자아의 영역이었다. 기사계급은 일반 공중이 아닌 자기 카스트에서 공감과 인정을 찾았다. 하지만 평민은 이와 상황이 달랐으며, 적어도 오늘날 미국 남부지역의 흑인만큼이나 큰 멸시를 받았다. 기사도 제도는 그 자체의 이념과 이상과 문학을 가지고 있는데 이러한 기사도 제도는 사회의 하층신분에서는 아무런 공통의 인류애를 인정하지 않는 카스트 현상이었다. 비록 그것이 용기, 헌신, 예의범절 등 기사로서의 이상을 발달시키긴 했으나 어쨌든 그것은 카스트 정신의 산물이었다(기사도 정신은 후일 신사계급의 이상이 되었으며 지금은 모든 계급으로 확산되었다).

봉건시대에는 각급 재판소, 각종 시합과 축제, (십자군원정을 비롯한) 군사 원정이 의사전달 역할을 했고, 이것을 통해 기사 카스트는 전국에

---

[3] Cornish, *Chivalry*, 183.

그리고 유럽 전체로 공통된 사상과 정서를 전파할 수 있었다.

하층 카스트도 역시 나름의 통일성과 조직, 집단 전통과 관습 및 표준을 가졌다. 그러나 그들은 문자 기록을 남겨 놓지 않아서 대부분 우리에게 알려지지 않고 있다. 하층 카스트는 불명료한 카스트였다. 그렇지만 촌락공동체는 활발한 협동생활 영역이었으며, 그곳에서 아주 높은 인간 본성이 길러졌다.

인도의 정교한 카스트제도도 부분적으로는 정복에 의한 것이긴 하나 대체로 직업계급이 고착화되면서 생겨났다. 성직자가 권력을 가지게 되는 것은 초인적인 힘과 소통을 한다고 여겨졌기 때문이다. 성직자는 자식에게 자신이 가진 신비로운 전통을 가르치고 그리하여 마침내 브라만 카스트라는 세습 집단을 형성하게 되었다. 군사 카스트도 이와 유사한 방식으로 형성되었으며, 산업에서는 "부모의 모범을 따르고 각종 수법을 정확하게 전수할 필요성 때문에"[4] 직업 세습이 이루어졌다. 어느 학자의 말에 따르면, 사실 카스트제도는 그 기원에서 보면 "단지 노동 조직화를 위한 무의식적인 노력"[5]에서 비롯된 것이다. 인도처럼 사회가 복잡한 카스트로 이루어진 경우는 대개 이론을 체계에 적용하는 과정에서 비롯되었다. 가스드는 선천석이라는 관념이 만연하여 그것이 신성화되면 카스트가 전혀 없던 곳에서도 카스트가 생겨나게 된다.

사회가 고정되어 있으면 카스트 발달을 촉진하고 지속적으로 변화하는 사회는 카스트의 발달을 억제한다. 사회의 변화가 심하면 세습 원리가 고착되기 전에 기능이 여러 세대에 걸쳐 계승되어야 하기 때문이다. 기존의 관습과 전통이 무너지면 세습된 특권이 폐지되고 격심한 투쟁이 일어난다. 그 투쟁에서 강하고 거친 성질을 가진 자가 승자가 되어 새로

---

[4] Samuel Johnson, *Oriental Religion, India*, 241.
[5] 같은 곳.

운 귀족정치가 수립될 수도 있다.

　북방의 부족이 유럽의 남쪽을 정복하면서 사회를 재조정하는 혼란한 시대가 초래했고, 그 기간 동안에 자연적 힘을 가진 자들이 자신의 지위를 향상시켰다. 부족사회에서는 세습에 의해 많은 계급이 출현하듯이 지금은 경쟁의 결과에 의해 많은 계급이 출현했다. 오늘날 계급 경계선이 열려지게 된 것은 카스트 원리가 지속적으로 쇠퇴한 것도 그 원인이지만 사회가 혼란해진 탓이기도 하다.

　소통과 개화 수준이 낮으면 카스트 발달을 촉진하고, 지식(특히 정치 지식)과 교류 수단이 발달하면 카스트 발달을 억제한다는 점은 카스트의 정신을 이해하면 명확하게 드러난다. 카스트는 생물학적 원리에 기초하여 사회적 정신을 조직화한 것이다. 기능은 개인의 능력과 선호에 따라서가 아니라 혈통을 따라 배치해야 한다는 주장은 이성보다 편의를 중시하고 자유보다 질서를 중시한다. 이상적인 원리는 생물학적 원리가 아니라 도덕적 원리, 즉 혈통과 무관하게 개인의 정신적 재능에 기초한 원리이다. 이러한 보다 높은 원리가 성공적으로 작동되는 조건이 형성되면 카스트는 더 높은 원리를 따르게 될 것이다. 모든 사람이 자유롭게 훈련과 제도의 혜택을 받아서 공정하고 질서정연한 선발이 실행될 때 그렇게 될 것이다.

　지식의 보급, 신속한 의사소통, 화폐에 의한 부의 이동 등과 같은 현상들은 물질적 및 생물학적 조건에 비해 인간 정신이 우위에 있음을 보여주는 징후이다. 대중 정치가 가능해지고, (다른 조건이 같다면) 상업적 및 산업적 기능의 경쟁이 더욱 개방적이 되고, 모든 종류의 인적 자원을 자유롭게 개발할 수 있는 여건이 조성되고 있다. 일반적 정서도 카스트보다 자유로운 조직을 중시하며 "카스트를 명백하게 배척하고" 공교육 및 여타 기회를 통해 카스트를 불온시하고 있다. 계급을 비교적 개방적으로 만드는 가장 효과적인 기관은 청년을 위해 적절하고 자유롭게 운영되는 훈련시스템이다. 이 훈련시스템은 청년이 원하는 모든 경력을 자연스럽게 쌓을 수 있는 기회를 제공한다. 이러한 시스템이 확립되어야 조기 교육은 능력을 가진 자를 적재적소에 배치할 수 있게 하는 선발 및 훈육 과정이 된다. 내친 김에 지적해두고 싶은 사항이 있는데, 우리 사회에서는 공교육(특히 상업학교 등)을 대폭 발달시킬 필요가 있으며, 또한 아동노동, 불량주택 그리고 기회를 방해하는 모든 것을 척결하는 효과적인 캠페인이 요구된다.

그러나 이러한 [자유로운] 이동이 성취되기 전에는 카스트가 정교한 사회구조를 위한 유일하게 가능한 토대이다. 사람들은 자신들의 삶이 어떤 큰 전체의 한 부분을 이루고 있거나 그 부분 속에서 자유와 책임을 가지고 있다는 것을 파악할 수 없으며, 관습과 전통에 의해 다소 기계적으로 삶을 유지하고 있다. 사람들이 정치, 종교, 산업의 체계와 맺고 있는 특수한 관계는 모두 계급과 결부되어 있으며, 이러한 관계는 합리적 선택에 의해 결정될 수 없으므로 전통적인 방식으로 고정되어야 하는데, 이를 위해 가장 유익한 방법이 기능의 세습이다.

우리는 정신적 조직이 낮으며 복잡하고 정체된 사회에서 카스트가 형성되기 쉽다고 생각한다. 이러한 사실은 전반적으로 오늘날 동양의 나라들에서 그리고 고대 대제국 후기 시대에서 카스트가 만연했다는 점에서 확인할 수 있다. 사회마다 그 나름의 특수성을 가지고 있다는 점에 대해서는 말할 나위도 없다. 이러한 특수성은 구체적으로 더 많은 연구를 해야만 파악할 수 있다.

# 제20장 카스트와 관련한 전망

질문 / 세습 원리의 확산 정도 / 카스트 발달에 영향을 미치는 요인들 / 카스트 발달을 저해하는 요인들 / 사회적 효율성에 영향을 미치는 요인: 세습 원리와 기회평등 원리 / 결론

카스트의 전망과 관련된 아주 적절한 질문을 해보자. 세습 원리 또는 카스트 원리가 앞으로 어떤 역할을 할 것인가? 즉 근대 사회에서는 인종 카스트가 아닌 다른 종류의 카스트가 생겨날 것인가 아니면 세습 원리가 어느 정도 지배적인 원리로 계속 남아 있을 것인가? 이에 대해 다음과 같이 답변할 수 있다. 세습 원리는 항상 위력을 발휘하고 여러 여건이 정착되면 다소간 유지될 것이지만, 확실히 근대 세계에서 진정한 카스트는 생겨나지 않는다.

세습 경향의 위력에 대해서는 이미 충분하게 언급한 것 같다. 공산주의 소요가 연중 끊임없이 일어나고 있음에도 재산 상속은 여느 제도와 마찬가지로 안전하게 지켜지고 있다. 왜냐하면 경제적인 안정을 유지하는 수단으로서 재산 상속만한 것이 없기 때문이다. 모든 부유한 나라에는 아무런 노력을 하지 않고 재산을 상속받아 부와 그 이득을 취하는 계층이 존재하고 그 수와 그들이 가진 부의 양은 급격하게 증가하고 있

다. 문화와 기회와 지위도 표면적으로는 덜하지만 여전히 똑같은 방식으로 세습되고 있다.

직업과 관련된 현재의 통계조사를 보아도 대다수의 자녀가 아버지의 직업을 어어 받고 있는 것으로 나타나고 있다. 농부의 아들은 (일부는 도시로 빠져나가고 있지만) 대부분 농사일을 하고, 기계공 아들은 대부분 기계공이 되고, 전문직 자녀는 대다수가 전문직에 종사한다. 부유층 부모의 자녀들은 전문직 자격증을 획득하는 데 요구되는 교육이나 상거래에 필요한 비싼 교육을 장기간에 걸쳐 받는다. 그뿐만 아니라 부유층 집안 자녀는 어릴 적부터 전문직 또는 사업가로서 성공하게 된다는 생각을 주입받는다. 그 반대편에 비록 소수이긴 하나 적지 않은 수가 있는데 대부분의 경우 이러한 기회와 자극은 (현명한 부모의 지원이 자녀에게 부여하는 기대와 선택의 힘과 더불어) 그 자녀에게 바라는 목표를 위한 활력을 지속적으로 투입하는 데는 상당한 효과를 발휘한다.

아무리 현명한 부모일지라도 바보 같은 자녀를 훌륭한 법률가나 기업의 대표로 만들려 하지는 않을 것이며, 이 때문에 자녀가 결정적인 타고난 능력이 부족하면 이러한 기능을 실행하지 못하게 할 것이다. 그러나 그들은 특정 방면에서는 뚜렷한 소질이 없으나 평범한 사람과 함께 있으면 큰 능력을 발휘하게 된다. 부모의 권유와 지원은 매우 신중하게 사용해야 한다. [그렇게 하지 않으면] 종종 완전히 일을 그르치기도 하며, 내가 아는 한 세상의 어느 누구도 그러한 자원과 권유가 중요하지 않다고 생각하는 사람은 없다.

세습의 영향력이 확대될 것인지 감소될 것인지에 대해 질문한다면, 전반적으로 보면 두 경향이 상충되고 있음을 알게 된다. 그러나 그 정확한 결과는 추측만 할 수 있을 뿐이다.

계급 원리의 발달과 계급의 결정화와 관련해서는 대체로 두 가지 사항을 고려할 수 있는데, 하나는 조건이 더욱 고정될 가능성이고, 다른 하나는 근대적 삶이 수반하는 '명확한 기능 분화'가 가진 영향력이다.

앞서 지적했듯이 사회변동은 기능의 세습을 타파하는 주요한 요인으로, 미국에서는 이러한 사회변동이 세습 원리를 비교적 약화시키는 데 일조했다. 새로운 나라에 이민자들이 정착함에 따라 많은 변화가 일어났고, 이러한 변화가 경제혁명에 따른 변화와 맞물리면서 모든 것이 유동적이 되었으며, 혼란하고 무질서한 경쟁상태가 초래되었다. 특히 우리[미국] 도시들은 이민자들의 집합소가 되었고, 그들 중 대부분은 종전의 결사체로부터 이탈했으며, 그중 다수는 선조에게는 생소한 기능을 실행하고 있다. 또 그들 중 다수는 일생 동안 하던 일을 더 이상 지속할 수 없게 되어 거의 사업을 세습할 수 없게 되었다. 상업과 전문직에도 동일한 불확실성이 확산되고 있다.

앞으로도 혁신 속도가 크게 감퇴되지 않을 전망이어서 향후 50년 후에는 사회가 더욱 공고화되어 한층 더 성숙해질 것으로 예상된다. 모든 주민이 비교적 적소에 정착하게 되며, 세습을 촉진하는 요인이 작동할 기회가 늘어날 것이다. 엄청난 양의 부가 전승되고 민주화의 위력이 귀족주의 정신의 발호를 막아줄 것이다. 공업, 전문직, 상업은 거의 실패하지 않고 예전보다 안정될 것이며, 농촌인구는 늘 그랬듯이 세습을 촉진하는 발판이 될 것이다.

혈통을 중시하는 정서(카스트는 이를 극단적으로 표현한 형태이다)는 우리나라[미국]를 비롯한 모든 신생국가에서 번성한다. 오래된 공동체일수록 가족을 더욱 공적 단위로 고려한다. 어떤 종류의 연속성이라도 보존되는 곳이라면 어디에서나 가족 경계선이 기억 속에서 나타나고, 그것이 보이게 되면 그것을 판정하게 되며, 개인은 자기 혈족에 대한 신뢰 또는 불신을 공유하게 된다. 이러한 혈통의 영향력이 현재 미국에서는 전반적으로 약화되고 있으며, 최근의 도시나 혼란한 도시에서는 거의 사라졌으나 통일체로서의 가족을 중시하는 조건이 정착된 곳에서는 그 영향력이 점점 확대되고 있다. 대체로 대도시가 없는 동부와 남동부지방이 그러하다. 그와 상황이 유사한 서부에서도 분명 그 영향력이 확대될 것이다.

이처럼 혈통을 중시하는 정서에는 몇 가지 유익한 면이 있다. 자신이 혈족의 일원이라고 느끼게 되면, 즉 소멸하는 개인의 명예는 물론 영속하는 집단의 명예를 간직할수록 인간은 향상되어 간다. 이러한 관점에서 볼 때 다소 혼란한 우리 사회는 더 나아질 수도 있다.

근대적 삶은 모든 방면에서 뚜렷하게 분화되고 있다. 도시는 그 기능 면에서 농촌과 확연하게 구별되며, 거주민들은 여러 거주지로 분할되어 거의 또는 전혀 교류를 하지 않게 된다. 상업 및 전문직은 각각 더욱 정교한 훈련이 요구되는 전문 분야로 세분화된다. 그래서 사람들은 처음부터 자신이 할 일에 대한 지식을 가지고 있어야 하고 이를 위해 예전보다 더 부지런하게 준비를 해야 한다. 물론 이와 다른 측면도 존재한다는 것을 잊어서는 안 된다. 즉 이러한 차이 속에도 통일성이 함축되어 있다. 혹자는 그러한 차이가 사람들을 사회집단으로 더욱 분할하여 세습되는 경향이 있다고 말하기도 한다.

기능 세습에 대한 반감은 대체로 두 가지 측면에서 일어나고 있는데, 하나는 야망 있는 청년층에 의한 반대이고, 다른 하나는 민주주의 정서의 일반적 흐름에 의한 반대이다.

카스트는 기회를 제한하며, 그 결과 사람들의 정력적인 활동을 가로막는다. 카스트 규칙은 개인의 자기확신이 무지와 형식적 제도에 의해 제한되는 곳에서만 온존한다. 우리같이 유연한 근대적 조건에서는 명백한 기회의 자유에 의해 청년층의 거창한 야망을 충족시켜 주지 않으면 어떤 체계도 지속될 수 없다. 청년층은 재산의 상속에 대해서도 지속적으로 문제 삼고 있는데, 다만 그에 대한 그럴듯한 대안이 없어서 재산의 상속이 심하게 공격받는 것을 막아주고 있을 뿐이다. 이러한 불평등의 요새를 쉽게 무너뜨릴 수는 없다. 그러한 요새를 무너뜨리기 위해서는 다른 모든 종류의 장점, 특히 교육과 훈련이 가진 장점을 모든 사람에게 개방하여 이를 통해 이득을 누릴 수 있게 해야 한다.

기회를 차단하고 세습의 온존을 촉진하는 정서의 전반적인 흐름에 반대하는 것이 다소 모호하긴 하나 청년층에 의한 저항보다는 훨씬 더 효과적인 방법이다. 비본질적인 불평등을 척결하고 각자에게 적절한 기회를 부여하는 것이 민주주의 이상이다. 정치에서는 세습 특권을 없애고 모든 것을 대중의 참정권을 바탕으로 하는 것이 민주주의 이상이며, 교육에서는 각자에게 적합한 기능을 훈련받을 수 있도록 기회를 부여하는 것이다. 그러나 통일 및 형제애 정신은 이러한 방면에서의 성취에 만족하지 않고, 모든 어린이가 진보의 결실에 공정하게 접근할 수 있기를 열망한다(이론적으로는 자유를 성취했음에도 그러한 접근은 아직 보편화되지 못하고 있다). 그것은 **사회**민주주의social democracy를 요구한다. 즉 사회구조의 모든 요소에 자유와 정의가 실제로 이루어지기를 바란다. 세습에 의해 이미 막대한 힘을 가지게 된 특권층이 늘어나면서 이러한 정신에 명백히 반대하고 있다.

이러한 정서는 적어도 미국에서는 어려운 여건에서 분투하는 하층계급의 정서가 아니라 실제로 공동체 전체의 정서이다. 우리의 전통적 이상에서 핵심적인 점은 어떤 계급도 없으며, 모든 사람의 생각은 본질적으로 비슷하다는 것이다. 각종 제도의 후원금을 쓰듯이 부를 자유롭게 사용하는 것은 공적 목적이 아니다. 공적 목적은 모든 사람에게 기회의 통로를 조건에 관계없이 개방하는 것이다.

이러한 정서 배후에는 동등한 기회는 일반적 선에 기여한다는 믿음이 깔려 있다. 다른 모든 조건이 같을 때 어떤 개인이 가진 특수한 기능은 다른 개인보다 적합하다는 것을 증명해 보여준다면 그 사회 체계는 가장 효율적이 된다. 가족 영향력이 때로는 더 나쁜 결과를 가져오기도 하는 경우도 있다. 능력이 모자라는 아들이 아버지 사업을 이어받았을 때 또는 보어전쟁[1] 당시 영국 군대처럼 능력 없는 아들이 아버지를 이어 군복무를 할 때가 그러한 경우이다.

한편, 경쟁이 무질서하면 경쟁이 질서 있게 진행될 때보다(비록 이러한 질서가 인위적인 원리에 의지하더라도) 나쁜 결과가 나온다.

그래서 영국의 귀족처럼 부와 지위를 상속받은 계급은 고급문화 및 공공서비스 전통을 영구적으로 유지하기 위한 통로를 만들고, 또 그 전통을 간직하기 위해 다소 배타적인 신분을 희생시켜서라도 그 같은 전통을 잘 보존하려 했다는데 이 말은 어느 정도 진실인 것처럼 들리며, 또 근대적 삶에서 나타나는 카스트에 가장 잘 어울리는 듯하다. 토크빌은 옛 프랑스 귀족의 고급문화 전통에 고취되어 이러한 견해를 지지하며, 당시 미국에서 특출한 지식인이 나타나지 않는 이유를 주로 미국에 계급이 존재하지 않은 사실에서 찾았다. 그에 따르면, "계급 안에서 상속받은 재산 및 여가와 함께 지적 쾌락의 취향이 전수되고, 또 계급에 의해 지식인의 노고가 가진 명예를 지켜준다."[2]

물론 특수한 전통의 연속을 유지하는 데는 카스트 외에 다른 방법도 있다. 보다 구체적으로 말하면, 자발적 결사체가 문화의 통로 역할을 하여 부의 상속을 대신해줄 수 있다. 예를 들면, 다양한 과학 분야에는 풍부한 단결정신을 가진 영구적인 단체가 활발하게 활동하고 있다. 이들

---

[1] 옮긴이—1899년에 영국이 남아프리카의 금이나 다이아몬드를 획득하기 위하여 보어인이 건설한 트란스발 공화국과 오렌지 자유국을 침략하여 벌어진 전쟁.
[2] *Democracy in America*, vol. i, chap. 3.

단체가 지식인의 노고의 명예를 지켜주는 역할을 한다. 도서관, 학술단체, 교육기관 등이 문화의 한 측면을 지키기 위해 그 같은 역할을 한다면, 왜 다른 측면들을 위해서는 그렇게 하지 않는가?

그렇지만 부를 상속받은 사람이 사회에 지속적으로 지대한 공헌을 하고 있다는 사실을 인정하지 않을 수 없다. 그는 부를 상속받지 않았을 때보다 독자적으로 더 높은 목표에 헌신하게 된다. 능력의 세습도 독창성을 발휘하는 데 유리한 점이 있다. 그런 능력을 물려받지 않는다면 성공을 하거나 시장가치를 획득하는 데 엄청난 노력을 해야 할 것이다. 혈통이 아닌 장점에 의존하는 재능을 통해서 독창성을 육성하는 것은 좋은 효과를 거두기가 어렵다. 왜냐하면, 그러한 재능은 불가피하게 획일적이고 개성이 없는 사람의 손에 들어가기 때문이다. 그런 사람은 이단자를 도와줄 것으로 기대할 수 없다. 이러한 목적을 위한 자금은 이미 독창성을 인정받고 어느 정도 확립된 사람만 지원해주며 대체로 중요한 운동의 기폭제가 되는 급격한 혁신적 발명물에는 지원하지 않는다. 실험을 거치지 않고서는 많은 것을 이루기가 어렵다. 통상적으로 이 실험 안에 독창성이 있다.

전반적으로 민주주의 사회는 혈통 원리의 장점만 이용하고 형식적 지위나 배타적 기회는 멀리한다. 자유는 효율성만 유지된다면 가족 내에서 기능이 계승되는 것을 금하지 않는다. 다만 다른 모든 것과 마찬가지로 봉사 실험을 거칠 것을 요구한다. 특수한 문화와 기술을 전수하는 세습집단이 왜 민주주의 체제에서는 자신들의 기능을 계승해서는 안 되는지에 대한 마땅한 이유는 없다(실제로 영국의 정계 가문에서는 일정 정도 그렇게 하고 있다). 영국의 정계 가문은 자신들의 지위를 지키기 위해서가 아니라 모두의 이익을 위해서 일한다. 많은 미국의 가문에서 군 복무를 남다른 명예로 여기는데 이러한 군 복무가 하나의 전통이 된 것은 좋은 일이다. 가문의 야망이 특수할수록 나라가 더 고귀하게 발전되는 것을 볼 수 있다.

온전한 관찰자라면 반대 세력이 세습 권력을 철폐할 거라고 생각하지는 않을 것이다. 그들은 다만 세습의 범위를 적당한 수준으로 제한하려 할 뿐이다. 혈기왕성한 개인들에게 야망의 길이 열려 있을 때, 불평분자들은 심한 불만을 표출하게 되고, 대다수 사람은 자신과 사회에 닥친 고충을 피하기 위해 부모의 길을 따르려 한다. 가족은 너무나 자연적이고 너무나 관습적이어서 조직의 모든 측면에서 사회적 연속성의 채널로서 큰 역할을 하지 않으며, 또 콩트는 가족은 직업을 결정하는 데 주요한 영향을 미친다고 주장한다. 이러한 콩트의 견해를 나무랄 만한 아무런 이유가 없다.

삶의 여러 조건이 어느 정도 정착되면 기능의 세습이 더욱 일상화되고 당장의 과거보다 미래에는 개인이 하나의 자원이 될 것이라고 보는 경향이 더욱 확대될 것으로 예상된다. 한편, 앞으로는 교육 기회가 더욱 개방되고 다양화되어 지금보다 특수한 소질을 적재적소에 배치하기가 수월해질 것이다. 이러한 사실은 부조화 상태에 있는 것이 아니라 앞으로 실서와 만족을 가져다줄 것이다.

또한 앞으로는 불우한 계층에게 더 많은 복지 혜택을 제공하도록 힘을 기울여야 할 것이다. 그들은 더 나은 지위를 향상하려고 노력하는 대신에 선조로부터 물려받은 지위에 머물러 있는 것에 만족하는 경향이 있다. 지금까지는 남보다 뛰어난 1인에 대해 비교적 많은 논의를 해 왔지 평범한 99명의 사람에 대해서는 거의 언급하지 않았다.

# 제21장 개방적 계급

개방적 계급의 성격 / 계급의식은 바람직한가 그렇지 않은가 / 동료애와 협동정신의 쇠퇴 / 계급조직과 자유의 관계

자유가 증대함에 따라 계급은 점차 개방적이 된다. 즉 계급이 세습에 의해 형성되는 것이 아니라 개인의 능력에 기초하여 형성된다. 경쟁competition이 활발하게 전개되면서 개인을 적재적소에 효과적으로 배치하는 기능function[1]을 수행하게 된다. 자유질서 이론은 모든 개인은 각자 나름대로 인류사회에 적적할 역할을 수행하기 위해 태어난다고 주장한다. 즉 모든 개인은 현명한 교육 및 실험 제도를 통해서 각자에게 필요한 역할을 찾아내며 자신이 속한 체계 속에 들어가기 위한 훈련을 받는다는 것이다. 그렇게 함으로써 개인은 사회에 기여하고 최선을 다해 자신의 행복을 추구하게 된다. 만약 계급이란 것이 존재한다면 그것은 단지 개인들이 협동을 통해서 효율성을 진작하기 위한 집단일 따름이며, 그 구성원이 되기 위한 요건은 전적으로 타고난 개인의 적합성에 의해 결정된다.

---

[1] 나는 이 단어를 "사회 집단의 전반적 이익을 증진하는 활동"의 의미로 자주 사용한다. 이 단어는 반드시 의도(intention)를 내포하지는 않는다는 점에서 '목적'(purpose)과는 다른 의미를 지닌다.

사회 전체가 이러한 이상적인 상태에 도달하지는 못한다. 실제로 개인이 자신에게 정확히 적합하고 동시에 사회에도 적합한 일을 찾는 경우는 기껏해야 예외적으로 존재하며, 계급이 완전히 개방적이거나 공공선만 충실히 따르는 경우는 없다.

사람들이 자신이 소속될 위치를 찾는 것, 즉 개인이 자신의 재능을 복잡한 체계에 맞게 적용하는 것은 사실 대단히 어려운 문제이며, 아무리 용의주도한 방법이라도 이 문제를 해결하기가 쉽지 않다. 이 문제를 푸는 데 이용할 수 있는 원리는 기본적으로 세습inheritance 또는 카스트caste 원리와 경쟁 원리 단 두 가지밖에 없다. 전자는 낮은 수준의 원리이며, 후자 역시 에너지를 낭비하며, 무질서 상태로 빠질 수도 있는 등 많은 측면에서 반론의 여지를 안고 있다. 즉 어느 쪽이든 항상 문제를 내포하며, 실제 생활에서 조직은 '자유를 향한 열망'과 '지위의 편익' 사이에서 늘 타협이 이루어지고 있다.

그래서 우리는 현재 우리가 살고 있는 사회는 부분적으로는 세습에 의해 또 부분적으로는 어느 정도 개방적인 경쟁에 의해 결정되는 계급으로 구성된 사회이며, 그 속에서 사람들은 효과적으로 적절한 위치를 가지게 된다고 상성하게 된다.

계급이 개방적이고 또 자유롭게 이동이 가능한 경우 계급은 카스트처럼 '분리된 정신 통일체'separate mental wholes가 되지 않는다. 계급이 개방적이면 전반적으로 상호교류가 원활하게 일어나고, 계급을 변경하는 사람들은 청년시절에 가졌던 생각과 연상을 잊지 않게 될 것이다. 세습에 의하지 않은 계급은 풍부한 연대성solidarity과 계급 정신class spirit을 가진다(중세의 성직자의 경우를 생각해 보라). 또한 그들의 활동은 천문학회의 활동처럼 전문적이고 일반인의 활동과는 거리가 멀 수도 있지만, 그 활동 속에는 다소간 민주적인 요소가 들어있다. 그러한 계급은 자신들이 속해 있는 통일체whole의 일반 정신을 공유한다. 그러한 계급은 의식 속에 오직 전문화만 있는 반면에 카스트는 항상 분리separation를 수반한다.

민주주의사회에서 '계급의식'class consciousness이 있느냐 또는 있어야 하느냐 하는 문제는 그것을 어떻게 정의하느냐에 달려있다. 감정의 불화를 민족통일 의식보다 더 깊고 국민을 이질적인 집단으로 분리시키는 것으로 해석하면, 미국에서는 (인종 문제를 제외하면) 그런 감정 분할이 심각할 만큼 일어나지 않고 있으며, 또 절대로 그런 일이 일어나지 않기를 바란다. 그러나 각종 정서와 이상이 근원적으로 통일되어 있으면서 동시에 다소 구별되고 때로는 적대적인 일련의 사유와 감정이 존재할 경우에는 계급의식은 존재하며 줄어들기보다는 더욱 증대하게 된다. 신문과 대중교육, 성인 투표권이 있는 나라는 각종 정서 또는 이해관계들이 각각 분리되어 있는 단계를 지났다. 그러나 정치에서 그렇듯이 경제 및 사회문제에서도 사람들이 자기확신을 가진 집단을 형성하는 것을 가로막지 못한다.

근원적인 문제에 대한 논쟁이 증대하면서 아울러 계급의식도 증대한다. 그러나 일부 사람들은 계급의식이 증대하면 끔찍한 결과를 초래할 것이라고 생각하기도 하는데 나는 그렇게 생각하지 않는다. '계급전쟁'class-war이 참담한 결과를 낳게 된다고 생각하는 경우도 있는데 왜 그럴 것이라고 생각하는가? 나는 그렇게 되는 데는 죄책감 또는 도덕 불신 말고는 다른 이유가 없다고 본다. 어떤 선동가들은 폭력 투쟁이 일어나기를 기대한다. 왜냐하면 그들은 특권을 불순한 것으로 간주하고 폭력이야말로 단기간에 그것을 제거할 수 있는 수단으로 간주하기 때문이다. 한편 자신에게는 털끝만큼도 특권이 없다고 생각하면서도 실제로는 특권을 누리고 있는 사람들도 많다. 그러나 특권을 단숨에 제거할 수 있다는 생각하는 것은 현재 질서의 견고함을 무시하는 순진한 발상이다. 이러한 견고함 때문에 어떤 사회변화도 점진적으로 이루어질 수밖에 없고 또 이성에 의해 변화하게 된다. 질서정연한 투쟁이야말로 자유로운 사람들 사이의 논쟁을 조정하는 데 오랫동안 사용해온 유서 깊은 방법이다. 그런데 왜 지금은 그러한 투쟁이 무정부상태를 초래하거나 폭력으로 변질될 것이라고 생각하는가? 부정의injustice 같은 모호한 느낌이 명확하고 확실한 자기 확신 속에서 자신을 분명하게 드러낼 기회를 가질 경우 감정feeling은 더 악화되기보다는 더 나아지지 않을까?

더욱이 유념해야 할 것은 우리가 여러 집단에 소속되어 있는 것만큼 사회도 여러 집단으로 복잡하게 얽혀 있다는 사실이다. 또 많은 사람이 하나 이상의 계급에 속해 있기 때문에 계급 이해관계의 갈등은 개인 간의 갈등이 아니라 공동의 사회기관 내의 여러 사고 간의 갈등이 된다는 것도 유념해야 한다. 카스트가 지배적인 상황에서만 일부 이론가가 예상하는 계급전쟁이 일어난다. 나는 공통된 사회적 및 경제적 이해관계에 의해 통일될 가능성이 희박한 노동자 정당과 자본가 정당 사이의 전쟁보다 민주당과 공화당 사이의 전쟁이 더 노골적으로 전개된다고 생각하는 것은 전혀 근거 없는 이야기라고 확신한다.

모든 계급의식이 나쁘다고 말하는 것이 잘못된 만큼, 다른 무엇보다도 계급투쟁에 대비해야 한다고 말하는 것도 잘못된 주장이다. 다른 어느 경우와 마찬가지로 이 경우에도 차이는 통일의 기반 위에서 나타난다는 것을 인정하는 것이 올바른 생각이다. 올바른 목적을 추구하는 데는 계급 충성심만큼 좋은 방법은 없다. 그러나 다른 모든 정서처럼 계급 충성심은 그보다 넓은 정의justice 및 친절함에 종속되어야 한다. 계급의식이 없으면 사람들은 고립되고 퇴화되며 무능력해진다. 계급의식이 지나치거나 나쁜 계급의식을 가지게 되면 집단은 분리되어 전체를 망각하게 된다. "재능의 다양성을 유지하되 동일한 정신을" 가져야 한다.

현재 상태를 보면, 특수한 집단 내에서 구성원 간의 동료의식과 협동은 넘쳐나기보다는 전반적으로 결핍되어 있다. 문학, 예술, 종교, 산업 등에서 혼란과 '개인주의'가 나타나고 있는데, 이는 올바른 계급 통일과 정신이 결핍되어 있다는 증거이다. 상호부조와 후원을 절실히 필요로 하는 육체노동자는 물론 학자들, 예술가들, 전문직, 작가들 그리고 여러 공인公人 사이에서도 상호부조와 후원이 부족한 상태이다. 일반 사업 종사자나 전문직 종사자는 자신이 가족보다 넓은 어떤 집단의 구성원이라고 생각하지 않는다. 그는 자기 주위에 있는 아내와 자녀와 함께 냉담한 세상 그리고 서로 밀치며 부대끼는 세상 한가운데 서 있다. 그런 세상에서 그는 두 발을 딛고 최대한으로 똑바로 서서 은행계좌와 생명보험에 의지하며 기계적인 안정을 추구하고 있다.

이런 점에서 보면 그는 노동조합 조합원보다 더 행복하다고 할 수 없다(노동조합원들은 부득이 동료들과 어깨를 맞대고 협력을 하며 공익을 위해 서로 희생할 수밖에 없다). 학자들이나 예술가들도 역시 매한가지이다. 그들은 서로 따뜻하게 어울려 지내지 않으며, 개인에게 특수한 종류의 효율성을 부여해주는 계급 이상class ideals을 충분히 길러낼 만큼 가깝게 지내지 않는다. [그들은] 전통을 간직하고 있는 아늑한 보금자리와 정착된 문명을 풍부하게 가진 결사체를 형성하지 못하고 있다.

조직(그중에서도 특정 종류의 조직)은 그 어느 때보다도 포괄적이고 정교해졌으며, 부분 간의 상호의존—통일—이 이루지고 있다. 그런데 이러한 통일을 의식적 통일, 도덕적 통일이라고 할 수 있을까? 높은 수준의 조직은 그렇게 될 것이다. 그러나 발달이 급격하게 진행되면 높은 수준의 사회적인 체계social system가 아니라 기계적인 체계mechanical system가 형성된다. 고무줄을 잡아 늘이면 가늘어지듯이 조직도 급속하게 확장하면 낮은 수준의 유형type이 된다. 또한 각종 관계도 인간적이지 않게 되고, 개인과 전체의 관계는 고양되기는커녕 오히려 저하된다. 이러한 현상이 우리의 생활 속에서 약간씩 나타나고 있다.

산업 및 상업의 방대한 구조는 대체로 비인간화되고 있는데, 이것이 정말로 좋은 것인지 아닌지는 그것을 중요하고 의식적이고 도덕적인 것으로 만드는 데 성공하느냐 실패하느냐에 달려있다. 낮은 수준에서는 연합union이 높은 수준에서는 고립 현상이 나타나고 있다. 통신수단이 발달하면서 과거 어느 때보다도 정신적 조직에 더 많은 기술적 토대를 제공해주고 있다. 그렇지만 아직 [의식적 또는 도덕적] 상태에 이르지 못했다. 제인 애덤스는 다음과 같은 말을 남겼는데 그의 말은 지금까지도 소중히 간직되고 있다. "지금의 상황은 참여 의식과 행복을 요구한다. 행복은 개인이 '전체와 연계하여 협력하고 있다'라고 느낄 때 찾아온다. 또 지금의 상황은 집합적 노동 속에 내재하는 집합적 예술의 위안을 필요로 한다."[2]

계급 동료의식이 증대하면 분명 우리가 그토록 갈망하는 노동에서 예술가정신과 그것이 가져다주는 평정과 만족을 함양시켜 줄 것이다. 경쟁이 혼란스럽고 무분별하면 예술을 파괴하고, 그러한 경쟁에는 집단 이상a group ideal 뿐 아니리 일정한 신중함(즉 사물을 곰곰이 숙고하여 그것을 완성시키는 기회)도 필요로 한다는 견해가 있는데, 이러한 견해에는 우리가 받아들여야 할 일말의 진실이 들어 있다. 기능공은 자신의 위치에 자부심을 가질 때, 즉 바로 옆에 동료가 있다는 것을 느끼고 자신이 하는 일이 우수하다고 평가를 받을 때, 그는 명장名匠이 되기 위해 더 큰 용기와 끈기를 발휘하게 된다. 우리는 어떤 일을 완성하는 데 대중의 평판이나 급료로부터가 아니라 동료 장인에게서 인정을 받는 데서 자극을 받는다. 요즘 시대에는 보기 어려운 사실이지만, 모든 작품은 예술가 정신에서

---

[2] *Democracy and Social Ethics*, 219.

이루어졌으며, 그렇지 않은 사회는 인간적으로 조직되지 않은 사회이다.

또한 친밀한 동료의식—이것은 좋은 이상에 좌우된다—은 일반적 행위에 근면과 효율성을 발휘하게 하는 공감적이고 도덕적인 동기를 불어넣어 주고 또 '일하지 않으면 굶어야 하기' 때문에 일을 하게 되는 동기를 뒷전으로 밀어낸다. 일하는 것이 좋아서 열심히 일하려고 노력하는 사람이 있는가 하면, 어떤 사람은 억지로 시켜서 일을 한다. 왜 그럴까? 일이 좋아서 하는 사람은 남보다 높은 위치에 있어서일까? 일하는 것 자체가 본질적으로 재미있어서일까? 아니면 사회적 조건이 공감대와 동료애를 불어넣어 주어서일까? 앞의 두 가지 이유에 대해서는 어느 정도 수긍할 만하다. 그러나 세 번째를 주요한 이유로 드는 데는 수긍하기 어려운 점이 있다. 적당한 양의 일을 하고, 좋은 동료가 있고, 봉사하는 기분으로 일을 하면 어떤 일을 하더라도 유쾌하지 않을까? 우리가 하는 일 중에 그리 대단한 것은 없다고 생각한다. 설거지하는 것을 좋아하는 사람은 없지만, 친한 사람들끼리 캠핑을 갔을 때는 즐거운 마음으로 설거지를 한다.

일부 사람들이 주장하듯이 계급 조직class organization이 반드시 자유에 적대적인 것은 아니다. 모든 조직은 당연히 자유를 추구한다. 상황이 변화함에 따라 사람들은 자기표현을 위한 새로운 형태의 연합을 형성하게 되며, 그 결과 여러 산업계급industrial classes이 출현하게 된다. 사실 자유를 계급 조건에 적용할 경우 서로 구분되는 두 가지 측면이 뒤따른다.

1. 첫째, 계층 상승의 자유, 즉 개인 기회의 자유이다. 즉 "능력만 있으면 어떤 직업이든 가질 수 있다."carrière ouverte aux talents는 것이다. 이런 경우는 주로 탁월한 능력과 야망을 가진 사람에 해당된다. 이러한 측면은 중요하긴 하나 다른 측면보다 더 중요한 것은 아니다.

2. 둘째, 계급들의 자유 또는 (같은 말이지만) 주어진 환경이 정해 놓

은 생활영역에서 벗어날 가망성이나 능력이 없는 개인들의 자유이다. 특권이 없는 집단에는 이것이 정의, 기회, 자비로운 생활을 의미하며, 그것은 그러한 집단에서 벗어나는 기회가 아니라 그 집단 안에서 기회를 취득하는 것을 의미한다. 즉 그 집단의 대표자로서 위치를 유지하면서 자신과 가족에게 위안, 문화, 좋은 환경을 가지게 하는 기회를 의미한다.

미국에서는 이 중에서 첫 번째 측면을 두 번째 측면보다 더 나은 것으로 이해해왔다. [계층] 상승을 하려는 사람을 가로막는 것만큼 나쁜 것은 없다는 말은 우리에게 아주 익숙한 말이지만, [계층] 상승을 할 수 없거나 [계층] 상승에 관심 없는 사람도 정당한 요구를 한다는 것은 참신한 생각이다(물론 그런 사람들이 분명 대다수이고 우리의 제도가 그들을 위해 존재하는 것은 사실이다). 우리는 모험심과 야망 같은 이상에만 지나치게 몰두하는 바람에 묵묵히 평범한 일상의 일을 하는 사람을 무시하거나 심지어 비난하기까지 한다.

우리가 바라는 것은 톤티 연금[3]에 가입하여 대박을 터뜨리는 것이다. 톤티 연금에서 사람들은 자신이 마지막 생존자가 되어 나머지 사람이 잃은 것을 전부 취하려고 전 재산을 모조리 투입하게 된다. 그렇게 하기보다는 "각자가 다른 사람에게 손해를 끼치지 않고서 자기 방식으로 성공한다."는 에머슨의 말을 가슴 속에 깊이 새겨두는 것이 나을 것이다. 모든 미국 소년이 미국 대통령 또는 스탠더드 오일Standard Oil 사장이 되려는 열망을 가지는 것은 아주 바람직한 일이다. 그렇지만 은행 사원이나 제분회사 직공 같은 더욱 현실적인 조건에서 열심히 건전하게 살아가기 위한 기회를 갖게 하는 것 역시 중요하다. 우리는 새뮤얼 스마일스Samuel Smiles 같은 영웅을 칭송해야 하지만, 한편으로 그런 영웅들은 모든 민족에서

---

[3] 옮긴이—톤티 연금. 출자자 중 사망자가 있을 때마다 배당을 늘려 맨 나중에 생존한 자가 전액을 받는 방식; 17세기 나폴리의 은행가 톤티(Tonti)가 파리에서 시작함.

극히 소수이고 또 그러해야만 한다는 점도 유념해야 한다.

이러한 다수의 사람의 자유를 지켜주는 것이 계급 조직이다. 계급 조직은 사회에서 늘 위험에 처해 있는 취약계층이 피해를 보거나 무시를 당하지 않게 해준다. 부와 지위, 지식과 여가를 가진 사람은 공식 조직 formal organization이 없어도 잘 지낼 수 있지만(실제로는 그들은 공식 조직을 통해 자신들의 영향력을 확대해 왔다), 인간 본성 말고는 가진 것이 없는 대다수 사람은 서로 협력하지 않으면 궁핍해질 수밖에 없다.

---

[4] 옮긴이—Samuel Smiles(1812~1904): 스코틀랜드 태생의 영국 저술가로 사회개량가로도 활약함. "하늘은 스스로 돕는 자를 돕는다."라는 금언으로 시작하는 그의 대표 저작 『자조론』(自助論, 1859)은 각국 언어로 번역되어 세계에 큰 영향을 끼침. 이 책은 우리나라에서도 많은 출판사에서 번역 출간되었음.

# 제22장 부가 개방적 계급 형성에 미치는 영향

개방적 계급의 비인격적 성격 / 다양한 분류법 / 계급은 명백한 구별
짓기에 기초한다 / 일반화된 권력으로서 부 / 경제수준의 향상: 저임
금계급의 이상 / 결론

계급은 카스트의 경우처럼 사고가 여러 갈래로 분리되어 있지 않고, 공동의 정신 통일체common mental whole 내에서 분화되어 있을 따름이다. 즉 여러 종류의 계급이 서로 중첩되고 동일한 계급에 속한 사람이 서로 다른 견해로 분리되어 있다. 각 집단은 서로 떨어져 존재히는 것이 아니라 동아리처럼 서로 얽혀 있어서 동일한 개인이 여러 집단에 소속되어 있다. 계급은 그 수가 늘어나고 비인격적이게 된다. 즉 각 계급은 개인의 일부만 흡수하지 개인을 특수한 유형으로 만들어낼 만큼 충분히 지배하지 못한다. 바로 이러한 점이 미국의 질서와 독일의 질서를 구별시켜 주는 요인 중 하나이다. 독일에서는 여전히 카스트가 지배적이어서 다른 많은 측면에서 차별을 수반하고 사람들을 하나의 명백한 유형으로 만들어낸다.

어느 신문 기자가 말하기를, "일상생활에서 나타나는 한 가지 확실한 사실은 우리가 일상생활에서 만나는 사람들은 어느 누구도 그 자신의

유형에 속해 있지 않는다는 것이다. 어떤 귀족이 아무리 재산이 많다고 자랑해도 그는 우리의 골프 지식을 부러워하는 소박한 젊은 동료일 뿐이다. 코미디 배우조차도 사생활에서는 행동이 둔하고 수줍어하며, 대화를 할 때는 귓불이 붉어진다. 선창가에서 찾아낸 살인범도 알고 보니 당신의 사촌 밥을 떠올리게 하는 호감이 가는 젊은 청년이더라."

특정 계급은 이러한 독립성을 가지고 있어서 개인은 자신의 특수한 개성에 적합한 다양한 계급에 가입하여 자기만의 진정한 개성을 성취할 수 있는 기회를 더 많이 가지게 된다.

이와 같이 우리 사회가 왜 각자의 견해에 따라 다양한 계급으로 분할되어 있는지 쉽게 알 수 있다. 즉 우리 사회는 실제로 가능한 한 무한하게 많은 수의 계급으로 배열되어 있다. 이러한 현상은 중세시대에는 볼 수 없었을 뿐만 아니라 현재의 영국에서도 미국만큼 많이 나타나지 않고 있다.

우리는 상업 또는 직업, 소득, 문화에 각각 기초하여 사람들을 세 가지 계급으로 분류할 수 있다. 상업 또는 직업에 따라서 법률가, 식료품 상인, 배관공, 은행원 등으로 분류할 수 있고, 좀 더 일반적으로는 육체노동자 계급, 숙련공, 미숙련공, 상인계급, 전문직 계급, 농부계급으로 분류할 수 있다. 소득에 의한 구분은 상업 또는 직업에 의한 구분과는 일치하지 않지만 그 둘은 대체로 연관되어 있다.

소득에 따라서는 극빈층, 빈곤층, 중간계층, 중상층, 부유층으로 구분하기도 한다. 문화 및 세련은 직업이나 부와 직접적인 또는 본질적인 연관성이 거의 없으며, 상업 또는 직업에 기초한 분류가 사회의 전반적인 계층화 양상을 가장 잘 보여준다. 우리 주위에는 소로처럼 허름한 가게를 운영하며 그날그날의 수입으로 살아가는 많은 학자와 철학자가 있다.

모든 요인 중에서 가장 중요한 구분 기준은 미덕virtue인데, 이것은 부, 직업, 문화와 마찬가지로 독립적인 요인이다. 진짜 상류계층은 인간생활의 발달과정에서 가장 중요한 일을 하는데, 이러한 일들은 그 어떤 가시적인 표식으로도 식별하기 어렵다. 일반적으로 개인의 내적 또는 정신적 특성은 계급을 구분하는 데 별 도움이 되지 않는다.

그런데 통상적으로는 보편적이고 명백한 부와 지위의 차이에 기초하여 계급을 구분하지 지적 또는 도덕적 특성에 기초하여 구분하지 않는다. 그 이유는 두 가지이다. 첫째, 계급을 구분하는 상징과 신뢰할 만한 표식으로서 요건을 가지려면 무엇보다도 명백하고 확실해야 한다. 둘째, 외형적인 구별에만 의지하는 것은 항상 논쟁의 여지가 있다. 문화와 품성은 그 성질상 중요한 요소이지만 계급을 구분하기에는 불확실한 점이 많다. 설령 문화와 품성이 선명하게 부각되더라도 그것들은 부나 지위처럼 논란을 불식시킬 수가 없다. 왜냐하면 그것은 다른 사람에게서 빼앗더라도 자기 것으로 만들 수 없기 때문이다.

소득은 사람들의 생활 수준을 다르게 하여 사람들을 계급으로 구분하고, 동일한 계급에 속한 사람들은 외형상 동일한 생활 양식을 취하게 된다. 소득에 따라 대체로 도시 내의 거주지역이 결정되고, 단독주택에 사느냐 공동주택에 사느냐가 결정되며, 어떤 옷을 입는지가 결정된다. 또 아내가 '혼자 모든 집안일을 하느냐' 가정부를 고용하느냐가 결정되고, 자가용 소유 여부가 결정되고, 여름휴가를 시골로 가느냐 국외여행을 하느냐, 자녀를 대학에 보내느냐 마느냐 등등이 결정된다.

그리고 생활양식이 비슷하면 생각도 비슷해진다. 특히 대다수의 보통 사람의 경우에 그렇다. 이들은 다른 기준에서는 서로 어울릴 만한 명확한 특성이나 에너지를 충분히 가지지 않고 있다. 다른 여러 측면에서는 유사한 두 사람이 있는데, 한 사람은 소득이 5,000달러이고 다른 한 사람은 500달러인 경우 두 사람이 얼마나 자유롭게 대화를 나눌 수 있는지 생각해보라. [둘 사이에는] 피상적이면서도 다루기 까다로운 불일치를 강조하지 않고서는 다룰 수 있는 주제가 거의 없다. 오락이나 가정일 같은 주제는 거의 다룰 수가 없다. 날씨가 주요 화젯거리가 되기도 하고, 경제적 관점이 나타날 수도 있으나 정치도 화젯거리가 될 수 있다. 정당이 화젯거리로 툭 튀어나올 수도 있지만 뭐니 뭐니 해도 종교나 철학이 가장 좋은 주제가 될 것이다.

물론 사람들 사이에 관점의 차이가 있기 때문에 논의가 더욱 진지하고 더욱 실천가능하며 풍부하게 전개될 것이다. 그런데 내가 의미하는 바는 깊이 있는 내용이 아니라 가볍게 튀어오는 사교적인 대화이다. 그들 아내 사이에서 분위가가 어색해질 수도 있는데, 이색적인 재치와 넓은 아량으로 대하면 분위기가 부드러워진다.

결과적으로 소득을 기초로 하고 거기에 직업, 문화, 특수한 취향 같은 요소들을 결합하는 것이 계급을 구분하는 가장 유용한 방법이 된다. 그럼에도 이렇게 하는 것은 어쩌면 실패를 고백하는 것, 즉 우리가 우연적인 것을 버리는 법을 알지 못하고 사람으로서 만난다는 것을 고백하는 것이다. 외형적인 차이는 가장 눈에 잘 띄므로 우리의 정신을 나태하고 육감적인 것으로 만들어 버린다.

사람들은 항상 자신이 가진 역량에 비례하여 권력을 추구한다. 권력은 인간의 가장 심층적인 본능이며, 자기표현을 하려는 원초적 욕구에 의한 것이다. 그러나 권력의 종류는 다양한 형태를 취한다.

현대사회에서 부는 거의 모든 측면에서 포괄적이고 명확한 형태의 권력이다. 부는 기본적으로는 물질적 재화를 능가하고, 그 다음으로는 돈으로 살 수 있는 각종 인간 활동—육체노동, 전문직 서비스, 신문 위탁, 정치적 근면 등—을 능가하는 위력을 가진다. 부를 가진 계급은 모든 측면에서 강력한 계급이며, 우리의 미숙한 사고로도 당연히 부를 가장 크게 고려해야 할 권력이라고 결론을 내리게 된다. 일상생활의 세세한 것까지도, 즉 가게나 기차역에서 대부분의 시간을 보내면서 아주 사소한 것을 찾는 데서도 우리는 돈으로 측정하고 그 밖의 다른 사소한 것들까지도 역시 돈으로 측정한다. 부의 우월성은 너무나 당연한 것으로 여겨져서 소멸될 수가 없다. 어린이는 말을 배우기 전에 자기 소지품을 소중히 여기고, 돈이 일반화된 소유물이라는 것을 즉시 배운다. 실제로 오직 세련된 것을 소유하려는 취향만이 저급한 것을 소유하려는 취향을 밀어낼 수 있다.

그런데도 심성이 청렴한 사람들은 모두 부가 평범하고 피상적인 판단이 만들어내는 주된 재화가 아니라고 본다. 부는 낮은 형태의 권력으로 집단과 개인에게는 중요하지만, 사람들은 그것이 정당하게 요구하는 것 이상으로 쉽게 그것에 열중한다. 사회가 물질적으로 너무 빠르게 번영하면, 정신적 삶은 고통을 겪게 된다. 이 시대가 바로 그런 상태에 있다. 개인이 동료보다 더 많은 부를 추구하게 되면 도덕적으로 고립되고 부패할 위험이 있다.

아주 세련된 사람이나 장기적으로 아주 영향력 있는 사람은 대부분 부에 관심을 가지지 않거나 부를 추구하려고 무리하게 노력하지 않으며, 마음에 내키지 않는 잡다한 일에 일생을 허비하지 않고 꼭 필요한 생활필수품만 가지고 살아간다. 뛰어난 정신적 지도자는 항상 자신의 목표에 이르지 못했다고 생각한다. "주머니 속에 금도 은도 구리도, 여행 경비도 넣어 두지 말고 코트도 신발도 심지어 지팡이도 준비하지 말라." 기독교는 산업의 번영을 반대하지 않으며(사실은 그 반대이다) 기독교 지도자는 산업의 번영이 죄악에 빠지지 말도록 촉구했다.

오늘날 소로의 삶은 (다른 누구의 삶보다도) 어떻게 사람들이 부가 낳은 세련된 산물—모든 시대의 문화—을 가지고 있으면서도 개인적으로는 빈곤한 생활을 하는 것을 좋아하는지 잘 보여주고 있다. 그는 무엇보다도 정신적 독립을 유지하고 싶어 하는 미혼 학생에게는 (누구나 할 수 있으나 그만 둔) 임시일용노동이 생계를 꾸려나가는 것이 최선의 길이라고 말한다. "사람은 혼자서 할 수 있는 일이 많을수록 부유하다." "당신은 농장에 일하든 교도소에서 일하든 별 차이가 없다."[1] 이러한 신조는 소로가 『월든』을 비롯한 여러 저작에서 발전시킨 것으로 빈궁한 이상주의자에게는 이 책이 일종의 [인생의] 안내서가 되고 있다.

윌리엄 제임스[2]에 따르면, 식자층 사이에는 빈곤에 대한 두려움이 널리 유포되어 있는데, 이러한 두려움은 문명사회가 겪게 되는 최악의 도덕적 질병으로 그들의 이상적 동력을 마비시킨다. "별로 주목받지 못하는 원인에만 몰두할 경우 빈곤에 대한 개인의 무관심이 우리에게 어떤 영향을 가져다줄지 생각해 보라. 우리는 혁명적 후보나 개혁적 후보에게 투표를 하는 것에 더 이상 침묵을 지키거나 두려워할 필요가 없다. 주가가 떨어질 수도 있고, 승진 기대가 물거품이 될 수도 있고, 임금이 체불될 수도 있고, 자주 찾는 클럽이 코앞에서 문을 닫을 수도 있다. 그렇지만 우리가 살아오면서 침착하게 정신을 증명해 왔으며, 우리의 전례가 우리 세대를 자유롭게 하도록 도움을 줄 것이다."[3]

이러한 점들은 우리가 탐욕에 빠지는 것을 막아주지 못한다. 우리 대부분이 그저 야망만 높게 가지고 그 야망이 번쩍 타오르기만을 기대하기 때문이다. 어쩔 수 없는 경우에는 빈곤과 타협을 할 수도 있지만 (설령 빈곤이 좋다 하더라도) 우리는 빈곤을 피하려고 최선을 다한다.

---

[1] *Walden*, 89, 91.
[2] **옮긴이**—제2장 각주 4 참조.
[3] *The Varieties of Religious Experience*, 368.

소득이 낮은 계층은 돈에 대한 욕망 때문에 (비난을 받는) '물질주의'를 추구하는 것이 아니다. 그들에게 돈은 우선 건강과 품위를 유지하는 수단이고, 그 다음으로는 생활 향상을 위한 기회—책, 여가, 교육, 세련—를 실현하는 수단이다. 그들이 물질적 욕구를 채우기 위해 일과 생산물에 정력적으로 사고를 고정시키고 있는 점에서 보면 그들은 필히 물질주의에 빠져들고 있다. 재물에 집착하여 가장 타락한 계층은 부유층이다.

이것은 기본적인 [물질의] 결핍을 가지고는 입증할 수 없다. "고기는 뼈에 붙어 있는 부위가 가장 달짝지근한 맛이 난다." 긴급한 인간 욕구 때문에 간절히 돈을 원하고 또 벌려고 애쓰는 것은 이해할 만하다. 그러나 돈을 모으거나 사치를 위해서 또는 아주 먼 미래의 안전을 위해서 돈을 벌려고 애쓰는 것은 건전하지 못하다. 은행이나 금고에 돈을 재어 놓고 있는 구두쇠는 영혼이 위태롭고, 종종 은밀하게 비행을 저지르며, 마음이 좁고 상상력이 빈약해지고 인색해지는 질병에 걸리게 된다.[4]

그런데 현대 생활에서 그리고 공식적 특권이 없는 나라에서 계급은 실제로는 부와 관련되어 있으며 부와 연관된 직업과 관련되어 있다. 그 이유는 부와 직업에 의한 구별이 실제로 삶을 좌우해서가 아니라 보다 명확하고 긴급한 계급 논쟁을 촉발하기 때문이다. 다른 목표들은 평화적으로 추구되지만, 부는 물질적이고 전유되기 때문에 갈등을 수반한다. 그래서 우리는 부가 다른 무엇보다도 근본적이라고 간주하는 견해에 전적으로 동의하지는 않지만 이러한 취지에서 경제적 입장은 수용한다.[5]

---

[4] 화폐가 경제체계에서 얼마나 유용한 목적을 가지는지는 여기서 굳이 논의하지는 않는다.

[5] 경제적 조건을 사회의 원초적이고 결정적인 요인이라고 주장하는 학설—이 학설은 때때로 경제적 역사 해석이라 불린다—에 대한 나의 견해는 다음의 구절에서 찾을 수 있다.

"유기적 역사관(나는 이것을 지지한다)은 어떤 요인(또는 요인들)이 다른 어떤 요인에 비해 더 궁극적인 요인이라는 견해를 부정한다. 유기적 역사관은 이른바 정신, 다양한 제도, 물리적 환경 등의 요인이 총체적 삶과 떨어져서 존재한다고 보는 것을 부정한다. 총체적 삶 속에서는 일단의 구성원들이 (동물 유기체가 삶을 공유하는 것과 동일한 방식으로) 모든 것을 공유한다. 유기적 역사관은 정신과 물질, 토양, 식물군, 동물군, 사유, 언어, 각종 제도들을 하나로 둘러싸인 전체(이것은 하나로 총체적으로 발달한다)의 측면들로 본다. 우리는 이러한 사물 중 어느 하나에 주의를 집중하기도 하지만 이렇게 하나에 주의를 집중한다고 해서 각각의 사물을 전체에 예속시키거나 어느 하나를 다른 것들보다 우위에 있는 것으로 보아서는 안 된다."

"나는 식량을 획득하는 일 또는 그 밖의 어떤 경제활동을 존재의 논리적 토대로 규정하고 그것을 이상적인 활동보다 더 나은 존재의 논리적 토대로 규정하는 것을 인정할 수가 없다. 식량 공급이 없으면 그 어떤 이념도 제도도 존재할 수 없는 것은 사실이다. 그러나 우리에게 이념과 제도가 없다면 우리는 식량을 확보할 수가 없다. 모든 것은 함께 작동하고, 각각의 주요한 기능은 다른 모든 기능에 필수적이다."

"역사는 뒤엉킨 실타래처럼 손으로 잡고 펼칠 수 있는 것이 아니다. 오른쪽 끝을 잡고 충분히 견딜 수 있게 그것을 따라간다. 그것은 곧게 뻗어 있지만 그 속성상 직선으로 연속된 것은 아니다. 당신은 어떤 사람을 같이 어울려 살면서 잘 알게 되듯이 역사도 어울려 살면서 알게 되는 생명체이다. 유기적 세계—즉 실제 생활—에서 각 기능은 원인을 발산시키는 동시에 수렴하는 중심이다. 즉 모든 기능은 원인이자 결과이다. 유기적 세계에서는 어떤 논리적 우위성도 독립변수도 없으며, 실이 시작하는 지점도 없다. 이솝 우화「배와 그 부분들」에서처럼 각 부분은 다른 모든 부분에 대해 독립적이다. 당신은 전체를 보아야 한다. 그렇게 하지 않으면 어떤 것도 진정하게 볼 수가 없다."(Publications of the American Economic Association, *Third Series*, vol. v, 426 ff.)

# 제23장  자본가계급의 우월성 I

> 자본가계급 / 자본가계급에게는 카스트 정서가 없다 / '최적상태'의 의미 / 도덕적 특질 / 도덕적 특질과 봉사 정도의 관계 / 독재 원리 및 민주주의 원리와 산업통제와의 관계 / 민주주의 원리의 증대 가능성을 기대하는 이유들 / 사회적 권력 일반 / 조직화 능력 / 자본가권력의 성격과 원천 / 언론과 공적 정서를 억압하는 요인 / 상층계급의 분위기

이 시대에는 상업과 산업이 사람들의 실질적인 에너지의 대부분을 흡수하기 때문에 이 분야의 활동을 신도하는 자가 일정한 주도권을 가지게 된다(이는 전시에 전사戰士가 주도권을 가지는 것과 마찬가지이다).

이러한 종류의 사람들을 명확하게 구별하기는 쉽지 않지만 일반적으로 이들을 자본가계급 또는 자본가-경영자계급으로 충분히 규정할 수 있다. 자본의 대소유주는 대체로 경영자이긴 하지만 엄청난 급여와 각종 수입을 벌어들인 성공한 경영자가 자본가가 되기도 한다.

이러한 집단을 그냥 부유층이라고 칭하는 것은 정확한 표현이 아니다. 왜냐하면, 그러한 집단에 속하는 아주 열정적인 구성원들 중 상당수가 특정 시점에서 아직 부유층이 될 정도의 부를 축적하지 못했기 때문이

다. 본질적인 사실은 부의 축적 과정에서 생겨나는 사회적 경향 또는 사고 체계이며, 이러한 경향이 상업 및 산업에서 더 활동적이고 성공한 지도자들을 핵심부에 위치시킨다.

이들 계급은 그 영향력에 비해 명백히 수적으로 적지만, 이것이 많은 사람들이 상상하는 것만큼 체계에 중대한 결함을 낳는 것은 아니다. 공공선을 위해 부를 사용하는 법을 이해하는 사람 그리고 실제로 공공선을 위해 부를 사용하는 사람의 수중에 부가 집중되면 많은 사람에게 이익이 된다. 우리는 모두 우리에게 이익을 가져다주는 사람에게 기꺼이 재산을 맡기려 한다. 사회도 (우리가 고안할 수 있는 어떤 체계이든) 역시 그렇게 해야 한다. 그러나 우리는 지금 우리가 믿고 충실히 이행하고 있는 것보다 더 적절한 수단이 없는지 생각해볼 필요가 있다.

경쟁에 의해서 부가 증대하고 이동하는 사회에서는 좋든 싫든 불가피하게 부가 어느 한 집단에 집중된다. 그러나 실제로 나타나는 불평등은 어쩌면 보통선거권에 의해서 균등하게 분배되는 정치권력의 불평등보다 더 심한 것은 아니다. 사실 인간 능력을 자유롭게 발휘하게 되면 어느 생활영역에서든지 권력 또는 영향력은 평등하지 않고, 항상 각종 차이를 만들어내는데, 그러한 차이 중에는 사회에 유익한 것도 있고 해로운 것도 있다. 진정한 자유—온당한 평등—는 유익한 측면을 보존하고 유해한 측면은 폐기한다.

계급 정서는 통상적인 의미의 귀족계급 정서가 아니다. 계급 구성원들이 자녀에게 재산을 물려주어서 지키려고 노력하는 것은 세습 카스트 정신이 아니며, 상업에는 그런 카스트 정신은 어울리지 않는다. 여기서도 기회의 자유는 미국 사회의 여타 부분처럼 하나의 이상이며, 그런 기회의 자유를 유지 또는 증진하기 위해 고안된 교육 및 여타 기회가 진심으로 승인되고 지지를 받고 있다. 그러나 가장家長은 특권이 평등하게 확대되는 것을 진정으로 바라면서도 실제로는 자기 자신과 자기 가족, 자기 계급의 증진을 위해 노력해야 하는 이중성이 불가피하게 존재하게 된다. 그는 이 두 방향에서 표류하며, 한 가장과 형으로서 자신이 속한 계급에 정의를 위해 가해진 제약을 기꺼이 받아들인다.

그런데 경영자 계급 사이에 널리 유포되어 있는 자유 이상은 하위계층 집단이 자기확신을 가지는 데는 옹색하고 호의적이지 않다. 노동운동은 산업 총수들의 전반적인 불신과 반대—이것들은 노동운동이 상도常道를 벗어날 때 때때로 정당화되곤 한다—에 아랑곳하지 않고 활기를 띠고 온당하게 전개되고 있다. 여기에서도 조직은 공정한 게임의 한 요소가 되고 또 경험을 통해서 노동조합이 안정을 위한 도구가 된다는 것을 알게 되어 각종 정서의 폭이 넓어진다.

인간생활에서 권력을 가진 모든 사람이 그렇듯이 막강한 경제력을 가진 자도 한편으로는 적자생존의 결과이다(즉 그것은 최적 상태이지 반드시 최상의 상태가 아니다). 즉 그들이 성공하게 된 것(이러한 성공이 그들의 정당성을 보증하는 것은 아니다)은 여러 조건에 일정하게 적응한 결과이다. 부를 획득한 자는 대체로 동일한 기회에서 에너지를 투입한 많은 사람들 중에서 부를 획득하는 목표에서 가장 유능한 자이다. 그렇다고 그들이 다른 분야에서도 반드시 가장 유능한 것은 아니다. 왜냐하면 오직 특정한 능력만이 부를 획득하는 데 적합하기 때문이다. 지적 또는 도덕적 이상에 헌신하는 높은 수준의 능력 등 그 밖의 능력은 부를 획득하는 데 방해가 되기도 한다. 일반적으로 천재는 부를 획득하는 데서는 좀처럼 두각을 나타내지 못한다. 왜냐하면 대개 평범한 사람만이 상업적 이상에 전력을 기울이기 때문이다.

미숙한 권력을 획득하는 인물과 방법에는 시대를 막론하고 매우 닮은 점이 있다. 한편으로는 군사제도가 산업제도보다 우위에 있을 때 부를 획득하는 방법이 있고, 다른 한편으로는 재산을 무력으로부터 보호할 때 부를 획득하는 방법이 있는데, 그 차이는 생각하는 만큼 그리 크지가 않다. 어떤 경우이든 성공을 하게 하는 것은 칼이나 도구를 가진 인물의 용맹성이 아니라 조직상의 권력이다. 과감성과 목표 달성을 위한 일관된 정신 그리고 무엇보다도 조직화 능력이야말로 클로비스[1]와 피핀[2] 그리고 노르망디왕가의 윌리엄[3]이 성공을 하게 한 방법들이며, 우리 시대의 재계 지도자들의 경우도 성공을 하려면 그런 방법에 의지해야 한다. 지금도 예전처럼 권력의 상당 부분은 세습을 통해서 더 약한 사람 수중으로 넘어가고 있다.

올바름이라는 좋은 의도에서 볼 때 그런 사람들은 보통사람들과 대체로 크게 다르지 않다. 그중에는 인격이 고상한 사람들이 있는가 하면, 다소 부도덕한 사람도 있다. 확실히 대다수 사람은 도덕적 특색이 없고 여느 동료와 특색이 같다. 부자는 부를 쌓는 것이 때때로 미덕이라고 생각하고, 가난한 사람은 부가 부정한 행위에 의해 생겨난다고 생각한다는 견해가 있는데, 이러한 견해는 믿을 만한 것이 못 된다. 활력과 집요함, 기민함 같은 강고한 성질에 의해 축적된 막대한 양의 부는 도덕적 세련미와 공존하기도 하고 그 반대 측면과도 공존한다.

그렇지만 집단으로서 그들은 자칫하면 방금 언급한 국가의 정복자나 창시자들이 가진 결함과 유사한 도덕적 결함을 가지게 된다. 특히 이들

---

[1] 옮긴이—클로비스(Clovis, 466경~511): 프랑크 왕국 메로빙거 왕조의 창시자로 그가 세운 프랑크 왕국은 중세 초기에 서유럽의 대부분 지역을 지배함.
[2] 옮긴이—피핀(Pepin, 미상~810): 프랑크왕국의 샤를마뉴 대제의 둘째 아들로 아버지 샤를마뉴 대제가 이탈리아의 롬바르드를 정복한 후 롬바르드 왕으로 임명됨(재위 781~810). 이후 프랑크왕국의 영토를 넓히는 데 힘씀.
[3] 옮긴이—윌리엄(William, 1028년경~1087): 노르만 왕조의 시조로 정복왕 윌리엄, 사자왕 윌리엄이라고도 불림. 1035년 노르망디 공작이 된 후 잉글랜드를 점령하여 잉글랜드 왕위 오르면서 노르망디 공국을 서프랑크 왕국(프랑스)과 대등할 정도로 발전시킴.

은 관행적인 제한과 제약에서 완전히 벗어나 아무런 경계망이 없는 영토 위를 마음대로 뛰어다니는 사람들처럼 도덕적으로 무책임해질 수 있다. 즉 이들이 사업을 할 때는 군인이 전쟁을 할 때처럼 도덕 같은 정해진 규칙도 없고 또 제약을 가하는 법률이나 여론도 없는 상태에서 여러 사람과의 관계를 맺어야 한다. 그 같은 상황에서는 평범한 행위자들도 마키아벨리 식의 기회주의가 되고 만다. 재정 운영이 방대하고 추상적일 때는 무엇이 공정하고 정직한지 알기 어렵기 때문에 인간 본성은 표준을 찾으려 하지 않고, 무사히 할 수만 있다면 노획물을 취하려 한다. 그래서 우리가 하는 대규모 거래는 많은 부분이 해적질하듯이 이루어지고 있다. 탈세 같은 작은 일도 부자들은 종종 도둑질처럼 쉽게 한다.

자본가 계급이 가진 우월성은 적어도 부분적으로는 봉사service에 있다는 것을 인정해야 한다. 즉 자본가 계급 성원은 중요한 기능을 수행해 왔으며, 그 과정에서 부를 취득하게 되었다. 그 시대의 위대한 업적은 산업을 확장하여 재구성한 것이었다(또는 그렇게 보였다). 그 과정에서 리더십과 조직화가 크게 요구되었으며, 산업 총수들이 이러한 요구를 훌륭하게 충족시켜 주었다. 이러한 상황에서 생산에 대한 독재적인 통제가 요구되었다. 이는 생산물 분배를 목적으로 한 협동조합의 총체적 실패가 한 원인이다. 어째서 미국은 기회가 풍부하고, 모든 종류의 산업 능력을 열심히 찾아내서 보상해주는가? 물론 여기에는 기업가들의 타고난 장점이 중요한 역할을 하지만 그들이 가진 활력 그리고 상상력이 풍부한 대담성도 많은 영향을 미친다. 또한 많은 기업가가 (물질적 이득을 위한 정신이 아닌 모험과 성취의 정신을 가지고) 대단한 능력을 발휘하고 지칠 줄 모르는 열정을 쏟아 붓고 있다. 장군이 과감하게 행동하면 병사들도 부지런히 작전에 임하게 된다.

나는 상업주의에 대해 비난하는 것에 동조하지 않지만, 다음과 같은 몽테스키외의 주장에는 동의한다. "상업 정신에는 당연히 검약, 절약, 절제, 근면, 신중, 평정, 질서, 규칙 등의 정신이 뒤따른다. 부자가 이러한 정신을 견지하고 있으면 나쁜 결과가 나오지 않는다. 부가 지나쳐 상업 정신을 파괴할 때 나쁜 결과가 나타난다. 그렇게 되면 불평등 같은 해악이 나타나게 된다."[4]

'사업'을 할 때는 "수단을 전적으로 목표에 맞추어야 한다."라는 사고, 즉 "사회적 기량을 정확하게 발휘해야 한다."라는 사고를 강조해서 가르치고 있는데, 이러한 사고는 우리 문명에 막대한 가치를 가지며 전반적으로 적용되고 있다. 이런 취지에서 볼 때 정부, 교육, 자선활동을 사업 원리로 삼아야 한다는 것은 매우 적절한 요구이다.

이와 동시에, 축적된 부의 상당 부분(불행하게도 이것은 다른 부분과 구분하기가 어렵다)은 사회봉사를 통해서 성취한 것이 아니라 방금 지적한 것처럼 노략질 같은 것을 통해서 취득한 것이 분명하다. 이런 식으로 부를 취득하는 것은 약탈 계급이 가진 특유의 사악함에서 비롯된 것이 아니라 명확한 법적 또는 도덕적 통제가 없을 때 누구나 권력을 남용하고 싶어 하는 성향에서 비롯된다. 근대산업에서 이루어지는 방대한 규모의 거래는 그 같은 법적, 도덕적 통제를 별로 받지 않고 있어서 지금까지 세상에 알려지지 않은 분야를 자유롭게 개척하고 있다. 위대한 창시자가 갖는 이점을 아주 높은 의미에서 정당하다고 인정해야 할 필요는 없지만 다만 그런 이점을 가지는 것은 자연스러운 것이며 그것이 반드시 의식적으로 비행을 수반하지는 않는다는 점은 인정할 필요가 있다.

요즘에는 자본가-경영자가 산업을 독재적으로 통제하는 일이 비일비재하여 문제가 되고 있는데, 앞으로는 이러한 통제가 줄어들거나 변형될 가능성이 있으므로 그 근본적인 요인에 대해서는 분석하고 넘어갈 필요

---

[4] *The Spirit of Laws*, book v, chap. 6.

가 있다. 여기서는 두 가지 통제 원리, 즉 민주적 또는 민중적 통제 원리와 독재적 통제 원리가 명백하게 대립한다. 요즘 부각되고 있는 독재적 통제 원리는 집중, 비밀 유지, 신속성의 장점을 가지며, 전시戰時에 특히 그 장점을 발휘한다. 한편 민주적 통제 원리는 정치에서 가지고 있는 장점과 동일한 장점을 산업과 상업에서도 발휘한다. 즉 민주적 통제 원리는 개인에게 긍지와 야망을 심어주고 스스로 자기 일에 임하게 한다. 다른 조건들이 같다면, 자유로운 체계는 중앙의 권위에 의해 주도권과 선택을 주입하는 체계보다 훨씬 활력 있는 유기적 조직체가 된다.

우리가 당연하게 예상하고 있듯이 독재 체제는 우리 경제생활에 긍정적인 영향과 부정적인 영향을 동시에 드러낸다. 독재 체제는 방대한 계획을 유리한 순간에 신속하게 착수하고 집행하며, 상황이 바뀌면 신속하게 후퇴한다. 또 곧바로 수익이 생기지 않는 사업에도 막대한 자원을 투자한다. 경쟁자들을 물리치는 중요한 결정을 하고 비밀을 유지한다. 시장 상황에 따라 생산을 중단해야 할 경우에는 가차 없이 근로자와 그 가족을 희생시킨다. 이러한 속성은 사업을 성공하는 데 가장 중요한 요소이다. 그것은 민중적 통제가 아니라 독재적 통제이다. 한편, 그 같은 통제가 대두하게 된 것은 노동자계급의 정신적 불만의 확산 때문인 것은 분명한 사실이다. 이러한 불만은 태업, 파업, 선동 등으로 이어져 사업에 불이익을 초래하며, 전체 경제체계의 불안정을 초래하는 긴급한 사회문제가 되고 있다.

독재 체제는 사회가 급속하게 발달하고 혼란한 시기에는 분명 특수한 장점을 지닌다. 즉 상황에 대한 이해가 미흡하고 조절이 잘 되지 않을 때, 여러 사정이 무분별하고 무자비하게 전개되는 전시戰時 상태에서는 특수한 장점을 지닌다. 새로운 산업이 점차 확립되고 비교적 안정되면 노동자의 의지와 자기 활동을 유인하여 활용하는 체계에 대한 사회적 및 상업적 요구가 비등하게 된다. "모든 자기 이익을 충족하고 모든 능력을 이용하여 모든 혜택을 공유하는 체계는 능력과 혜택의 수준이 낮은 체계와의 경쟁에서 이기게 된다."[5] 이 문장을 쓴 높은 통찰력을 가진 사상가는 독재적인 '경영자'의 기능은 새로운 영역(이 영역은 나중에 분명코 민주국가의 통치하에 놓이게 될 것이다)을 개척하는 탐험가나 정복자의 기능과 본질적으로 같다고 믿고 있다.

사실 순수한 상업적 측면에서는 확실히 더욱 인도적이고 개성화되는 경향이 부각되고 있으며, 갖가지 방식으로 노동자가 자기감정을 누그러뜨려 자기 일에만 몰두하도록 이끈다. 이러한 경향은 생산 및 교환에서 협업이 괄목하게 발달하고 또 노동조합에 대한 존중이 증대하고, 보험, 연금, 수익 공유, 노동자를 위한 물질적 및 사회적 편익을 위한 각종 제도에 대한 관심이 증대하고 있는 벨기에와 러시아 및 여타 유럽 국가에서 두드러지게 나타난다. "좋은 정부는 군주로부터 아래로 출현하는 것이 아니라 민중으로부터 위로 출현하듯이, 좋은 산업도 자본가로부터 아래로가 아니라 민중으로부터 위로 출현한다."[6]

경제체계에도 민주주의원리가 여러 형태로 도입될 것이 분명하다. 협동조합, 노동조합, 공적 규제, 공적 소유, 여론에 의한 비공식적 통제는 모두 민주주의 원리에 의거한 것이다. 궁극적으로 시민이 전체 생활에서 중요한 행위자가 된다.

자본가-경영자계급의 영향력에 대해 논의를 하기 전에 사회적 영향력의 의미에 대해 명확하게 짚고 넘어갈 필요가 있다. 왜냐하면 그것의 의미를 모호하게 정의하면 상당한 오해를 불러일으키기 때문이다.

그것의 본질은 명백히 인간 정신을 통제하는 것이며, 권력의 가장 직

---

[5] Henry D. Lloyd, *Man the Social Creator*, 255.
[6] Idem, 246. 로이드(Lloyd)는 과학자이기보다는 예언가라 할 수 있지만, 그는 사물을 예리하게 파악하는 통찰력을 가지고 있다.

접적인 측면은 바로 정신적 측면이다. 즉 권력은 의사소통 같은 평범한 상징 말고는 다른 어떤 수단도 없는 상태에서 자신이 가진 장점만 가지고 다른 사람에게 영향력을 행사하는 것이다. 이것이야말로 살아 있는 인간 능력이며, 그런 능력을 많이 가진 자들이 (공식적 또는 인습적 권력을 가졌든 아니든) 사회를 이끄는 으뜸가는 원동력이다. 예컨대 모든 시대의 시인, 예언가, 철학자, 발명가, 과학자, 위대한 정치·군사·종교 지도자 그리고 산업 및 상업의 총수까지도 그러한 인물에 속한다. 모든 권력은 애초부터 모종의 심적 또는 정신적 힘과 관련되어 있다. 권력에 수동적 속성(세습된 사회적 위치, 관직, 은행계좌 등)이 따라다니면 관습과 습관의 도움을 받아 정신적 힘을 가지게 된다(습관과 관습은 이러한 것들을 정신적 힘의 저장소로 간주하여 그것들로 하여금 자기 기능을 발휘할 수 있게 한다).

권력은 즉각적인 정신적 측면에서는 활력을 최대화하고 확립을 최소화한다. 권력을 인식할 수 있는 자는 단 몇 사람뿐이다. 그래서 권력을 가진 자들은 그것을 사회적으로 표현하고 효력을 발휘하며, 지위, 평판, 부를 획득하기 위해 권력을 확립하고 조직화하려고 노력한다. 권력은 지위나 명성이나 부의 형태를 취하기 전에는 일반사람들에게는 모습이 드러나지 않기 때문에 지위, 명성, 부가 (피상적으로 관찰할 때나 모든 통상적인 생활에서) 권력을 효과적으로 보여주는 유일한 징표이다. 그런데 이러한 상징이 모습을 드러내게 되면 종종 정신적 토대가 사라지게 된다. 원초적 권력은 거의 대부분 눈에 보이지 않은 채 지나가며, 그중 대부분은 인생의 만년이 되어서도 명확하게 나타나지 않고, 죽은 후에야 명성을 얻게 된다. 또한 그중 상당 부분은 그리고 가장 뛰어난 부분은 어떤 형태를 띠든 대중의 인정을 받지 못한다.

화폐 가치는 일반적으로 사회의 관습적 또는 제도적 측면의 한 표현이며, 웅장함과 혼란을 혼합해 놓은 것이라고 흔히 말한다(우리는 이러한 혼합을 통해서 본성을 이해하게 된다). 그래서 나는 화폐 가치로 사람과 사물을 평가하는 것은 한편으로는 거창한 원리를 표현하고, 다른 한편으로는 부당하거나 사소한 또는 부수적인 원리를 표현하는 것으로 본다. 어떤 이득은 중대하거나 유기적organic인데 그것은 삶의 본성 자체에서 우러나오며 우리가 그 삶을 이해하는 과정에서 정당화된다. 반면에 어떤 이득은 허황된 것fanciful으로, 이러한 이득은 다이아몬드나 처녀작의 가치처럼 부의 취향이나 일시적 유행에서 나온다. 또 어떤 이득은 불법적인 사기꾼이 취하는 이득처럼 기생적parasitical이다.

일반적으로 시장의 가치들은 모두가 관습적 세계의 가치이며, 정신적 가치는 (관습적 형태를 띠지 않으면) 시장 속에서 잘 감지되지 않는다. 이러한 가치는 미래에 호소한다. 시장 가치의 세부적인 측면은 도덕적 가치와의 연계성이 명확히 드러나지 않으며, 그런 연계성이 있을 것으로 기대해서도 안 된다. 어떤 사람이 하는 일이 높은 수준의 도덕적 가치를 가진다면, 그 가치는 본성상 관습적 세계를 공격하는 것으로 간주되며, 관습적 세계는 그 가치에 보상을 하기는커녕 분개하게 된다.

사람들은 오직 자신에게 가장 적합하다고 생각하고 유익한 일만 착수할 수 있으며, 비록 그 가치가 적더라도 만족하려고 애쓰고, 만약 그 가치가 크다면 그 가치가 자신에게 부여하는 화폐 이상의 권력이 공공선을 위해 사용될 경우에만 자신의 것이 된다고 느끼게 된다.

가시적인 사회적 권력은 (물려받은 재산처럼 외래적인 것이 아니라 사람에게 내재적인 것이라면) 주로 조직화 역량에 좌우되며, 인간적인 제도를 수립하고 운영하는 능력이라 할 수 있다. 사회적 권력의 근원은 사람을 다루는 재치와 솜씨 그리고 끈기, 일정한 건설 본능에 있다. 사회적 권력을 소유한 자는 새로운 인물을 사회적 자원으로 보며, 그런 인물

을 자신보다 더 많은 것을 아는 인물로 만드는 법을 알고 있다.[7]

모든 종류의 리더십 중에서 사회적 권력은 즉시에 인정을 받고 최고의 시장 가치를 가진다. 사회적 권력은 온갖 종류의 협동적 성취에 필수적이기 때문이다. 사회적 권력을 가진 자는 세상을 직접 통제하는 법을 알며, 어떤 조직의 형태에서도 그 권력을 실행할 수 있다. 시대를 막론하고 그들은 경쟁의 문이 열릴 때마다 더 많은 권력을 획득하고 장악했다. 중세시대 초기에는 (부르고뉴 지방[8]과 브르타뉴 지방[9]의 개척자와 프랑스의 초기 왕들이 그랬듯이) 활동력과 운영 능력이 있는 자들이 당시 상황에 의해 유리한 위치를 차지하고 지방 행정기관과 장원을 설립하거나 각종 기회를 활용하여 조직을 확장시켰다. 우리 시대에도 그와 똑같은 방식으로 상업 및 산업 체계를 설립하거나 상원의원 및 철도청장이 되어 조직을 확장하고 있다.

실제로 우리 주위에 출현하고 있는 방대하고 다양한 사회구조(산업기업, 정당, 노동조합, 신문, 대학, 자선활동 등)를 관리하기 위해서는 이러한 유형의 능력이 그 어느 때보다도 절실히 요구되고 있다.

그러한 능력이 높은 시장 가치를 가지게 되는 것은 부분적으로는 희

---

[7] "Lässt jeden ganz das bleiben was er ist;
Er wacht nur drüber das er's immer sei
Am rechten Ort; so weiss er aller Menschen
Vermögen zu dem seinigen zu machen."
　　사람들이 각자 하는 그대로 놔두어라.
　　그러나 그가 올바른 위치에 있는지 지켜보아라.
　　그러면 그는 모든 사람의 능력을 자신의 것으로 만드는 법을 알게 된다."
Schiller, *Wallenstein's Lager*, I, 4.

[8] 옮긴이―부르고뉴(Bourgogne): 프랑스 중동부 지역에 위치한 땅으로 고대에 스칸디나비아인들이 남하하여 독립왕국을 이루다가 이후 프랑크왕국, 합스부르크왕가에 복속되었으며 17세기에 프랑스가 점령하여 프랑스 땅이 된 곳.

[9] 옮긴이―브르타뉴(Bretagne): 프랑스 북서부 반도에 위치한 곳으로 고대에는 켈트족이 거주하여 터전을 이루었으나 이후 프랑크족과 대립을 거듭하였으며 프랑스혁명 이후 공화정을 지지하면서 현재 프랑스 일부가 되었음.

소성 때문이고 부분적으로는 그러한 능력을 취급하는 상설 시장이 있기 때문이다. 즉 꾸준하고 지적인 수요를 창출할 만큼 그러한 필요가 긴급하고 명백하다는 것이다. 두 번째 이유와 관련해서 보면 그러한 능력은 봉사 같은 도덕적 리더십과는 대조된다. 사람들은 그러한 능력을 필요로 하면서도 그것에 대가를 치르려 하지 않는다. 세 번째 이유는 그러한 능력을 가진 자들은 거의 항상 그 능력의 가치를 알고 그것이 받은 승인을 지킬 만큼 충분히 영리하다는 점이다.

자본가 계급의 권력에 대해 논의할 때 아무도 그 형태의 섬세함과 고상함에 대해서는 어떤 문제도 제기하지 않고 있다. 부유층 사이에서는 풍부한 정신적 리더십을 전혀 찾아볼 수 없으며, 그들의 리더십은 동시대인들의 일상적인 안락에는 상당한 관심을 갖지만 인류의 심오한 운명에 대해서는 별로 관심을 두지 않는 그저 평범한 권위이다. 세상 사람들은 종종 그들에게 항구적으로 명성을 부여하지 않는다. 그들의 명성은 물 위에 씌어 있는 글자처럼 정신적 중요성을 상실한다. 심지어 산업에서 화폐를 가진 자에게서는 창의적인 사고, 즉 새로운 시대의 근원인 혁신이 좀처럼 나오지 않는다. 왜냐하면 그들은 그와 다른 종류의 통찰력을 요구하기 때문이다.

자본가는 시장에서 확고한 지위를 충분히 확보할 만큼 가시적이고 명확한 사회적 가치를 마음대로 이용할 수 있는 힘을 가진다. 그는 자신이 가진 화폐와 위세로 (소질이나 사랑 또는 그 어떤 질적인 것이 아니면) 음식, 주택, 의복, 각종 도구 그리고 잔디 깎기에서 철도 행정에 이르는 모든 종류의 관습적이고 표준적인 서비스까지도 마음대로 이용할 수 있다. 부가 이러한 조악한 사회적 권력을 수반한다는 것은 누구나 다 아는 사실이지만 그럼에도 이에 대해 더욱 세밀하게 검토할 필요가 있다.

우선 부는 재화와 서비스를 마음대로 이용할 수 있는 힘을 가진다.

부의 주인은 보이지 않는 일단의 잠재적 종복으로부터 시중을 받는데, 이들은 법이 허용하는 한도 내에서는 무엇이든 그리고 때로는 그 이상으로 주인을 위해 봉사할 준비가 되어 있다. 이와 같이 부의 주인은 다른 많은 점에서 그렇듯이 중세 및 초기 근대시대 귀족의 계승자로서, 모든 반대자들에 대해 자기 의지를 관철하기 위해 가시적인 일단의 종복을 이용했다. 그는 할 수 있는 곳이라면 어디서나 사회체계의 통치자가 된다.

부는 부분적으로는 오직 매수에 의해서만 정치권력을 획득하지만, 그보다 훨씬 더 간접적이면서 완전한 방법은 법적 압력에 의해서 이루어지는 경우가 더 많다. 이러한 법적 압력은 주로 유인에 의해서 항상 교묘하게 이루어진다. 이를테면 사업가는 거래를 통해서 권력을 행사하고, 변호사는 개업을 통해서, 수세공은 고용을 통해서 권력을 행사한다. 소득을 얻고자 하는 사람은 모두 부자의 환심을 사려 한다. 모든 부자는 거의 이러한 종류의 영향력을 통해서 정치권력을 가지게 된다. 설령 그럴 생각이 없는 경우에도 부자는 그런 영향력을 행사하게 된다. 그러나 부가 기민하고 악랄한 정치적 야심과 결합할 경우, 즉 부가 입법부를 장악하거나 각종 법률 행정을 통제할 경우에는 위험한 상황이 초래된다. 고위 관직은 대부분 뛰어난 자질을 가진 사람보다는 부를 가진 사람이 차지하며, 부가 없으면 별로 대접을 받지 못하는 사실을 우리는 어김없이 보게 된다. 또한 지방과 중앙의 입법부와 행정기관은 종종 금전적 권력을 가진 자가 장악하는 경우도 흔히 있는 일이다. 여론이 몹시 환기된 상태가 아니면 대체로 부가 정치를 제멋대로 좌우하고 있다고 해도 과언이 아니다.

부자가 변호사, 의사, 성직자, 교사, 토목공학 및 기계공학 기술자 등 전문직 계급에 미치는 영향력은 대체로 대단하긴 하나 다소 간접적이라고 할 수 있는데, 이는 이들이 부자를 의식적으로 추종하는 것이 아니라 관습과 유인에서 도덕적 우월성을 가지고 있음을 함축한다. 이러한 종류의 능력을 가진 자는 대체로 교육을 받았으며 자존감과 직업정신이 강하고 어느 한 고용주에만 전적으로 의존하지 않는다. 동시에 그들은 주로 부자를 통해서 생계를 이어가며, 주로 부자로부터 가장 수지맞는 일자리를 얻고, 부자가 이들의 경력을 쌓고 허무는 많은 간접적인 방법을 가지고 있다. 가장 유능한 변호사는 부자와 밀접한 관계를 맺으며, 스스로 자본가가 되는 경우가 많다. 의사는 자신들이 가진 의술이 금전과는 직접 관련이 없으므로 더욱 독립적이지만 그럼에도 그들은 많을 돈을 벌기 위해 부유층 환자를 치료해야 한다. 성직자는 부유층 교구민들을 만족시켜야 하는 압력을 받고 있다. 교사는 교육위원회를 장악하고 있는 부유층 시민들로부터 호응을 얻어야 한다.

사회심리학에 따르면 호의를 베푸는 사람에게서 이득을 얻고 싶으면 분명 그의 사고방식에 맞추어야 한다. 우리는 자주 그의 마음 상태를 고려해야 하기 때문에 그리고 그의 마음 상태를 우리의 목표에 유리하도록 하기 위해 우리는 무심결에 그의 사고에 휘둘리게 되고, 또 그가 존중하면서 정중하게 대할 경우 우리는 더욱 그렇게 된다. 부는 바로 이런 식으로 지식을 이용한다. 누가 이를 부인할 수 있겠는가?

신문은 대체로 부자가 소유하고 있어서 신문에 표현되어 있는 기사 내용에 중요한 영향을 미친다. 그러나 신문은 이윤을 벌어들이기 위해 주로 광고에 의존한다는 점에 유의해야 한다. 가장 수지맞는 광고는 주로 부유한 상인이 제공하기 때문에 자신의 이익을 침해하는 기사가 나오면 당연히 분노한다. 물론 신문은 광고의 가치 또는 여타의 목적을 위해 공중의 마음을 얻어야 하고, 이 때문에 여론에 부합해야 한다. 그러나 신문을 많이 읽는 계층은 비교적 부유한 계층이다. 심지어 육체노동자 계급의 이익을 대변하는 일부 신문조차도 (그런 목적을 성취할 의도는 가지지 않고 신문 보급량을 늘리는 데만 치중하며) 실질적인 개혁을 추진하는 기사보다는 대개는 야단스럽긴 하나 모호한 선동적인 기사를 싣는다.

여론의 모든 국면(여기에는 사회문제에 대해 가장 성실하고 가장 정직한 탐문하는 것도 포함된다)은 신문 용지에서 약간의 표현을 발견하지만, 부유층 이해관계의 후원을 받는 그런 국면은 (여론이 크게 각성된 때가 아니면) 긴급성, 지속성, 민첩성(이러한 것들을 통해서 부유층의 이해관계가 제시된다) 면에서 매우 큰 장점을 가진다. 일반적으로 육체노동자 계급 가운데 통찰력 있는 사람은 부유층이 읽는 신문이나 잡지에서는 노사문제에 대한 자신들의 견해를 공정하게 진술해 놓은 기사를 찾아보기 어렵다고 생각한다. 이는 주로 기자들이 무의식적으로 상층계급의 분위기에 젖어 있어서 그 문제를 속속들이 탐문하는 데 자유롭지 못하기 때문이다. 그렇지 않아도 부유층 독자들은 육체노동자 계급의 정서가 어쩌면 공중질서를 위협할지도 모른다는 막연한 느낌을 가지고 있다.

후원자가 공중들로 대체되고 난 다음부터는 (설사 저술가들이 후원자가 새로운 책을 만들거나 훼손하는 일을 전혀 할 수 없게 된다는 하월스의 견해를 받아들인다 하더라도) 저술가들은 부자로부터 아무것도 기대하거나 누려워하는 바가 없게 되었다.

부가 공중의 정서에 대해 갖는 위력은 부분적으로는 식자층과 언론기관을 장악함으로써 행사되기도 하고 위세를 통해 직접 행사되기도 한다. 대단한 통찰력을 가지지 않은 사람, 즉 대다수의 보통사람은 직접 눈에 보이는 성공의 모습을 보고 자기 이상을 형상화한다. 상업시대에는 부자가 바로 그렇게 한다. 그들은 자신들이 가진 영향력의 다른 근원에다가 상상력을 능가하는 위력을 덧붙인다. 수많은 사람이 돈 버는 재주가 없는 데도 돈 버는 것을 이상으로 삼고 있으며, 많은 사람이 입상 가능성이 전혀 없는 달리기 시합에서 숨을 몰아치며 용감하게 달리고 있다. 그것은 마치 다리가 가늘고 몸집이 뚱뚱한 사람이 전국 축구대회에서 우승하기를 바라는 것과 같다.

머니게임[10]은 우리 같은 대다수 사람이 보기에는 그저 미련하고 억울한 일인데도 많은 사람이 열광적으로 그 게임에 참여하고 있다. 부자를 욕하는 사람들조차도 부자야말로 사실상 가장 가치 있는 것을 획득했다고 생각하며 대다수 사람이 정신적으로 비굴한 모습을 보이고 있다.

앞서 지적했듯이, 사회문제와 관련해서는 상층계급 분위기가 존재하는데, 이러한 분위기는 성공한 부자들이 주도하여 사업가나 전문직 종사자에게 의식적 또는 무의식적으로 주입되고 있다. 우리 대부분도 이러한 분위기에 휩싸여 있어서 육체노동자 계급의 정서를 잘 이해하지 못하고 공정하게 판단하지 못하고 있다. 이와 관련하여 급진적인 교의를 주장하는 연설가들은 (비록 신뢰할 만한 것이 아니더라도) 여론의 균형을 맞추어감으로써 공익을 위해 온 힘을 쏟고 있다.

만약 사업가나 전문직 중 어느 누구라도 자신이 계급 분위기를 풍긴다는 사실을 의심하는 사람이 있다면, 그를 당분간 산업도시 한 쪽의 사회 정착촌에 살게 하여(이것은 도피하는 것이 아니라 우리 대부분이 성취하고 싶은 해법 중에서 가장 가깝게 취할 수 있는 것이다) 노동자계급 문학을 읽고(그는 그런 책을 읽는 것이 얼마나 가치 있는 일인지 놀라게 될 것이다), 육체노동자와 대화를 나누고, 각종 모임에 참석하고, 자기 주위의 여러 요소에 대해 가능한 한 넓게 마음을 열어놓고 지내도록 하자. 그는 자신이 새로운 사고와 느낌 속에 살고 있다는 것을 곧 인식하게 될 것이다. 이렇게 지내는 것이 기분 좋은 일일 수도 있고 그렇지 않을 수도 있지만 유익한 일임은 분명하다.

---

[10] 옮긴이—money-game: 투자를 단지 돈을 벌기 위한 행위로만 보지 않고 일종의 게임으로 파악한 데서 생겨난 말.

# 제24장　자본가계급의 우월성 II

야망 있는 청년층의 영향력 / 개방체계에서 지배계급의 안위 / 무질서와 약탈의 위험 / 과거와 현재의 부유층 영향력의 확대 정도 / 영국 부유층과 미국 부유층의 우월성 비교

기회의 자유가 보장되는 사회에서 가장 중요한 요소는 야망을 가진 청년층의 존재이다. 그들은 그 수가 엄청나고 그들이 가진 지력과 과감성 또한 무시할 수 없을 정도로 지대하다. 요컨대 그들은 개방을 원하고 언제나 그것을 받아들일 태세에 있다.

이 계층의 구성원은 대개가 궁핍하여, 부의 위력을 현저하게 상쇄하는 것으로 상정되기도 하고, 어떤 면에서 보면 실제로 그러하다. 그들의 주요한 관심은 계층 상승의 기회를 계속 열려 있게 하는 데 있으며, 따라서 카스트와 이를 지향하는 모든 것을 적대시한다. 그러나 그들은 상층계급이 부와 지위에 기초하여 우월성을 가지는 것에 반대하는 것은 아니다. 이러한 점은 그들의 목표가 하층계급을 향상시키는 데 있는 것이 아니라 하층계급에서 벗어나는 데 있다는 사실을 상기하면 명백하게 알 수 있다.

계층이 상승한 청년은 자신이 하층계급에 속한다고 생각하지 않으며

선조에 대해 불만을 느끼고 부와 권력과 명예를 추구하는 데 몰두한다. 그렇게 함으로써 그는 부와 권력과 명예를 가진 사람에게만 시선을 고정시켜 그들을 모범으로 삼아 부와 권력과 명예를 획득하는 법을 배운다. 이렇게 하여 그는 상층계급의 이상과 표준을 받아들이게 된다. 그는 철도청장, 상원의원, 심지어 노동조합 대표의 의견에는 많은 관심을 기울이지만 아무것도 가지지 않은 단순한 농부나 노동자에 대해서는 별로 관심을 기울이지 않는다.

요즘 대학생들은 청년층 사이에 널리 확산된 건전한 이상주의와 방금 지적한 요소(이러한 요소들은 교육이 실용적이 되면서 점점 강하게 나타나고 있다) 사이에서 갈등하고 있다. 대체로 그들은 하나의 특권을 가지면 또 하나의 특권을 가지려는 데 몰두하여 불우한 계층에 대해서는 관심이 점점 멀어지고 있다.

그리하여 야망을 가진 청년은 대체로 부유한 계층의 우월성을 두둔하게 되고, 그 결과 그들은 직접적으로는 부유층의 이상을 받아들여 그 위력을 공유하기를 기대하고, 간접적으로는 불우한 계층을 도우는 데 관심을 두지 않게 된다. 지위가 상승한 변호사는 자기 스스로 환대를 받고 자기 스스로 급료를 지급할 능력이 있는데 학창시절에 가졌던 사회 개혁의 열의를 얼마나 오래 유지할 수 있을까?

그래서 얼핏 보면 다소 역설적으로 보이겠지만, 경쟁사회의 지배계급은 비록 개별 구성원 자격에서는 불안정해 보이지만 그렇지 않은 다른 체계의 지배계급보다는 전반적으로 안정되어 있다. 왜냐하면 경쟁사회의 지배계급은 다른 계급으로부터 대부분의 타고난 능력을 지속적으로 흡수하기 때문이다. 영국은 역사적으로 귀족사회가 비교적 개방적이었다고 말한다. 즉 혁명 이전의 프랑스가 그랬듯이 [영국에서는] 능력이 댐 뒤에 있는 물처럼 배후에서 솟아오른 것이 아니라 그 속으로 침투해 들어갔나. 우리[미국]의 경제질서에서는 동일한 원리가 훨씬 효과적으로 작동하고 있다.

노동조합운동의 큰 약점은 (비특권계급이 자기확신을 가지려고 시도할 때마다 그러했던 것처럼) 지속적으로 유능한 지도자를 잃고 있다는 데 있다. 동료들을 위한 일을 하는 데 탁월한 능력을 발휘하는 사람은 십중팔구 돈을 많이 벌어 상층계급에 속하게 된다. 조직화된 부유층은 갈수록 이런 방식으로 노동자 측의 유망한 지도자들을 끌어들인다. 노동자 측에서 보면 이렇게 하는 것이 계급의식과 충성심을 한층 강화하는 한 방편이기도 하다.

아울러 불우한 계층 그리고 궁핍한 하층계급도 계층 상승의 자유를 가질 수 있게 된다(이들이 궁핍하게 된 것은 사회체계가 이들의 욕구에 별 관심을 가지고 있지 않기 때문이다). 이러한 현상은 산업체계에서 그리고 근대사회 일반에서 우리가 통상적으로 지각하는 것보다 더 뚜렷하게 나타나고 있다. 우리는 자유 이상의 일면만 강조하여 노예근성이 우리 삶 속에 무방비로 파고드는 것을 못 보게 되었다. 그 결과 우리 사회에는 불량주택, 불안정한 생활, 살인적인 과잉노동, 아동노동, 적절한 근로대중교육의 부재 등이 만연하게 되었다. 이러한 것들을 방치하면 산업 발전을 위협하므로 반드시 치유해야만 한다.

조직화되고 자기 의식적인 하층계급은 무질서와 약탈을 초래한다는 막연한 불안감 탓에 부유층은 이러한 종류의 문제를 논할 때 얼마나 소심해지는지는 이루 말하기 어렵다. 하지만 그러한 소심함은 제법 상당하게 나타난다. 민주주의에서는 권력은 수에 비례하고 다수가 빈곤층이므로 얼핏 보면 다수인 빈곤층이 소수인 부유층을 약탈하는 것처럼 보일 수도 있다.

100년 전의 심지어 50년 전의 보수적인 사상가들은 이러한 점을 거의 공리처럼 여기는데, 더 심오한 철학은 (브라이스가 말한 대로) 무질서 상태는 "모든 위험 또는 공포의 근원이지만 근대세계는 그것을 좀처럼 두려워할 이유가 없다."라는 것을 경험을 통해서 보여주었다.[1]

가장 분명한 이유는 이미 논의한 바와 같이 다른 어떤 정치형태보다도 민주주의에서는 권력이 단순히 수에 좌우되지 않는다는 점이다. 구성원들이 공개적인 투쟁에서 각자의 위치를 유지하는 민주적 귀족정치에서는 어김없이 가장 강한 자가 살아남는다. 카스트가 존재하는 곳에서는 혁명을 기대할 수가 없다. 앞서 말한 바와 같이 이 경우에는 혁명이 일어날 가능성이 요원하다. 사회구조가 확고부동한 경우에는 기성권력의 동맹이 너무 굳건하고 뿌리가 깊어서 아무리 요란한 선동을 하더라도 심연의 표면에서 살랑살랑 부는 미풍에 지나지 않는다. 우리 모두는 물론 선동가들까지도 그런 사회구조가 만들어놓은 관습에 지배되어 부지불식중에 기존 질서를 유지하려 한다. 물론 오랫동안 썩어 있던 것이 무너지면 급격한 변화가 일어나겠지만, 나는 우리 체계를 구성하고 있는 대들보가 그런 상태에 있다고 볼 이유가 전혀 없다고 생각한다. 그 대들보가 거칠고 보기 흉하긴 해도 무너질 정도로 약하지는 않다.

또 하나의 전통적인 조건은 모든 계층에게 복지를 골고루 제공하여 단결시켜 주는 경제적 연대이다. 이러한 경제적 연대가 없으면 사회 전체가 혼란에 빠졌을 때 모든 계층이, 특히 강자보다 약자가 더 많은 고통을 받기 때문이다. 급격한 변화는 그 방향이 아무리 올바르더라도 그것을 주도한 사람들을 믿지 못하고 반발을 야기할 수밖에 없다. 육체노동자 계급의 수중에 들어오는 경제적 산물은 그들이 응당 받아야 할 몫에 훨씬 미치지 못한다. 그러나 그들은 형편이 더 나빠질 만큼 아주 궁핍하지는 않다. 그들은 자제력을 잃지만 않는다면 자신들이 가진 것을 지켜

---

[1] *The American Commonwealth*, chap. 94.

주는 현 질서를 유지하기 위해 항상 다른 계급들과 연합을 하게 된다.

사회가 무질서하면 범죄자 말고는 아무에게도 이익이 되지 않으며, 건전하고 냉철한 노동운동 지도자라면 총파업(나는 이것을 유아기 때의 수단이라고 생각한다) 같은 것은 장려하지 않을 것이다. 노동자들의 삶이 확실하게 향상되려면 현존하는 생산체계에 기초하여 그것으로부터 자양분을 획득해야 하며, 그 체계가 아무리 결함이 있더라도 오직 점진적으로 변화시켜 나가야 한다. 파업이나 그와 유사한 모든 전술은 속성상 한쪽 부분에만 의존하며, 그것이 성공하려면 그것에 동조하지 않는 나머지 부분으로부터 지지를 이끌어내야 한다. 어디에서든 진보를 좌우하는 열쇠는 안정과 향상을 함께 아우르는 원리이다.

끝으로, 취약계층을 효과적으로 조직하기 위해서는 이해력, 질서정연한 방법에 의한 자기확신 훈련, 교육이 수반되어야 하고 끈기와 타협이 필요하다. 그들은 실질적인 권력을 많이 가질수록 대체로 그 권력을 더욱 보수적으로 이용한다. 발언이 자유로운 곳에서는 항상 급격한 변화를 주장하는 요란한 정당이 있게 마련이지만(또한 그러한 변화를 두려워하는 소심한 정당도 있다), 실제 민주주의에서는 많은 훈련을 받을수록 사람들은 이러한 영향을 덜 받게 된다.

우리 사회가 아무리 분할되어 있더라도 우리 사회는 무질서 경향을 확실하게 몰아내고 통일을 이룰 만큼 충분히 유기적 통일체를 형성하고 있다. 그 같은 경향은 주로 빈곤층에서 많이 나타나고 있으나 부유층에서도 그에 못지않게 나타나고 있다. 한 극단에는 다른 사람들을 약탈하는 무정부주의자가 있는가 하면, 다른 한 극단에는 실제로 그런 약탈을 일삼는 독점자본가와 금융업자가 있다.

부는 과거보다 현재 그리고 다른 나라보다 미국에서 인간 심성에 더 큰 영향을 미치는 것으로 흔히 알려져 있다. 그러면 실제로 얼마나 그러할까?

　이 문제를 이해하려면 사냥꾼이 여우 사냥을 할 때처럼 사냥꾼이 가지고 있는 열의는 표적물의 가치와 별 연관이 없다는 점을 염두에 두고 있어야 한다. 부를 추구하고자 하는 사람들의 열의가 지금만큼 큰 적이 없었다. 이 시대의 상업적 추세는 그 원인이 다양하여 머니게임에 참여하는 사람들에게 불평등한 기회와 유인을 제공하고 있다는 것이 그 가장 큰 이유이다. 그래서 머니게임에서는 원기왕성한 사람들의 열의가 경쟁적으로 표출된다. 그러나 부가 사람들의 내적 사유 속에서 [다른 것보다] 더 많이 표출된다고 말하는 것, 즉 부의 소유 여부에 따라 [내적 사유의] 본원적 차이가 더욱 크게 나타난다고 말하는 것은 또 하나의 의심스러운 명제이다. 나는 이러한 명제가 사실에 반한다고 생각한다.

　개인의 부가 갖는 정신적 가치는 그것이 정신 발달에 미치는 위력에서 나온다. 그러므로 개인의 부가 갖는 정신적 가치는 그러한 수단을 공동 소유로 만드는 경향에 의해 감소되고, 새로운 질서가 이러한 경향을 갖게 된다. 화폐가 교육, 직업 선택, 도서 및 여가와 각종 교류 등에 필요한 유일한 수단이 되면서 지적 생활에 필수적인 수단이 된다. 화폐가 없으면 교양계급과 교류할 수가 없을 정도가 되었다. 그러나 학교와 도서관 자유로운 이용, 잡지와 신문의 보급, 저렴한 여행, 덜 고된 노동 및 노동시간 단축, 문화 기회 등이 더욱더 확대되고 있으며, 최상의 생활용품이 (비록 모든 사람에게는 아니지만) 더욱 많은 사람에게 개방되고 있다. 천한 직업을 가진 사람도 신사나 학자가 될 수 있고 실제로 그렇게 되고 있다. 실제로, 인류에 대한 심오한 통찰력을 가진 사람만이 공동생활을 공유하고 성찰할 수 있기 때문에 어느 한 쪽이 우위를 독점하는 것은 현실 문화에 부적절하다고 생각하는 사람들이 점점 더 많아지고 있다.

그 결과 부는 지식, 교양, 기회(이것은 부가 실제로 가진 위력보다 항상 더 많은 것을 수반한다)가 가진 위세를 상당 부분 잃어버리게 된다. 정치적 무게중심과 마찬가지로 지적 및 정신적 무게중심도 대중 속으로 침투해 들어간다. 현재의 부자는 탐욕을 넘어서 부유해지고 있는데도 예전의 그 어느 사회의 부자들보다도 내적 삶이 빈약하며 정신적 권위를 가지고 있지 않다. 그들은 전통적으로 귀족에게 부여되는 도덕적 존경을 받기보다는 대중의 호기심이나 분노, 찬사, 선망의 대상이 되고 있을 따름이다. 아무도 그들을 진지하게 우러러보지 않는다. 사실 부자에게 부드럽지만 상당한 조롱이 가해지고 있는데 이것보다 부가 더 이상 압도적인 위력을 가지고 있지 않다는 것을 보여주는 증거는 없다. 실제로 부자가 지배계층인 경우에는 그 조롱이 비록 과감하지는 않더라도 부드러운 정도를 넘어설 것이다. 현재 부자들의 우월성은 평등 이론과 비교할 때는 높지만(바로 앞의 장에 제시한 진술은 이러한 의미에서 이해할 필요가 있다) 구세계 지배계급의 우월성에 비하면 낮다.

부자든 빈자든 돈벌이에 열정을 바치는 사람들(이들은 주로 도시에 거주한다)은 무엇보다도 화폐를 가장 높은 이상으로 삼는다. 그러나 평범한 농부나 기계공, 소박한 상인들은 검소하게 가족을 부양하는 데 필요한 양 이상으로 부에 가치를 두지 않고 부자를 찬미하거나 부러워하지도 않지만 백만장자를 우러러 보고 마음속으로 그린다. "돈이 인생의 전부는 아니다. 그가 우리보다 돈을 멀리하게 하는 것은 무엇인가?" 전형적인 미국인은 이상주의자이다. 그가 모범으로 삼는 사람은 일부 방면에서 이상적인 삶을 보여주는 사람들(또는 그런 삶을 산다고 생각되는 사람들)로서 가장 일반적으로는 정치인이며, 소설가나 과학자, 교사도 종종 거론한다. 브라이스 등이 지적했듯이, 평범한 사람은 그 분야에서 공인된 대표자를 부끄럽게 할 정도로 교육과 문화를 소중하게 여긴다.

그래서 부자에 대한 적개심을 부추기는 선동가는 부지의 장점이 엄청나게 크다고 믿기를 거부하는 이상주의에 대해 혐오감을 가지고 대한다. 또한 그러한 사람들이 가진 주요한 불만 중의 하나는 그들이 가난한 사람들이 우둔하거나 정신이 결여되어 있다고 간주하는 데 있다.

예전에는 자신이 부자라고 해서 반드시 축복을 받는다고 생각하는 사람들이 그렇게 많지는 않았다(특히 자녀 양육과 관련해서 그러했다). 성공한 사람 중에 많은 이들은 어찌 할 바 몰라서 자신이 누리던 강요된 근면, 검약, 자기절제의 장점을 자녀에게 물려주려 한다. 오늘날 한 갑부는 재산을 축적하는 것은 사회에도 나쁜 영향을 주고 자녀에게도 나쁜 영향을 준다며, 무제한 누진 상속세 제도를 적극 장려하고 있다.[2] 그는 자신이 이론적으로나 실천적으로나 지지하는 철학에 따라, 스스로 부자라고 생각하는 사람은 검소하게 살아야 하고 잉여자산을 공익을 위한 신탁기금으로 사용해야 한다고 생각한다.

만약 어떤 사람이 자녀에게 해주고 싶은 것을 선택할 수 있다면 무엇을 하면 좋을까? 우선 높고 몰두해야 할 목표를 세우고, 생활 속에 분투할만한 가치가 있는 의미와 열망으로 채운다. 그런 연후에 그는 건강, 친구, 마음의 평온, 독서 향유, 행복한 가정생활, 물질적 안락을 원한다. 그러나 마지막 것에 대해서는 (비숙련노동자조차도 그 정도는 취할 수 있는 것이어서) 덜 중요하게 여긴다. 진짜 해악은 궁핍한 집과 탁자가 아니라 궁핍한 영혼인데, 이 둘은 예전과 달리 지금은 분리가능하다. 참된 민주주의가 발달할수록 부자들이 가진 정신적 우월성은 줄어든다.

미국에서는 영국만큼 관습적으로나 제도적으로나 부를 존중하지 않는다. 세습계급이 존재하는 곳에서는 계급 생활기준이 존재하기 마련이라는 것이 그 부분적인 이유이다. 예컨대 상층계급에는 호화로운 생활기

---

[2] 앤드류 카네기(Andrew Carnegie).

준이 있다. 좋은 동료들과 어울려 살려고 하는 사람은 이러한 생활기준에 맞추어야 하는 압박을 받게 된다. 영국에는 (비록 확실하지는 않으나) 사실상 지배계층이 존재하며, 태어날 때 이 계층에 속하지 않은 사람들은 거의가 이 지배계층을 우러러보며 그렇게 되려고 열망한다. 지배계층의 관습과 규범은 오로지 비교적 부유한 자만이 누릴 수 있다.

우리 사회[미국]에는 그 같은 지배계층이 존재하지 않는다. 우리 사회[미국]에도 부유한 사람이 존재하고, 부를 추구하는 게임이 활발하게 이루어지고 있지만, 부가 우월하다고 여기지 않으며 부자가 되어야만 존경을 받는다고 생각하지도 않는다. 돈을 버는 사람들은 그 돈을 우리와 함께 나눈다. 그렇지 않더라도 사람들은 자신이 가진 것으로 살아가며, 스스로를 열등하다고 여기지도 않고 다른 사람들도 그들을 열등하다고 여기지 않는다.

또한 미국에서는 대체로 재산을 결혼 여부를 결정하는 요인으로 생각하지 않으며, 생활을 꾸려갈 능력을 고려하지 않고 단순히 재산이 없다는 이유만으로 사위가 될 사람을 거부하는 부모는 흔치 않다(하물며 며느리가 될 사람에 대해서는 말할 것도 없다). 소설가들이 우리한테 믿으라고 하듯이, 영국에는 극장의 상층 관람석에서 돈을 받고 고용된 사람들을 흔히 볼 수 있는데, 미국에서는 보기 어려운 놀라운 광경이다.

세습 직위는 때때로 부의 우월성에 대한 균형추로 여기는데, 적어도 우리 시대에는 민주주의에서는 가질 수 없는 공식적 지위와 영속성을 부에 부여하여 사실상 부의 우월성을 지지하고 승인하고 있다. 우리가 알기로 영국에서는 부가 (요령과 인내 그리고 정치적 봉사를 통해) 직위를 낳으며, 또한 (미국에서는 돈으로 어떤 것도 획득할 수 없는데) 부는 악습과 우매함으로는 파괴할 수 없으며, 부를 이용하여 결혼을 할 수도 있다. "미국에서는 명예로운 부모에게 타락한 자녀들이 신속하게 시야에서 사라지는 것보다 더 나은 일은 없다."³ 지위는 부의 대체물이 아니라 부에 대한 보상이자 부수물이다. 이와 관련하여 부에 요구할 수 있는 유일한 장점은 어쩌면 부에 대한 욕망과 존중이 새롭게 획득한 부의 오만함에 일정한 규율을 부과하는 것이다.

영국인들은 높은 지위에 있는 사람은 근사한 생활양식을 가져야 "품위를 유지한다."라고 생각하는데, 이러한 생각은 카스트 정서와 일맥상통한다. 카스트 정서는 가난한 사람들이 그 같은 직책을 가지는 것을 허용하지 않는다. 여기[미국]서는 그런 경우가 거의 없다. 만약 부가 정치적으로 성공하는 데 중요한 역할을 한다면 사람들은 그것을 승인하지 않으며 기꺼이 필요 없게 만들 것이다.

전반적으로 어떤 공로를 부의 탓으로 돌리고 또 의상 양식, 시중 등에서 부가 출현한다는 관념이 영국보다 미국에서 더 강하게 나타나고 있다는 점에 대해서는 의문이 든다.

---

³ T. W. Higginson, *Book and Heart*, 145.

## 제25장  저임금계층의 조직화

계급조직의 필요성 / 노동조합의 효용성과 위험성 / 육체노동계급의 일반적 성향

이 책을 쓰는 목적은 요즈음 논란이 되고 있는 문헌에 새로운 내용을 덧붙이려는 것이 아니다. 내가 의도하는 것은 현재 논의되고 있는 주제를 다루면서 약간의 단순한 그러면서도 어쩌면 명확한 원리를 진술하려는 것뿐이다(그 원리는 그 주제를 우리의 일반적 사고 노선과 연계하기 위해 고안한 것이다).

육체노동자가 조직화되고 계급의식을 갖는 것은 민주주의사회에서 기본적으로 필요한 조건 중 하나이다. 육체노동자가 자신의 처한 상황을 인식하지 못하고 자기 확신을 가지고 질서 있게 실천하지 못하면 그들에게 진정한 자유는 없으며, 그 대신에 종속상태에 머물게 될 것이다. 어떤 집단이든 조직화되지 못하면 그들에게 자유는 있을 수 없다. 이미 설명한 바와 같이[1] 노동계급의 존재는 엄연한 사실이지만 그들은 의식적이고 자기주도적일 때만 실제로 존재하게 된다.

---

[1] 제21장을 보라.

다른 계급의 압력에 대항하여 자기 확신을 실천하는 데 가장 필요한 것은 계급의식이다. 그런데 부를 갖지 못하고 그에 따라 조직화된 힘에 대한 통제권을 결여한 자들에게는 계급의식을 가지는 것이 가장 필요하면서 동시에 가장 어려운 일이다. 특히 자유 사회에서는 하늘은 스스로 돕는 자를 돕는다. 그리고 재화가 부족한 자는 연합을 해서 강해져야 하며, 리더십을 길러 결함을 보완하도록 노력해야 한다(리더십은 더 나은 계층으로 나아갈 수 있는 능력이다).

부가 가진 우월한 힘은 대체로 무의식적으로 아랫사람들을 억압한다는 점에 대해서는 유능한 학자라면 부인할 수가 없는 사실이다. 우리 시대에 산업이 발달한 것은 많은 사람들이 겪은 고통의 결과이다. 그러한 고통, 그중에서 가장 심한 고통은 거의 전부가 빈곤층이 겪은 반면 그러한 발전에 의해 증가한 산물은 대부분 부유층이 차지한다. 육체노동자들은 신체적 고통과 질병 유발, 조기 노화, 사고에 의한 중상 또는 사망뿐 아니라 그 자신과 그의 가족이 겪는 조로와 혹사에 의한 자녀들의 발육부진, 지적 및 사회적 기회의 상대적 결여, 누추하고 열악한 주변환경, 고용불안정 등 갖은 고통을 다 겪었다. 이러한 고통들을 겪게 할 의도가 없었더라도 그들은 그러한 고통은 실제로 겪고 있다. 이에 대한 유일한 치료제는 공적 의식이다. 이것은 그러한 고통을 겪고 있는 계급에 특히 필요하다. 공적 의식은 그러한 고통의 원인을 제거할 수 있는 수단이다.

현재 육체노동자 계급의 계급의식을 가장 뚜렷하게 표출하고 있는 것은 노동조합이며, 그밖에도 정의하기 어려울 정도로 다양하고 광범하고 다소 모호한 철학 운동 또는 종교 운동에서도 계급의식이 표출되고 있다. 이러한 운동들은 사회주의로 알려져 있는데, 지금으로서는 사회주의 안에 현재 민주주의정신의 가장 중요한 것이 많이 포함되어 있다고만 말해두고자 한다. 사회주의원리가 다루는 폭넓은 문제에 대해서는 차후에 꼭 논의하고 싶다.

노동조합은 단순한 조직이다. 노동조합은 자기방어를 위한 절박한 필요에서 나온 것이지 모진 혼란과 무시에 맞서 계획적인 공격을 하기 위해 의도적으로 만든 것이 아니다. 노동인구는 마치 강 위의 톱밥처럼 경제변동의 소용돌이 속에 이리저리 휩쓸리며, 때로는 번창하기도 하지만 때로는 비참하고 궁핍한 생활을 하고 비인간적인 상태에서 늘 불안정한 생활을 한다. 이러한 상태에 대항하여 숙련도와 임금이 비교적 높고, 전반적 지식을 갖춘 상층 장인계급은 결사체를 형성하여 그 안에서 협력을 통해서 투쟁함으로써 부분적으로 성공을 거두었다. 그렇지만 그렇게 하여 성공한 사람은 기대한 수의 절반에도 훨씬 못 미친다.[2] 그러한 결사체가 계급 확신을 표현하는 효과적인 수단이라는 사실은 그 결사체가 일깨워준 적대감에서 명백하게 나타난다.

노동조합은 일반적으로 가장 필수적인 기능이라고 인식되고 있는 단체교섭이라는 기본적인 기능 외에도 조합원에게 중요한 그리고 사회 전체에 기여하는 다양한 활동을 전개한다. 노동조합은 입법에도 영향력을 행사하여 아동노동, 초과근로 및 그 밖의 비인간적인 열악한 노동을 근절하고 작업장 내 안전장치 및 적절한 위생 등의 개선을 위해 다른 어느 기관들보다도 열심히 힘써왔다. 이러한 측면에서 보면 노동조합의 활동은 공격적인 것만큼 방어적 성격을 띤다. 왜냐하면 고용주도 다른 측면에서 자신들에게 유리하도록 입법과 행정에 지속적으로 영향을 미치고 있기 때문이다.

노동조합이 수행하는 동료의식과 자기발전과 관련된 기능 역시 매우

---

[2] 코먼스(John R. Commons) 교수는 "계급갈등을 겪고 있는" 600만 명의 임금근로자 중에서 노동조합 조합원 수를 200만 명으로 추산한다(Publications of *the American Sociological Society*, vol. ii, p. 141).

중요한데도 아직 충분히 이해되지 않고 있다. 우리 의식을 가지는 것, 동료들과 어울려 살아가는 것이야말로 인간적인 생활이다. 우리는 모두 이기심, 육욕, 절망에 빠지지 않도록 할 필요가 있으며, 육체노동자는 더욱 그러해야 한다. 육체노동자는 대체로 금전적 자원도 부족하고 일자리와 가정도 불안정하여 고립된 상태에서 빈궁하게 살아가고 있으며, 재난이나 약간의 불안에도 위협을 느껴 삶의 기력을 상실한다. 그는 혼란한 사회 속에 표류하고 있으며, 나머지 세계에서는 하찮은 존재로 여겨져

"그대의 거대한 사슬에 연결되어 있지 않다."[3]
고 느껴도,

자신에 대한 믿음, 삶과 하나님에 대한 믿음을 상실해도 이상한 일이 아니다. 노동조합은 육체노동자 자신이 전체의 부분임을, 즉 동료와 하나임을 느끼게 하고, 내 옆에서 고통을 같이 해 줄 사람이 있다는 것, 자신의 삶이 위대하다는 것을 느끼게 한다. 그는 사람들이 조국을 위해 싸우는 과정에서 얻는 것과 동일한 드넓은 정서의 감각을 노동조합으로부터 얻게 된다. [노동조합을 통해서] 그의 자아는 확장되고 풍부해지며, 그의 상상력은 비교적 '거대하고 영속적인' 실체를 길러낸다.

더욱이 노동조합과 그 밖의 계급결사체는 육체노동자 계급—특히 민주화되지 않은 문명사회에서 이주해온 육체노동자들—을 민주적 조직과 규율 속에서 훈련시켜서 이들을 정치적으로 건전하게 발전하게 하고 또 무모하고 무질서한 행동을 확실하게 방지해주는 주요한 역할을 한다. 노동조합 조합원들이 이러한 훈련을 받고 있다는 것은 그들의 활동을 연구하는 사람이라면 명확하게 알 수 있으며, 그 밖의 다른 식의 훈련을

---

[3] 조지 허버트(George Herbert).

받는 모습은 볼 수 없다. 사람들은 자신들이 이해하고 관심을 가진 목적을 위해 행동하는 과정에서 많은 것을 배우며, 그것이 경제적 목표일 때 이 같은 사실은 한층 명확하게 나타난다.

그러므로 노동조합은 비록 임금 인상이나 노동시간 단축을 실현하지 못하더라도 조합원들 사이에 인간다움을 다져주는 매우 귀중한 존재이다. 최악의 경우에도 노동조합은 함께 공개적인 투쟁하는 과정에서 기쁨을 누리고 패배하는 경우에도 동료의식을 느낀다. 자발적 조직을 통해서 자기 확신을 가지는 것은 민주주의의 본질이며, 만약 어떤 부류의 사람이 그렇게 할 수 없다면 그 나라의 전망이 좋지 않다는 신호이다. 이러한 이유에서만 보더라도 애국자라면 이러한 종류의 조직이 산업인구 전체로 확산되기를 바랄 것이다.

이러한 결사체들이 가진 위험은 권력을 자기중심적으로 이용하여 모든 곳에서 인간본성을 봉쇄하는 것이다. 노동조합이 자기 이익만을 고집하게 되면 도제 자격을 제약하고 조합원 수를 제한하여 기회를 독점할 우려가 있다. 또한 노동조합이 협박과 폭력을 통해 자신들의 목표를 추구할 수도 있으며, 부패한 지도자가 노동조합을 장악할 수도 있다. 이러한 또는 이와 유사한 문제들이 노동조합에서 수시로 발생했으며, 조합원들도 보통사람들보다 우월하지 않다면 예상한 대로 행동해야 할 것이다. 그러나 이러한 여러 가지 부정의를 노동조합이 가진 본질적인 방침의 일부로 간주하는 것은 잘못된 생각이다.

노동조합은 자신들의 행동이 인간적이며 그릇될 수도 있다고 느끼고 있으며, 노동조합의 궁극적인 방침은 (계급의 발달과정에서) 자신들이 경험을 통해서 실현가능하다고 발견하는 것에 의해 결정될 것이다. 노동조합이 부당하게 행동한다면, 결국 그것은 결국 다른 집단의 저항에 의해 그리고 스스로 양심을 자각함으로써 무너지게 될 것이다. 노동조합의 부절제를 견제하고 장점을 보존하는 것은 다른 사람들의 몫이다.

어떤 종류의 일을 하는 사람도 일반적으로 육체노동자보다 더 잘 한다고 할 수 없다. 육체노동자들은 대개 단순하고 정직하며, 나무와 쇠를 가지고 일을 하면서 성실함을 길러내지만 반면에 종종 섬세함은 놓치기도 한다. 나아가 그들은 각종 제도 속에서 인간의 형제애와 그것을 실현하려는 욕망을 발달시키는 경험을 한다. 그들은 축적된 재산에 의한 인공적인 지원을 누리지는 못하지만 동료와 어울리는 법을 배우게 된다. 그들은 자신을 고립시키거나 자기의식을 남용하기 위해 개인적인 권리를 확대하는 것을 바라지 않는다.

여기에다 부연하고 싶은 것은, 이들의 공격은 세련된 부류의 사람들의 공격보다 더 충격적이지만 덜 위험하다는 점이다. 이따금 그들이 행하는 폭력은 우리에게 경각심을 불러일으키고 신속하게 법을 강화하도록 주문하지만 그러한 폭력이 우리 사회에 심각한 위협이 되지는 않는다. 일반적인 정서와 모든 확립된 이해관계가 그러한 위험을 방지해주기 때문이다. 반면에 부자들과 권력층이 저지르는 교묘하고 체계적인 부패는 민주주의의 존립 자체를 위협한다.

노동조합과 관련한 가장 안타까운 점은 노동조합의 혜택을 필요로 하는 사람의 가입률이 낮다는 사실이다. 고용이 불안정한 미숙련 노동자 대중의 조직이 효과적으로 확대되는 날이 머지않아 올 것이다.

# 제26장 빈곤

빈곤의 의미 / 빈곤의 개인적 원인과 일반적 원인 / 불균형에 의한 풍요로운 사회의 빈곤 / 빈곤층은 '부적응자'인가 / 빈곤은 누구 탓인가 / 빈곤층에 대한 사회의 태도 / 빈곤에 대한 근본적 처방

현재 널리 채택되고 있는 빈곤에 대한 가장 실질적인 정의는 빈곤을 기능과 연관시켜서 정의하는 것이다. 이러한 정의에 따르면, 빈곤은 소득이 충분하지 못하여 건강과 노동 능률을 유지하지 못하는 상태를 말한다. 이러한 정의는 다소 모호한 측면이 있긴 하나 여러 측면에서 유용하며, 정밀하게 탐구하면 아주 명확한 정의가 될 수 있다. 빈곤이라는 단어를 명확하고 중대한 의미에서 보면 대략적으로 보더라도 상당수의 사람이 빈곤 상태에 있다.

빈곤층은 영양이 부족하여 신체적으로나 지적, 도덕적으로 활기가 없다. 빈곤의 근원적인 원인이 어떠하든 빈곤층은 가난하기 때문에 기본적인 생계수단을 가진 건전한 사람만큼 힘내서 일할 수도 없고, 명확한 생각을 할 수도 없고, 희망을 가지고 계획을 수립할 수도 없으며, 유혹을 물리칠 만큼 확고한 신념을 가질 수도 없다.

더욱이 기본적인 의식주가 부족하면 당연히 다른 측면도 부족하게 될

다. 특히 조기에 훈련과 교육을 제대로 받지 못하고, 지식을 가지고 포부를 가진 인물들과 접촉할 기회가 없으며, 세상을 바라보는 안목이 좁아진다. 요컨대 전반적으로 사회적 기회가 결여된다.

빈곤층은 명확한 물리적 조직의 의미에서 계급이 아니다. 빈곤층은 실망적인 물질 투쟁에 몰입하거나 아니면 비관적인 전망으로 이끄는 육욕성과 무관심에 젖어 있어 주도적으로 협동하여 효과적으로 노력을 하거나 또는 현존하는 조직의 혜택을 곧바로 받아들일 만한 정신이나 넘치는 활력을 결여하고 있다. 일반적으로 빈곤층은 자기주장을 할 수 있는 계급에 비해 법과 행정, 교회, 학교, 공공도서관 등을 효과적으로 활용하지 못하고 있다. 특히 우리나라[미국] 같은 자유방임 민주주의사회에서 더욱 그러하다. 자유방임 민주주의사회에서는 빈곤층이 요구하는 활력에 거의 비례하여 권리를 부여한다. 흔히들 빈곤층은 이처럼 의식과 목적을 결여한 탓에 대체로 시대를 막론하고 상위계층의 지배를 받아왔다고(착취를 받았다는 의미가 아니다) 설명하고 있다. 오늘날에는 빈곤층이 어느 정도 의식과 목표를 가지고 있긴 하지만, 이는 빈곤이 과거보다 덜 상습적이고 덜 절망적이라는 것을 의미할 따름이다.

빈곤의 원인이 개인 탓이냐 사회 탓이냐 하는 질문은 우리에게 익숙하지만, 이러한 질문은 다소 불합리한 면이 있다. 이러한 질문은 개인적인 것과 사회적인 것은 분리될 수 없다는 사실을 인정하지 않는 철학에 의거하고 있다. 과거나 현재나 개성 속의 모든 것은 사회적 조건에 근거한다. 개인의 빈곤은 유기적 전체의 부분이며, 세습 또는 [사회적] 영향력에 의해 갖가지 방식으로 이루어진 전반적 삶의 결과이다. 그렇지만 그 질문을 빈곤의 원인이 개인에게 사회적 힘으로는 완화할 수 없을 정도로 고착되었느냐 그렇지 않으냐를 묻는 것으로 이해하게 되면 상당히 의미 있는 질문이 된다. 대체로 부유한 공동체 안에도 일부 사람들(약

10%)이 위에서 지적한 절박한 빈곤상태에 있는 것으로 파악된다. 실질적인 문제는 공동체의 나머지 사람들이 그들에게 아무런 효과를 미칠 수 없을 만큼 빈곤의 원인(그 기원이 어떠하든 간에)이 그들 개성 속에 확고하게 고착되어 있느냐 아니면 그들을 정상적인 생활 수준으로 끌어 올리려는 노력에 그들이 탄력적으로 대응할 수 있느냐 하는 것이다.

이와 관련된 모든 문제에 대해 여러 가지 의견이 제시되고 있는데 아주 극단적인 의견을 제외하면 이 문제에 대해 여러 관찰자 사이에 일정한 합의가 이루어지고 있다. 즉 현재의 자립 상태로 방치해 두면 항상 빈곤상태에 머무를 수밖에 없는 내재적인 결함을 안고 있는 상당수의 개인과 가정이 존재한다는 사실이다. 그렇지만 대다수의 빈곤층이 안고 있는 개인적 약점은 근절이 불가능할 정도가 아니며, 그들은 생활 수준을 정상 수준으로 끌어올릴 수 있는 힘을 어느 정도 가지고 있다. 달리 말해서, 빈곤하지 않는 공동체의 열 개 중 아홉 개는 (건전하게 그리고 자선활동을 위축시키지 않고서) 다른 열 번째 공동체의 작은 빈곤을 거의 제거하려고 온 힘을 기울일 것이다. 그것은 충분한 지식과 선한 의지만 있으면 해결되는 문제이다 빈곤이 근본적 원인이 게으름, 무능함, 타락에 있다는 견해가 아직도 심심찮게 제기되고 있는데, 지금은 상당한 수의 학자가 이러한 속성을 빈곤의 원인이자 결과로 간주한다. 어떤 사람이 활기를 잃었다면 게을러서 그럴 수도 있고 과로로 탈진해서 그럴 수도 있다. 신경이 예민한 사람은 대개 후자의 경우에 해당한다.

무기력함 역시 혼란과 좌절을 겪을 때 자연히 나타나는 결과이며, 특히 영양이 부족할 경우 심하게 나타난다. 음주나 여타 세속적 타락을 두고 사람들은 생활을 하는 데 인간의 욕구—다양성, 유쾌함, 희망—를 충족하지 못한 사람들의 논리적 자원이라고 흔히 이해하곤 한다. 빈곤 말고도 다른 많은 해악(이것은 주로 자원이 풍부하지 않은 부자들 사이에 널리 나타난다)의 원인들이 있지만, 양호한 영양, 적당한 노동, 유익한 오락, 희망적인 전망이 있으면 그러한 해악을 분명 상당 부분(어쩌면 많은 부분) 제거해줄 것이다. 빈곤층 사이에서도 부유층만큼이나 치유할 수 없는 타락과 무능력이 많이 존재하는데, 어느 개인이든 이런 종류에 속하게 된다고 여기는 것은 최상의 치료를 받고도 성홍열로 죽어가는 사람이 있다고 해서 성홍열 환자의 치료를 포기하는 것만큼이나 부당하고 어리석은 일이다.

  능력이 뛰어나고 경험이 많은 노동자는 대체로 확신을 가지고 있으며, 이러한 확신을 통해 게으르고 무능하고 타락한 사람에게 신선한 제안과 용기와 기회를 불어넣어준다. 빈곤한 사람 중에서 실제로 게으르거나 무능하거나 타락한 이들은 극히 소수이다. 이런 점에서 볼 때 빈곤층의 대다수는 부유층에 비해 나무랄 데가 없다.

  국민 또는 민족 전체를 위축시키는 상황이 아니면, 미국 같은 풍족한 나라에서 빈곤의 주요한 원인은 분명 개인 또는 가족, 이웃집단 그리고 지역 공동체 간에 어떤 불균형이 생긴 탓이다. 이러한 불균형 때문에 잠재적 능력을 효율적으로 이용하지 못하여 적절한 결실을 낳지 못하게 된 것이다. 이러한 사실은 미국의 도시들에서 흔히 나타나는 빈곤의 종류에서 두드러지게 나타난다. 즉 그들이 빈곤해진 것은 우리가 편의적으로 생각하는 것처럼 엄청난 수의 유럽인들이 한 사회로 이주한 탓이 아니라 그들의 관습과 전통이 그 사회에 제대로 접목되지 못한 탓이다. 현재 우리 도시에는 이탈리아인, 슬라브인, 러시아계 유대인이 몰려 있는데 이들은 지능, 근면, 검약 면에서 결코 뒤처지지 않는다. 그들을 잘 아는 사람들은 그들이 다양한 종류의 예술적 감각 등 자질이 풍부하다는 것을 발견한다. 그런 점에서는 오히려 미국인이 뒤처진다고 볼 수 있다. 그러나 이들을 우리나라 산업 조건에 적응하게 하는 프로그램이 시행되고 있어 많은 사람이 빈곤과 사기 저하에서 벗어나고 있다.

원주민 사이에서도 빈곤과 종종 그것에서 비롯되는 사기 저하가 발견되는데, 이는 대체로 육체노동자 계급이 산업체계에 제대로 적응하지 못한 결과이다. 즉 주기적 불황 또는 새로운 생산방식의 도입에 따른 일자리 상실, 산업교육의 미비, 농촌에서 도시로의 이주에 따른 각종 위험 등에 의한 것이다.

우리 사회에는 빈곤층은 퇴치elimination 과정에서 '적응하지 못한 자들'the unfit이며, 이들은 사회가 어떤 비용을 들이더라도 제거해야 하는 필연적인 열등성의 결과를 고통스럽게 참고 견디고 있다는 교의가 (비록 아주 명확하지는 않더라도) 널리 받아들여지고 있다. 그러면 우리가 이러한 교의에 대해 말하고자 하는 바가 무엇인가? 이러한 종류의 의견은 지식수준이 꽤 높은 사람 사이에서도 발견되는데, 이는 맬서스와 다윈의 가르침을 드문드문 모호하게 그리고 대부분은 잘못 받아들인 데 연유한다.

다윈이나 일반 생물학에서 의미하는 부적응자는 유전적 형질이 생활조건에 적합하지 않아 소멸하거나 아니면 적어도 개체 수가 상대적으로 감소하는 종을 말한다(이를테면 열대지역에서는 백인종은 소멸한다). 달리 말하면, 부적응자는 유전적으로 열등하며, 이러한 열등성은 많은 어린이들이 달리기 시합에서 우등한 어린이나 더 적응을 잘하는 유형의 어린이들만큼 뛸 수 없는 성질을 말한다.

빈곤층 중에서 얼마나 많은 부분이 이러한 측면 중 어느 한쪽에 대한 묘사에 답해줄 수 있는지 매우 의문이 든다. 첫 번째 측면과 관련해서는, 이 문제에 정통한 사람 사이에서는 빈곤층의 열등성은 (아마도 흑인처럼 독특한 인종과 관련된 경우를 제외하고는) 주로 영양과 훈련 및 기회의 결핍에 의한 것이지 유전적인 문제가 아니라는 견해가 일반화되어 있다.

이러한 견해는 미국 같이 기회가 풍부한 나라에서는 대다수 사람이 빈곤을 벗어나 안락한 생활을 하게 되고 그중 다수는 풍족한 생활을 누린다는 사실에서 지지를 받고 있다(이러한 나라에서는 바보도 어느 누구만큼 할 수 있다는 것을 보여준다). 이러한 현상은 독일계와 아일랜드계 이주민에게서도 나타났으며, 유대계, 슬라브계, 이탈리아계 이주민에게도 곧 나타나게 될 것이다.

빈곤 퇴치는 일반적으로 극빈층과 파멸 직전의 빈곤층의 확산을 제한하는 데는 효과를 보이고 있는데, 온건한 빈곤층의 증가율이 지식층이나 부유층의 증가율보다 더 높은 것으로 알려져 있다. 생물학적 의미에서 보면 극빈층이나 파멸 직전의 빈곤층보다 실제로 온건한 빈곤층이 훨씬 더 '부적응자'이다.

실제로 빈곤은 사회적 부적응을 의미하지 생물학적 부적응을 의미하는 것이 아니다. 즉 빈곤은 영양섭취, 주택, 가족생활, 교육, 기회가 해당 사회가 요구하는 수준에 못 미치는 상태를 의미하며, 그들이 존재한다는 것 자체가 사회를 위험에 빠뜨리게 한다(이는 가축 무리 속에 열등한 가축이 존재하면 그 생물학적 종 전체가 위태로워지는 것과 같은 이치이다). 빈곤은 무지, 비효율, 질병, 비행, 나쁜 정부, 계급 증오(또는 더 나빠지면 계급 예속이나 계급 오만)로 이어져 공동체를 위험에 빠트리고 공동체 전체를 퇴화시킬 우려가 있다.

그런데 부적응은 생물학적 부적응이 아니라 사회적 부적응이므로 그것을 퇴치하는 방법도 사회적인 방법이어야 한다. 즉 주거 및 주변 조건 개선, 학습 향상, 공적 상거래 교육, 아동노동 금지, 인간다운 근로조건 등이 이루어져야 한다.

빈곤층 사이에서는 생물학적 부적응에 의한 긴장―이를테면 비행과 범죄를 유발하는 경향이 있는 유전적 백치나 신경 불안정―이 생기기 마련이며, 이러한 긴장들 역시 퇴치되어야 한다. 그런데, 그러한 긴장이 퇴치되지 않고 있는 것은 빈곤 자체가 주요 원인이기 때문이다. 앞으로는 새로운 과학인 우생학을 연구하는 학자들이 이 문제를 충분하게 연구할 것이다. 비록 우리는 그와 다른 관점에서 사회문제를 접근할 것이지만 그 학문에 높은 관심과 기대를 가지고 있다. 다만 우리의 생각이 얕아서 생물학적 사회학과 심리학적 사회학 사이에 필연적으로 모종의 갈등이 생길 것으로 예상된다.

한편에서는 빈곤을 비난하는 사람이 있는데, 빈곤을 칭찬하느냐 비난하느냐는 관점의 문제이며 편의적으로 접근하기 위한 것임을 염두에 둘 필요가 있다. 빈곤층에 대한 비난이 비록 그들에게 어느 정도 도움이 되고 때로는 그럴 수도 있긴 하지만 부유층이 생각하는 것만큼 도움이 되지는 않는다. 사람들은 항상 자신이 처한 처지에 책임을 져야 하며, 생활 향상의 (비록 유일한 것은 아니지만) 주요한 원천은 이러한 책임감을 불러일으키는 것이라고 생각해 왔다. 그런데 세밀하게 관찰한 결과에 따르면 의지를 촉구하는 것이 항상 능사가 아님을 보여준다. 어느 경험 많은 노동자가 말하기를 "근심은 경제적 의존의 직접적인 그리고 가장 일반적인 원인의 하나이다. 내일 일은 조금도 생각하지 마라."가 종종 가장 실용적인 충고라고 그는 강조한다. [빈곤 퇴치와 관련하여] 많은 바람직한 요법이 있는데 그중에서 '정신요법' 원리와 처방이 널리 확산되고 있다. 이는 얼마나 많은 사람이 책임에 대한 중압감에 의한 낭비와 불안에서 벗어나야 할 필요를 느끼고 있는지 보여준다.

빈곤에 대한 주요한 비난은 주로 부유층에서 제기되고 있는데, 이는 부유층이 전반적으로 큰 위력을 가지고 있기 때문이다. 그렇지만 빈곤은

---

[1] 『자선사업과 서민층』(*Charities and the Commons*) 편집자(『구호 원리』(*Principles of Relief*) 및 합리적 자선사업에 관한 여타 저작들의 저자, 디바인(Devine) 교수로 추정됨).

주로 사회에서 의식이 막 싹트기 시작하는 상태에서 비롯된 것이므로 과거에는 어느 누구도 비난을 받지 않았다고 말할 수도 있다. 빈곤은 경제 투쟁의 의도하지 않은 결과이며, "주먹으로 쳐서 생겨난 것이 아니라 팔꿈치로 밀쳐서 생겨난 것이다." 그러나 의식이 싹트기 시작하면서 그와 함께 책임감이 생겨난다. 우리는 빈곤의 원인이 무엇인지 또 어떻게 빈곤을 퇴치할 수 있는지 점차 알게 되며, 우리가 실행하는 것이 우리가 알고 있는 지식과 보조를 맞추지 못할 때 우리는 비난을 하게 된다.

사회의 모든 부분은 상호의존적이므로 빈곤의 해악은 한 계급에만 국한되지 않고 전체 계급으로 확산된다. 낮은 생활 수준에서 나타나는 요소들은 정치 부패, 비행 만연, 노동 비효율성에서 감지된다. 그러므로 빈곤층의 원인은 모든 계층의 원인이며, 이러한 견지에서 볼 때 허약, 낙담, 무시 등에도 불구하고 적정한 생활을 위해 끊임없이 싸우고 의존과 생활 저하를 벗어나고자 하는 사람들은 우리의 전반적 복지를 지켜주는 영웅적인 수호자로 간주해야 하고, 전선에서 싸우는 병사만큼 많은 칭찬을 해주어야 마땅하다. 그런데도 이들을 그렇게 여기지 않는 것은 우리의 지식과 사회적 의식이 부족하기 때문이다.

진정한 유기적 사회에서는 어려움 속에서 분투하고 고통을 겪는 빈곤층에 대해 가족 구성원의 한 사람이 아플 때 느끼는 것과 똑같은 애정을 가지고 도움을 주는 등 많은 배려를 한다. 이와 대조적으로 빈곤에 대해 무관심하거나 다소 경멸적으로 동정심을 베푸는 것은 공동체 정서의 수준이 낮기 때문, 즉 우리-의식이 불충분하기 때문이다. 대체로 사람들은 투쟁에서 지속적으로 성공한 자에 대해서는 존경하고 존중하며, 투쟁에서 패배한 자에 대해서는 동정심을 가지고 도움을 주려 한다. 빈곤층을 '하층계급'처럼 낙후된 무리로 한데 뭉뚱그려 취급하고 또 그들의 비참한 상태를 최선을 다해 참고 견디게 놔두거나 아니면 그들에게 경멸적으로 무심하게 구호품을 건네는 낡은 방식이야말로 특히 잔인하고 우둔하며 부당한 처사이다. 극심하게 어려운 상황에서도 사회 수준을 따라가고 있는 빈곤한 사람들이 겪는 혼란은 미미하며, 부당한 점은 잘 개선될 것이다.

세상에 유능하고 자기의식적인 기독교 정신이 존재하는 한, 부정의나 피할 수 있는 고통이 존재하는 곳이라면 어디에나 사고와 감정과 노력을 집중시켜야 한다. 빈곤 문제에 있어서는 이러한 집중이 아주 느리고 불완전하게 진행되고 있는데 이는 주로 무엇을 해야 할지 명확하게 인식하지 못하고 있기 때문이다. 단순히 기부하는 것만으로 빈곤을 척결할 수 있다면 빈곤은 일순간에 사라질 것이다. 그러나 지금 사람들은 대부분 합리적 자선 행위의 가능성에 대해서는 전혀 배우지 못하고 그저 평범한 구호품만 나눠주면 되는 것으로 배우고 있다. 합리적 자선 행위는 뛰어난 문학과 함께 그리고 인도적인 열의와 과학적 정신을 겸비한 일단의 전문가들과 함께 생겨난다.[2]

물론 빈곤을 근본적으로 치료할 수 있는 것은 가까이 있는 조건과 멀리 있는 조건을 통제할 수 있는 합리적 조직rational organization이다. 이러한 조직은 사람들을 [공동체] 안으로 끌어들여 밖으로 이탈하는 것을 방지해 준다. 가장 근본적인 처방은 그것이 가진 포괄적이고 엄격한 의미에서 고려하면 대체로 교육 및 보호와 관련된 것들이다. 이를테면, 초등학교, 산업교육, 놀이시설, 신체단련, 건전한 오락 등의 인간화, 우량 주거시설, 아동노동 및 각종 유해 불건전 시설에 대한 법률 규제, 낙후

---

[2] "우리 후손은 가장이 아내와 자녀를 가난의 공포 속에 남겨 놓고 한창 나이에 죽을 수밖에 없는 현실이 어떻게 자연스러운 사회적 현상인지, 또 각종 사고가 부양가족을 불구로 만드는 것, 노동자들의 집은 불량할 수밖에 없다는 것, 그리고 (가을 서리가 여름 풀벌레를 사라지게 하듯이) 전염병이 삽시간에 많은 사람의 목숨을 앗아간다는 것이 어떻게 해서 자연스러운 사회적 현상인지 놀라면서 배우게 될 것이다." Simon N. Patten, *The New Basis of Civilization*, 197.

계층의 확산 중단을 위한 생물학적 예방책 등이 그런 것들이다.
　빈곤층 자녀들에게 올바른 삶의 출발 기회를 부여한다면, 그들은 스스로 지식과 창의력, 자제력을 발달시키고 그리고 그들이 자라면서 자신들의 이익을 위해 스스로 대비할 수 있는 조직화 능력을 발달시켜 나갈 것이다. 우리가 이러한 문제에 대해 더 많이 관심을 가지고 취약계층이 자립할 수 있도록 도와주면, 그 문제는 더 많이 해결될 수 있을 것이다.

# 제27장 계급 적대감

계급 적대감의 원인 / 봉사정신이 반감을 완화한다 / 부(富)의 위세 경감 방안 / 공유 가능성 / 확립된 규칙이 사회적 대립에 미치는 영향 / 대면 토론의 중요성

계급 적대감은 계급 간의 거리가 멀리 떨어져 있는 정도에 비례하여 증가하는 것은 아니다. 이와는 반대로 계급체계가 절대로 무너지지 않는다고 생각될 정도로 명백하게 공인된 경우에는 [계급의] 오만함과 시기심의 주요한 원인이 존재하지 않는다. 그런 경우에는 모든 사람이 자신의 지위를 당연한 것으로 받아들여 그 지위를 주장하거나 향상하는 데 관심을 두지 않는다. 스페인에는 이런 말이 있다. "당신이 어느 농부에게 쌀 한 되를 주었다. 그가 신사임이 틀림없다면 말로 받을 생각을 하지 않을 것이다."

대략 1875년경에 쓰인 것으로 추정되는 영국 동화에도 다음과 같은 구절이 있다. "농촌에 사는 농민과 가난한 사람들은 신사계급이 자신들보다 훨씬 높은 지위에 있다고 생각한다. 그들은 동등한 인류의 가장 높은 위치에 올라가는 데 관심이 없으며, 자기보다 높은 위치에 있는 사람은 실제로 자신들보다 나은 사람들이라 믿으며 자신의 비천한 처지

를 시로 읊으며 즐긴다." [미국]남부 지방에서는 현재의 상태를 더욱 어렵게 하는 노예제가 성행하고 있는데 그들 사이에도 동료의식이 있다. 상호교류를 할 때는 평등 다음으로 고정된 불평등이 좋은 상태이다.

그러나 평등 이상이 유입되면 사람들은 서로 약간의 차이만 생겨도 분개하며, 평등 이상이 강해진 상태에서 정식으로 자기 권리를 주장할 유망한 방법이 없을 경우 계급 감정이 격렬해진다. 그렇게 되면 열망이 싸늘해져 증오에 찬 열정으로 돌변한다. 카스트가 온존하는 나라는 평등 이상이 없어서 그런 일이 일어날 염려가 없고, 민주주의 국가는 평등 이상이 부분적으로 실현되어 그럴 염려가 없다. 그러나 독일 같은 나라에서는 한편에서는 민주주의 선전활동이 격렬하게 일어나고 있고 다른 한편에서는 군부와 귀족제가 철옹성같이 건재하고 있어 미국에서는 전혀 볼 수 없는 격렬한 계급대립이 일어나고 있다.

영국에서도 현재는 계급이 공인되고 있으나 그 경계가 불명확해지고 있지만, 아직도 지위에 불편한 상태로 몰두하고 있으며, 그에 따라 서로 밀쳐내기, 냉대, 의혹의 분위기에 휩싸여 있는 것처럼 보인다. 즉 사람들은 자신들보다 높은 지위에 끼려고 온 힘을 기울이든가 아니면 아래에서 올라오는 사람들과 함께 어울리기보다는 그들을 억누르는 데 노심초사하고 있는 듯이 보인다.

미국에도 사회적 위치가 존재하지만, 영국에서와 같은 명확한 상징을 갖고 있지 않아서 대부분 그 형태가 불명확하고 속물 근성을 가지지 않는다. 이러한 사회적 위치는 사람들이 갈망하거나 흡족하게 느끼는 작위와 그 밖의 여러 형식주의에 기초한다. 그러나 사회적 지위의 경계가 명성, 적응성, 개성 같은 것에 기초할 때는 거의 그렇지가 않다.

봉사 이상이 모든 사람들 사이에서 상호 인정을 받게 되면, 계급 감정이 격심하게 일어나지 않는다. 봉사 이상을 다른 이상보다 우위에 놓고 그것을 공동의 행동기준으로 삼는 것이 민주주의정신의 성질인데 아직까지는 이러한 성질이 매우 불완전한 상태이다. 몽테스키외는 이상적인 민주주의를 묘사하면서 다음과 같이 말한다. [이상적인 민주주의에서] 야망은 "우리 동료 시민보다 우리나라에 더 크게 봉사하려는 오직 하나의 욕망, 오직 하나의 행복에 국한된다. 그들 모두가 미국에 똑같이 봉사할 수는 없지만, 모두가 똑같은 마음가짐으로 봉사해야 한다." 몽테스키외는 또한 검약을 물질적 방종에 대한 양심의 가책으로 보고 다음과 같이 말한다. 검약은 "소유의 욕망을 제한하여 가족에 생활필수품을 제공하고 나라에 잉여물을 공급한다."[1] 우리가 사는 세계가 실제로 그렇게 된다면 계급 갈등의 위험은 없어질 것이다.

봉사를 멸시하는 태도는 카스트사회의 잔존물로서 신분에 의한 지배를 떠올리게 한다(육체노동자들을 궁핍하게 한 남부 지방에서는 여전히 노예제를 동경하고 있다). 모든 노동자의 사회질서와 정치질서가 자유로워지면 모든 노동은 존중을 받게 될 것이다. 구세계에는 아직도 무위도식하는, 즉 '과시적 여가'[2]를 즐기는 사회적 위세 존재하는데 이는 명백히 카스트의 잔존물이며, 미래의 민주주의에서는 결코 존재할 수가 없다. 미래의 민주주의에는 "사람들이 손톱을 깎지 않고 자라도록 그냥 둘 정도로 모두가 일을 하지 않아도 될 것이다." 휘트먼은 이렇게 말한다. "나는 어느 것이 더 크고 어느 것이 더 작다고 말하지 않는다. 시대와 장소를 막론하고 어느 것이나 똑같다."[3] 그렇지만 나는 어떤 일은 항상

---

[1] *The Spirit of Laws*, book v, chap. 3.
[2] 옮긴이—'과시적'이라는 표현은 베블런(Veblen)의 저작 『유한계급론』(*Leisure Class*)에서 '과시적 소비'(conspicuous consumption)에서 인용한 것으로 보임. 베블런(1857~1929)은 쿨리(1864~1929)와 거의 동시대인으로서 공교롭게도 사망 연도가 같음. 이 책에서는 제11장에서 딱 한 번 언급하고 있으나 서로 영향을 주고받은 것으로 보임.
[3] *Leaves of Grass*, 71.

특별하게 존중을 해야 한다고 생각하는데 그것은 그 일이 일상적으로 얼마나 봉사를 얼마냐 했느냐에 근거한다.

부의 위세가 높아질수록 그에 따라 악감정이 수반되는데, 그러한 과도한 위세는 민주주의에 부합하는 성질이 아니라 카스트사회에서 물려받은 유산이다. 나는 부의 우월성이 구 사회에서는 높고 민주주의사회에서는 낮다는 것을 여러 곳에서 지적한 바 있다. 민주주의에서도 부의 우월성이 남아 있는 것은 부분적으로는 부를 상층 카스트와 결부시키려는 전통 탓이고 부분적으로는 다른 이상이 아직 미성숙하여 조직화되지 않았기 때문이다. 정서와 행동이 있는 진정한 민주주의, 쇄신된 기독교정신, 새로워진 예술은 가난한 사람들에게 생활 향상의 욕망이 감퇴하지 않도록 건전하게 해주고 삶을 아름답게 만들어주며 희망을 불어넣어준다.

현재 보통사람들이 빈궁한 삶을 사는 것은 단지 돈이 절대적으로 부족해서가 아니라 금전적 성공을 모든 공로의 기준으로 삼고 금전적 실패를 인생의 실패로 여기는 사고방식이 팽배한 탓이다. 어떤 사람이 단순히 신체적으로 용맹하다고 해서(신체적 용맹성을 어떻게 사용하느냐는 차치하고) 크게 감탄하지 않듯이 단순히 금전적 영향력이 크다고 해서 감탄하지 않는 것은 당연하다.

어린이나 순박한 사람은 주로 기능을 보고 어떤 인물을 존경한다. 즉 일상생활에서 어떤 일을 하느냐가 존경의 기준이 된다. 이러한 단순하고 인간적인 견해로 되돌아갈 때 민주주의가 발전하게 된다. 그렇게 하려면 모든 계층의 어린이들에게 도구 사용법과 조리법 그리고 생활에 필요한 여타의 기초 기술을 많이 가르쳐주어야 한다. 이렇게 하면 절약과 자립 정신을 길러 줄 뿐만 아니라 '제작기술의 본능'을 함양시켜서 모든 좋은 일에 관심을 가지게 하고 그런 일을 하는 사람을 존중하게 한다.

사람들이 가진 주요 욕구는 사치가 아니라 자기표현이며, 자기표현을 할 수 있으면 물질적 불평등이 생기더라도 크게 분노하지 않게 된다.

부의 사용과 함께 사회적 책임감이 증대하게 되는데, 이것을 보여주는 징후들이 이미 많은 곳에서 명확하게 나타나고 있다. 나태함은 더 이상 존중받지 않고 있는데, 어째서 우리는 낮은 수준의 자아를 다른 식으로, 즉 금전적 탐욕, 호화로운 음식, 과시, 화려한 의상, 사치스럽고 비싼 오락을 즐기는 데 마구 쓰는 것을 그만 존중하기를 바라지 않는가?

그렇지만 우리는 편협하거나 이기적인 이익을 추구하여 자신들만의 특수한 집단을 형성해서 서로 탐욕과 사치를 부추겨 공동생활을 무시하는 것을 너그럽게 보아줄 만큼 낙천적이어서는 안 된다. 그 같은 결사체가 일반적 정서를 모조리 차단할 수는 없지만, 일반적 정서의 영향력을 약화시켜 일반적 정서가 강해졌는지 약해졌는지를 의식하지 못하게 할 수는 있다.

우리 중에 일부 사람은 거액을 흔쾌히 기부하고, 대부분의 사람은 소액을 기부하고 있는데, 지금까지 상업사회가 그 수익의 아주 작은 부분이나마 일반적 목적에 기여했다고는 생각하지 않는다. 우리는 이런 식으로 많은 기부를 해왔다. 그러나 그 이후로 우리는 그보다 훨씬 엄청나게 부유해졌나. 그런데 우리가 기부한 것은 대체로 조세 납부에 의한 것이며, 그중 대부분은 소규모 재산소유자가 부담하고 있다. 공동이익을 위해 부를 사용하는 것은 명백하게 입증해야 사실의 문제가 아니라 일반적 가능성의 문제, 즉 민주주의 정서에 대한 신념의 문제이다.

공동체 정서가 증대하고 계급 분노가 완화되고 있는 사실은 여러 측면에서 나타나고 있다. 의상을 예로 들어보자. 각자가 천부적이고 신뢰를 받는다고 생각하면 누가 의상을 통해서 공동체 의식 또는 계급의식을 표현하려 할까? 선량한 민주주의자가 어떤 무리 속에서 밖으로 나올 때 그는 평범한 시민으로 보이고 싶어 한다. 그가 어느 계급과도 교류를 단절하면 그에게는 아무것도 남지 않는다. 실제로 미국에서는 독일의 경우와는 매우 대조적으로 하류층은 물론 상류층도 (계급의식이 특수한 기능을 하는 축제 때나 연회 때를 제외하면) 공공장소에서는 군복이나 여타의 독특한 의상을 입는 것을 싫어하는 것을 건전하게 여긴다. [미국에서는] 일상적인 교류를 할 때 남과 다르게 보이고 싶으면 훈장이나 의상을 통해서가 아니라 예절이나 지혜를 통해서 구별하려 한다.

그러면 왜 그와 동일한 원리—공동체를 존중하는 원리—를 한 개인의 가정이나 생활방식 같은 일반적인 것에 적용해서는 안 되는가? 만약 이러한 것 중에서 표현할 가치가 있다면 있는 그대로 표현하자. 그러나 오만하거나 사치스럽지 않게 표현하도록 하자.

그렇지만 무엇을 위해 돈을 올바르게 쓰는가 하는 형식적인 질문을 하거나 형식주의가 실용적이라고 생각해서는 안 된다. 부가 일반적 선을 지켜주는 신임장이라는 원칙은 논쟁거리가 아니다. 다만 개인이 일반적 선이 무엇이라고 생각하는지에 대해서는 논쟁의 여지를 남겨두어야 한다. 이것은 신앙고백문이나 사치금지법 같은 문제가 아니라 양심의 문제이다. 그 밖의 다른 어떤 기준을 세우는 것은 개성을 억누르게 되고, 득보다는 해로운 면이 더 많다.

어떤 아름다운 건물을 공적 용도로만 사용한다면 일부 사람들은 그 건축물을 짓는 데 제법 많은 양의 재화를 흔쾌히 지출하려 한다. 아름다운 것, 나아가 사치스러운 것을 가지도록 하자. 그러나 그것을 공적이고 개방적으로 사용하도록 하자. 자가용 요트와 자동차, 값비싼 공, 보석 장신구를 사들이고, 호화로운 음식을 먹는 데 돈을 많이 쓰는 것은 얼핏 보면 분명 저급한 문화인 것처럼 보인다. 그러나 그것은 잘못된 생각일 수도 있다. 이러한 일에도 일반적으로 이해하기 어렵지만 분명 일말의 이로운 점이 있다.

우리는 정신의 통일에 대해서만큼은 수입과 지출의 일치를 원하지 않는다. 경쟁심emulation은 다른 사람이 가진 것만큼 좋은 물건을 가져야 결말이 난다. 어떤 학자들은 이러한 경쟁심을 칭송하기도 한다. 하지만 경쟁심은 사회적 자극이 높지 않을 때만 소용이 있으며, 대부분의 사람은 자신이 계속 빈곤하고 열등하다고 느끼게 한다. 우리는 시기심을 가지고 남과 비교하지 않고 자기 일에만 충실할 때 존엄과 행복을 느끼게 된다. 개성을 발전시켜 그것을 즐기지 않으면 그리고 개성과 관련 없는 것을 앞질러 나아가려 하지 않으면 우리는 결코 만족할 수가 없다. 나는 부를 획득하고 이용하기 위해 태어난 것이 아니라고 알고 있지만, 다른 사람들은 그렇게 하려고 태어난 것이라고 믿고 싶다.

불가피한 생활투쟁에서 더 나은 생각을 갖게 하려면 전체를 도덕 통일체로 만드는 공정하고 공인된 '게임 규칙'이 존재해야 한다. 사람들은 살아가면서 많은 고통을 겪을 수밖에 없지만 공정하고 필수적인 원리들이 작용한다고 믿게 되면 괴로움을 참고 이겨낼 것이다.

자유 사회에는 모든 계급갈등을 종국적으로 인간 본성으로 돌리는 각종 제도들이 수립되어 있어서 그러한 고통을 견딜 수 있는 견고한 기반이 확립되어 있다. [자유 사회에서는] 자유로운 발언을 통해서 일반적 관심을 충분히 끌어들일 만큼 절박한 사안에 대해 일반의지가 조직화되고, 민주정부를 통해서 일반의지를 검증하고 기록하고 실행한다. 그리하여 여러 논쟁이 시험을 거쳐 질서 있게 결말을 맺기 전에 계급 편향을 벗어난 여론의 심판이 먼저 제시된다.

여론은 법적 장치를 통해 느리지만 확실하게 작용하므로, 사회적 평화를 유지하는 데 여론의 궁극적 권위에 대한 이러한 인정이 가진 중요성을 과대평가하는 것이 어려울 수도 있다. 한다. 여론은 규칙을 제정하고, 온건한 선동을 건전하고 온건하게 이끌어 폭력이나 혁명의 모든 합리적 근거를 불식하는 도덕 통일체를 수반한다. 예컨대 사람들이 특정 종류의 사회주의국가를 사회의 폐단을 치유하는 방편이라고 믿고 있다면, 그들 스스로 연설하고 유인물을 인쇄하고, 정당을 결성하는 것을 그냥 놔두자. 어쩌면 그들이 옳을 수도 있다. 적어도 그들은 건전하게 자기표현을 하고, 자신들의 열망과 노력에서 모종의 행복감을 느낀다. 그들에게 일말의 잘못된 점이 있긴 하나 그들은 많은 것을 배우고 동시에 일반 이익에 많은 기여를 한다.

그러나 그런 점에 있어서 우리는 아직 걸음마 단계에 있다. 우리의 윤리는 아직 윤곽이 모호하고, 체계가 무르익지 않았으며, (고용주와 노동자 간, 부자와 빈자 간, 흑인과 백인 간의) 세부적인 사회계약은 아직도 공인된 기준이 부재하여 충동적으로 이루어지고 있다. 평화가 정착되기를 기대하기에 전에 가능한 한 많은 끈기와 선의를 가지고 임한다면 이 모든 것이 잘 이루어질 것이다.

각종 원리 사이에서 일어나는 많은 갈등이 근본적인 원리에 의한 것이 아닌 경우에는 대체로 대면 토론에 의해 나쁜 감정이 완화된다. 왜냐하면 우리는 서로 깊이 이해할수록 겉으로 드러난 이질성을 불식하고 본질적인 공통성을 발견하게 되기 때문이다. 생각이 깊고 정직한 사람 사이에서는 항상 건전하게 '결판을 내며', 노사분규에 대한 많은 신중한 연구는 (서로 해명의 기회가 없는 경우를 제외하면) 많은 분규가 아무런 근거 없는 오해와 의혹에서 비롯한다는 데 견해가 일치한다.

어느 광산소요를 연구한 한 연구자는 다음과 같이 말한다. "헝가리인 노동자의 무지와 의혹에다가 고용주의 무지와 의혹이 합쳐지지 않았더라면 소요가 일어나지 않았을 수도 있었다. 서로 간에 이러한 태도가 지속된다면 또 다시 폭동이 일어날 수도 있다."[4] 권위 있는 사람은 특히

---

[4] Spahr, *America's Working People*, 128.

과로 상태에 있거나 회의를 할 때 말주변이 약하거나 준비가 덜 되어 있으면 공식적 절차와 공식적인 문서로 상황에 대처하고 싶은 유혹을 강하게 받는다. 그러나 행정에 달관한 사람은 공개적이고 대면적인 방법으로 사람들을 대한다.

민주주의 체계는 모든 중대한 사안에 대해 대면 토론을 하게 이끈다. 왜냐하면 사람들이 다른 방법에 만족하지 않기 때문이다. 대면 토론을 기피하면 개인적 동기를 공인할 때보다 훨씬 큰 불신과 적대감을 유발한다. 따라서 적어도 대중적 판단에 솔직하게 호소하는 모습을 보여야 더욱 과감하게 자신을 정당화할 수 있다.

# 제5부
## 제도

# 제28장  제도와 개인 I

제도의 성격 / 세습적 요인과 사회적 요인 / 어린이와 세계 / 사회와 개인 / 개인 대 제도 / 개성의 토대로서 제도 / 도덕적 측면 / 선택 대 메커니즘 / 개성: 제도의 생명 / 구조로부터 자유로운 제도

제도institution는 간단히 말해서 공적 정신public mind이 명확하게 확립된 국면으로 궁극적인 속성상 여론과 별반 다르지 않다. 물론 제도는 영구성과 그것에 부착된 가시적인 관습과 상징 때문에 다소 독특하고 독립적인 존재로 보이기도 한다. 이를테면 국가와 교회는 결사체로서 유서가 깊고 규모가 방대하며 또 예로부터 내려온 권력과 문학, 건축물, 관청 등을 가지고 있어 민주주의사회에서도 사람들은 그것을 인간 혁신의 단순한 산물로 보지 않는다.

위대한 제도는 조직의 결과물로서, 인간의 사고가 수 세대에 걸쳐 특정 대상을 향해 나아가면서 자연스럽게 취해오는 과정에서 점차 일정한 형태로, 즉 항구적인 정서, 신앙, 관습, 상징으로 결정화된 것이다. 사람들의 주의를 끌기 위해 깊고 지속적인 관심을 기울일 때 그렇게 된다. 언어, 정부, 교회, 재산 및 가족 관련 법률과 관습, 산업 및 교육체계 등이 하나의 제도가 되는 것은 이것들이 인간 본성의 항구적인 욕구를 충족시

켜 주기 때문이다.

이러한 다양한 제도는 '분리될 수 있는 통일체'가 아니라 공통적인 사유 실체 그리고 적어도 부분적으로 동질적인 사유 실체의 여러 국면으로 이루어져 있다. 그것은 마치 개인의 다양한 성향과 확신과 같다. 즉 그러한 제도들은 '통각 능력이 있는 체계'apperceptive systems 또는 공적 정신의 조직화된 태도로서, 우리는 오직 추상에 의해서만 그 자체를 사물로 간주할 수가 있다. 연구의 편의상 아무리 사회체계를 분할하더라도 사회체계는 하나의 통일체를 이루고 있다는 점을 항상 염두에 두고 있어야 한다.

개인에게서 제도는 마음과 행동의 습성으로 존재하며, 대체로 모든 집단에 공통적으로 존재하기 때문에 잘 의식할 수가 없다. 우리가 흔히 인식하고 있는 것은 오직 우리 자신의 차별적인 측면이다. 그러나 제도는 사람에게서 나타나는 것이지 다른 어디에서 나타나는 것이 아니다. 이를테면, 실제로 미국 헌법은 미국 국민의 전통적인 사고와 사법가, 입법가, 행정가의 활동 속에 존재하며, 성문화된 기구는 다만 전통의 고결함을 보존해주는 하나의 통신수단(이를테면, 언약궤[1])일 뿐이다.

개인은 항상 제도의 원인이자 결과이다. 개인은 어린 시절부터 자신을 감싸온 전통을 가진 국가의 영향을 받고, 동시에 자신의 개성을 국가에 주입한다(개성은 국가 말고도 다른 요인들의 영향도 받는다). 그 결과 자신도 변화하고 다른 사람들도 역시 자신과 마찬가지로 변화한다.

그런데 신중하게 생각해보면, 개인과 제도의 관계에 대한 연구에는 몇 가지 상이한 문제가 나타나는데, 우리는 이 문제를 구분하여 살펴볼 필요가 있다.

---

[1] 옮긴이—Ark of the Covenant: 모세의 십계명을 새긴 두 매의 석판을 넣어 둔 하나님을 상징하는 궤.

하나는 갓난아이가 세상에 대해 가지는 문제 또는 생명체의 유전적 요인이 의사소통 및 영향력의 요인에 대해 가지는 문제이다. 또 하나는 그와 전혀 다른 것으로, 사회와 개인의 관계 문제 또는 성숙한 개인과 그가 속해 있는 전체와의 관계 문제이다.

세 번째 문제는 위의 두 문제와 구별되는 것으로, 그것은 개인과 사회의 관계 문제가 아니라 개인과 특정 제도의 관계에 관한 문제이다. 우리는 마지막 문제에 더욱 주의를 기울여야 하지만 다른 문제도 소홀하게 다루어서는 안 된다.

갓 태어난 어린이에게는 (편의상 사회가 어떠한 직접적인 영향도 주지 않는다고 상정하면) 혈족 또는 유전적 요인만 나타나고 전통, 의사소통, 사회조직 같은 요인은 나타나지 않는다. 또한 갓난아이는 (자신이 곧 들어가게 될) 발달된 사회적 통일체의 모습이 아니라 미발달된 또는 단순한 생물학적 개성을 드러낸다.

여기에서는 사회세계를 성숙하고 조직된 제도적 요인으로 간주한다. 그런데 어린이도 (주로 말을 이용하여) 제도를 구체적으로 표현하며, 교회나 국가보다 더 오래되고 안정된 제도(이른바 생물학적 유형)는 유사 이래 거의 변화하지 않았다. 나는 오늘날 영국인 부모나 미국인 부모 사이에서 태어난 어린이의 외모(혼혈인 경우를 제외하고)와 500년 전 엘베강[2] 기슭에서 살던 그들의 조상인 색슨족의 소년과 소녀의 선천적인 외모는 크게 다른 것으로 알고 있는데 어떤 식으로도 그 차이를 보여줄 수가 없다. 각 인종이 간직하고 있는 뿌리 깊은 본능과 기질은 거의 옛 모습 그대로 있고, 역사의 변화—정치제도의 발달, 경제혁명, 새로운 나라 정착, 종교개혁, 과학 발달 등—는 주로 사회적 요인이 변화한 것이

---

[2] **옮긴이**—엘베강(Elbe): 중부 유럽에 위치하며, 보헤미아에서 시작하여 독일 평원 서북을 거쳐 북해로 흘러들어가는 강.

며, 이것은 대개 사물의 변화로 나타난다.

어린이는 두 가지 유형이 상호작용을 하면서 발달하는데, 그중 하나가 다른 하나보다 더 오래되고 더 안정적이긴 하나 둘 다 오래되고 안정적인 것이다. 인간생활이 동요하고 생성하는 것은 이 두 유형이 서로 혼합하여 각자 다른 형태로 변화하기 때문이다. 유전적으로 타고난 어린이의 외모는 모호한 성향과 기질로 이루어지는데 이것들은 의사소통을 통해서만 명확해지고 의미를 획득하게 된다(어린이들은 이 의사소통을 통해 발달한다). 이를테면 어린아이가 옹얼거리는 것은 본능적인 것이지만, 이러한 본능에 의해 말이 나오고 그 말은 사회 속에서 규정되고 단련된다. 호기심은 자연에 의해 나오고, 지식은 생활에 의해 나온다. 모호하고 본능적 형태를 띠는 두려움은 태아 때부터 감지되는 것으로 여겨지나 이후의 삶에서 나오는 두려움은 주로 사회적 형태를 띤다. 그리고 본능적인 감수성은 공감과 애정으로 발달한다.

유전과 환경 중 어느 것이 상대적으로 중요하냐를 두고 논의하는 것은 매우 유익하다. 그것은 물질 대 정신에 대한 논의만큼이나 중요하다. 삶의 모든 측면에서 이 둘은 분리할 수 없으며, 어느 하나도 다른 하나와 떨어져서는 존재할 수 없다. 그 둘은 똑같이 중요하나 그 성질은 비교할 수 없을 만큼 다르다. 나무가 자라는 데 토양과 씨앗 중 어느 것이 더 중요한 역할을 하느냐고 질문하듯이 어떤 사람은 우리에게 자연보다 본성이 더 중요하냐고 질문할 수도 있다.

대부분의 학자는 어느 한 요소를 무시하고 다른 요소를 중시하는 경향이 있다. 예컨대, 골턴과 생물학파는 유전적 요인을 중시하고 그 밖의 다른 요소들은 묵과한 반면, 심리학자와 사회학자는 [사회적] 요인을 강조한다, 이는 학자에 따라 어느 한쪽 요소가 더 중요하고 다른 요소를 간과하도록 훈련을 받았기 때문이다. 어떤 실천적 목적에서는 어느 한 요소가 다른 요소에 비해 더 적절할 수는 있지만, 그렇다고 그 둘을 대립되는 것으로 설정하는 것은 바람직하지 못하다.

갓 태어난 아이는 (순수한 상태에서 들어가게 될) 오랜 세월에 걸쳐 얼룩진 세계와 정서적으로 대비된다. 전자는 순수하고 선량하며(일부 사람이 생각하듯이 '영광의 구름을 드리우며'3) 우리의 세계(애처롭게도 즐거움밖에 의식하지 못하는)보다 더 정신적인 세계로부터 형성되었다. 반면 후자는 우울하고 음침한 감옥 같은 불결한 곳이다.

"창졸간에 네 영혼은 세상의 짐을 짊어질 것이고."4

그렇지만 이러한 대조적인 분위기는 확실히 부분적으로는 불합리한 편견에서 생겨난다. 상상력은 어린이를 이상화하여, 어린이의 생각을 바다와 산처럼 순진무구한 것으로 해석하고, 그의 앞날을 그의 현재 모습과 대비시키지 않고 앞으로 성취할 이상과 대비시킨다. 사실 어린이도 자기 방식대로 인생의 쓴맛을 느끼고 있다. 그에게는 빛의 씨앗뿐 아니라 어둠의 씨앗도 싹트고 있으며, 엄밀하게 말하자면, 어떤 면에서도 세상보다 낫다고 할 수 없다. [그의] 인생에서 선함은 악한만큼이나 그의 상상력을 초월하고, 그는 사회세계를 벗어나서는 아무것도 할 수가 없다. 물질의 동정심은 더 나은 가정, 학교, 놀이터를 위해 일하는 모든 사람들을 감동시키는데, 그러한 동정심은 단지 우리가 아직은 서투르지만 이제 막 플라스틱 소재를 사용하게 되는 것과 같다. 즉 그런 사람에게 더 나은 기회를 제공해주면 그의 생활을 더 나아지고 행복하게 된다.

---

3 옮긴이—윌리엄 워즈워스(William Wordsworth)의 시 '영혼불멸의 노래'(Ode : Intimations of Immortality)에 나오는 구절.
4 Wordsworth, *Ode on the Intimations of Immortality*, etc.(Intimations of Immortality from Recollections of Early Childhood 어린 시절 회상으로부터 불멸을 깨닫는 노래—옮긴이).

베이컨Bacon이 말하듯이 청년 시절에는 어떤 면에서 보면 비범함으로 충만해 있지만, 한편으로 아직은 저돌적인 행동을 한다. 청년 시절에는 구속에서 풀려나 있으나 아직은 준비가 되어 있지 않고 비범한 통찰력과 무모한 열정을 동시에 가지고 있으며, 시심詩心으로 충만해 있으나 비행을 저지르기도 한다.

어린아이와 민주주의 사이에는 기본적인 친화성이 있다. 민주주의란 우리가 어린아이처럼 되고, 더욱 단순해지고 솔직해지며 인간적이 되어 간다는 것을 뜻한다. 민주주의운동의 고유한 역할은 어린아이에게 더 많은 신망을 부여하는 것, 어린아이를 더 많이 연구하고 보존하고 존중하는 것이다. 아마도 민주주의운동이 어린아이에게 부여하는 것만큼 개혁 이념에 설득력을 부여하는 것은 없다. 전국의 모든 어린이들이 가정과 학교와 놀이터에서 즐겁게 자기 마음과 가슴을 펼치는 것을 보고 싶고, 또 어린이들이 점차 유용한 노동을 익혀서 그것을 규칙적으로 즐겁게 실행하는 것을 보고 싶다. 이렇게 하려면 더 좋은 가정과 이웃이 있어야 하고, 그것을 저해하는 조건을 이겨내야 한다. 그렇게 되려면 더 좋은 학교, 아동노동 근절, 정규 직업교육, 건전하고 정당한 급료를 받는 일자리, 온당한 지위 보장이 수반되어야 한다. 어린이가 세상보다 반드시 더 나은 것은 아니지만, 어린이가 가진 가능성은 세상이 그를 위해 더 나아져야 한다는 것을 느끼게 한다.

어린이는 금방 어른이 되듯이 신속하게 현재 사회질서의 구성원이 된다. 이것은 전체에도 해당되지만 각 분화된 부분에도 해당된다. 사회와 개인은 동일한 사물의 측면이라는 점은 여러 군데서 자주 거론되고 있으므로 여기서 굳이 그것을 확대하여 논의할 필요는 없다. 아무리 열악한 상태에 있는 사람도 (인간으로서 능력을 충분히 가지고 있는 한) 사회질서 속에 살고 있으며, 나머지 사람만큼 많은 능력을 가지고 있다. 우리는 개인을 사회 전체로부터 간단히 분리할 수 없다. 개인과 제도를 대비하려면 개인과 특정 제도 또는 제도 일반과의 관계를 고려해야 한다.

제도는 사회구조의 성숙하고 전문화된 그리고 비교적 경직된 부분이다. 제도는 개인들로 구성되지만 전체 개인들로 구성되는 것은 아니다. 각 개인은 훈련을 받고 전문화된 부분으로서 제도 속으로 들어간다. 이를테면 법률가는 법률 부분, 교회 신도는 성직 부분, 상인은 사업 부분이 된다. 그러므로 제도와는 달리 개인은 삶의 전체성과 인간성을 표현한다. 앨프레드 로이드Alfred Lloyd 교수가 말하듯이, 개인은 "편파성의 교정자요, 특수한 발전의 중계자이자 분배자이다."[5] 어떤 사람이 단순히 제도의 한 단편에 불과하다면 그는 전혀 사람이 아니다. 그는 인간 본성, 즉 직감적인 것, 유연한 것, 이상적인 것을 표출해야 한다.

"기업은 아무런 영혼도 가지고 있지 않다."라는 격언이 있는데, 이 격언은 모든 명확한 사회구조가 가진 이러한 결함을 잘 표현하고 있다. 이러한 결함은 사회구조 사이에 억누를 수 없는 갈등을 야기하여 인간 본성을 더 자유롭게 하고 더 넓게 하는 자극을 제공한다. 회사는 협애한 목적을 달성하기 위해 효과적인 특수한 메커니즘을 확립하는데, 그에 상응하여 인간성, 확장성, 적응성을 상실하게 된다. 우리는 권력과 비인격성을 결합하고 있는 상업 회사에 대해 각별히 경계해야 하는 만큼 다른 모든 제도에 대해서도 경계해야 한다.

제도는 권력에다가 권리도 가지고 있지만 그 권리는 조직되고 성숙하여 전성기가 지났고 신선함을 결여하고 없으며 인정받지도 못하고 있다. 새로운 권리 또는 도덕적 진보는 항상 제도에 대한 반항에서 시작된다.

살아 있는 영혼과 제도 간의 이 같은 관계를 선명하게 보여주는 어느

---

[5] The Personal and the Factional in the Life of Society. *The Journal of Philosophy, Psychology and Scientific Methods*, 1905, p. 337.

회화가 있다. 그 회화는 로마 황제 앞에 서 있는 세인트 제임스St. James를 묘사하고 있다.6 세인트 제임스는 초라한 복장을 걸치고 있으면서도 아름답고 생기가 넘치는 황홀한 표정을 하고 있다. 로마 황제는 높은 상아 의자에 앉아 근엄하고 권위적이며 대담한 표정을 짓고 있고, 주위에는 병사들이 둘러싸고 있다.

물론 제도적 요소 역시 개인적 요소와 똑같이 본질적이다. 전통과 관습은 서로 기계적으로 작용하여 인류가 가진 확고한 지혜를 정신 속으로 쏟아 붓는다. 사유 체계 내의 모든 부분이 계속 잔존해온 것은 그것이 적자생존을 했기 때문, 즉 인간 정신에 대해 스스로 인정을 받았기 때문이다. 이런 식으로 개인은 언어, 정서, 도덕적 기준 및 모든 종류의 지식을 획득한다. 또 개인은 이러한 것들을 의지의 힘으로 획득한다(이때 의지의 힘은 이러한 것들이 원래 들인 비용에 비하면 사소하다). 그러한 것들은 개인이 적극적으로 참여하지 않아도 정신 속으로 침투해 들어가 사회적 분위기가 된다. 그것들은 한때 주의와 노력을 집중했지만, 지금은 자유롭게 새로운 정복을 위한 에너지를 남겨놓고는 당연한 것으로 여겨 희미한 흔적 속으로 빨려들어 갔다. 우리는 이러한 무의식적인 토대에 의지하고 있으며, 그것이 없으면 우리가 아무것도 성취할 수 없다는 것을 보여주기 위한 어떤 논거도 필요하지 않다.

그리하여 모든 혁신은 순응conformity에 기초하고, 모든 이설異說은 정설에 기초하며, 모든 개성은 연대에 기초한다. 생물학을 예로 들면, 정돈된 지식을 집대성하여 안내해주는 정설의 전통이 없었다면, 이러한 지식에 기초하여 재해석한 다윈의 이설은 불가능했을 것이다. 예술에서도 제도는 그 제도에 반대하는 개인에게 기반을 제공한다. 프랑스 예술에 관한 저작을 저술한 브라우넬은 혁신적인 조각가 로댕과 프랑스학술원

---

6 만테냐(Mantegna)의 작품.

의 관계에 대해 논하면서 다음과 같이 지적한다. 로댕을 발전시키고 또 그의 반항성을 자극한 것은 바로 "그 체계[프랑스학술원]였다. 그 체계는 승인과 반항을 동시에 무한하게 유발하는 강력한 영향력을 가지고 있었다."[7] 미국에서는 예술가와 문인들을 좌절시키고 또 높은 이상을 성취하기 어렵게 하는데 이는 적대적인 비판 때문이 아니라 아무런 비판도 하지 않고 순전히 무시와 무관심으로 일관한 탓이다. 조직화된 전통이 존재하는 곳에서는 불관용이 있기 마련이지만 아울러 지적 능력도 함께 존재한다.

선택은 삶을 향상하는 데 있어서 인간 본성을 비교적 자유롭게 작용하게 한다(이러한 선택은 산호충처럼 항상 죽은 선행물이 결정화되어 이루어진 잔존물 더미 위에서만 작동한다).

일반적으로 개인은 제도보다 더 낫다고 생각하는 경향이 있는데 이것은 잘못된 생각이다. 도덕적 측면에서 보면 그 둘은 (다른 측면에서와 마찬가지로) 각기 장점이 있다. 개인은 애정과 열망 그리고 온갖 종류의 온화하고 신선하고 유연한 자극을 가지고 있는 데 비해 제도에는 이런 것들을 찾아보기 어렵다. 그러나 제도는 그 시대의 건전하고 확실한 장점을 가지고 있으며, 그것은 인간의 이상주의가 두서없이 순간적으로 확장하여 이루어놓은 것에서 실행가능한 것을 찾아내 차츰차츰 쌓아놓은 침전물이다. 법, 국가, 또는 옳고 그름의 전통적인 규약은 개인과 관계한다. 그것은 연로한 아버지가 어린 자녀와 관계를 맺는 것과 같다. 그러한 관계는 갈등에 의해 아무리 세파에 닳고 굳어지더라도 여전히 강건하고 현명하고 친절하며, 어떤 일이 있더라도 우리는 그 관계를 순순히 따른다.

일반적으로 국가가 다른 나라를 대할 때는 개인이 다른 개인을 대할

---

[7] p. 30. 다음 장도 보라.

때보다 덜 도덕적이라고 오해하는 경우가 있는데, 이러한 경우에도 이와 유사한 추론을 적용할 수 있다. 국제관계는 도덕성 수준이 낮은데 이는 국제관계가 최근에 대두하여 아직 발달되지 않았기 때문이지 그 본성이 불가피하게 결함이 있기 때문이 아니다. 국제적 도덕성도 여타의 제도들과 마찬가지로 서서히 발달하므로, 그것 역시 궁극적으로는 우리가 펼칠 수 있는 최대의 정의와 아량을 표현하지 않는다고 볼 하등의 이유가 없다. 모든 것은 사람들이 자기 이상을 실현하기 위해 투입하는 에너지와 끈기에 달려있다. 제도는 느리게 발전하는데, 이러한 느림은 그것이 가진 오랜 세월에 걸쳐 누적적으로 발달되는 능력에 의해 벌충되며, 그 결과 제도는 개인의 평범한 성취물을 도덕적으로도 능가하게 된다. 이를테면 기독교 교회는 대다수의 신도가 도달하는 이상보다 높은 이상을 구현한다. 올바른 국가를 성취하는 데 성심을 다한다면 우리는 어느 개인보다도 올바른 국가를 세울 수 있다.

  미국이 쿠바를 대하는 대응법과 영국이 노예무역을 금지한 것은 국가가 관대한 원칙을 따르고 있음을 보여주는 좋은 본보기이다(그 원칙은 갈수록 확대될 것으로 예상된다). 국제 정의와 평화의 필요성을 피부로 느끼듯이 그런 원칙은 개인이 발달하는 것처럼 자연스럽게 발달한다.

  선택과 메커니즘을 놓고 문제가 제기될 때마다[8] 후자를 옹호하는 자는 그것이 에너지를 절약해준다고 주장하며 주어진 상황에서 선택의 결과가 비용을 정당화하는지 의문을 제기한다.

  선택은 그 범위가 넓어지면 경쟁을 유발하는데 그때 유일한 대안은 기계적 원리이다. 이것은 역사적으로 물려받은 지위가 될 수도 있고 사회주의에 의해 실행되는 안정성 같은 새로운 규칙일 수도 있다. 그런데

---

[8] 내가 말하는 메커니즘은 선택을 필요로 하지 않는 관습이나 권위, 격식 따위 같은 것들이다.

현재의 경쟁질서는 낭비적이고 사람을 괴롭히며 불공정하고 예술가 정신에 적대적이라는 비난이 일고 있는데 이러한 비난이 결코 부당하다고는 할 수 없다. 그런데 지금은 선택이 확립된 원칙과 기준에 기초하지 않고 무분별하게 작동하고 있는데, 사회주의가 그러한 원칙과 기준을 추구하면 잘 작동하게 된다.

우리는 중세의 수세공들이 기계적이고 불합리한 각종 제약에 속박되어 있었다고 보는데 비해, 칼라일을 비롯한 여타 학자들은 이들이 그 후계자인 현대의 수세공들보다 일부 측면에서는 형편이 더 나았다는 사실을 많은 근거를 들어 주장하고 있다. 당시에는 기회의 자유가 없었지만, [그들에게는] 긴장도 열악한 환경도 절망도 없었다. 당시의 기준이 지금 우리의 기준보다 어쩌면 더 나았을 수도 있다.

우리에게는 더 나은 규율, 더 적절한 조직이 필요하다. 유능한 연구자라면 이 점을 시야에서 놓칠 리 만무하다. 그러나 이러한 것들은 이미 만들어진 상태로 존재하지 않으며, 현재 우리가 할 일은 더 조용한 시점에서 우리가 선택을 하고자 하는 다른 대상을 확실하게 무시하고 그것들을 성취해나가는 것이다.

이와 같이 신보는 개인과 제도의 상호작용에 의해서 이루어진다. 개인은 직접 인간 본성을 나타내지만 제도(모든 제도의 목적은 이 인간 본성에 봉사하는 것이다)는 단일 개인의 의식을 초월하여 발전하여 나타난 순 결과이다. 개인은 비판을 받고 대체로 잘못을 저지르지만, 모두가 한꺼번에 그렇지는 않다. 개인이 공격을 하면 대개 실패하지만 다수가 공격을 하면 변화가 일어난다.

제도는 일반적으로는 삶의 기계적 측면을 나타내지만 그렇더라도 그 안에는 개인의 자유를 필요로 한다. 개성은 평상시에는 제도의 생명이며, 제도의 모든 활력과 적응력은 개성에 달려 있다.

군대는 기계적 제도의 전형이다. 그렇지만 군대조차도 그 기구 내에 (비록 특수한 경로에 제한을 받긴 하지만) 개인의 선택이 반드시 필요하다. 어느 유능한 연구자에 따르면, 독일군대에는 체계적인 자조自助 문화가 있는데, 이것은 "필수적인 체계와 규율을 유지하면서 가능한 한 최대로 자유를 발휘하여 개인의 능력을 발전시키는 것이다." "부대 지휘관에게 부하를 훈련시키는 책임을 맡기고, 훈련 방식과 시간을 그 지휘관이 적합하다고 생각하는 대로 정하게 한다. 모든 소대를 관리하는 장교에게도 그와 비슷한 자유가 주어지며, 끊임없이 병사의 지혜와 자조에 호소한다."9

미국군대에서는 병사의 자조 정신과 미숙한 문명에 의해 발달된 상식과 적응력을 항상 최고의 가치로 삼아 왔다. 이것들은 규율에 어긋나는 것이 아니다. 그것이야말로 "자유로운 병사의 진정한 규율이며, 그것은 의무에 대한 개인의 확신에서 우러나오며, 전제주의 사회의 병사가 가진 강압적 규율과는 전혀 다르다."10 예컨대 게티즈버그11 전투에서 피켓12 장군 부대의 습격에 의해 연방군 전선이 무너져 많은 장교가 전사하여 지휘 계통이 무너졌을 때 무질서해진 병사들이 대열을 갖추어 침략군을 물리친 경우가 있다.

조직의 성격이 더 자유롭고 더 인간적이 되면 그 제도의 기계적 요소와 선택적 요소 모두 높은 수준으로 올라간다. 기계적 요소는 공포에 의해, 즉 초자연적 힘에 의한 제재와 자유로운 발언의 억제에 의해 유지

---

9 Baring-Gould, *Germany*, i, 350 ff.
10 *Garibaldi's Autobiography*, i, 105.
11 옮긴이—게티즈버그(Gettysburg): 미국 펜실베이니아 주 애덤스 군의 마을. 미국 남북 전쟁 당시 게티즈버그 전투로 유명함.
12 옮긴이—피켓(George Edward Pickett): 남북전쟁에서 남군과 북군이 격전을 벌인 게티즈버그 전투에서 남군에서 활약한 장군으로 북군을 곤경에 빠뜨렸으나 결국 남군의 패배로 끝남.

되던 독단적이고 불관용적인 법률을 벗어나 단순히 하나의 사유 습관으로 고정된다. 그 사유 습관이 고정되는 것은 토론을 억제해서가 아니라 토론이 넘쳐나기 때문이다. 즉 사유 습관이 현재의 상태에 너무 부합하여 현재의 상태를 뒤흔들 전망이 보이지 않기 때문이다.

이와 같이 근대의 자유국가에서 정치체계, 기본 재산권 등이 정착된 것은 그것들이 신성하거나 권위가 있어서가 아니라 여론이 그것의 건전함을 확신하기 때문이다. 비록 우리가 그것들에 대해 판단하지 않더라도, 우리가 그것들이 이성에 의지한다고 믿고 또 언제든지 이성에 의해 검증을 받는다고 믿는 한 그것들은 잠재적 합리성을 가진다.

이러한 종류의 제도가 가진 장점과 단점에 대해서는 익히 알려져 있다. 그러한 제도는 결코 전제주의 체계의 선명하고 명확한 규율이 될 여지가 없으며, 안정적으로 작동되기만 하면 더욱 유연해지고 공적 정신을 더욱 활발하게 표현하게 될 것이다.

또한 제도가 가진 자유로운 요소는 더욱 세련되고, 더욱 단련되고, 더욱 조직화되며 더욱 합리적이 되어 간다. 이에 대해서는 이미 많은 곳에서 지적한 바 있으므로 굳이 여기서 깊게 다루지 않아도 될 것 같다.

# 제29장  제도와 개인 II

사적 경향으로서 혁신 / 공적 습성으로서 혁신과 보수 / 연대 / 프랑스식 연대와 영국식 연대 / 전통과 관행 / 반대는 전통과 관행만큼 많이 나타나지는 않는다 / 중세사회와 근대사회의 실질적 차이 / 근대적 삶에서 나타나는 전통주의와 관례 존중

변화에 반대하는 보수주의와 관련된 해묵은 문제와 제도에 반대하는 개성과 관련된 문제에는 많은 공통점이 있다. 즉 혁신은 메커니즘에 대항하여 신선한 개성을 주장한다. 이에 대해서는 찬성하는 주장과 반대하는 주장이 동시에 제기되고 있다. 개인이 활력과 적극적인 동력을 가지게 되면 기성 제도에 불만을 품게 된다. 청년은 악명 높을 정도로 혁신적인 경향이 있으며, 대담하고 무모한 기질을 가진 사람은 연령에 상관없이 혁신적인 경향이 있다. 반대로 나이가 많고, 조용하고, 소심한 사람은 보수적인 경향을 띤다. 이들은 풍토나 여타 원인에 의해 심신이 약해지면 활력을 잃고 적극적인 변화를 추구할 수가 없게 된다.

적어도 타르드M. Tarde1의 저작 『모방의 법칙』 *Laws of Imitation*2을 읽지

---

[1] 옮긴이—타르드(Jean Gabriel Tarde, 1843~1904): 프랑스 사회학자, 범죄학자. 롬브로조(Lombroso)의 형법이론을 비판하고 사회심리적 입장에서 범죄 연구를 수행함. 판사, 법무부 범죄 국장을 역임하고 만년에 클레주 드 프랑스의 철학 교수가 됨. 그는

않은 사람은 연령 또는 활력의 차이와 무관하게 혁신이나 반대를 공적 습성으로 생각하지 않는 경향이 있다. 변화에 대한 태도는 여론과 동일한 종류의 변화 또는 공적 정신의 여타 측면에 큰 영향을 받는다. 중국이나 인도처럼 수세기 동안 보수주의가 뿌리 깊게 작동하고 있는 경우는 선천적으로 활력이 부족해서 그런 것이 아니라 사회유형이 성숙하여 고립상태로 굳어져서 단단해진 외피를 뚫고 변화의 시동을 걸 만큼 충분하게 강한 자극이 없었기 때문이다. 일본이 후진성을 면하지 못한 것도 역량이 부족해서가 아니라 자극의 부재가 그 원인이며, 중국 역시 마찬가지이다.

에너지와 동기 모두 인간이 목표를 성취하는 데 꼭 필요한 요소이다. 동기가 부재하면 사소한 활동에 정신을 쏟게 되며, 이런 현상이 전체 사람들에게 적용되어서는 안 되는 그리고 수세기 동안 지속되어서는 안 되는 이유는 없다. 순간적인 자극은 불꽃을 피우고 단기간에 사회구조를 크게 변화시킨다. 질량 변화가 없는 상태에서 적용되는 물리적 에너지 보존 법칙을 인간생활에 적용하면 큰 착각을 낳게 된다. 인간생활에는 실제로 이용되는 것보다 많은 정신적 에너지가 항상 존재하며, 실제로 생산되는 양은 주로 동기의 긴급성에 좌우된다. 사실 인간 정신이 높은 수준에 이르는 것은 대체로 균일한 힘의 작용에 의한 것이기보다는 예상하지 못한 폭발에 의해 이루어지는 경우가 많다.

또한 변화의 습관은 단순한 불안상태에 의한 경우도 있고 건설적으로 전혀 중요하지 않은 경우도 있다. 초기 미국 변경지역에서는 역마살 성

---

사회의 본질을 심리학적 요소에 구하고, 신념과 욕망을 사회 현상의 원동력으로 인정, '모방'이야말로 사람과 사람과의 심리적 관계를 객관적으로 표현하며, 사회의 성립에 중대한 영향을 끼치는 것이라 생각함. 그의 이론은 프랑스에서는 구조를 강조한 뒤르켕학파에 밀려 큰 영향을 미치지 못하고 오히려 미국사회학에 현저한 영향을 미침. 『모방의 법칙』(*Laws of Imitation*)이 대표적인 저작임.

[2] Gabriel Tarde, *Les lois de l'imitation*(영역판 *The Laws of Imitation*).

향을 가진 매우 특출한 개성을 가진 사람들이 있었다. 역마살 습관을 가진 사람은 한 장소에 2~3년 정착했다가는 마음이 들떠서 살던 집을 팔고 다른 곳으로 이동한다. 요즘에도 젊은 시절에 가진 야망과 주변 환경 때문에 이곳저곳으로 재빠르게 이동하는 사람이 있는데, 이들은 나이가 들어서도 그때 가진 습관을 버리지 못해서 가족과 친구들을 매우 불편하게 한다. 엄청난 활기를 가지고 노력하여 자신의 이상을 실현한 사람들이 있는가 하면, 그렇게 하지 않으면 매우 불안해하는 사람들이 있다. 그런 사람들은 "잠재의식 상태에 있기 때문에 자신이 누군지 충분히 인식할" 수가 없다.

우리의 상업생활과 산업생활이 열광적으로 발전함에 따라 변화를 기대하는 습관(전체의 습관 체계)이 크게 일고 있다. 진취적 정신과 적응력이 서로의 모든 갈등을 불식시키고 배양되었으며, 각각의 개인은 대열이 움직이면 거기에 보조를 맞춰야 한다고 느껴 자신의 건강, 문화, 온전한 정신을 생각하지 않고 대열을 따라가려고 급히 서두른다.

이러한 불안은 민주주의에 의해 생겨난 것이 아니라 과도기 상태에 따른 것이다. 앞서 말했듯이 민주주의는 본성상 불안정하다는 오래된 견해는 전혀 믿을 만한 것이 못된다. 1835년에 토크빌조차도 미국의 정치 불안은 심각하지 않다고 보았으며, 민주주의 정치체제는 "지금까지 어느 서방 세계에서 나타난 것보다도 사회를 더 안정시킨다."고 주장했다.[3] 타르드 역시 이 문제에 대해 상세하게 설명하면서 동일한 견해를 내놓았다. 정치체제는 현재 지배적인 조건에 적합할 때 안정된다. 적어도 유럽 사람들은 본질적으로 민주적인 정치체제가 이러한 시험을 항구적으로 충족할 수 있는 유일한 정치체제라는 것을 해가 갈수록 명확하게 인식하고 있다.

---

[3] *Democracy in America*, vol. ii, book iii, chap. 21.

사회집단 내의 여러 세력이 효과적으로 협동하여 조화를 이룰 때 연대solidaire가 형성된다(연대는 이럴 경우 많이 사용되는 프랑스어 단어이다). 프랑스는 (내부적으로 불화가 있는데도) 비교적 동질적인 국민으로 구성되어 있어서 그렇지 않은 오스트리아[4]보다 확실히 연대가 잘 이루어져 있다. 러시아보다는 영국이, 중국보다는 일본이 연대성이 강하다.

그러나 면밀히 살펴보면 연대가 정확히 어떤 상태인지 말하기는 쉽지 않다는 것을 알 수 있다. 그것은 단순히 유사성에 의해서만 이루지는 것이 아니다. 왜냐하면 개인의 부분들의 차이가 있어야 조화로운 전체가 이루어지며 나아가 그러한 차이가 전체를 형성하는 데 필수적이기 때문이다. 이는 상이한 음이 서로 연관되어 조화로운 음악을 형성하는 것과 같은 이치이다. 버크Burke가 쓴 글에서 우리가 원하는 바가 나타난다. 그에 따르면 "자연세계와 정치세계에서는 여러 세력이 서로 투쟁하면서 일어나는 '작용과 반작용'이 우주의 조화를 형성한다."[5]

[연대를 형성하는 데] 유사성이 필요하다면 그때 말하는 유사성은 명백히 (해당 활동에 적합한) 필수적인 이념의 유사성, 더 나아가 각종 정서의 유사성을 말한다. 어느 일본 작가의 설명에 따르면, 일본에서는 천황과 황실에 대한 헌신이 일본인의 애국적 통일을 이루는 기초이다.

> "일본인이 '나의 조국을 사랑한다'고 말할 때 그가 말하는 '조국'은 대체로 천황과 황실을 말하고…거기에는 자신의 조상과 후손들이 약간 포함되어 있다." "그는 즐거움과 슬픔을 느낄 때 자기 선조가 자신과 함께 있다고 믿는다. 그는 선조를 마치 살아 있는 듯이 섬긴다. 그가 사랑하고 숭배하는 조상은 모두 그 시대의 황제에게 충성을 했다. 그래

---

[4] 옮긴이—쿨리가 이 책을 쓸 당시 오스트리아는 실제로 오스트리아-헝가리 제국(1867~1918)으로 다수의 게르만족과 체코, 크로아티아, 슬로베니아, 세르비아 등 소수의 슬라브민족으로 구성된 다양한 다민족국가임. 당시 유럽의 복잡한 민족 갈등을 유발하고 1차 대전을 일으킨 원인이기도 함.

[5] *The Works of Edmund Burke*(Boston, 1884). vol. iii, p. 277.

서 그는 자신도 현재의 황제에게 충성해야 한다고 생각한다."

"자신이 느끼는 것 외에는 아무것도 실재하지 않는다. 그는 자기 동포의 과거 세대, 현재 세대, 미래 세대가 자신과 통일되어 있다고 느낀다." "죽은 자든 산 자든 자기 동료와 강렬한 공감대를 형성하고 있다는 것을 충분히 의식하고, 자신의 영광스러운 운명을 고결하게 받아들여 어떤 위험도 두려워하지 않고 어떤 고생을 해도 지치는 기색을 하지 않는 자가 진정한 일본 병사이다."[6]

미국에서도 정신의 통일이 강렬하게 이루어지고 있으나, 그럼에도 아직은 무분별하고 형태가 불완전하다. 아직 수도首都도 정해지지 않았고, 상층 지도층도 없으며, 최고 주권자도 없고, 신조도 없으며, 지배적인 전통조차도 제대로 형성되지 않았다. 모두가 자유, 친절, 희망 같은 모호한 정서만 충실히 따르고 있는 듯하다. 바로 이러한 상황, 즉 미국인의 정신은 특화되어 있지 않고 또 인간 본성의 일반적 정신과 같은 것으로 취급되고 있는 상황이 미국의 정신을 영향력 있게 만들고 또 이질적인 요소들을 동화시키는 데 무엇보다도 큰 힘을 발휘한다.

연대성의 부재를 적절하게 보여주는 유일한 증거는 총체적 행동이 갖는 비효율성이다. 정당과 계급은 내부에 분열을 초래하는 요소가 전혀 없는데도 강렬하게 분규가 일어나는 경우가 있다. 불과 얼마 전 러시아(혁명 이전제정 러시아를 말함—옮긴이)에서 나타난 것처럼 외부의 적과 전투가 벌어지고 있는 상황에서도 내부의 통일이 이루어지지 않고 분열이 심화되는 경우가 있다. 이 경우에는 분명 불안한 사태가 초래되기 마련이다.

프랑스는 영국이나 미국보다 연대성이 더 강하다고 이따금 말하고 있는데, 이는 우리[미국]가 아직 사회적 정신의 통일이 덜 유연하고 개인의

---

[6] Amenomori in the *Atlantic Monthly*, Oct., 1904.

자기 확신이 왕성하기 때문이다. 그런데 이 말은 운동선수들끼리 다투면 강한 팀으로 조직하여 통일하는 데 방해가 된다고 말하는 것만큼이나 믿을 만한 것이 못된다. 그런데 프랑스인들 사이에서 잘 나타나고 있는 공통된 규율 및 정서의 통일과 영국인이나 미국인 사이에서 나타나는 통일 사이에는 흥미로운 차이가 엿보인다(영국의 통일과 미국의 통일은 서로 다른데, 프랑스의 통일에 비하면 서로 유사한 점이 훨씬 많다). 나는 이러한 대비가 사회 유형을 연구하는 데 크게 중요하다고 생각한다. 그래서 이후에 약간의 지면을 할애하여 그러한 차이를 설명할 것이다.

브라우넬의 통찰력 있는 연구에 따르면,[7] 프랑스인의 사고는 특정 장소(특히 수도)에 집중되어 있을 뿐만 아니라 (특정한 분열을 제외하면) 획일적이고, 권위주의적이며, 편협하고, 연대성이 강한 것처럼 보인다. 또한 부조화에 대해서는 덜 진취적이고 덜 공격적이다. 프랑스인의 정서는 개인의 자유보다는 평등을 훨씬 강조하고, 지배적인 사고 유형에서 크게 벗어난 것에 대해서는 불관용적이다. (특히 정치에서는) 사적 권력에 대해서는 많이 시기하면서도 (영국인이나 미국인과는 달리) 크게 성공한 인물에 대해서는 침착하면서도 열렬하게 공감을 한다. 실제로 개인의 우월성에 대해서는 더욱 시기할 것을 강조한다. 왜냐하면 개인의 우월성이 위력을 발휘하면 견제하기 어렵기 때문이다. 이 모든 것들은 프랑스의 공교육제도에 의해 이루어지고 있다. 프랑스 공교육제도의 획일성, 엄격한 규율, 고전적 보수주의는 이미 잘 알려져 있는데, 이러한 것들은 프랑스가 형식적 연대를 형성하는 원인이자 결과이다.

또한 비프랑스인에게는 불관용적인데, 다른 민족도 그에 상응하는 현상이 있지만 프랑스인의 경우 어쩌면 그보다 훨씬 더 심한데도 그것을

---

[7] *French Traits*. P. G. Hamerton. 해머튼(P. G. Hamerton)의 저작 『프랑스인의 특색』 (*French Traits*), 특히 프랑스어판과 영어 번역판은 많은 제안을 제시하고 있다.

이해하지 못한다. 프랑스인은 자기도취적이며 다른 민족의 역사에는 별 관심을 두지 않는다. 그뿐만 아니라 그들은 동시대인들에게도 공감하지 않는다. 브라우넬이 말하기를 "파리에서 외국인은 자신이 외국인으로서 일정하게 대우를 받는 것만큼 융숭한 대우를 받는다."[8]

프랑스인은 개성이 비교적 약한데, 이는 물론 자아의식이 결여되어서가 아니라 프랑스인은 자신을 사회 통일체와 일치시키고 그 속에 합체된 것으로 생각하여 자신의 특수한 자아를 진지하게 고려하지 않기 때문이다. 그들은 자아의식보다 우리-의식을 더 중시하며, 이러한 사실은 개별 프랑스인을 자기 동포와 구별시키는 것보다 프랑스와 다른 나라를 더 확연하게 구별시켜 준다. "프랑스인은 프랑스가 자기 조국이라는 이유로 프랑스를 칭송하지는 않는다. 그가 자기 위안을 느끼는 것은 그가 프랑스인이라는 사정에서 비롯한다. 그에게는 자신이 먼저이고, 그 다음이 인간이다."[9] "우리는 영국인이나 우리[미국인]가 자기 동포의 개성이나 성질을 자랑하듯이 프랑스인이 자기 동료의 특성이나 성질을 자랑하는 것을 들어보지 못한다. 프랑스인은 프랑스에 대해 생각하고, 프랑스의 독특한 **영광**에 대해, 즉 프랑스의 선진 문명에 대해 생각한다."[10]

프랑스인은 전반적으로 개성이 약해서 그런지 변덕스럽고 공격적인 기괴한 행동이나 모난 성격과 나쁜 취향을 드러내지 않는다. 브라우넬은 프랑스에서는 젠체하는 사람이 없다는 중요한 사실을 발견했다. "그 같은 사회에서는 사람들이 힘들이지 않고 능력을 자유롭게 발휘하고, 자신과 타인에 대해 후하고 유머가 풍부하며 관대하며, 한가롭고 조용하고 건강하고 합리적이고 활발하며, 자기 스스로의 자각과 이웃의 통찰력을 묵묵히 신뢰한다."[11]

---

[8] *French Traits*, p. 284.
[9] p. 295.
[10] p. 295.

이러한 부분적인 무책임과 더불어 나타나는 이러한 성향은 사적 자아를 별로 진지하게 받아들이지 않아서 모든 종류의 극단적인 도덕을 배제하게 된다. 그들의 선함은 우리만큼 선한 것도 아니고, 그들의 악함도 우리만큼 악하지 않다. 선함과 악함 모두 직접적인 상호교류에서 비롯된다. "우리 사이에 있는 폐해가 프랑스에서는 여전히 (정서가 유발한) 불법적인 사회 형태로 남아 있다."[12]

이러한 특성은 프랑스 말이 가지고 있는 놀랄 정도로 열성적이고 유창하게 말하는 능력과 명백하게 연관되어 있다. 프랑스인은 대개가 내향적이지 않고, 사회적 흐름에 직접적이고 친근하게 다가가려 하며, 자신을 남과 구별하려 하지 않는다.

프랑스는 그 나름대로 미국만큼 진정한 민주주의국가이며, [프랑스만큼] 실제로 주어진 집단 내에 지배적인 정서가 그토록 정치적이고 즉각적으로 권위주의적인 나라는 사실상 없다. [프랑스에서 나타나는] 형식주의는 민중이 서로 현명하게 공감대를 형성하면서 나타난 것이지 러시아나 독일의 형식주의처럼 위로부터 주입된 것이 아니다.

그러나 그것은 우리와는 전혀 다른 유형의 민주주의로서, 개성에 따라 분화되어 있는 것이 아니라 집단에 따라 분화되고, 공고화되고 제도화되어 있다. 이러한 차이의 근원은 일부는 역사 경로에 있고, 일부는 민족성에 있다. 프랑스는 공화국과 교회 간의 갈등이 뿌리 깊고 또 갑작스러운 전쟁에 대비해야 할 필요성 때문에 영국보다 형식적 통일이 더 필요했으며 프랑스 국민들을 그것을 받아들였다.

프랑스식 연대는 앵글로-색슨식 연대와 비교할 때 장점과 단점을 동시에 가진다. 프랑스식 연대는 잘 짜인 사회집단을 형성하는 데 확실히

---

[11] Idem, p. 304.
[12] p. 64.

유리하다. 예컨대 프랑스의 예술 '학교'는 미적 생산을 하는 데 많은 활력을 불어넣어준다. 한편 앵글로-색슨식 구조를 채택하여 개성이 가진 활력과 정서의 효과적인 통일을 성공적으로 결합한 곳에서는 다양성을 약화시키고 연대성을 지켜나가는 유형보다 우월한 것처럼 보인다. 근래에 튜턴족이 산업투쟁과 정치투쟁에서 두각을 나타내고 있는 것은 그들의 자기의존, 즉 개성 때문이다.

연대성은 전체에 대한 개인의 충성심에서 가장 잘 나타난다. 이러한 충성심이 있으면 개인(한 병사, 개척자, 기계공, 학생)은 아무리 고립되어 있더라도 전체를 마음속에 소중히 간직하며 (공포나 뇌물에 아랑곳하지 않고) 전체에 대해 의무를 다하게 된다. 바로 이 점에서 앵글로-색슨족의 강인함이 나타난다. 영국인은 비록 아프리카 황야에 홀로 있더라도 영국인일 수밖에 없으며, 영국의 기준에 따라 양심을 가지고 떳떳하게 행동한다. 개인을 포용하고 모든 개인이 각자의 개성에 따라 영웅적인 행동을 하게 하는 이러한 도덕 통일체가 바로 우리가 바라는 연대이다.

전통tradition이 과거에서 내려오는 것이라면, 풍습convention은 동시대 사람들로부터 바로 옆에서 나온다. 우리 할아버지들이 난롯가에서 들려주던 동화와 격언은 전통에 해당하고 당대의 관습은 풍습에 해당한다. 전통과 풍습 모두 정신의 연속을 나타내지만, 전통은 시간적으로 오래 지속되고 장소에는 큰 구애를 받지 않지만, 풍습은 장소로는 확장되지만 특정 시대에만 지속된다.

이러한 구분의 상당 부분은 일부 학자가 제기한 것이다. 그중에서 프랑스의 탁월한 사회학자 타르드는 '관습 모방'custom imitation과 '유행 모방'fashion imitation[13]이란 용어를 고안하여 이것을 사회를 구분하는 원초적 성질로 간주했다.

---

[13] Imitation-coutume and imitation-mode.

어떤 이는 중세사회를 전통의 사회라고 말한다. 그때 사람들은 고립된 집단 속에 살았으며 조상들의 사고가 삶을 지배했고, 동시대 사람들의 사고보다 조상들의 사고에 더 쉽게 접근할 수 있었다. 한편, 전신, 신문, 이주 등을 갖추고 있는 근대사회는 풍습의 사회이다. [근대사회에서는] 사고가 광대한 지역으로 그리고 무수한 사람에게 전파되고, 조상대대로 내려오는 연속성이 무너진다. 사람들은 사물을 후방을 향해서 보는 것이 아니라 측면에서 보는 습관을 가지게 되고, 관습보다는 유행을 본능적으로 선호하게 된다.

단테가 살던 시대에 유럽을 두루두루 여행을 하면 마을마다 지역마다 조상 대대로 내려오는 그 마을 그 지역 특유의 의상, 말씨, 풍습을 보게 된다. 당시에는 장소에 따라서는 많은 변화가 있지만 시간적으로는 별 변화가 보이지 않는다. 오늘날에 그런 여행을 하면, 어딜 가나 사람들의 복장이 비슷하고, 사용하는 말씨가 비슷하며, 동시대 사람들이 삶을 공유하고 싶어 하는 모습을 보게 된다. 또한 의상, 행동, 관심 대상이 나라마다 거의 동일하고 전 세계가 상당히 공통적이나 그 특성이 수시로 바뀌고 시간적으로는 변화가 심하지만 장소에 따른 변화는 별로 나타나지 않는다.

근대적 삶과 전통적 삶 사이에는 실제로 중대한 차이가 있다. 하지만 그런 차이를 전통에서 풍습으로의 변화에 따른 것으로 이해하는 것은 둘 사이의 실질적인 특성을 제대로 나타내지 못하고 있다고 생각한다. 사실 전통과 풍습은 결코 분리되거나 대립되는 것이 아니며 그 둘의 대조적인 측면을 부각시킬 경우에만 그렇게 보인다. 과거로부터 내려오는 사고와 동시대인들로부터 나오는 사고는 동일한 공적 정신을 가지므로 그 둘을 분리하는 것은 이상한 결과를 초래한다. 전통적인 관습이 널리 유행하고 있는 집단 내에서는 그것이 곧 풍습이기도 하다. 사람들은 다른 사람들로부터 풍습을 배우고 모방을 통해서 그리고 남들과 똑같이 하고 싶은 욕망에 의해서 순순히 풍습을 따른다(다른 풍습에 대해서도 그렇게 한다). 세련된 사람들은 세계적으로 유행하는 특이한 복장과 실크 모자를 착용하기도 하고 똑같은 이유로 유럽 변방의 외진 곳에서 유행하는 기묘한 지방 의상을 입기도 한다.

어떤 풍습은 다른 풍습보다 더 먼 곳까지 유행한다. 예전에는 사람 간의 교류가 어려워서 소수의 집단만 유행을 따를 수 있었다. 그때 사람들도 지금처럼 간절히 유행을 따르고 싶어 했지만, 자기 고장 밖에서 유행하는 것에 대해 알 길이 없었다.

근대적 전통은 규모가 크다는 점에서 관습적이다. 예를 들면, 먼로독트린[14]은 역사적으로 보면 하나의 전통이지만 그것이 동시대의 견해에서 보면 하나의 풍습이다. 마찬가지로 풍습이 전통이 되는 경우도 있다. 새로운 유행은 옛 유행을 개작한 것으로, 실제로 새로운 종류의 유행은 존재하지 않으며 과거로부터 내려온 유행을 그저 점진적으로 변형한 것이다.

넓은 의미에서 보면, 전통과 풍습은 사유의 전승과 그것으로부터 생겨난 사회집단의 통일로 이루어진 양 측면일 뿐이다. 우리의 정신이 역사적 국면에 고정되어 있으면 전통이 되고, 동시대의 측면에 고정되어 있으면 풍습이 된다. 그러나 그 과정은 실제로 하나의 과정이며, 단지 특수한 측면에서만 그리고 외형적으로만 대립된다. 모든 요소는 그 즉각적인

---

[14] 옮긴이—먼로독트린: 미국의 5대 대통령 제임스 먼로가 1823년 연두 교서에서 밝힌 미국의 외교정책 원칙으로, 아메리카의 공화국들이 유럽 열강의 식민화에서 자유로워야 하며, 대신 미국은 기존의 유럽 영토에 대해 간섭하지 않겠다는 내용을 담고 있음. 이 원칙은 당시에는 남미의 식민지화를 막기 위한 명분이었으나 이후 19세기 말과 20세기 초 미국의 팽창과 제국주의를 합리화하는 명분이 되었고 시어도어 루스벨트는 먼로독트린에 추가 조항을 붙여 모든 국가분쟁에 미국이 국제경찰을 자임하는 결과를 낳음.

기원에서 보면 동시대적이며, 모든 요소가 과거에 뿌리를 두고 있다.

그러면 중세 유럽과 같이 명백히 전통적인 사회와 우리 시대 같이 명백히 풍습적인 사회는 어떤 측면에서 차이가 있는가? 그 차이는 어느 한 쪽을 다른 쪽보다 더 명확하게 하는 조건에 좌우된다. 동일한 지방 특색이 지속되고 외부 세계와 교류가 거의 없는 비교적 규모가 작고 안정된 집단에서는 사고가 명백히 전통에서 나온다. 그 사고들은 물리적 속성만큼 선명하게 부모에서 자녀에게로 전해진다. 그렇지만 풍습 또는 동시대의 교류는 규모가 작아 겉으로 잘 드러나지 않는다. 그 움직임의 길이는 시야에 들어오지만 그 폭은 시야를 벗어난다.

한편, 커뮤니케이션이 용이해져 의식적 통일이 이루어지고 활동범위가 넓어진 집단에서는 정보를 더 이상 아버지에게서 얻으려 하지 않는다. 아버지의 영향력은 다른 많은 요소와 경쟁해야 하며, 그 결과 가족구성원의 유대가 무너지고 아버지의 영향력은 점점 약화된다. 그렇다고 해서 사람들이 예전보다 과거에 덜 의존하는 것은 아니다. 다만 전통이 더욱 복잡하게 얽히고 사물의 표면 위로 더욱 확장되어 그 성격이 잘 드러나지 않게 된 것이다. 현재 명백한 사실은 측면의 움직임이다. 영향력은 측면에서 나오고 유행이 관습을 압도한다. 차이가 있다면 여러 갈래로 갈라진 실개천과 한 줄기의 넓은 강의 차이와 같다. 여기서는 전반적인 하강 운동이 수많은 혼류와 소용돌이 속에 감춰진다.

사실 커뮤니케이션이 용이해짐에 따라 유행의 범위가 확장되고 그만큼 전통의 범위도 확장된다. 알려진 모든 과거는 어디서나 접근할 수 있게 되었고, 바로 위의 조상들만 예찬하는 것이 아니라 전통적 사고 중 우리의 취향에 맞는 것이라면 언제든지 취사선택할 수 있게 되었다. 온 세계 사람들이 회화를 보기 위해 르네상스시대 이탈리아로 가고 조각을 보기 위해 고대 그리스로 가고 있다. 풍습은 전통에 대항해서 얻어진 것이 아니며, 둘 다 변화를 겪어 왔다.

전통주의traditionalism와 풍습주의conventionalism도 동일한 방식으로 구분할 수 있다. 전자는 과거로부터 내려오는 지배적인 사유 형태를 의미하고, 후자는 동시대의 영향력에 의해 형성된 사유 형태를 의미한다. 그러나 이러한 구분을 예전보다 더 근본적인 것으로 생각해서는 안 된다.

전통주의는 고립된 농촌공동체나 교회처럼 긴밀하게 결합된 조직에서 나타나거나 중국 같이 내부지향적인 나라처럼 외부 조건에 의해서나 아니면 자체의 이념 체계의 특성 때문에 측면의 영향력으로부터 다소 차단된 상태에서 오랜 기간에 걸쳐 확립된 집단에서 나타난다. 풍습주의는 (명백하게 전통적이진 않지만) 잘 정비된 유형에서 나타나며, 근대적 삶의 많은 부분에서 나타난다.

사회의 어떤 측면은 다른 측면보다 (전통적이든 관습적이든) 고정된 유형에 더 많이 지배받고 있는데, 이는 그 속에 여러 영향력이 일정하게 균형을 이루고 있으며, 상충하는 사고가 비교적 부재하기 때문이다. 이러한 상태가 형성되는 데는 다양한 원인이 있다. 하나는 국민이 개성과 자기 확신을 결여하고 있는 상태이다(예컨대 프랑스인은 영국인이나 미국인보다 여러 유형에 더 쉽게 순응한다고 알려져 있다).

또 하나의 요인은 어떤 유형이 확립되어 사람들이 그것에 순응하게 만드는 데 걸리는 충분한 시간의 경과이다. 유행조차도 단 몇 분 안에 이루어질 수 없다. 세 번째는 부조화를 인지하고 비난하는 문제에도 충분한 관심을 기울여야 한다는 것이다. 아직은 많은 사람이 독창성을 기르는 데 충분히 관심을 기울이지 않고 있다. 우리는 알고는 있으면서도 큰 관심을 기울이지 않을 때 가장 많이 모방을 하게 된다. 또 하나의 우호적인 조건은 권위를 존경하는 습성인데, 이러한 습성이 모범 사례에 의해 그 유형을 따르도록 강요한다.

그리하여 영국의 식자층은 의상과 매너에서 미국의 식자층보다 더 격식을 중시하는데, 만약 그러하다면 이는 개성의 본질적인 차이에 의한 것이 아니라 해당 유형의 성숙에 유리한 조건에 의한 것이다. 이를테면 미국의 문명은 비교적 새롭고 혼란하며, 권위적인 모범을 보여줄 만한 공인된 상층계급이 부재하여 우리의 불안함을 조장하는 외부조건에 관심을 기울이지 않고 있다.[15] 한편, 미국에서는 지위가 불안정하고 동료의 견해에 더 직접적으로 의존하는 경향이 있어서 풍습주의로 나아갈 수밖에 없다. 왜냐하면 그렇게 해야 개인들은 다른 사람의 눈에 잘 띄고 싶어 하기 때문이다. 이러한 원리를 잘 보여주는 아주 흥미로운 사실이 있는데, 영국의회에서 좀 더 민주적이라고 하는 하원이 상원보다 더 풍습적인 것으로 묘사되고 있다. 미국에서 모범적인 사례가 충분히 발달한다면, 영국에서도 그러한 모범 사례를 강행하는 것이 별로 어렵지 않을 것이다.

우리가 미국인의 삶이 영국인의 풍습보다는 모호하며, 형식을 덜 중시하고 동료의식을 더 중시하는 고유의 풍습을 가졌다고 한다면 그 말은 어쩌면 가장 진실에 가까울 수도 있지만, 반드시 설득력이 없는 것은 아니다.

---

[15] 미국인들은 자신들이 즐겨 부르는 영국 중간계급의 속물근성(상층계급의 사람들을 간절하게 모방하고 싶어 하는 열망)이 (우리들[미국인들]에게 전반적으로 결여되어 있는) 규율을 세우는 데 좋은 결과를 가져온다는 점에 주목해야 한다. 아무런 기준이 없는 상태보다는 문제가 있더라도 기준이 있는 것이 어떤 점에서는 더 나을 수도 있다. 우리가 안고 있는 문제는 예절, 예술, 문학 같은 것들의 존재 여부도 알지 못하고 관심도 기울이지 않는 채 무분별하게 여기저기 소문만 내는 자기만족이 만연해 있다는 사실이다.

# 제30장  형식주의와 해체

형식주의의 성격 / 형식주의가 개성에 미치는 영향 / 근대적 삶과 형식주의 / 해체와 '개인주의' / 해체가 개인에게 미치는 영향 / 해체와 형식주의의 관계 / '개인주의'와 공감 결핍 / 현대의 '개인주의' / 불안 속의 초조함 / 해체의 긍정적 측면

    사회에는 제도주의, 형식주의, 전통주의, 풍습주의, 의례주의, 관료제 등 약간씩 의미를 달리하는 여러 가지 명칭을 가진 많은 메커니즘이 있다. 그렇지만 메커니즘 수가 지나치게 많은지 아닌지 결정하는 것은 쉽지 않다. 물론 메커니즘이 성장과 적응을 방해할 때, 또는 개성을 억압할 때, 또 인간 본성의 에너지를 못 쓰게 하거나 잘못 쓸 때 나쁜 결과가 초래된다. 그러나 이럴 경우 그 원인이 먼 과거가 되어서 우리가 역사의 관점에서만 그 사실을 볼 수 있을 때까지 그런 일이 명확하게 나타나지 않는다.
    종교의 경우에는 과거에 정신적 교화를 실행하던 교리와 의례가 그 기능을 계속 수행하고 있는 한, 사람들은 여전히 그것들을 믿고 따른다. 그 교리와 의례가 그 기능을 언제 그만둘지를 정하는 것은 어렵다(그 시기는 교회, 계급, 개인마다 다르다). 그러나 그것들은 현재 당장 없어

지지는 않겠지만 모든 세포조직처럼 머지않아 분명 소멸될 것이다.

지금까지 형식주의formalism는 '언어 기관의 과잉'an excess of the organ of language이라고 말해 왔다.[1] 모든 조직의 목표는 인간 본성을 표현하는 것이며, 상징체계를 통해 그런 목표를 실현하고, 상징은 [조직의] 이념을 구현하고 전달하는 역할을 한다. 정신과 상징이 제대로 통일되어 있고, 이념이 확실하게 전달되는 경우에는 모든 것이 안정되지만, 정신과 상징이 분리되면 상징은 빈껍데기가 되고 만다. 그런데 관습, 자존심, 이해관계는 여전히 빈껍데기가 된 상징에 집착한다. 그럴 경우 상징은 실재를 전달하는 것이 아니라 오히려 밀어낸다.

모든 형식주의는 그 자체가 심리적으로 싸구려라는 사실에 바탕을 두고 있다. 형식주의는 내적인 것을 외적인 것으로 대체하여, 눈으로 확인할 수 있는 것으로 만들고, 신선한 사고와 느낌은 도외시하고 겉으로 마음을 드러나게 하며, 더 쉽게 확장되게 하고, 그리하여 다수의 사람들에게 깊은 인상을 심어주려 한다. 이와 같이 이 시대의 건축물이나 문학은 그 시대와 장소가 가진 중요하고 아름다운 형식을 헐값으로 무감각하게 무수히 복제해 놓은 것이다.

개인에게서 형식주의는 고귀한 삶을 굶겨서 냉담, 자기만족, 관능욕, 저급한 본성의 먹잇감으로 만든다. 형식화된 종교와 형식화된 자유는 비행을 저지르고 억압을 낳는 것으로 악명이 높다.

로마제국 말기에 그랬던 것처럼 이러한 종류의 체제가 굳건히 확립되면, 개인의 정신을 비좁은 우리 속에 가두어 오직 한 가지 생각만 하게 한다. 개인이 가진 생각이 지배체제의 이념과 상충될 때만 이념이 변화하고 새로운 유형이 낡은 유형으로 대체된다. 그렇지 못하면 낡은 유형이 무한히 재생산되고 개인은 한낱 나뭇잎에 불과하게 된다. 나뭇잎은

---

[1] Emerson, *The Poet*.

가을에 떨어지고 봄에 전혀 다른 나뭇잎으로 대체된다. 그 나뭇잎은 자연 제약에 의해 오랫동안 고정된 유형을 유지해온 야생 비둘기가 집비둘기보다 덜 변화하는 것과 동일한 원리에 기초하여 "조상의 형질을 그대로 유지한다." 근자에는 집비둘기에서도 변화의 징후가 나타나고 있다.

예를 들어 인도 사람은 자녀에게 어릴 적부터 예법과 의례를 따르도록 가르쳐서 먼 옛날부터 내려오는 고정된 체계를 주입시킨다. 그들은 자녀 생활을 세세한 부분까지 통제하고, 자녀 역할이든 부모의 역할이든 선택의 여지를 거의 남겨두지 않는다. 그들은 이성을 가지고 전통을 정당화하려 하지 않는다. 그들에게 관습은 의무적으로 따라야 하는 것이다.

불관용에는 당연히 형식주의가 뒤따른다. 왜냐하면, 고정된 사유체계를 아무런 저항 없이 받아들이는 사람은 그 체계를 벗어나는 것이라면 어느 것이든 비합리적이고 불합리적인 것으로 여기기 때문이다. 기독교인들이 유대인을 멸시하고 또 유대인이 당시에 사마리아인을 멸시하듯이 하층 중국인은 외국인이라면 지위를 불문하고 저속한 야만인이라고 노골적으로 멸시한다. 관용은 평화적인 토론을 할 때 나온다. 평화적인 토론에서는 다양한 사고방식들이 경쟁을 하고 그중 어느 사고방식도 다른 사고방식을 억누를 만큼 강력하지 않다.

오늘날 미국과 서유럽에는 형식주의가 상당 부분 온존하고 있으나 전반적으로 그것은 부분적이고 부차적이며, 지배적인 원리로 존재하는 것이 아니라 중요한 요소가 불충분할 때 나타난다. 일반적인 사고는 순응하는 것을 좋아한다. 왜냐하면 우리는 순응하는 데 익숙해져 있고 또 그렇게 하는 것이 이익이 된다는 것을 보아왔기 때문이다. 러시아와 동양에서도 중대하고 유연한 조직 형태가 경직된 체계를 대체할 것이고 현재 세계 모두 그와 유사한 형태를 취할 것이다.

그러나 활기를 잃은 메커니즘 역시 당연히 인간 조건의 산물이므로 모든 시대에 존재하며, 오늘날에도 교회, 정치, 교육, 산업, 자선활동에서 활기 잃은 메커니즘을 쉽게 발견할 수 있다. [메커니즘이 활기를 잃은 곳에서는] 어딜 가든 그 기구를 유연하게 작동할 수 있는 주요한 사고와 정서가 결여되어 있다.

그리하여 우리의 학교들은 수준을 막론하고 그러한 측면이 상당 부분 드러나고 있다. 다른 모든 곳에서처럼 학교에서도 틀에 박힌 방법으로 사소한 일을 대량으로 처리하고 있다. 교사의 입장에서는 해야 할 일이 너무 많아서 또는 이해하지도 믿지도 않는 것을 어쩔 수 없이 가르쳐야 하므로 그 방법을 사용하는 유혹을 떨쳐버릴 수가 없기 때문이다. 사실 교육의 진정한 본질은 교사와 학생 간의 사적인 표현에 있다는 사실을 무시하고 학교 현장에서는 그러한 방법을 빈번히 되풀이하고 있다. 틀에 박힌 요령을 익힌 사람에게는 반복적으로 훈련하는 방법이 수월하다. 틀에 박힌 방법은 중요하거나 사적인 것은 필요로 하지 않고 겉으로만 업무성과를 좋게 보이게 하여 누구나 불편 없이 사용할 수 있는 편리한 장치이기 때문이다.

대학에서조차도 이런 식의 방침이 상당 부분 실행되고 있다. 이를테면 문학에서는 고전문학이든 현대문학이든, 영국문학이든 외국문학이든 중요한 내용은 거의 전달하지 않고 있다. 교사는 자신의 위치 때문에 폭넓고 다양한 계층에게 **뭔가를** 가르칠 수밖에 없으므로 어쩔 수 없이 문법이나 운율, 작가 전기문 같은 특정 주제에 고정될 수밖에 없게 된다. 이러한 한정성 때문에 그들은 교훈적인 목적을 위해 반복적인 학습방법을 이용하고 그것을 학생에게 주입시킨다. 그래서 실제의 사실, 즉 문학의 영혼인 정서는 학생들에게 전달해주지 못한다. 교사 스스로가 그런 점들을 느끼고 있더라도(실제로 종종 느끼고 있다), 그러한 방법들은 정해진 공식들로 환원할 수도 없고 또 각종 시험으로도 검증할 수 없기 때문에 교사는 그런 방식을 사용하는 것을 포기한다.

이와 마찬가지로 우리의 전체 상업 및 산업체계는 인간에 봉사하기 위해 존재하는데도 실제로는 종종 인간을 맹목적으로 계속 파괴하는 거대한 기구가 되어 형식적인 기구로 전락하고 있다. 워츠Watts[2]가 그린 회화에서 나타나 있는 재물의 신은 (자기 손 아래 있는 여인의 형상을 고의로 망가뜨리고 있는) 친구가 아니라 그저 (다른 방향을 주시하며 사업 원칙에 입각하여 사업 행동에만 몰두하고 있는) 강경한 이미지의 남자일 뿐이다.

이와 동일한 성질을 보여주는 진기한 예가 싸구려 언론에서 나타나는 상투적인 언어와 성급한 독서 습관이다. 신문은 최소한의 주목을 받기 위해 최대한의 평범한 정보를 제공할 것을 요청받는다. 이 때문에 적은 수의 표준 어휘를 고르고 단어와 문장을 균일하게 배열하게 된다. 독자들과 필자를 모두 만족시키기 위해 독자나 필자 각자가 요구하는 모든 신선한 사고는 피한다. 여기에는 전신電信이 상당한 역할을 하는데, 그것의 기법에 익숙한 관찰자는 어떻게 그것이 실수 없이 긴 단어를 활용하는 법, (운영자가 간결한 표현을 위해 쓰는) 관용구, (너무 명확하여 구두점의 실수로 뒤집어지지 않는) 문장구조를 쓰는 법 등의 장점을 가지는지를 지적한다.[3] 이와 같은 식으로 신문과 (신문과 특성이 유사한) 잡지와 도서는 풍습주의의 진원지로서, 교회중심주의가 기독교 정신을 파괴하듯이 문학의 정신을 파괴한다.

형식주의와 명백하게 대립되는 것이 해체disorganization 또는 분열

---

[2] 옮긴이—워츠(George Frederick Watts, 1817~1904): 영국 빅토리아 시대의 화가이자 조각가로서 주로 테니슨, 브라우닝, 존 스튜어트 밀 등 빅토리아시대의 중요한 인물들의 초상화를 남김. 주요 작품으로 ≪희망≫, ≪가장 깊은 곳에 거주하는 자≫, ≪넵튠의 말들≫ 등이 있음.

[3] *Atlantic Monthly*, Oct., 1904에 실린 오브라이언(R. L. O'Brien)의 글을 보라.

disintegration이다(그러나 이것은 현실에서는 형식주의와 매우 유사하다). 이것은 비록 부정확한 표현이긴 하지만 '개인주의'라고도 불린다.[4] 형식주의는 메커니즘의 최상의 상태에 이른 것이고, 해체는 메커니즘이 산산조각으로 흩어진 상태인데, 둘 다 인간 본성과 이를 실현하는 도구가 조화를 이루지 못하도록 방해한다.

해체는 전반적인 질서와 규율이 부재한 상태이다. 비록 칭찬할 만한 인물과 활동이 있더라도 사회가 통일체를 이루려면 통일과 합리성이 요구된다(이는 어떤 그림이 세부적인 면에서는 훌륭하나 전체 구성은 만족스럽지 못한 것과 같다). 개인과 특수집단은 각자 서로 어긋난 의도를 가지고 있다. "서로 다른 의도를 가진 세력끼리 상호투쟁을 벌이고 있지만" "우주의 조화"는 아직 이루어지지 않고 있다. 좋은 배우들이 모인다고 항상 좋은 극단이 형성되는 것도 아니고 좋은 병사들이 모인다고 항상 좋은 군대가 형성되는 것이 아니듯이, 어느 민족이나 역사시대—예를 들자면 르네상스시대 이탈리아—에도 탁월한 인물과 많은 업적을 남겼지만 그 체계는 다소 허망하고 혼란한 상태였다.

개인에게서 해체는 전체에 대한 적절하고 지속적인 충성심이 결여되고 또 그러한 충성심에서 나오는 행동 원리가 부재한 것으로 나타난다. 해체 상태는 긍정적인 측면과 부정적인 측면이 공존한다. 해체 상태는 [개인에게] 아무런 원조자가 없는 상태를 말하는데, 오히려 이것이 스스로 보다 큰 활동을 하고 독립을 하도록 자극을 준다. 한편, 해체 상태가 되면 사회적 기준이 부재하여 성취 수준을 낮추고 육욕이나 그 밖의 원시적 충동에 빠져들게 한다. 또한 신경이 예민한 사람에게는 힘든 조건과의 싸움에서 지나친 긴장이 생길 수도 있다. 이 경우 긴장을 완화시키고 원기를 불어넣어주는 방법은 넓고 조용하게 수양을 할 수 있는 분위

---

[4] '부정확하다'고 표현한 것은 개인이 충분히 발전하려면 조직이 필요하기 때문이다.

기를 조성해주는 것이다.

나는 로버츠Lord Roberts가 쓴『인도에서 보낸 41년』*Forty-one Years in India*을 읽으면서 이러한 느낌을 받은 것을 기억한다. 이 책에는 단순하면서도 위대한 사고, 즉 영국-인도의 봉사정신이 듬뿍 배어 있는데, 이러한 정신은 모든 옹색한 동기를 억누르고 살아가는 데 필요한 가치 있는 이상을 제시해준다. 요즘에는 평온하고 상념 없는 상태의 믿음을 보여주는 책이나 인물을 보기가 얼마나 드문가!

위인은 종종 혼란한 시대에 나타나는데, 이러한 사실은 제도가 건전하게 발전할 때 개인도 건전하게 발전한다는 원리와 모순되는 것처럼 보인다. 이를테면 정치가 무질서하고 종교가 타락한 이탈리아 르네상스시대에 위대한 근대 화가와 조각가가 배출되었고, 문학과 정치적 수완이 탁월한 많은 위대한 인물이 배출되었다. 그러나 그 시대에 출현한 천재는 항상 선대의 전통에서 이루어진 발전의 결과이지 단순히 인물 스스로가 발전하여 이루어진 결과가 아니다. 르네상스시대의 예술도 마찬가지였다는 점은 별도의 설명이 필요 없다. 그 시대의 예술도 모든 위대한 업적처럼 조직에 기초하여 이루어진 것이다.

그렇지만 혼란한 시대의 투쟁에서는 소수의 개인에게만 과감한 노력과 업적을 추동하는 자극이 주어진다. 이는 화재나 철도사고가 났을 때 소수의 개인에게만 영웅적 자질을 발휘하는 계기가 주어지는 것과 같은 이치이다. 그래서 르네상스시대의 혼란은 도덕적 문란(위인들은 이것을 피하지 않았다)을 야기한 원인이면서 동시에 위인을 탄생시킨 원인이었다.

형식주의와 해체는 얼핏 보면 서로 멀리 떨어져 있는 양 극단으로 보이지만, 실제로는 밀접하게 연계되어 있다. 죽은 다음에 사체가 부패하듯이 논리적 순서상 후자[해체]는 전자[형식주의] 다음에 오는 단계이다.

형식주의에는 육욕, 탐욕, 이기적 야망 그리고 해체에 의한 여타 속성이 자연스럽게 뒤따르는데, 이는 형식적인 제도가 개인의 영혼을 받아들여 단련시키지 않고 외부의 힘으로 개인을 붙들어서 개성을 마비시키거나 부적절하고 소란스러운 활동을 하게끔 하기 때문이다. 그래서 로마시대 말기에는 체계가 극도로 경직되어 사람들이 애국심이 없어지고 문란해지며 육욕에 빠지게 되었다.

마찬가지로 어떤 학교에서 학생의 이익과 선의에는 관심이 없고 그저 형식적으로 규율을 가르친다면 그런 학교에서는 소년 소녀들이 분명 제멋대로 행동하게 될 것이다. 왜냐하면 학생들에게 가장 사적이고 중요한 것은 무엇이든지 체계에 반대하여 자기주장을 펼치는 데 익숙해지기 때문이다. 교회도 역시 사적 판단을 묵살하고 형식적인 규율을 엄수할 것을 강조하며 발달시켜 왔는데, 이러한 교회에서도 개인은 의례를 준수하면서도 자유롭게 자기 맘대로 행동을 한다고 느낀다. 일반적으로 우리 시대에 '개인주의'가 저하된 것, 즉 사업 같은 데서 두드러지게 나타나는 냉정한 자기주장은, 우리가 제도를 외면해서가 아니라 그 제도들이 개인의 영혼을 담아서 확장하지 않고 오히려 형식적이고 비인간적이 되고 있기 때문이다.

형식주의와 해체가 실제로 대립하는 것은 개인과 제도가 서로 후원하는 건전한 관계이며, 제도는 개인의 활력과 변화를 위한 안정된 토대를 제공해준다.

한쪽 관점에서 보면, 혼란은 의사소통과 사회의식이 결여된 상태, 즉 언어기관에 장애가 발생한 상태이며, 이는 형식주의가 과도할 때 나타난다. 나는 언제나 광범한 통일체가 존재한다고 상정한다. 문제는 개인이 그런 통일체와 공감을 가지고 접촉을 하여 그것을 선명하게 느끼느냐이다. 그렇게 되어야 개인은 그 통일체의 구성원으로서 행동하게 된다.

우리 시대의 가장 예리하면서 유망한 어느 비평가가 쓴 글에는[5] '개인주의'는 무엇보다도 '정서의 고립'an isolation of sentiment을 수반한다고 적혀 있다. 연구에 몰두한 학자나 자기 직무에만 충실한 사업가, 자기 일이 가진 광범한 의미를 느끼지 못하는 기계공이 그런 경우에 해당한다. 그 반대는 서로 부대끼며 공감대를 형성하고 협력하며 살아가는 것이다. 그렇게 할 때 서로 분리하거나 구별하려는 욕망이 사라진다. '개인주의'를 극복하는 논리적 처방은 더 넓은 삶의 조류와 직접 접촉하여 정신을 확장해 나가는 것이다. 이것이 인보사업을 비롯한 그와 유사한 운동의 목표이다.

사실 이것은 고무적이고 이 시대에 맞는 이상이지만, 전문화와 고독한 노력 그리고 실제로는 개인의 자존감과 자기본위까지도 그 나름의 유용성을 가지고 있다는 점을 염두에 두고 있어야 한다. 우리가 오로지 우리-의식에만 매달리고, 많은 것 중에서 하나를 잃는 것에만 집중하게 되면, 우리는 '구조 없는 주정주의'structureless emotionalism로 빠져들게 된다. 동료의식을 가지고 협력하는 것과 혼자서 성취한 것에 대해 가지는 자부심 모두 인류 발달에 있어 각기 나름대로 필수적인데, 그중 어느 한쪽에 치중하면 과도한 방종으로 이어질 수 있다. 우리에게 필요로 한 것은 동료와의 공감을 최대한으로 넓힌 개인이다.

오늘날 개인의 사적 충동이 공공선과 협력을 하기 위해 개인에게 사회의 광범한 이해관계들이 영향을 주지 않는다면 그것이야말로 도덕적 해체의 시대이다. 질서정연한 공동체는 기관사와 선원들이 동료들과 선장을 굳게 믿고 평소에 불평 없이 자기 임무를 수행하는 데 길들여진 배와 같다. 이런 배 안에서는 모두가 협력하고, 장기간에 걸쳐 습득한 항해규칙과 규율을 잘 따른다. 그 배 안에서 미덕은 하나의 체계이고,

---

[5] 제인 애덤스(Jane Addams).

사람들은 자기이익에 몰두하지 않고 그날 맡은 일을 과감하게 수행한다. 그런데 배가 난파하여 질서정연한 통일체가 무너져 기관사, 선원, 승객이 이리저리 흩어져서 물속에서 허둥대는 모습을 상상해보자. 이때 합리적 통제와 미덕의 습성은 실종되고, 각자 무분별한 충동에 휩싸이게 된다. 이런 상황에서 생존 여부는 지혜나 선행에 좌우되는 것이 아니라 무정한 폭력에 좌우되며, 최선의 상태는 사라진다. 사회체계도 대체로 그러하다.

여기서 나타나는 것은 가장 낮은 수준의 '개인주의'인데, 이와 유사한 현상이 우리 사회에 널리 확산되어 있다(여기에는 몇 가지 이유가 있다). 낡은 제도가 사라진 상태에서 더 나은 제도가 그 자리를 대신할 준비를 하고 있는데(이것이 우리가 원하는 바다) 그러는 사이에 구성원들이 전체의 선善을 마음속에 간직할 수 있게 하는 높은 수준의 규율이 존재하지 않게 된다. 전통적인 질서에서는 사람들이 어릴 적부터 관습과 연장자의 권위, 지배적인 제도를 생활규칙으로 받아들이는 데 익숙해져 있었다. 사람들은 "무조건 그렇게 해야 한다."고 믿고 있으며, 무의식적으로 선원처럼 현명하고 용감하게 행동한다.

그러나 우리 시대에는 (대다수는 아니더라도) 많은 사람에게 권위 있는 생활 법규가 없으며, 좋든 나쁘든 우리는 선천적인 자극과 사적 동기(그러한 자극과 동기는 합리적 통일체를 벗어나면 약해진다)에 좌우된다. 높은 도덕성은 (설사 그것에 도달하더라도) 각별히 마음에 품고 있어야 한다. 이렇게 할 수 있는 사람은 몇 안 되는데 그중 대부분은 생각은 하는데 에너지를 소진하여 자신들이 알고 있는 진실을 마음껏 실천하지 못한다.

그래서 우리는 아내, 남편, 어머니, 딸로서의 의무를 항상 염두에 두어야 한다. 또한 상업적 의무와 시민 신분, 우주와 자연 그리고 신의 권위도 마음에 새겨두어야 한다. 아무래도 우리 중 다수는 그런 일을 하는 데 서투르다. 우선 그 일은 너무 방대하다. 그것은 마치 각자가 자신에 맞는 언어를 발명해야 하는 것 같아 보인다. 이러한 일들은 점진적으로 협력하여 생각하면서 약간씩 덧붙이고 많은 것을 받아들여 나가야 한다. 위대한 전통이 급격히 붕괴하는 것은 진화의 필연적인 측면이자 위장된 축복이다. 하지만 현재 나타나고 있는 현상은 대체로 주의산만과 도덕적 타락이다.

특히, 우리가 알기로는 괴로움을 참고 견뎌야 하는 소수의 사람이 순종적인 전통의 통제를 많이 받고 있는데, 모든 사람이 "왜 내가 이 고생을 참아야 하는지"를 묻고, 또 왜 그것이 사악한 행동보다 종종 더 나쁜지 알려고 애쓰고 있다. 거기에는 대체로 명백한 이유가 없으며, 사람들은 종종 반항심과 그것으로부터 나오는 무모한 행동이나 이혼 또는 자살에서 그 답을 찾는다.

나는 가난한데 왜 다른 사람들은 부유한가? 왜 나는 좋아하지도 않은 일을 해야 하는가? 다른 사람들은 비행을 저지르는데 왜 나는 정직해야 하는가? 왜 나는 자녀를 낳고 기르는 데 많은 시간을 보내야 하는가? 남편이나 아내가 다함께 행복하지 않고, 나는 그렇지 않을 때가 더 즐거운데 왜 나는 남편이나 아내에 충실해야 하는가? 내가 알고 있는 것은 모두 나쁜 세계뿐인데 왜 나만 선한 신을 믿어야 하는가? 나는 죽고 싶은데 왜 살아야 하는가? 그토록 많은 사람이 이 같은 물음을 제기하면서도 명확한 답을 찾지 못하고 있다. 지금까지 다른 시대에도 유사한 혼란이 있었지만, 전반적인 소동이 일어나고 교류가 왕성한 이 시대만큼 혼란한 상황이 대중 속으로 깊숙이 침투한 적은 없었다.

이러한 사항은 병사의 태도에 비하면 얼마나 하찮아 보이는가. 병사는 죽을 정도는 아니더라도 엄청난 고난을 겪어야 한다는 것을 알지만, 그럼에도 자기 헌신에 대한 자부심을 가지고 즐거운 마음으로 그 상황을 맞이한다. 이러한 정신을 가지면 삶의 모든 의무를 받아들이게 된다. 그러나 병사, 선원, 소방관, 철도 보조기관사, 의사 그리고 그 밖에 명백한 위험을 수반하는 일을 하는 사람에게는 큰 장점이 있다. 그들은 자신의 의무를 충분히 인지하고 자신이 하고 있는 일 외에 다른 생각을 하지 않는다. 그들은 상황을 복잡하게 하여 정신을 산만하게 하지 않는다. 각종 원리가 신속하게 정착되고 여러 습관이 형성되면 사람들은 이러한 기능에서 효과를 거둔 만큼 다른 기능에서도 효과를 거둘 것이다.

부르크하르트Burckhardt[6]가 르네상스시대의 혼란상을 표현하면서 사용한 격언은 우리 시대에도 적용된다. "다른 사람들을 억눌러 이기려는 자기중심적 사고는 개인을 자기 힘으로 자기 권리를 지키도록 내몬다. 자신이 내적 균형을 회복했다고 생각하는 동안 그는 (자신이 집행하는 징벌을 통해서) 악마의 손으로 빠져들게 된다." 즉 우리는 다른 사람만큼 우리도 이기적이어야 한다고 생각하지만 그런 이기심은 곧 불행을 초래한다는 것을 알게 된다.

모든 사람 심지어 선천적으로 공감과 동료의식을 가진 사람까지도 "모든 사람은 자기 위주"라는 말을 일종의 교리로 받아들여, 그것이 경쟁사회의 필연적인 규칙이라고 믿고, 자신의 훌륭한 본성을 저버리고 광적으로 그것을 습관적으로 실행한다. 아마도 민감한 사람들은 다른 사람들보다 더욱 그렇게 되기 쉽다. 민감한 사람들은 자신들 주위에 '득의만만한 이기주의' 광경을 보면 더욱 당황하기 때문이다. 그러나 개인의 진정한 선함은 스스로 합리적 통일체를 순순히 따를 때만 나타난다.

---

[6] 옮긴이—부르크하르트(Jacob Christoph Burckhardt, 1818~1897): 스위스의 미술사와 문화사를 연구한 역사가로 각 분야의 역사학 연구에 중요한 업적을 남겨 문화사의 중요한 선구자의 한 사람으로 인정받고 있음. 대표 저작으로 『이탈리아 르네상스의 문화』(Die Kultur der Renaissance in Italien, 1860) 등이 있음.

다른 사람들에 등을 돌리면 스스로 파멸한다.

　분개하거나 정신이 산만한 개인은 좋은 시민이 될 수 없다. 지휘관을 믿고 따르는 병사와 그렇지 않은 병사 사이에 일정한 도덕적 차이가 있듯이 삶을 합리적 통일체로 생각하는 사람과 신에 대한 모종의 믿음을 가진 사람들 사이에도 일정한 도덕적 차이가 있다. 어떤 경우든 그 느낌은 나름의 정당성을 가지고 있다.

　그렇지만 전통의 붕괴가 사람들을 당면한 인간 본성으로 되돌려놓는 데는 나쁜 측면도 있고 좋은 측면도 있다. 이러한 사실은 시간의 발달이라는 보다 넓은 진실을 감추기도 하고, 자만심, 육욕, 회의주의를 자유롭게 풀어놓는다. 그러나 그것은 또한 어른에게서 동심을 일깨우고, 자연적 자극에서 어린이 같은 유순함을 악화시키는 동시에 향상시킨다. 전통의 의미를 상실한 사람들 사이에서는 미개척지에서 볼 수 있는 악덕과 미덕이 함께 나타난다.

　또한 그들에게는 솔직한 교제, 고아한 품격과 강렬함의 애호, 친절, 희망, 호의, 용기도 엿보인다. 육욕, 자만심, 변덕이 크게 늘어남과 동시에 동심과 여성다움 예찬, 왕성한 자선활동, 대중의 복지에 대한 관심이 크게 늘고 있다. 자선 및 교육 목적 사업에 대한 민간의 기부가 증가하고 이러한 기부에 대한 개인의 자긍심이 커지고 있는 사실 역시 이 시대의 특징적인 현상이다.

　어쨌든 사회가 전반적으로 극단적인 해체 상태로 가고 있지는 않다. 우리 시대가 예술 및 사회관계에서 어려움을 겪고 있는 것은 우리가 물질 생산과 자연과학에만 집중하고 있는 데 대한 벌이다. 이들 분야는 비록 일부 측면에서는 비인간적인 면이 있긴 하지만 우리가 단결되고 누적된 노력을 기울인 덕택에 총체적인 성과를 낳고 있다. 비록 우리에게는 단테와 고딕 건축물은 없으나 다윈과 근대 철도가 있다. 일반 정신이 다른 목표를 향해 신속하게 나아감에 따라 우리의 혼란한 상태도 질서를 잡아갈 것이다.

# 제31장 해체: 가족

구 가족체제와 신 가족체제 / 출산율 저하 / '버릇없는' 아이들 / 여성의 새로운 경력 기회 / 유럽의 견해와 미국의 견해 / 사적 이혼 사유 / 제도적 이혼 사유 / 결론

중세의 가족은 중세의 여타 제도와 마찬가지로 전반적 사회체계의 요구를 반영하는 비교적 안정된 전통에 의해 지배되었다. 결혼은 대체로 이해관계의 동맹으로 간주되었고, **풍습**을 관장하는 가족 구성원의 대표자가 주선을 했으며, 당사자들의 개인적인 호감은 전혀 고려하지 않았다. 이러한 결혼관은 유럽 사회의 보수층 사이에 여전히 상당히 남아 있으며, 왕족과 귀족층은 물론 농민층 사이에서도 결혼은 당사자의 사적 기능이 아니라 가족의 기능이며, 신분과 부에 기초하여 결혼이 이루어져야 한다는 관념을 고수하고 있다.

프랑스에서는 낭만적 결혼을 존중하지 않는다. 해머턴Hamerton은 사랑 때문에 결혼했다는 소문에 분개했다는 어느 젊은 여인에 대해 말하면서 결혼은 엄밀하게 풍습의 문제였다고 주장한다. 또한 그는 어떤 젊은 남자가 방금 두 자매를 만났는데 그중 누구를 아내로 맞이하면 좋겠냐고 어머니한테 물어봐야만 했다는 이야기도 한다.[1]

당시에는 약혼 대상자를 선택할 때도 일반적으로 독재적인 가족 규율을 따라야 했다. 아내와 자녀는 법률상 독립된 권리를 가지지 않았고, 그들의 개성은 남편과 아버지의 권리 속에 합체되었으며, 아버지는 사회적으로 그들의 동반자가 아니라 주인이었다. 그렇지만 아버지의 규율은 (비록 우리의 기준에서 판단하면 분명 엄격하고 가끔은 잔인한 측면이 있긴 하지만) 어쩌면 우리 시대에 그에 해당하는 권위만큼 자의적이고 변덕스럽지는 않았다. 왜냐하면 그는 그 자신과 가구원의 의무를 규정하는 사회의 상위계층은 물론 전통적 관념에 종속되어 있었고, 따라서 그는 그것을 따라야 한다고 생각했기 때문이다. 당시는 전체 체계가 권위주의적이었으며, 개인의 선택을 허용하지 않았다.

근대사회는 명백히 그러한 상태에서 벗어나고 있다. 지금까지 정착된 전통들은 가족과 직접 연계되어 있었을 뿐만 아니라 이것들을 뒷받침해 주던 종교적 및 경제적 관념까지도 포괄해 왔는데, 이러한 정착된 전통이 쇠퇴하면서 우리의 인간 본성을 훈련 받지 않은 충동 속으로 던져놓았다. 결혼을 하게 되면 부부의 개인적 취향은 만족을 요구하고, 옳든 그르든 그러한 개인적 취향을 억제하는 강력한 권위가 없어진다. 설사 경험상 개인적 취향이 만족스럽지 않다고 확인되더라도 유대가 해체되지 않게 막는 극복할 수 없는 장애는 어디에도 존재하지 않는다.

결혼을 한 후에 두 사람 모두 자녀를 가질 의향이 있으면 자녀를 가지게 된다. 그렇더라도 그들은 자녀를 낳고 기르는 것을 두고 선택의 기로에 놓이게 된다. 선택의 정신이 확산됨에 따라 자녀들도 선택의 정신을 신속하게 받아들이고 선행자들이 따르던 것과 동일한 충동의 법칙에 따라 자신의 의지를 실행한다. "남에게 해를 끼치지 않는 한도 내에서 마음껏 즐겨라."라는 말이 요즘 유행하는 유일한 윤리규칙이다. 그래서 높은

---

[1] *French and English*, 357.

수준의 규율에는 관심을 기울이지 않는다. 즉, 순간의 느낌으로는 입증할 수 없는 심오한 옳음과 그름 같은 서서히 정착된 전통에 대해서는 관심을 기울이지 않는다.

이처럼 가정 내에서 '개인주의' 또는 충동으로 퇴보하고 있는 현상은 상류층 가정의 낮은 출산율, 자녀들의 규율 및 존경심 결여, 이른바 가족에 대한 경시에 따른 여성의 독립 증대, 이혼 증가 등에서 찾아볼 수 있다.

출산율 저하의 원인은 명백히 심리적인 것으로, 사람들이 전반적으로 간섭을 받는 대가족보다는 야망과 사치를 선호하는 데서 비롯한다. 기회의 자유는 끊임없는 지위 향상의 욕망을 확산시킨다는 점에서는 유익한 점이 많으나 [인구의] 자연 증가에는 나쁜 영향을 미친다. 사람들은 과거보다 더 많은 자아실현을 요구하고, 그러기 위해 더 많은 시간과 에너지를 들이게 되어 결국 결혼이 지연되고 출산율이 떨어지게 된다. 부유층 자제들의 경우 야망이 아주 커서 육체노동자보다 전반적으로 결혼과 출산에 훨씬 더 많은 문제를 야기한다.

영국의 경우, 광부는 24세에 결혼하는데, 전문직 남성은 평균 혼인 연령이 31세이다. 더욱이 육체노동자 계급은 농장에서 일하건 도시에서 일하건 자녀들이 14살이 되면 자신들보다 더 많은 수입을 벌기를 바라며 대가족의 경우 미래 수익을 위해 투자하는 반면 부유층 집안 자녀들은 돈을 펑펑 써대기만 하는 것이 요즘 세태이다. 이러한 경향이 더욱더 많은 사람들에게 야망을 가져다주지만 결국 좌절을 겪게 된다.

사치나 향락이 확산되면서 여러 명의 자녀를 낳고 기르는 것을 꺼리는 습관을 낳고 있다. 생활이 곤란한 사람들 사이에서는 이러한 일이 나머지 일보다 덜 힘들며, 단조로운 육체노동을 하는 사람들은 그 과정에서 무감각해져서 육체노동에 덜 노출된 사람들보다 대체로 화를 덜

내게 된다. 어린이들의 기쁨, '빈곤층의 사치' 또한 이것들을 경감시키는 단조로움과 곤궁함에서 보면 더 밝게 보일 수도 있다. 그러나 편하게 사는 습관에 빠지게 되거나 적어도 그렇게 되고 싶어지면, 자녀들을 더 갖는 것이 평소에 종종 꺼리는 희생을 수반한다는 것을 깨닫게 된다.

이러한 영향은 선택의 정신이 수반하는 곤경에서 벗어나고자 하는 전반적인 경향과 함께 나타난다. 옛날 여자들은 자녀를 양육하고 그에 따른 고난을 당연한 일로 받아들였다. 그들이 할 수 있는 일은 그것 외에는 주어지지 않았다. 지금은 여성들도 자신의 생활을 결정하는 데 익숙해져서 왜 자신들이 그런 고난을 겪어야 하느냐고 묻는다. 그런 일을 하면서 받는 이익은 불확실하고 요원한 반면 고통은 명확하고 가까이에서 직접 겪으므로 그 일을 쉽게 거부할 수 있다. 그들은 자신들이 따를 만한 잘 짜인 원리도 없고 그 원리를 따르게 하는 훈련을 받은 적이 없다.

선택에 따른 혼란은 여성에게는 애석하게도 부담과 스트레스를 증가시킨다. 왜냐하면 불가피한 일을 비교적 쉽게 참고 견뎌야 하기 때문이다. 이러한 종류의 도덕적 긴장 그리고 상충되는 양육 및 교육 방법의 선택에 따른 불안감 때문에 오늘날의 여성은 할머니가 여덟 자녀를 기를 때보다 네 자녀를 기르는 데 더 많은 신체적 에너지를 들이고 있다.

해당 분야에서 월등히 현명한 경우가 아니면 어떤 사람이나 모두 선량한 사람이라는 것이 현대의 정서인데, 대부분의 자녀들이 이러한 정서를 흔쾌히 받아들이지 않는 경우는 드물다. 권위에 기꺼이 복종하거나 규율의 가치를 사회의 더 넓고 덜 명확한 행복의 조건으로 받아들이는 것은 유치한 추론에서 나오는 것이 아니라, 일반적 정서와 관습을 반영하는 훈련에 의한 무의식적 결과로 파악해야 한다. 그것은 속성상 제도적인 것이지 반드시 온당한 것은 아니다.

그러나 오늘날 어린이는 그런 제도, 즉 일반적인 정서 상태를 발견하지 못한다(그러한 정서 상태는 현재 일본에 존재하고 과거 우리[미국] 사회에 존재했다). 그러한 제도는 유아기 때부터 부모를 존중하고 따르도록 가르친다. 어떤 부모도 훈련을 통해서 이러한 태도를 자녀에게 심어주지 못한다. 어린이들에게조차도 일반 여론의 힘이 워낙 커서 어쩌면 그들이 설사 노력을 하더라도 성공하기 어려운데도 대체로 그들은 진지하게 노력을 하지 않는다. 그들은 권위는 주제의 논거에 호소해야 한다는 생각에 길들여져 있어서 자녀들이 자신들을 동료처럼 대하고 '원인이 뭔지'를 알기를 요구하는 사실에서 이상한 점을 발견하지 못한다.

부모가 자녀에게 맹목적으로 관심을 기울이게 되면 종종 자녀가 거만해질 수도 있다. 부모가 맹목적인 관심을 기울일 경우에는 자녀에게 무엇을 좋아하느냐? 어떤 일을 할 것이냐? 어딜 가고 싶으냐? 등등 끊임없이 묻게 된다. 어른이 보면 상냥한 것 같아 보이지만 자녀들은 별로 탐탁하게 생각하지 않는다. 예전에는 자녀들을 멀리 보내서 키우려는 관행이 있었는데, 이런 관행이 반드시 좋은 것만은 아니나 한편으로 자녀에게 존경심을 더욱 길러주기도 했다.

육체노동자 사이에서는(특히 농촌의 경우) 하는 일이 명확하고 가끔은 가족 전체가 같이 할 수 있어서 필요노동의 압력이 모두에게 일정한 규율을 만들어주며, 자녀들은 즉각적인 쾌락보다 삶의 규칙과 조건이 우선한다는 것을 알게 된다. 앞서 살펴보았듯이, 이러한 인식을 가지게 하는 데는 사회적 놀이social play가 큰 기여를 한다. 그러나 근대사회에서는 높은 수준의 법률에 의한 가시적인 통제의 영향력이 약화된다. 특히 부유층 사이에서는 이들의 노동이 자녀와 같이할 수 있는 것도 아니고 심지어 자녀들이 이해하기도 어렵기 때문에 그 영향력이 크게 약화된다.

다른 많은 측면에서처럼 여기서도 우리는 도덕적으로 타락하지 않고 높은 생활수준에 다가가게 된다. 최상의 근대 가족은 친밀한 공감과 사랑의 규율을 가지고 있다는 점에서 구체제의 가족보다 한층 높은 유형의 가족이다. 새커리Thackeray는 이렇게 말한다. "나는 미국의 부모와 장성한 청년보다 서로 사이가 좋고, 더 솔직하고, 더 다정하고, 심성이 더 깊은 사람을 본 적이 없다. 왜 그러냐고? 확실히 자녀들이 버릇없이 자랐기 때문이다."[2] 그러나 이러한 이상에 도달하지 못하게 되면, 비참한 실패를 맞게 되어 독재적인 전통 질서로 후회하게 된다. [이렇게 되면] 규율이 사라지게 될 뿐만 아니라 (멋대로 굴어도 된다고 생각한) 애정이 (비록 경멸까지는 아니더라도) 무관심으로 돌변하게 된다.

일반적으로 우리는 우러러보는 사람, 즉 높은 이상을 가진 사람을 사랑한다. 과거에는 부모를 어느 정도 신성한 존재로 여겼고(지구 대부분이 이러한 전통을 가졌다), 인격과 무관하게 존경을 했다. (규율을 강화하고 병사들을 별로 친근하게 대하지 않은 장교가 더 많은 사랑을 받는 것처럼) 오늘날에도 존경을 강요하는 부모가 더 많은 사랑을 받게 될 것이다. 인간 본성은 우러러볼 사람을 필요로 하는데, 애석하게도 부모가 자식에게 그러한 요구를 제공하지 못하고 있다.

요컨대 어린이는 여성과 마찬가지로 해체 상태의 가혹한 고난을 이겨내는 데 도움이 된다. 무절제한 생활을 하고, 존중과 사랑을 받지 못하며, 신경이 과민하여 불쾌한 행동을 하는 부유층들도 그러한 고난을 이겨내듯이, 미숙하고 위험한 노동 조건에서 일하는 빈곤층도 그러한 고난을 이겨낸다.

여자가 새로운 직업을 가지고 남자처럼 경제적으로 독립을 하게 되는 것은 '개인주의'의 또 하나의 측면인데, 여기에는 긍정적인 점과 부정적인 점이 공존한다. 즉 여성이 충분히 자기표현을 한다는 점에서는 가정과 사회 전체 모두에 전반적으로 유익하지만, 가사활동을 꺼리고 불만을

---

[2] Philip, chap. 28.

가진다는 점에서 몇 가지 문제를 낳는다.

결혼을 기피하는 경향이 현격하게 줄어든 것은 아니다. 결혼연령이 다소 높아지긴 했어도 결혼률이 크게 낮아지지는 않았다. 직장여성 중 가사 고용인, 상점 및 공장 여성, 사무원, 타자수, 교사는 거의 대부분 일정 기간 직장생활을 한 다음 곧 결혼을 한다. 여성에게는 마음에 맞는 사람과 결혼하는 것이 여전히 거의 보편적인 이상으로 지속되고 있는 것은 명백한 사실이다.

보다 실질적인 문제는 어쩌면 편안하고 세련된 젊은 여성을 중시하는 과도한 요구조건에 있다. 미국에서는 문화 전반에서 여성이 남성보다 더 많은 교육을 받고 있다. 고등학교 학생의 3/4이 여자이고, 심지어 고등교육기관에서는 역사, 외국어, 영문학 연구를 주로 여성이 담당하고 있다. 이러한 현상에서 비롯되는 우월감 때문에 여성들이 더 나은 조건의 혼인 제의를 받기 어려운 일부 정직한 사무원이나 직공을 결혼대상으로 거절하는 원인이 되고 있다. 또한 여성들은 결혼을 하더라도 자녀를 갖는 대신 세련미를 키우고자 한다. 그렇지만 일부 여성에게서 나타나는 이러한 진취적인 이상주의가 나쁘다고 할 수는 없으며, 그것이 나쁜 방향으로 흐를 경우에만 해악을 끼친다. 이를테면, 여성이 자신과 결혼하기를 원하는 남성에게 높은 도덕적 기준을 강요하는 것보다 더 건전한 일은 없을 것이다.

근대 문명에서 여성의 사회적 기능의 확장보다 더 넓고 더 섬세하게 유익한 것은 없다. 즉 인류의 절반[여성]이 새로 선거권을 가지게 되었고 교육을 받게 되었으며, 삶을 더 의식적이고 효과적으로 만들었다. 가정 및 육아의 이상은 (한편으로 비관론적 견해가 있음에도 불구하고) 개선되고 있으며, 독립된 직업을 가진 여성이 하는 일은 사회가 절실히 필요로 하는 사회봉사 – 넓은 의미에서 말하는 교육과 자선활동 – 를 실천하고 있다. 이러한 추세에 대해 잘 알고 있는 사람이라면 누구나 그 배후에 있는 지적 원동력의 많은 부분과 감정적 원동력의 대부분이 여성에서 나온다는 것을 알고 있다. 혹자는 모성 본능이 해방되고 대규모로 조직화되었다고도 말하는데, 이는 여성이 탁월한 능력을 발휘하는 활동은 어린이와 취약계층 또는 고통 받는 계층과 공감대를 형성하면서 우러나온 것이기 때문이다.

유럽대륙 사람들은 남성과 여성의 기능과 관습을 전통에 의해 확연하게 구분하고 규정하는 사회에 익숙해져 있다. 그래서 이들에게는 미국 사람들은 자연적이고 건전한 분화를 붕괴하여 지나치게 무분별한 결합과 경쟁을 통해서 여성을 여성스럽게 만들고 남성을 남성스럽게 만드는 것으로 보인다. 물론 뚜렷한 기준과 교육을 위한 일정한 기반이 존재한다. 그리고 전반적으로 전통이 붕괴되고 다소 교조적인 평등 이념이 득세함에 따라 '성취에 의해 가치를 구별하는' 경향이 자취를 감추었다. 그렇지만 남녀 역할의 분화도 여타의 사회적 분화와 마찬가지로 더 이상 권위에 의해서가 아니라 자유로운 실험에 의해서 이루어져야 한다. 엘리스Ellis가 말하듯이, "우리 미래 문명의 희망은 남성적 요소와 여성적 요소가 동등하게 자유롭게 발전하는 데 있다."[3]

또한 더 합리적이고 안정된 통일체 위에서 남성적 요소가 주요한 통치의 원천이 되어 주로 여성에서 나타나는 감정성을 질서 있게 유지해야 한다. 미국에서는 이러한 조절 기능이 아직 제대로 작동되지 않고 있다. 그렇지만 다음과 같은 점도 유념하고 있어야 한다. 즉 여성 해방은 대체로 남성 주도로 이루어지고 있으며, 또 여성 해방은 사랑과 이에 대한 존중으로부터 '영원히 이성적인 것'das ewig Weiblche을 자발적으로 육성하고 있다. 또한 많은 유럽사회에서는 여전히 강압적인 법규나 관습으로

---

[3] *Man and Woman*, 396.

여성을 다스리고 있으며, 하류계층에서는 심지어 폭력으로 다스리기도 한다. 미국인들은 거의 다 외부 지원을 해가면서 더 높은 또는 자발적인 규율을 키우려 하고 있으며, 미국 여성도 유럽 여성만큼 안내만 잘 해준다면 상당한 성과를 거둘 것이다.

결혼을 하는 데는 개인적 요인personal forces과 제도적 요인institutional forces 두 종류의 요인이 작용하는데, 이 두 요인이 결합하여 결혼이 성사된다. 개인적 요인은 자연적 자극에서 직접 발현되는 것으로, 자녀에 대한 애정과 관심으로 대략 집약된다. 제도적 요인은 부부의 경제적 상호의존 또는 공적 정서, 전통, 법규 등 사회의 더 넓은 조직에서 발현된다.

애정을 유지하려면 현재의 조건이 [두 사람의] 결속을 강화하는 데 명백히 우호적이어야 한다. 개인의 선택은 끼어들 여지가 거의 없고 전체 사항은 적합성 전망에 따라 움직이기 때문에, 전반적으로 높은 수준의 적합성이 확보되어야 한다. 실제로 이것은 분명한 사실이다. 결혼이 자유로운 나라만큼 많은 부부가 사랑과 믿음 속에서 살아가는 나라는 없다. 부부가 심각하게 다투더라도 쌍방이 아무런 제약 없이 상대를 선택한 경우에는 서로 간의 관계를 유지하려는 책임감이 커지며, 중매결혼을 했을 때는 이루어지기 어려운 결정을 성공적으로 이끌어낸다. 결혼생활이 행복하지 않다면 우리 자신의 잘못이라는 것을 우리는 알고 있으며, 더 많은 개성과 자기존중을 가질수록 우리는 우리의 모험을 최대한 활용하도록 더 많은 노력을 할 것이다. 풍습이 지배하는 사회에서는 결혼과 사랑을 별개의 것으로 보는데 요즘 사회에서는 그렇게 보지 않는다.

사랑이 목표가 될 경우 이혼이 증가한다는 것은 나름대로 타당성 있는 주장이다. 이론적으로 볼 때, 약혼을 한 당사자들은 행복해야 하는데, 만약 그들이 행복하지 않다면 둘 사이의 관계는 실패한 것이므로 중단해야 한다. 즉 이상이 밝을수록 그와 대조적으로 현실은 더 어두워지는 법이다. 이해관계와 관습이 결혼을 좌우하는 사회에서는 결혼 당사자들은 서로 적합성을 가진다고 볼 수 없다. 설령 그런 적합성이 있을지라도 그것은 부차적인 요인이며, 이혼은 성립할 수 없기 때문에 꿈도 꿀 수 없다. 여자가 결혼을 하는 것은 부모의 분부 때문이고, 결혼이 곧 자신의 일이기 때문이며, 혼례를 올려 집안의 안주인이 되려는 욕망 때문이다. 남자가 결혼을 하는 것은 가족과 자녀를 갖고 싶기 때문이고, 신부가 가져오는 결혼 지참금에도 관심이 있다. 사랑이 없는 상태에서는 이러한 가시적인 목적이 [결혼생활에] 안정을 가져다준다(그 목적 중에서 한 가지는 사전事前에 제법 확보되어 있다).

  질서가 안정된 상태에서는 자유가 확대되면 책임감이 증대되고 선택한 경로가 최선이 되도록 노력을 하는 반면, 질서가 문란한 경우에는 자유가 충동으로 변하고, 이러한 충동은 정당한 사유 없이 약혼을 하거나 파혼을 할 때 나타난다. 우리 시대에는 의지가 무규율하게 전개되고 있는데, 그 한 가지 지표가 이혼율 증가이다. 어린 시절에 잘못된 훈련을 받은 것이 이혼율이 증가하는 가장 큰 요인이다. 어린이를 방치하거나 버릇없이 키우면 나중에 나쁜 남편 또는 아내가 되어 대부분 이혼을 하게 된다. 건전한 부모 아래서 철저한 교육을 받으며 자란 사람은 이혼하는 경우가 드물다는 것은 많은 관찰에서 공통적으로 나타나는 사실이다.

  사적인 애정 그 자체로는 아무리 좋아봐야 결혼 요건으로는 부적절하다는 말을 덧붙이는 것은 잘못된 것이 아닐 것이다. 어느 한 사람이 다른 사람을 행복하게 하는 데는 엄청나게 많은 인간 본성이 요구된다. 당사자들 모두 높은 수준의 이념을 따라야 하고, 그 이념을 존중해야 자신들의 불완전함을 극복할 수가 있다. 그렇게 하려면 종교에 의지할 수밖에 없다. 괴테의 시에 이러한 사적인 사랑에 딱 어울리는 표현이 있다. "그것은 인생의 좋은 동반자이지만 인생의 안내자로서는 적합하지 않다."[4]

사람들에게는 자신을 숨길 높은 수준의 사고가 없기 때문에 [상대에 대한] 실망을 자주 결혼 실패의 구실로 삼는다.

제도적 결속 역시 크게 느슨해지고 있다.

전문화가 진전되면서 경제적 상호의존도 함께 약화되고 있다. 가내공업은 대부분 사라지고 있으며, 집에서 만들어 사용하던 물건들을 시장에서 구입하는 경우가 해마다 늘고 있다. 요리하는 것 말고는 [가정에서] 하는 일이 별로 없고, 더욱이 아내가 하는 일이든 '가내서비스문제'Domestic Service Question에 나오는 일이든 어느 것이나 너무 귀찮은 일이어서 많은 사람이 나머지 사람을 매우 따라하고 싶어 하지는 않는다. 예전에는 결혼이 여성에게는 가족을 부양하는 유일한 방편이었고, 남성에게는 성실한 가정주부가 경제적으로 필요했다. 지금은 이러한 점이 농촌지역에서만 나타나고 있으나, 예전보다는 많이 약화되었다. 도시에서는 결혼을 할 때 경제적 조건은 거의 고려하지 않는다.

이러한 변화로 인해 남편과 아내는 서로에 대해 필요성을 덜 느끼게 될 뿐만 아니라 결혼한 여성의 사회활동을 더욱 자극한다. 사람들은 건강과 만족을 위해 필요 이상으로 그리고 할 수 있는 양 이상으로 노동을 하려 하지 않는다. 또한 [노동을 통해서] 정신을 단련시키고 자신이 세상에 유용한 존재임을 확인하고자 한다. 나태함이 소진되고 있다는 말은 역설처럼 들리지만, 그 말에는 많은 진실이 들어 있다(특히 정신이 민감하고 열정적인 사람인 경우에 더욱 그러하다). 규칙적이고 필요한 일은 의지에 확신을 불어넣어주어 의지를 편하게 하지만, 그렇지 못한 일은 불확실성과 무익한 선택에 의해 의지를 지치게 한다.

---

4 여신 뮤즈(Muse: 그리스 신화에 나오는 학예의 여신—옮긴이)는 기꺼이 삶에 동반하기는 하지만 삶을 인도할 줄은 모른다. (Die Muse das Leben zwar gern begleitet, aber es keineswegs zu leiten versteht.)

길을 갈 때 나뭇가지로 흔적을 만들어 놓고 그것을 따라서 가면 혼자서 길을 찾으면서 갈 때보다 힘을 덜 들이고 앞으로 나아가는 것처럼, 모든 일을 할 때는 기초를 닦아놓을 필요가 있다. 부유층 여성 사이에서는 이러한 기초의 부재가 정신을 불안하게 하고 흥분하게 하며 가끔은 히스테리컬하게 되는 주요한 원인이 되고 있으며, 자신과 다른 모든 사람을 괴롭히게 되고, 마침내 불만, 경솔함, 이혼으로까지 이어지게 된다.

쇠퇴일로에 있는 과거의 여타 구조가 그렇듯이 여필종부라는 낡은 전통도 그 나름의 유용성을 가지고 있었다. 여필종부 전통은 비록 근대의 자유 이념과는 배치되지만 가족을 유지해 주는 한 요인이었다. 당시에는 일정한 정규적인 통치체계가 없으면 어떤 사회조직도 존속할 수 없었기 때문이다. 한편 근대가족은 민주적이라고 말한다. 이 말은 매우 그럴 듯하게 들리지만, 무정부 상태라고 하는 것이 때로는 보다 올바른 묘사이다. 질서가 안정된 민주주의는 헌법 그리고 국가의 다양한 구성원의 권리와 의무를 규정하고 논쟁을 결정하는 방법을 제시해 놓은 각종 법률이 갖춰져 있다.

가족에는 합리적인 한도 내에서 인정하는 남편과 아버지의 권위 말고는 그에 상응하는 법률 같은 것이 없다. 가족구성원들이 한마음이 되어 서로 같은 생각을 가지고 있으면 권위와 상관없이 무의식적으로 조화를 이루게 된다. 그러나 구성원 사이에 불화가 생길 때는 이를 명확하게 통제할 필요가 대두한다. 만약 선장이 해상법이나 관습에 의존하지 않고 단지 자신의 개인적인 우월한 지위만 가지고 선원들을 통솔해야 한다면 선상에서 어떤 일이 벌어질까? 해적선의 선원 사이에서 종종 그렇듯이 하극상이 일어나게 되고, 비범한 능력을 가진 강력한 자만이 이를 진압할 수 있다. 가족도 종종 이와 유사한 상태에 있다.[5]

---

[5] 이혼이 증가하는 이유가 주로 주도권이 아내에 있다는 사실은 이혼이 증가하면서

이민과 각종 이동으로 인해 결혼과 관련한 도덕적 정서가 이완되고 있는데 이러한 사실은 각종 통계에서 쉽게 찾아볼 수 있다. 이러한 현상은 신생국가, 이주민이 몰려 있는 도시, 경제변동의 영향을 많이 받는 산업 및 상업 종사자 사이에서 이혼율이 높은 데서 나타나고 있다. 사람들이 자기 의무를 충실히 따르도록 여론을 효과적으로 조성하려면 사람들을 한 장소 한 집단에 오래 살게 하여 전통적인 관념을 계승하고 그것을 유지하게 하는 것이 중요하다. 종전의 결사체들이 붕괴하면서 '개인주의'가 힘을 발휘하게 되는데, 이러한 개인주의는 무엇보다도 가족관계에서 가장 활발하게 나타나고 있다.

법률과 교회에서도 통제가 약화되고 있는데 이러한 현상도 동일한 원리를 가지고 설명할 수 있다. 우리가 알기로는, 혼인법이 영국의 전통과는 비교적 독립적이고, 완화되고 있는 공적 정서에 부합하는 미국의 여러 주들에서는 이혼율이 높다. 반면 여전히 전통을 고수하고 혼인법이 보수적인 캐나다에서는 이혼이 어려워 이혼율이 낮게 나타나고 있다. 이와 관련하여 디트로이트강[6] 양안兩岸과 세인트로렌스강[7] 양안의 양상은 놀랄 만큼 대조적인데, 이러한 대조적인 양상은 부분적으로 두 나라 [미국과 캐나다] 국민 사이의 사회적 기질의 차이에 연원한다.

---

여성들이 이혼을 당연하게 여긴다는 점에서 나타난다. 구체제에서는 남편에 의한 이혼은 거의 알려지지 않다가 1801년 영국에서 처음으로 알려졌다("Marriage and Divorce" in Mr. Bryce, *Studies in History and Jurisprudence* 참조.) 지금 미국에서는 아내들이 여성 우위를 당연한 것으로 여기고 있으며, 전체 이혼율이 높아질수록 여성 우위도 높아진다. 여성 우위가 가장 높은 주는 그 비율이 2/3에서 3/4에 달한다. 과거에는 이혼을 남편이 불충한 아내를 내보내는 것으로 생각했는데 지금은 아내가 마음에 맞지 않거나 말썽을 피우는 남편을 내보내는 것이라고 말하는데, 이것은 결코 틀린 말이 아니다.

[6] 옮긴이—미국 미시간 주(서쪽)와 캐나다 온타리오 주(동쪽)의 경계선 일부를 이루는 강

[7] 옮긴이—미네소타 주에서 오대호를 지나 캐벗 해협에 이르는 강으로 상류는 미국과 캐나다의 국경을 이룸.

기독교의 가르침에서는 결혼의 이상을 신성하고 거의 떼어놓을 수 없는 결속을 유지하는 주요한 근원으로 간주하며, 교회 조직은 이러한 이상을 실행하는 주요한 기관이었다. 로마가톨릭 교회에서는 이혼을 절대로 허용하지 않았으며, 스페인과 이탈리아에서는 교회의 권위를 주로 이혼을 불허하는 데 두었다. 한편 엄격성에서는 로마에 뒤떨어지지 않는 영국의 국교회는 영국의 법과 정서의 보수적 성향의 주요한 원천이었다. 개신교 교회는 그보다 자유주의적이긴 하나 대중 정서에 비하면 여전히 보수적이다. 엄격한 규율을 가진 교회의 권위의 약화가 혼인율 감소의 직접적인 원인이라는 것은 말할 필요도 없다.

가족 유대가 이완되고 있는 것은 사회의 전반적인 변화에 기인한 것으로, 그로 인해 많은 도덕적 문란이 야기되고 있다. 즉 도덕적 문란은 옛 전통과 규율이 급격하게 약화되고 인간이 충동과 이성에 대한 의존이 높아진 데 따른 결과이다. 지금 나타나는 각종 폐단은 대체로 과거의 폐단이 새로운 형태를 취한 것이다. 남편과 아내 사이에서 새로운 불화가 일어났다기보다는 과거의 불화를 치유하기 위한 새로운 처방을 찾고 있는 것이다. 그들은 과거에도 지금만큼 많이 다투고 이혼을 했으며, 오늘날에는 영국에서도 미국만큼 다투고 이혼을 하고 있다. 주요한 차이는 그 결과에 있다.

나아가 여기[이혼 증가]에는 긍정적인 측면이 있다. 즉 이혼에는 부정적인 점이 적지 않으나 여성의 지위 향상이라는 긍정적인 면이 있으며, 여성의 지위 향상은 이혼이 그 한 원인이라 할 수 있다. 요즘에는 법률과 여론이 남편의 권력 남용에 대한 여성의 저항을 허용하고 있다. 그래서 여성의 자기존중과 타인의 여성 존중 현상이 확산되고 있으며, 노동자의 파업권처럼 명백한 행동을 행사하지 않아도 좋은 결과를 낳고 있다.

# 제32장 해체: 교회

심리학적 종교관 / 사회구조의 필요성 / 신조 / 상징의 형식성 / 좋은 상징체계의 속성 / 현대사회에서 종교의 필요성 / 교회의 새로운 경향

우리 시대는 종교에서도 제도가 혼란 상태에 있으며 인간 본성을 후퇴시키고 있다. 오늘날 이 분야에서 가장 저명한 저작은 주로 종교심리학 연구서이다. 이 연구서들은 종교의 존재 자체와 기능에 문제의 근원이 있다고 보고 특정한 교리나 정체, 성찬식에 관한 논의를 벗어나 인간 심성의 성격에서 그 근거를 찾는다.

나는 이 연구들에 대해 상세하게 논의할 생각은 없다. 그 연구들의 전반적 결과에 대해서는 이미 여러 곳에서 확인되고 있다. 이 연구들은 종교는 인간 본성의 필요에 의한 것이며, 합리적인 삶과 선한 삶을 추구하려는 갈망에 의한 것임을 보여주고자 한다. 사상으로서 종교는 삶의 근저에 있는 힘 그리고 우리와 그것과의 관계에 대한 믿음이다. 신과 여타 신성한 행위자에 대한 우리의 생각은 이러한 숨은 실재의 상징으로 기능한다(이러한 상징 역시 여타 상징과 마찬가지로 전반적 사유 상태와 함께 변화한다). 감정으로서 종교는 그러한 믿음과 연계된 다양한 일단의 열정과 정서—죄의식, 화해, 공포감, 경외감, 존경심, 사랑, 신념 등—

이다. 종교 행위는 이러한 종류의 생각과 감정을 여러 가지 방식으로 표현한 것이다.

우리의 모든 높은 수준의 삶과 마찬가지로 종교는 소통과 감화에 의해서만 존속한다. 종교의 정서는 본능 속에 심어지지만, 그것들이 자라는 토양은 자양분이 있는 모종의 공동체 생활이다. 우리는 높은 수준의 사고—이것을 지적 또는 정신적 사고라 불러도 되고 아니면 부르고 싶은 대로 불러도 된다—에 간단하고 쉬운 길로 다가갈 수는 없다. 인류가 발달하면서 어렵게 완성시켜 놓은 산물에는 많은 준비와 경비가 요구된다. 즉 개인이 발달하면 그만큼 사회질서가 발달하게 된다. 왜냐하면 개인은 인류의 열망이 점진적으로 그를 위해 준비해온 유인의 발판에서 벗어나게 되면 분명코 무법적이고 육욕적인 상태에 빠지기 때문이다. 그럴 경우 그의 정신적 자극은 소용없는 불안상태를 낳을 뿐이다. 마치 귀머거리에게는 배운 적이 없는 말의 자극이 알아들을 수 없는 음으로 들리는 것과 같다. 자연종교에 대해서는 많은 언급이 이루어져 왔다. 그러나 자연종교가 개인의 정신에 의해 새로 성취된 종교를 의미한다면, 자연종교란 것은 존재하지 않으며, 모든 종교와 종교적 정서는 명백히 전통적인 것이 된다.

그래서 종교생활은 항상 정교한 사회구조에 의지하는 것으로 보이는데, 그것은 반드시 교회인 것은 아니고 실은 교회가 목표로 하는 것이다. 지금 우리가 취할 수 있는 높은 수준의 정서는 언어, 음악, 의례 그리고 여타의 오래된 상징이 교묘하게 불러내서 길러낸 것이다. 좀 더 명확하게 말하자면, 각종 이념ideas—신의 이념, 더 큰 존재의 이념, 그리고 종교적 준수, 정부, 의무 등의 이념—은 공동체적 및 세속적 발달의 산물이다.

교회가 안고 있는 근본적인 문제—어떤 의미에서 보면 모든 조직이 안고 있는 근본적인 문제—는 상징을 남용하지 않고 사용하는 것이다. 우리는 어떤 형태의 사유가 없으면 우리의 정신은 높은 수준을 유지할 수가 없다. 사유는 정신을 속박하는 전통과 관습에 따라 그 형태가 결정된다. 성 아우구스티누스가 외치기를 "아. 지겨운지고 인간 풍습의 흐름이여. 누가 그 흐름을 거스를 것이며 그 흐름이 마를 날이 언제이겠느뇨? 나무배를 탄 사람조차도 건너기 어려운 망망대해로 이브의 자손들을 떠내려 보낼 것이뇨?"[1]

형식주의를 타파하려는 열기가 이따금 유익하게 터져 나오고 있는데 그렇다고 해서 종교가 제도를 없앨 수 있다고 생각해서는 안 된다. 현재의 종교사상에는 다분히 일종의 무정부주의적 성격이 내포되어 권위의 허식에 당당하게 반대하며, 전통과 구조의 중요성을 무시한다. 대표적인 무정부주의자로 에머슨[2]을 들 수도 있다. 그는 제도는 필요하다고 보았지만 자신의 기질과 경험상 제도를 불신하며 전적으로 자유를 강조했다.

그런데 종교는 새로운 진리를 지각하면서 발전했다기보다는 조직이 많은 사람에게 호소하여 발전한 것이 아닌가? 수천 년 전에 예비 사상가들이 부적절하게 표현해 놓은 종교사상에는 별 내용이 없다. 다만 그것으로부터 얻는 것이 있다면 이러한 사상을 공동생활로 옮겨 놓은 점이다. 불교, 유대교, 기독교, 이슬람교 같은 위대한 종교도 체계를 갖추지 않으면 아무 소용이 없다. 즉 이들 종교가 설사 인간 본성의 원초적 욕구에 기초하고 있더라도 보편적인 종교로 존재하려면 변화하는 사회조건에 적응하는 사회구조를 갖추고 있어야 한다.

원초적 욕구도 사회구조를 통해 충족되고 길러진다. 그러므로 인간 심성에 대한 기독교의 호소력은 모든 시대에 걸쳐서 부분적으로는 한 인물의 상징적 힘―이것은 한 인간으로서 그리고 사실상 한 체계로서 이상화되고 해석된다―에 의지해 왔고, 부분적으로는 교리, 의례, 정체,

---

[1] *Confessions*, book i, chap. 16.
[2] **옮긴이**―제12장 주 1) 참조.

설교 등 정교하면서도 항상 변화하는 구조에 의지해 왔다고 말할 수 있다. 이러한 상징을 떼어내면 거기에는 아무런 독특한 것이 남아 있지 않는다. 어떤 통일체가 계속 지속하려면, 상징체계 또한 계속 갱신되어야 한다. 어느 생명체가 그렇듯이 종교도 외부가 없으면 내부가 없고 형식이 없으면 본질이 없다.

현재의 신조는 과거의 사유 상태를 공식화해 놓은 것으로, 예전에 그것들이 가졌던 상대 진리를 상실하여 이제는 그것들을 신뢰할 수 없게 되어 우리는 그것들을 전혀 신조로 여기지 않는다. 하지만 우리는 모종의 신조를 가지고 있어야 한다. 신조는 실증 지식으로는 도달할 수 없는 사물에 대한, 특히 더 넓은 삶과 우리와 그것과의 관계에 대한 고정된 사유방식으로 정의할 수 있다. 그렇지만 우리는 어떤 식으로든 그것을 염두에 두고 있어야 하고 또 그렇게 하게 된다.

형이상학자가 아닌 대다수 사람은 이러한 문제의 도움을 받지 않고 버둥거리기만 하면 그저 낭비와 혼란만 초래한다. 바다에서는 해도海圖가 필요하다. 즉 생활에 지침이 되는 실용적인 사고 형태가 필요하다. 유능한 사람이 현재의 지식 상태에 부합하는 사유 형태를 고안해야 한다는 것, 그리고 다른 상징은 그러한 사유 형태와 어우러져 발달해야 한다는 것은 다른 어떤 종류의 발명품만큼 자연스럽고 유익한 일이다.

우리에게는 믿음이 필요하고, 또 우리는 우리가 할 수 있는 것을 믿게 된다. 시먼즈Symonds[3]는 "건강한 영혼은 신조를 가지는 것에서 비롯한

---

[3] 옮긴이—시먼즈(John Addington Symonds, 1840~1893): 영국의 평론가·시인·전기작가로 이탈리아 르네상스의 문화사로 유명함. 빅토리아 시대의 문인으로 영국문학, 그리스 시학, 여행 스케치 뿐만 아니라 셸리, 벤 존슨, 필립 시드니 경, 미켈란젤로, 월트 휘트먼 등 다방면에 걸친 연구에 매진함. 야코프 부르크하르트 같은 대륙의 르네상스 해석가들에게 영향을 받은 대표작 『이탈리아 르네상스』(Renaissance in Italy, 7권, 1875~1886) 등 많은 저작을 남김. 특히 『현대 윤리학의 문제』(A Problem in Modern Ethics, 1881)는 동성연애를 진지하게 다룬 최초의 저서로 평가됨.

다."라고 천명한 바 있는데, 당대에 흩어진 소재들을 가지고 하나의 사물을 만들려고 애쓰는 과정에서 겪은 고생은 정신이 예민한 대다수 사람에 흔히 나타나는 일이며, 그중 다수는 좌절과 실패로 인해 괴로움에 시달렸다.4 일상적이고 공통된 이상이 없다면, 즉 기도하고 숭배하는 대상이 없다면, 우리는 분명 비관주의와 이기주의로 빠져들게 될 것이다.

단순히 추상적인 사실만 가지고 진리를 가르치는 사람은 일반 정신을 제대로 파악할 수가 없으며, 성공을 하려면 지적으로 들리는(즉 당대의 명확한 사유에 부합하는) 가르침을 기다려야 하고 동시에 풍부한 알맞은 상징에 의해 모든 종류의 평안한 마음으로 쉴 수 있게 하는 가르침을 기다려야 한다. 지식과 사회가 변화하는 바로 이 시대에는 그러한 가르침이 절실히 요구된다.

상징은 왜 자체의 기능을 넘어 [사회 속으로] 침투하여 지속되고 있는 걸까? 상징은 외적인 것이며, 신선한 사고와 생명 없이도 모방과 반복을 할 수 있기 때문에 생명력이 없고 기계적인 것은 모두 상징에 달라붙게 된다. 둔감하고 육감적인 사람 그리고 그런 분위기에 휩싸인 사람은 모두 형식을 보지 내용을 보지 않는다. 정신, 이념, 정서는 **그것을 보고 있다고 의식할 때는** 명백히 실재하지만, 우리는 그것들을 쉽게 시야에서 놓치므로 만져서 확인할 수 있는 것만 실재하는 것이라고 생각하게 된다. 상징은 언제나 자유롭게 사용할 수 있다. 우리는 늘 교회에 참석하고, 미사를 드리고, 기도를 하고, 헌금을 낸다. 그러나 그런 행위에는 친절, 소망, 존경, 겸손, 용기가 내포되어 있지 않다. 이런 행위는 정신이 움직이듯이 나타났다가 사라진다. 그런 행위에 대해 어떤 대비책도 갖춰져 있지 않다. 학교에서는 의미보다는 주로 사실과 공식만 가르치고 있는데, 이는 사실과 공식은 모두가 수용하고 이미 검증되었기 때문이다.

---

4 브라운(H. F. Brown)이 저술한 자신의 일대기 곳곳을 보라.

이와 마찬가지로 종교도 보편적이 되려고 외형적인 것을 추구한다.

이것이 기독교에 적용되고 있다는 것을 새삼 환기할 필요까지는 없다. 예수 자신은 어떤 체계도 갖추지 않았다. 그가 느끼고 가르친 것은 종교가 바탕으로 하고 있는 인간의 정서와 그 정서를 표현하는 행동양식이었다. 산상 설교[5]는 나태하고 육감적이고 형식적인 정신 상태와 그런 정신 상태를 구체화하는 각종 제도에서만 보면 역설적인 것으로 보인다. 명쾌한 통찰력을 가진 우리 시대에는 훌륭한 분별력과 훌륭한 심리학이 존재하여, 개인이 다른 사람들의 삶을 포용할 정도로 확장되고 있음을 잘 보여주고 있다. 그렇지만 이러한 기독교 본연의 신앙은 최상의 사람들에게는 불안정하고, 대다수 사람은 그것을 스쳐가듯이 경험하고 있다. 그래서 모든 종류의 사람과 분위기에 들어맞는 대중적인 체계를 만들고 싶어 하는 설교사들은 그것을 기적과 신비로운 권위에 기초하고 또 직감적인 보상과 처벌을 통해 그것을 강화함으로써 기독교 신앙을 속된 것으로 만들고 말았다.

그리스도가 가르친 영원한 진리는 그 가르침이 체계라는 사실에서 나오는 것이 아니라 고상한 정서의 직감과 표현에서 나오며, 그것을 필요로 하는 것은 우리가 겪는 최상의 경험에서 그것이 중심적이고 영속적인 요소이기 때문이다. 시대를 막론하고 그리스도의 삶과 말로 돌아갈 수 있게 하고 새로운 체계에 활력을 불어넣어 그것들이 활발하고 유능하다는 것을 발견하게 된 것은 바로 이 때문이다. 체계를 만들어 놓은 자들은 성공했으나 그들의 작품은 일시적이었다.

좋은 상징체계는 높은 수준의 삶을 유지하려는 집단 또는 개인에서 나타난다. 그것이 가진 장점은 상징이 나타내고자 하는 특수한 정신 상

---

[5] 옮긴이—Sermon on the Mount: 마태오 복음서 5~7장에 기록된 예수님의 설교. 언덕에서 제자들과 군중에게 '여덟 가지 참 행복'을 시작으로 그리스도인의 윤리에 대해 가르친 내용으로 '그리스도교의 대헌장'이라고도 부름.

태에 대해 상대적이다. 정말로

> "각 시대는 그 고유의 신의 사고를 섬겨야 한다,
> 세속적이지만 명확하게.
> 부단히 침전물을 남기면서."6

미숙한 사람은 상징도 미숙하므로, "생각 수준이 어린이 같은 사람에게는 회초리를 들거나 사탕을 주어서라도"7 교육을 시켜서 사고를 높은 수준으로 끌어올려야 한다. 사람들이 쾌락주의를 극복하여 그것을 벗어나게 할 수 있는데도 그대로 쾌락주의에 빠져들게 하는 체계나 또 사람들이 스스로 생각할 준비가 되어 있는데도 교조주의로 빠져드는 것을 그대로 놔두는 체계는 사람들을 제정신에 도달하지 못하게 하는 체계만큼이나 나쁜 체계이다.

요즘에는 종교적 공식으로 모든 것을 최종적으로 판단하는 것이 철학적으로는 진화 개념과 그에 따른 모든 높은 진리의 상대성 개념에 의해 불신을 받고 있으며, 실천적으로는 사람들이 상반되는 견해를 두고 자유롭게 토론하는 데 익숙해져 있어서 지적인 정설을 독선적이고 편협하게 옹호하는 것이 어려워졌다. 물론 예전에도 철학적 논의와 자유로운 토론이 번성했으나 그것은 권위를 유지하는 힘이 허용하는 한도 내에서만 이루어졌다. 그러나 그것들은 지금만큼 전반적 조건—의사소통과 개인의 자유—으로 뿌리내리지는 못했다. 지금부터는 종교의 공식이 그 잠정적 성격을 잠재의식적으로 유지하게 될 것이다.

미래의 신조도 역시 단순해질 것이다. 오늘날에는 모든 제도가 공식 formulas을 원리principles로 교체하는 추세에 있어서 각 제도가 더 유연해지고 그래서 더 오래 지속될 전망이다. 우리는 구체성을 버리지 않으면

---

6 J. R. Lowell, *The Cathedral*. Ibid.
7 Ibid.

서 보편적 인간 본성에 가까이 다가갈 때 더 발전하게 된다. 형이상학과 숭배는 각기 그 기능이 명확하게 구분됨에 따라 각자 다른 것과 불필요하게 혼합되지 않고 최상의 상태를 유지하게 된다.

종교적 상징은 정신을 덜 제한하기 때문에 덜 지적일수록 더 발전하게 된다. 개성은 모든 상징 가운데 가장 으뜸가는 상징이다. 그 다음으로 음악, 예술, 시, 축제, 의례가 신앙 공식보다 더 지속적이고 덜 위험한 상징이다. 정서도 이념과 마찬가지로 변화하지만 변화의 폭은 이념만큼 넓지 않고 변화 양상이 명확하지 않다. 대다수 사람은 종교의 본질은 보다 높은 정서를 일깨우는 것들, 특히 훌륭한 작품이라고 생각하는데, 기독교 창시자와 그의 추종자들은 이 작품 속에서 자신들의 종교적 자극을 표현한다. 이 작품들 또한 상징이며, 가장 효력을 발휘하고 혼동을 일으키지 않는 상징이다.

사실 정서는 한정할 수 있는 사고보다 삶의 중심에 더 가깝다는 것이 중론이다. 자전거 바퀴가 중심 주위를 돌듯이 이념과 제도는 인간 본성의 중심인 정서 주위를 돈다. 어떤 사물을 정의하는 것은 그것을 제도화하는 것이다. 즉 모호함으로 가득 찬 영혼을 전면으로 꺼내서 여러 가지 색체로 변화하는 우리의 특수한 사고방식 속에 그것을 정확하게 나타내는 것이다. 정의定義는 속성상 단명하다.

지금까지 모든 시대가 종교를 필요로 했던 것만큼 어쩌면 우리 시대에도 종교가 필요하다. 완전히 활력을 잃지 않은 사람이라면 모두가 현재 만연하고 있는 혼란—"쓸쓸한 시대의 소동"—을 사고, 감정, 의지가 다소 산만해지고 있다고 느끼고 있다. 이처럼 불가피한 난국에서 우리는 즐겁고 고요하게 살아가는 법을 배울 필요가 있다. 오늘날에는 선천적으로 침착한 것이 살아가는 데 매우 유리하며, 만약 그럴 수 있다면 우리는 종교적 확신을 가질 수도 있다. 과거에는 하느님의 뜻을 사람들에게 입증하는 것이 [지금보다] 절박하지도 어렵지도 않았다.

[현대사회가] 물질적으로 향상된 것도 대단한 일이고 비교적 자유롭게 된 것도 대단한 일이지만, 이러한 향상을 유익하게 사용하고자 하는 사람들에게는 높은 수준의 규율의 필요성이 감소하는 것이 아니라 더 증가한다. 말하자면, 기회가 많아질수록 문제점도 많아진다. 사회의 향상은 각각의 성취가 새로운 요구조건을 개척한다는 점에서 과학의 발전과도 같다. 세상이 우리를 만족시켜 줄 전망은 보이지 않으며, 정신의 욕구를 (모든 특정한 목표를 초월하여 화해시켜 주는 이념과 정서로) 충족시켜 주지 않는다면 삶의 구조는 영원히 불완전하게 된다.

중세의 종교는 우리가 사용하기에는 세속에서 너무 멀리 떨어졌지만, 현실의 모든 종교는 탈세속적인 측면이 있으며, 켐피스Kempis[8]와 그 제자들이 올바르게 지적했듯이 어떤 종류의 가시적인 업적도 인간의 영혼을 오랫동안 만족시킬 수 없다.

'사회를 구원하는' 형식으로서, 즉 공적 정신을 도덕적으로 깨우치고 지도하는 형식으로서 종교는 분명 필요하다. 사회는 그러한 형식을 필요로 하며, 그 욕구를 제공하는 대행자가 그 기능을 수행함과 동시에 권력을 가지게 된다. 만약 그 대행자가 교회가 아닐 경우에는 사회주의 같은 세속적이면서 다소 적의를 가진 대행자가 그 기능을 수행하게 된다. 사회주의는 이미 종교적 정신을 충실히 따른다는 점에서 이미 교회에 대항하는 적수이다.

또한 많은 사람이 타락하고 있는데도 어쩌면 현재보다 종교적 열망과 노력으로 충만한 시대는 없었다. "생존해 있는 것이 더 현실적이 될 수도

---

[8] 옮긴이—켐피스(Thomas à Kempis, 1380~1471): 독일의 사상가. 아우구스티노 수도참사회원. 종교저술가로 일생 동안 수도원에서 설교와 저술과 필사(筆寫)에 종사하면서 정신적 지도자로서도 뛰어난 활동을 하며 『그리스도의 생애에 관한 기도와 묵상』(*Orationes et meditationes de Vita Christ*) 등 많은 금욕적·교화적·시적·전기적 저작을 남김.

있다는 것"은 물론 형식의 쇠퇴가 가져다준 큰 장점이다. 교회는 젊고 적응력이 강한 구성원들로 채워지면서 변모하고 있다. 그 결과 교회는 시대의 실질적인 정신적 욕구에 맞게 전통을 점차 재조정할 수밖에 없게 되었다. 제도를 가장 통렬하게 비판하는 자들은 그 제도 안에 있는 개혁가들이라는 것은 누구나 다 아는 사실이다. 그들의 열정은 무관심하거나 타락한 것이라면 어떤 것도 묵과하지 않는다.

역사적으로 비교할 때 우리 시대는 신앙심이 없다고 종종 말하고 있는데 이는 과장된 말이다. 역사책을 읽은 사람이라면 누구나 시대를 막론하고 형식주의, 물질주의, 불성실이 번성했음을 보게 될 것이다. 브라이스의 주장에 따르면, 미국 또한 다른 어느 근대 국가보다도 그리고 이른바 어느 신앙 시대보다도 기독교의 영향력이 훨씬 크게 작용하고 있다.9 교회는 불완전하다는 이야기가 많이 들리는 것은 바로 이 시대가 기독교를 크게 열망하기 때문이다. 사람들은 종교를 진지하게 받아들이고 있으며, 그 안에서 참된 기능을 발휘하기를 요구하고 있다.

교회는 분화된 통일을 향해 나아가고 있는데, 그 안에서 공통된 요소는 대체로 각종 정서—정의, 친절, 자유, 봉사 등—가 될 것이다. 이러한 정서들이 어우러져 구성원들의 선의와 협동을 이끌어내며, 삶의 다양성이 요구하는, 이념과 방법의 분화를 위한 여지를 남겨놓는다.

교회는 비록 많은 결함을 가지고 있긴 하나 문명이 이룩한 위대한 성취물임이 분명하다. 일단의 과학이나 현재의 운송 및 제조 시스템처럼 교회도 인간의 발명과 노력이 누적되어 이루어진 산물이며, 과학이나 그런 체계보다도 어쩌면 소멸될 위험이 더 적다. 종교는 일부가 무너지더라도 그것을 구성하고 있는 건전한 재료들이 합쳐져 새로운 구조를 형성하게 된다.

---

9 *The American Commonwealth*, chap. 80.

## 제33장 해체: 전통

경제체계의 혼란 / 교육의 혼란 / 상류문화의 혼란 / 순수예술의 혼란

위에서 살펴본 바와 같이 낡은 구조의 붕괴에 따른 사회적 기능의 혼란과 비효율 현상은 (우리가 탐색하고 있는) 거의 모든 생활 측면에서 나타나고 있다. 경제체계 역시 가족 및 교회와 비슷한 상황에 처해 있으며, 사실 '산업혁명'은 해체와 재건의 주요한 근원으로, 일상생활에 가장 큰 영향을 미친다.

인간이 토지에 정착한 이래로 거주지역이 널리 확산되었고, 근래에는 세계의 대다수 사람이 지구 곳곳으로 이주하게 되었다. 문명세계에서는 자기 자신과 부모가 이 나라에서 저 나라로 또는 농촌에서 도시로 이동해 왔다. 이렇게 이동함으로써 전통이 단절되고 여러 이념과 인종이 뒤섞이게 되었다.

더욱 혼란스러운 현상은 직업의 변동에서 나타나고 있다. 요즘은 어딜 가든 선대가 하던 일을 이어받는 경우를 찾아보기가 어려울 정도로 직업의 변동은 사실상 보편적인 현상이 되었다. 예전에는 가족이나 이웃에서 거의 단절되지 않고 묵묵히 전수되던 수공예가 지금은 단절되었고, 젊은이들은 새로운 일자리를 찾아 나서고 있다. 이러한 변동은 단 한 번에

그치는 일회성이 아니라 슬라이드처럼 연속적으로 일어나고 있는데, 아직은 이를 표현할 만한 적합한 용어가 없다.

젊은 시절에 배운 숙련기술을 나이 들어서까지 사용할 수 있는 경우가 드물어졌고, 예상하지 못한 [기술] 발명으로 인해 수많은 사람이 일자리를 변경하는 경우가 잦아졌다. 심지어 지금까지 전통주의의 상징으로 여겨지던 농업 전문가조차도 새로운 장치에 맞추어 유연하게 대처할 수 있는 정신을 길러야 한다.

어떻게 해서 과거 산업─실제로는 사회구조 전체─에서 법적 및 윤리적 관계가 대부분 붕괴되었는지 그리고 어떻게 해서 장인이 도구의 통제권을 잃고 새로운 결사체를 결성하여 그 통제권을 되찾으려고 싸우고 있는지, 어떻게 해서 대규모의 새로운 형태의 연합체가 나타났는지 또 어떻게 해서 모든 계층의 사람이 경제 정의의 기준이 없어서 타락하게 되었는지 등에 대해서는 굳이 상세하게 설명할 필요는 없다. 이러한 것들은 우리에게 익숙한 문제이므로 여기서는 다만 우리가 논의하고 있는 원리와 그것들과의 관계에 대해서만 보여주고자 한다.

일반적으로 근대공업은 기계 발전에서는 훌륭한 조직에 도달했으나 사회적 및 도덕적 측면에서는 여전히 혼란한 상태에 있다. 우리는 잘 자랄 수 있는 식물은 가지고 있으나 아직 그것을 공정하고 행복하고 바람직한 산물로 가꾸는 법을 배우지 못한 것이다.

권력이 도덕적 및 법적 기준의 발달보다 앞서게 되면 무정부상태에 이르게 된다. 지금의 상업과 금융이 그러한 상태이다. 이러한 [무정부상태의] 바다에서는 정직한 거래가 번성하는 것만큼 그에 따라 해적 행위가 번성한다. 실제로 17세기에 그랬던 것처럼 많은 상인은 이 두 직업을 동시에 수행하고 있다. 이런 식으로 부를 획득한 부자는 종종 국가를 부패하게 한다.

상업계에서는 하층계급의 인간 본성이 휘둘리고 짓밟히고 있다. 요컨대 "사물이 권력을 휘두르며 인간을 지배하고 있다." 일반적으로 직장과 가정에서 불안정한 상태에 있는 육체노동자, 일반 사무원, 소상인은 늘 불안하고 침착하지 못한 상태에 있고, 많은 계층이 과로로 인한 탈진과 조로 현상, 기계에 의한 사망 및 절단사고, 유해한 환경과 조기 노동에 의한 아동의 발육 부진 같은 특수하고 심각한 이상 증세를 겪고 있다.

개인은 비록 기계적 측면에서는 과거보다 더 넓은 전체의 부분이 되고 있지만, 그가 의존하고 있는 더 넓은 전체 속에서 구성원으로서의 의식은 종종 상실하곤 한다. 즉 더 넓어진 삶이 도덕적 삶이 되지 않으면 그는 그 속에서 얻는 것은 없고 잃기만 한다. 어린이들은 들판에서 자라는 곡식을 보고 어머니가 그것을 수확하고 타작하고 제분하는 모습을 지켜보고 자라면서 빵 만드는 것을 도우며 자랐고, 그 경제활동과정에서 소중한 성원의식을 가지게 되었다. 그러나 지금은 그러한 과정이 너무 확장되어 눈에 보이지 않게 되어 대다수 사람은 그것이 지닌 의미를 놓치게 된다.[1] 이것이 바로 근대산업 전반에서 나타나는 특징이다. 즉 노동자, 사업가, 농부, 법률가 모두 전체에 기여하지만, 이들은 거대한 체계 속에 도덕적으로 고립되어 있어서 그들의 사고 속에는 전체가 들어있지 않다.

우리가 무엇을 위해 일하는지 알지 못한다면 [온당한] 정신을 가지거나 만족감을 가지더라도 아무 일도 할 수 없게 되는 것은 누구나 겪는 보편적인 경험이 아닌가? 어린 시절에 숙제를 하던 것을 상기하면 누구나 이러한 사실을 의심하지 않을 것이다. 지금껏 내가 관찰한 바에 따르면, 현재 하고 있는 일이 일반적 목표와 공동생활에 어떤 영향을 미치는지를 느끼지 못하면 활력을 잃고 상실감에 젖게 되어 신선한 견해를 필

---

[1] 이에 대한 예는 제인 애덤스의 저작에서 나타나 있다.

요로 한다. 대부분의 육체노동자는 물론 전문직과 사업 종사자도 이러한 성격을 띤다. 세상이 너무 복잡해지고 있어서 우리는 무엇을 하고 있는지 알지 못하며, 그리하여 우리는 행복감을 느끼지도 못하고 도덕적 확고함과 종교적 신앙까지도 잃게 된다. 현실에서는 삶을 기계적 통일체로 만드는 치료법이 없듯이 도덕 및 정신 통일체로 만드는 치료제도 없는 상태이다.

이와 관련하여 많이 논의되고 있는 또 하나의 분야가 교육 분야이다. 교육 분야에서도 급격한 변화가 일어나고 있지만 이러한 변화에서 역시 전혀 유익한 점이 나타나지 않고 있다. 교육 분야에서도 다른 분야처럼 자유 및 활력의 정신이 널리 확산되고 있지만, 직접적으로 나타난 결과는 다소 무질서한 상태라고 말할 수 있다.

이 시대에는 각종 교육제도가 유달리 발달했는데, 그 근본적인 이유는 우리 체계의 성격이 자유롭고 의식적이기 때문이다(그렇게 되려면 개인 역시 자유롭고 의식적이어야 한다). 민주주의가 성립하려면 개인들이 읽고 쓰는 능력을 가져야 한다. 즉 유권자는 무엇에 투표를 하는지 배워야 하며, 그래서 학교가 필요하다. 자유경쟁 하에서는 아들이 아버지의 직업을 이어받을 필요가 없다. 하지만 그는 열린 삶의 바다에 뛰어들어 자신에게 맞는 일을 찾아나가야 한다. 그는 더 이상 가내에서 직업 훈련을 받을 필요가 없다. 삶 전체가 전문화되고 급격하게 변화하고 있는 상황에서 이에 대처할 수 있는 것은 오직 전문적 교육을 하는 학교뿐이다.

또한 시간이 지나면서 선택의 영역이 확장되고 그 영역이 다루는 관계가 복잡해짐에 따라 과거보다 더 합리적이고 명확한 사회 교육과 도덕 교육이 필요해졌다. 어떤 권력으로도 다룰 수 없고 오직 훈련되고 조직화된 공적 의식으로만 다룰 수 있는 많은 위급한 문제가 있는데, 그 문제의 근원은 부분적으로는 공교육에서 찾아야 한다.

우리의 학교들은 새로운 요구를 충족하려고 노력하는 과정에서 중요한 활력을 확장하기보다는 체계를 확장하는 데 힘써 왔다. 즉 우리 학교들은 내적 및 정신적 생활, 여러 이상, 전통, 교사 인력을 키우기보다는 학생 수를 늘리고, 다양한 교과목 및 여타 수많은 세부 사항을 급격하게 발달시키는 데 주력해 왔다. 지속적으로 확장되고 있는 여타 제도처럼 교육에서도 삶이 확장되면서 두께는 더욱 엷어지고 있다.

농촌의 학교는 학생의 출석률 저하, 교사의 박봉 및 자질 저하, 농촌생활과는 무관한 교육체계의 지속 등으로 인해 전반적으로 비효율적으로 운영되고 있으며, 주민들은 학교를 불신하여 자녀들을 도시로 보내고 있다. 도시의 학교들은 빈민구역에서는 몰려드는 학생들을 수용하기에 턱없이 공간이 부족하여 많은 학생으로 교실이 꽉 차고, 열 명밖에 안 되는 교사들은 틀에 박힌 업무로 혼란을 겪고 과로로 온몸이 마비증상을 느끼고 있다. 대부분의 학생에게 산업에 필요한 합리적인 훈련이 아직까지도 제대로 공급되지 못하고 있으며, 산업계도 그러한 훈련을 제공하지 못하고 있다. 교사가 학생을 다루는 규율이나 관료가 교사를 다루는 규율 모두 기계적이며, 유망한 발명품을 열 개나 만들어내면서 모두 졸속으로 만들어져 실패작이 되고 말았다.

우리나라[미국] 공립 초등학교는 과거의 학교나 다른 나라의 학교에 비교하면 제법 잘 운영되고 있는 편이다. 그러나 우리의 학교가 우리의 사회에 질서와 이성을 심어주기 위해 어떤 일을 했는지 그리고 이들 학교가 우리 사회를 육성하고 안내하지 못하고 낭비를 초래하고 있는 것을 생각해 보면 기뻐할 이유가 전혀 없다.

우리나라 고등교육에서도 불완전하게 통합된 새로운 요소와 쇠퇴하고 있는 체계의 파편이 그와 유사하게 뒤섞여 있다. 고전적인 낡은 규율은 명백히 사라지고 있는데(어쩌면 사라지는 것이 최선이다), 아직 만족스러운 규율은 나타나지 않고 있다.

이와 관련해서 많은 논의가 이루어지고 있는데 여기서는 일반적으로 간과되고 있는 한 가지 사항에 대해서만 언급하기로 하자. 그것은 공통된 문화유형의 가치인데, 일반적으로 이것은 '신사의 교육'으로 알려져 있다. 우리나라 고등교육에 정착되어 있는 고전적 유형에는 탁월한 내용이 많이 포함되어 있음에도 불구하고 그것이 쇠퇴하게 된 것은 식자층 사이에 의사소통과 정신적 통일의 매개 역할을 하는 공통된 내용이 전혀 없었기 때문이다. 다른 많은 영역에서 제기되고 있듯이 교육에서도 문화가 전혀 없는 것보다는 아무리 부적절한 유형이라 하더라도 문화가 없는 것보다 있는 것이 낫지 않은가 하는 질문이 제기되고 있다.

고전적 전통은 아주 넓고 풍부한 고귀한 사상이면서 동시에 이상적인 공동의 삶을 형성하는 상징과 연상의 보고寶庫였다. 단테에서 시작되는 풍부한 상상력을 가진 모든 근대문학은 고전적 암시와 반향을 통해 사람들에 호소하며, 새로운 요소와 함께 어울려 일단의 영속적인 고귀한 감정과 사상을 형성해 왔으며, 그것을 바탕으로 하여 그러한 감정과 사상을 받아들이고 전달할 능력을 가진 사람들의 동료의식을 영속적으로 길러주었다. 지금까시 만늘어진 최상의 작품은 모두 근대문학에서 나왔으며, 그것이 만든 기준에 의해 무의식적으로 단련되었다.

어떤 것이든 특수성으로 분류하면 모든 문명을 배태시킨 문화 흐름을 대신할 수 있다고 생각하는 것이야말로 어리석은 일이다. 그런 흐름을 잃어버리면 야만 상태가 될 수도 있다. 사실 우리의 문화 유형은 비록 불완전하나 그래도 없는 것보다는 훨씬 낫지만, 그러한 문화가 갑작스럽게 쇠퇴하여 일시적으로 야만 상태로 빠져들 수도 있다는 데 문제가 있다.

누군가 대학동창회에 가서 친구들을 만난다면, 그는 같은 생각을 가진 친구들에 대해 어떻게 대할까? .확실히 라틴어로 말할 것은 아니고 그리스어는 더더욱 아니다. 신비화할 의도가 없다면 그는 경솔하게 이러한 언어들을 과감하게 사용할 수도 있다. 역사나 문학을 언급하는 것도 썩 안전하지는 않을 것이다. 사실 졸업생 중에서 전공 밖의 일을 진지하게 하는 사람은 몇 안 된다. 그들이 공통적으로 가진 주요한 사실은 축구대회 우승했을 때를 회상할 때 활력을 주는 집합정신collective spirit이다.

우리가 낡은 전통을 폐기하지 않고 부활하는 새로운 문화 유형에 참여하고 있는지 의문이 든다. 그러한 문화 유형에 참여하는 중요한 추세는 인간 생활의 각종 원리를 연구하고 그 원리가 역사, 예술, 박애정신, 종교에서 어떻게 표현되는지 폭넓게 연구하는 것이다. 새로운 분과학문인 사회학이 이러한 연구에 일정한 역할을 할 것이라고 믿는 것은 편향된 생각이 아니다(사회학은 더욱 명료해지고 그 어떤 것으로부터도 벗어나고 있지만 지금은 조야함과 허식 때문에 손상되고 있다).

불과 얼마 전에 한 비평가는 현재의 예술을 다음과 같이 평가한 바 있다.

> "순수 예술에서 기술적 문제에 정통한 사람은 유화油畫 같은 은은하게 완벽한 예술이 거의 소멸되고 그 자리에 엄청나게 다양한 재치 있고 능란한 회화가 들어서고 있으나 티치아노와 조르조네[2] 심지어 벨라스케스[3]의 작품에서 발견되는 것같이 목표와 방법을 은밀하면서 신성하게 조화시키는 경지에는 도달하지 못하고 있다는 것을 잘 알고 있다. 옛날의 위대한 회화에는 근대의 어느 회화도 가지지 못한 성질을 지니고 있다, 그때 회화에는 **평온함**tranquility이 깃들어 있다."[4]

---

[2] 옮긴이—조르조네(Giorgione, 1477?~1510): 르네상스 시대의 이탈리아 베네치아파 화가로, 근대적인 회화의 세계를 창조하였으며, 풍속화의 새로운 면을 개척함. 작품으로 <폭풍>, <잠자는 비너스> 등이 있음.

[3] 옮긴이—벨라스케스(Velasquez, 1599~1660): 스페인의 화가로 시각적 인상을 강조하여 19세기 프랑스 인상주의의 선구자가 됨. 작품으로 <야곱에게 보내진 요셉의 피 묻은 외투>, <시녀들> 등이 있음.

이러한 기법은 우리 시대가 낳은 고도의 정신적 업적을 거의 모두 손상시키고 있다. 그것을 보면 숨이 막히는데다가 느긋하고 정숙한 맛이 전혀 없다. 이 점에 대해서는 이미 관찰한 바가 있다. 이것은 혼란에서 비롯되는데, 이러한 혼란은 어느 한 유형이 무조건 우위를 차지하는 것을 허용하지 않지만, 전통이 제공해주지 못하는 통일체를 만들려고 노력하는 예술가들에게 지속적으로 선택과 실험을 하도록 한다.

권위적인 전통이 지배하는 시대에는 한 유형의 예술은 여러 유형을 결합함으로써 발달하고 그것을 본떠서 풍부하고 융성해지며, 각 예술가들은 그것을 무의식적으로 물려받아 쉽게 표현하게 된다. 그의 선조들은 무미건조한 작품을 남겼으며, 그에게 필요한 것은 거기에다가 자신의 개인적인 재능의 매력을 덧붙이는 것뿐이다. 성경이나 호머의 작품 또는 덜 명백하긴 하나 단테와 셰익스피어, 괴테의 작품 같은 위대한 문학작품이 갖는 웅장함은 주로 전통이 쌓여서 집대성해 놓은 것이다. 그 주제는 오래된 것이다. 그것은 여러 차례 반복해서 이루어졌으며 비본질적인 것은 압축해서 예술가가 창의적인 상상력을 불어넣어주도록 풍부한 잔여물을 남겨놓았다. 회화와 조각의 경우도 마찬가지이다.

건축의 경우도 마찬가지이다. 중세의 대성당들은 한 사람의 천재에 의존하여 이루어진 것이 아니라 오랜 사회발전 과정에서 누적되어 이루어진 것이다. 퍼거슨Ferguson은 『근대건축의 역사』*History of Modern Architecture*에서 다음과 같이 말한다. "거기에는 이전의 수 세기 동안 건축만 해온 모든 사람의 사고가 누적되어 깃들어 있을 뿐만 아니라 그것을 설계한 주교, 그것에 관심을 기울여준 모든 성직자, 그것을 짓는 데 기술을 발휘한 숙련된 석공 그리고 이전에 지어진 모든 건축물에 대해 알고 선조의 작품을 능가하기 위해 노력하면서 일생을 보낸 조각가, 화가, 유리공 모두의

---

[4] Philip Gilbert Hamerton, *Thoughts about Art*, p. 99.

꿈과 열망이 깃들어 있다.…몇 주 또는 몇 달 동안 건축물 주위를 돌아다니면서 살펴보아도 그 전모를 알지 못할 것이다. 그들의 사고나 동기는 모든 이음매에서 엿보이고, 모든 주형에서 선명하게 드러나며, 그 안의 돌들은 시의 단어들이나 역사가의 가르침만큼이나 명확하고 쉽게 이해할 수 있는 음성으로 당신에게 소리를 낸다. 그래서 우리는 근대 건축물의 장중함에서조차 별 흥미를 느낄 수 없으며, 우리는 상이하면서 더 진정한 예술체계 하에서 이루어진 건축물에 대해 자꾸 연구를 하면서도 만족스러운 흥미를 느끼지 못하고 있다."[5]

이와 동일하게 그리스의 페리클레스[6] 시대 건축가는 "자신 앞에 고정되고 신성한 형식의 기준이 있었다.…그에게는 선택의 여지가 없었다. 그의 강점은 다양한 이상 사이에서도 쇠약해지지 않았다. 그가 물려받은 것은 그에게는 하나의 종교였다.…그는 자신의 불후의 작풍이 가진 일반적 형식의 주변적 쟁점에 눈을 팔지 않고, 즉 근대적 삶의 복잡다단한 조건에 흔들리지 않고 세부적인 묘사를 완성하는 데 자신의 명쾌한 지력을 집중할 수 있었다. 비율의 조화를 이루는 그의 감각적 능력은 이를 데 없을 만큼 섬세했고, 선의 순수성에 대한 그의 감각은 종교 수준에 이를 정도였다."[7]

근대 예술가는 그리스 예술가나 중세 예술가만큼이나 개인적으로 많은 능력을 가지고 있으나 자신의 작품에서 공유할 공통된 전통을 가지고 있지 않아서 자신에게 주어진 아주 광대한 작업을 감당하기 위해서는 자기 능력을 여기저기 조금씩 얇게 펼쳐야만 한다. 현대의 심미적 작품들이 전반적으로 흠결을 안고 있는 것은 이러한 얕팍함 때문이다. 근대

---

[5] p. 24.
[6] 옮긴이—페리클레스(BC 495년경~429년): 고대 아테네의 정치가이자, 웅변가, 장군으로 고대 그리스 시대의 역사에서 가장 유명하고 영향력 있는 인물 가운데 하나로 그리스-페르시아 전쟁과 펠로폰네소스 전쟁 사이에 아테네의 황금시대를 열었음.
[7] Van Brunt, *Greek Lines*, 95 ff.

예술가는 이러한 흠결을 피하려고 정신을 집중함으로써 그 결과 항상 긴장하고 과민해진다.

# 제6부
# 공적 의지

## 제34장 공적 의지의 기능

공적 의지와 사적 의지 / 공적 의지의 결여 / 사회악은 전혀 의도된 것이 아니다

'공적 의지'public will는 민주주의 정신의 또 다른 측면으로, 이에 대해서는 이미 제3부에서 잘 소개한 바 있다. 그러나 여기서 그것을 다시 논하는 이유는 공적 의지가 우리가 다루고 있는 전반적인 문제를 되돌아보게 하기 때문이다. 즉 공적 의지에는 사회발전의 방법과 가능성에 관한 일반적인 결론이 담겨 있다.

공적 의지를 통해서 우리는 사회집단이 내린 신중한 자기결정을 이해하게 된다. 물론 공적 의지에는 아무런 신비로운 것이 없다. 왜냐하면 그것은 여론과 동일한 성격을 띠고 있으며, 또 집단의 삶을 효과적으로 이끄는 안내자가 될 만큼 많은 정보를 가지고 있고 조직화되어 있기 때문이다. 우리는 이러한 상태에 도달한 시기에 대해 말하려는 것이 아니라(그것의 도달 상태는 정도의 문제이다) 집단이 지적으로 확고부동한 방침을 추구할 때 공적 의지의 몇 가지 조치가 성취된다고 상정할 뿐이다. 많은 야만부족에게는 약간의 공적 의지만 있다. 유대인은 모세와 여호수아의 인도 하에서 공적 의지를 발전시켰다. 중세 교회와 베네치아

귀족은 공적 의지를 과시했다. 개인 의지와 마찬가지로 공적 의지는 통찰력, 안정성, 범위를 무한하게 발전시킬 수 있다.

공적 의견과 사적 의견이 동일한 사실의 일반적 측면인 동시에 특수한 측면인 것과 마찬가지로 의지도 개인적 측면과 집합적 측면을 아우른 단일의 복합적인 활동이다. 그러나 정신에도 개인적 측면과 집합적 측면 사이에 차이가 있듯이 공적 의지와 사적 의지 사이에는 차이가 있으며, 세부적인 측면을 고려할 때의 활동보다 더 넓은 측면을 바라볼 때의 활동이 덜 의식적이다. 즉 우리는 넓은 전체의 구성원으로서 일할 때보다 개인으로서 일할 때 일반적으로 더 많은 것을 알고 있다.

우리는 저녁식사를 하려고 식탁 앞에 앉으면 배고픔을 의식하고 허기를 달래려는 의지를 가진다. 그러나 그 행동이 공동체에 어떤 영향을 미치는지에 대해서는 의식하지 못한다. 마찬가지로 사업을 할 때도 세부적인 측면에 대해서는 많은 의식과 목적을 가지고 있지만, 집합적 측면에 대해서는 그렇지 못하다.

많은 사람은 시장에서 물건을 사고 팔 때는 자신이 거래하는 것에 관해서 아주 분명한 의도를 가지고 있지만 그들 간의 협상의 결과에 의해 결정된 시장가격에 대해서는 거의 기계적으로 일어난 결과로 생각하지 자신들의 의식적인 의도와 관련된 것이라고 생각하지 않는다. 한편, 일반적 결과가 특수한 결과만큼이나 명확하게 의도에 의한 의식 통일체가 있다. 탁월한 판단력을 가진 승무원이 근무하는 선박이 그런 경우이다. 이 배의 승무원은 각자 자신이 맡은 일에 임하고 있으면서도 전체의 목표가 무엇인지 그리고 자신이 전체의 목표에 어떻게 기여하는지를 정확하게 이해하고 있다.

그래서 의지라는 단어를 성찰적 의식과 의도를 의미하는 것으로 한정하게 되면 특정한 선택(이를테면 시장에서 물건을 구매할 때의 선택)은 개인 의지는 표현하지만 공적 의지는 표현하지 않게 된다. 물론 거기에도 공적 측면이 있긴 하지만 그것은 무의식적으로 이루어진 것이다.

대체로 대규모 통일체는 비록 명시적인 의식과 목표에서는 개인보다 못하지만 기계적인 측면에서는 개인을 훨씬 능가하는 합리적 구조와 행위를 할 수 있다는 사실에 유념해야 한다. 왜냐하면 대규모 통일체는 그 범위가 광대하고 무한히 지속되어 (국가나 기업 같은 대규모 통일체처럼) 무수한 개인들의 일을 저장하고 체계화할 수가 있기 때문이다. 대규모 통일체는 합리적으로 활동하고 (어느 누구도 계획하지도 의도하지도 못한) 목표에 수단을 적용할 수가 있는데, 그것은 무수히 많은 특수한 노력의 의도하지 않은 결과이다. 예컨대 영국이 식민 제국을 건설한 것 (이것은 계획적이고 선견지명 있는 정책의 결과이다)은 사적 기업으로서는 예상하지 못한 결과로 인정되고 있다.

앞의 장에서 살펴본 것처럼, 제도는 완전히 인간적이지 않지만 그럼에도 불구하고 한 개인의 이해 범위를 넘어선 지혜를 표현한다는 점에서 초인간적superhuman이다. 도덕적 측면에서도 개인이 반드시 집단보다 우위에 있다고 상정할 수는 없다. 이 말은 맞을 수도 있고 그렇지 않을 수도 있는데, 그것은 무엇보다도 해당 사안에 대해 집단의 도덕적 판단이 과거에 얼마나 발달했느냐에 달려있다. 이를테면, 그러한 발달의 결과인 민법은 재산권과 관련해서는 개인에 의한 자의적인 판단보다 대체로 훨씬 안전한 지침이다.

그러나 사적 사고와 의지가 단순한 본능과 기질보다 우월한 것과 동일하게 모든 공적 사고와 의지는 무의식적으로 적용한 것(가끔 그 결과가 훌륭할 때도 있다)보다 우월하다. 공적 사고와 의지는 조정과 적용 같은 높은 원리에 기초하고 있어서 제대로 이용하면 에너지를 절약하고 실수를 방지해준다. 영국인은 직감을 기반으로 하여 성공했는데, 거기에다가 이성을 가미했더라면 더 나은 성과를 올렸을 것이다. 그들에게 이성이 있었으면 다른 대제국을 공격하여 쇠퇴하는 영국을 구해냈을 것이다.

과거의 사회발전은 대체로 맹목적이었고 인간의 의도가 결여되었다. 역사적으로 어떤 사건을 보더라도 인간은 보다 넓은 삶의 움직임을 예견할 수도 없었고 통제할 수는 더더욱 없었다는 것을 알 수 있다. 선각자가 있었지만, 그들은 번쩍이는 섬광만 보았지 직접적인 움직임은 파악하지 못했다. 위대한 정치가조차도 현재 속에서만 살아갔고, 자기 할 일만 느끼며 자기 나라 또는 집단을 확장할 의도를 가지지 않았다. 부분적인 예외 중 하나가 미국 헌법이다. 미국 헌법은 역사와 철학의 지력에 의해서 그리고 그것을 실질적으로 적용하는 예지에 의해서 이루어졌다. 이러한 예외는 최근 시대에 국한된 것으로 특별히 경탄할 만하다.

특히 근대시대의 민주주의운동은 대체로 무의식적으로 일어났다. 토크빌이 프랑스의 민주화 과정에 대해 말한 것처럼 "…그것[민주화 과정]은 아무런 안내도 없이 전개되었다. 국가의 수장들은 민주주의를 위한 아무런 준비도 되어 있지 않았으며, 그것은 그들 사이에 아무런 합의나 지식도 없이 전개되었다. 국민 중에서 가장 강력하고 가장 지적이고 가장 도덕적인 계급들도 그것을 안내할 어떤 시도도 하지 않았다."[1]

의지는 세부적인 것에서만, 즉 보다 작은 삶의 경로에서만 활발하게 일어났으며, 그 안에서 각자는 자기 자신과 자기 이웃을 위해 행동했고, 더 넓은 구조와 운동은 잠재의식적이어서 변덕과 낭비가 심했다. 개인이나 넓은 통일체나 자신이 하고 있는 일이 뭔지 몰라 허둥대면 많은 에너지를 잃기 때문이다. 물론 아무것도 하지 않고 가만히 있는 것보다는 맹목적이더라도 앞으로 나아가는 것이 낫다. 맹목적으로 나아가더라도 놀라운 성과를 이루는 경우가 있긴 하지만 확신을 가지고 만반의 준비를

---

[1] *Democracy in America*, vol. i: Introduction.

갖춘 상태에서 그리고 더 큰 규모로 최상의 인간 본성을 구현했을 때 이루어진 성과에 비할 바가 못 된다. 그렇게 이루어진 사회는 (인간이 그 선조인 유인원보다 우월한 것과 동일하게) 현재의 사회보다 우월한 형태가 된다.

진보 관념, 즉 사회가 대규모로 질서정연하게 발전한다는 관념은 최근에 나타났거나 적어도 최근에 확산된 것으로, 과거에는 대체로 사물의 상태는 속성상 변화하지 않는다고 생각했다.[2]

오늘날에도 대규모 사회현상은 대부분 전혀 의지에 의한 것이 아니라 다양하고 부분적인 노력의 예상하지 않은 결과이다. 어떤 사회적 행위를 할 때 거창한 계획을 지적으로 수립하고 실행하는 경우는 좀처럼 보기 힘들다. 각 이해관계는 다소 맹목적이고 이기적으로 작동하며 서로 붙잡고 싸우고 탐색한다. 일반적 목표를 지향하면 대부분의 에너지가 낭비된다. 사회의 진전은 부대가 질서정연하게 움직일 때보다는 군중이 봉기할 때 이루어진다. 미국인이 자신들의 경제, 정치, 종교가 발달할 때 누가 그들이 명확하고 합리적인 계획의 안내를 받았다고 말할 수 있겠는가? 그들에게는 불빛과 자극은 있었지만 의지는 없으며, 다만 눈앞의 긴급한 이해관계만 있었다.

마찬가지로, 사회를 감염시키는 해악은 어느 한 사람 또는 어느 한 집단의 의지에 의한 것이 아니라 다른 목적을 가진 의지에 의한 행위의 부산물이다. 누군가 말했듯이 그것은 [의도적으로] 주먹으로 쳐서 생긴 것이 아니라 [무의식중에] 팔꿈치로 밀쳐서 이루진 것이다. 놀라운 일이지만 잘못된 의도란 것은 없다. 우리의 삶을 깊게 들여다보면 선행과 악행이 의식적으로 선명하게 배합되어 있는 경우(어린 시절에 그렇게

---

[2] 물론 그리스인들은 전반적 흐름이라는 철학 개념을 가지고 있었으나 그들이 진보(progress) 개념이 갖는 독특성을 사회에 적용했는지는 알 수 없다.

보도록 배웠다)는 찾아보기 어렵다.

대표적인 해악의 예로 뉴욕 또는 런던의 의류업체에서 자행되고 있는 노동착취제도를 들어 보자. 여기서 노동자들—주로 여성과 어린이—은 하루에 12시간, 14시간, 때로는 16시간 동안 먼지와 악취, 전염병 속에서 강제로 노동을 하고 있다. 그들의 가정생활은 파탄지경에 이르고 있으며 그들은 영양이 결핍되어 있다. 이들이 받는 임금은 최소한의 생활필수품을 구입하기에도 턱없이 모자랐다. 그러나 만약 누군가 그림자를 충분히 드리울 만큼 어두운 죄악을 찾아다니더라도 그것을 쉽게 찾을 수가 없다. 이 사람도 나쁜 짓을 하지 않았고 그의 부모도 나쁜 짓을 한 적이 없다." 그가 가장 먼저 눈길을 돌리는 사람은 '노동착취자' 또는 직접 고용주인데, 그는 대체로 나머지 사람보다 그렇게 생활이 윤택하지도 않고 거래에서 약간의 이윤만을 거두는 근로자이다.

그 너머에는 대규모 상인이 있는데, 그는 대체로 용의주도하여 너무 골치 아프나 금전적 손실을 끼치지 않고 할 수 있는 일이라면 얼마든지 하고자 한다. 그는 오직 남들이 하는 일 그리고 자신이 보기에 거래의 조건이 요구하는 일만 한다. 이처럼 자세히 살펴보면 우리가 생각한 것만큼 명백하게 사악한 것은 그 어디에도 없다는 것이 분명하게 드러난다. 정치 부패와 부유층과 정당 관료 간의 타락한 동맹이 바로 그런 경우이다. 어떤 사람이 엄청난 이권을 장악하고 있다고 해서 나머지 사람보다 더 나쁜 의도를 가지고 있다고 할 수는 없다. 그들은 다만 자기 것을 지키기 위해 어쩔 수 없이 그렇게 하고 있다고 생각한다.

정치인의 경우도 마찬가지이다. 정치인은 다른 사람들이 권력을 파는 것을 보고는 그것을 당연한 것으로 생각한다. 사실 의식적으로 극악무도하고 사악한 사람은 대개는 누군가 고자질해서 꾸며낸 허구이고, 아마도 항상 그랬던 것 같다. 심리학자는 그런 악인을 도저히 찾아내지 못하겠지만, 대부분의 악행은 쉽게 이해할 수 있다고 생각할 것이며, 또 "그는 그 스스로가 저지르지 않을 범죄는 전혀 들어보지 못했다."는 괴테의 말에 동의할 것이다.

체계가 기계적일수록 그것이 작동할 때 당연히 의지와 살아 있는 인간 본성은 약화된다. "어떤 사람은 법을 만들고 또 어떤 사람은 법을 집행한다. 어떤 사람은 독재적인 규율로 사람들을 훈련시킨다. 이러한 규율은 강압적으로 통치하는 도구가 되어 이유나 목적도 알지 못한 채 자기 종족을 학살한다."[3] 우리는 민주주의를 이해하게 되면 전체가 인간적인 목표를 달성하는 방향으로 작동해야 한다는 것을 느끼게 된다. 만약 그렇지 않을 경우 지속적으로 저항이 일어난다.

적정한 공적 의지가 초기의 모습을 계속 유지할 것 같지는 않다. 문제는 그것이 점진적으로 향상되느냐 하는 것이다. 그러나 최근 통신기술이 발달하고 근대적 삶이 바탕이 된 자발적인 협동 속에서 다양한 훈련을 거침에 따라 그러한 추세가 지속되고 있는 것은 분명하다.

---

[3] *My Religion*, 45.

# 제35장 공적 의지로서 정부

정부는 공적 의지의 유일한 행위자가 아니다 / 상대적 견해: 하나의 행위자로서 정부가 가진 이점 / 정부의 기계적 성향 / 정부 활동에 우호적인 특성 / 지방자치 사회주의 / 자기표현: 국민의 기본 요구 / 국가기능의 실질적 확장

여론에 부합하는 기관이라면 그 어느 것이든 공적 의지를 발달시키는 도구 역할을 하게 된다. 즉 제도적이든 개인적이든 모든 활동은 합리적이다. 예를 들어, 파스퇴르나 에디슨처럼 과학자는 혼자서 일하지만 그 결과물은 일반적으로 수용, 응용되어 입법 절차만큼이나 공적 의지의 행위가 되며, 때로는 그 이상의 평가를 받는다. 왜냐하면 그들의 결과물에는 더 많은 공적 정신 그리고 광범한 지식과 선견지명이 내포되어 있기 때문이다. [공적 의지가 되는 데] 필요한 것은 상황을 폭넓게 파악하는 효과적인 노력이다. 요컨대 공적 의지란 일반 정신을 단지 더 효과적으로 조직화하는 것이다. 리더십이나 메커니즘과 관련하여 일반 정신에 기여하는 것은 그것이 무엇이든 그 안에 일정한 몫을 가진다. 당연히 우리는 특정 행위자를 중점적으로 키워 진보가 이루어지기보다는 많은 행위자에게 활력을 불어넣고 조정함으로써 진보가 이루어지기를 기대

한다.[1]

많은 사람들이 공적 의지를 좁은 의미에서 파악하여 정부 제도를 대체로 공적 의지로 본다. 말하자면, 정부 메커니즘은 사실 공적 선택을 가장 명확하고 권위 있게 표현한다. 만약 공적 의지를 발언voices의 수에 의해 결정되고 (필요할 경우) 무력force에 의해 실행되는 것으로 한정할 경우 정부는 공적 의지의 유일한 대리인이 된다. 그러나 사회에서 이러한 종류의 메커니즘은 공적 의지의 일부에 불과하다. 넓은 의미에서 공적 의지는 다양화된 통일체a diversified whole로서, (목표의 범위가 다양한) 각종 제도와 연합체(이것은 공식적일 수도 있고 비공식적일 수도 있다)의 사고와 취지 그리고 심지어 고립된 개인의 사고와 취지(이에 대해서는 앞서 말한 바 있다)를 포괄한다.

인류의 진정한 의지는 분명 지금껏 단일 행위자에 집중되지 않았고 앞으로도 그럴 것 같지 않으며, 많은 기구들을 통해서 실현될 것이다. 우리가 필요로 하는 통일은 국가가 단독으로 이룰 수 있는 통일보다 훨씬 복잡하고 유연한 통일이다. 정부도 조직의 여타 측면과 마찬가지로 일을 수행하는 하나의 방편일 뿐이며, 사안에 따라 적합한 경우도 있고 부적합한 경우도 있다.

이와 관련하여 물론 우리는 상대적 입장을 취하여, 정부의 활동 영역은 고정된 것이 아니고 또 고정되어서도 안 되며, 사회조건에 따라 변화해야 한다고 주장해야 한다. 국가가 하는 일은 그것이 제한적이든 팽창적이든 무조건 최선의 일이라고 보는 경직된 이론을 우리는 더 이상 신뢰하지 않는다. 정치적 국가의 전반적인 성격과 그것과 나머지 생활과의 관계가 예상하지 못한 방향으로 변화하는 것은 당연한 일이다(이러한

---

[1] 내가 의미하는 공적 의지를 명확하게 이해하지 못하는 독자가 있다면 이 책 제1장, 제12장, 제34장을 참고하기 바란다.

변화 때문에 우리가 가지고 있는 현재의 정설이 결국에는 무용지물이 된다).

사회 기구로서 정부가 갖는 가장 명백한 이점은 그 권력과 팽창범위에 있다(쇄신의 지름길을 추구하는 사람들은 이러한 이점 때문에 정부를 논리적 의지수단으로 삼는다). 정부는 여러 기구 중에서 가장 강력하고 가장 포괄적이며, 거의 무엇이든 착수할 준비가 되어 있는 정교한 기구로서 그 권력은 오직 여론에 의해서만 장기적으로 제약을 받는다.

나아가 민주주의체제에서 정부는 국민에 대해 **명확하게** 책임을 진다. 정부가 국민에게 항상 봉사하는 것은 아니다. 정부는 일반이익보다는 특수이익을 존중하는 경향이 있다는 것은 너무나 잘 알려진 사실이다. 그러나 정부는 공적 사고를 따르게 하는 명확한 수단을 항상 가지고 있으며, 국민도 원할 경우 정부를 통제할 수 있는 수단을 항상 가지고 있다. 여기에는 (다른 조건들이 같다면) 다른 어느 권력 형태보다도 민주주의 정부를 사람들은 덜 시기하게 되는 중대한 효과가 있다. 국민은 민주주의 정부가 적어도 잠재적으로 자신의 손에 있다고 생각하기 때문에 다른 근원에서 나오는 권력 남용은 참을 수 없지만 민주주의 정부에 의한 권력 남용은 인내심을 가지고 견뎌낼 것이다. 사적 독점의 억압에 대해 맹렬하게 행동하는 것은 개인을 예속시키는 결과를 낳지만, 즉 자신을 주장할 수 없는 굴종을 낳게 하지만, 공적 생활을 하는 자유 시민은 항상 정식으로 그리고 위엄 있게 저항을 한다. 그는 홀로 있는 자아에 호소하는 것이 아니라 더 넓은 자아에 호소한다.

정부는 장점을 가지는 동시에 그와 더불어 결함도 있다. 정부는 가장 오래 되고 정교한 기구라는 바로 그 점 때문에 너무 기계적이고, 경직되어 있으며, 비용이 많이 들고 비인간적이다. 여러 제도 중에서 가장 제도적이라 할 수 있는 정부는 형식주의에 빠져드는 경향이 있고, 관료주의에 기반을 두고 있다는 점에서 비판을 받으며, 절약 정신이 없고, 국민이 바라는 신선한 욕구로부터 멀리 떨어져 있다.

그런데 이러한 견해에 동감하는 사람은 그러한 결함을 무분별하게 적용하는 경향이 있다. 많은 일이 실제로 정부에 의존하고, 그 속에서 사람들이 취하는 이해관계에 의존하며, 그 밖의 많은 조건이 정부에 의존한다.

미국은 세 종류의 정부—연방정부, 주정부, 지방정부—로 구성되어 있는데, 이들은 각자 독특한 성격을 띠고 각기 독립된 법규를 가지고 있으며, 각기 분리되어 공적 의지를 실행한다. 더욱이 연방우체국 같은 대규모 기관은 종종 지방자치단체에 상당한 자율성을 부여하여, 지역 여론에 유연하게 대처하고 있다.

이 같은 체계 하에서는 마을이나 촌락, 소도시는 거대한 기구가 아니지만 사람들이 그러한 기구를 만드는 것이 적합하다고 보는 것, 그리고 그러한 기구가 정부의 한 축이라는 사실만 가지고는 그것들이 착수하기로 결정한 일들이 동일한 수준의 비정치적 결사체가 하는 일만큼 인간적이고 유연하게 관리되지 않는다고 볼 충분한 이유가 되지 못한다. 그러한 일들 역시 종종 그런 식으로 관리되고 있으며, 활발한 시민의식이 존재하고 자체의 기구를 실행할 기회를 가진 대도시도 역시 마찬가지이다. 이 문제는 오로지 조직의 문제이며, 정치적 결사체나 비정치적 결사체나 공히 직면하고 있는 문제이다. 대규모 민간기업도 국가만큼이나 형식주의, 무절제, 부정을 동일하게 겪고 있다는 점은 널리 알려져 있다.

국가의 활동을 어떤 특성을 가지고 시작이나 끝을 명확하게 규정할 수는 없지만, 특정한 기능에 그러한 특성이 있으면 국가의 활동에 우호적인 경우가 있다.

이러한 특성 중 하나는 당연히 다른 기관에는 부적절하거나 해롭다. 대부분의 국가 기능이 필요한 경우는 어떤 일이 필수적이라고 생각될 때 또는 어떤 일을 하는 데 다른 적절한 방법이 없을 때이다. 이를테면 전쟁 수행이나 질서 유지 같은 기본적인 일 외에 화폐 발행, 도로·교량·항만 건설, 통계 수집, 무상학교 설립, 독점 규제 등이 그러한 일이다.

또 어떤 일을 비교적 단순하고 균일한 방법으로 수행할 필요가 있을 때 국가의 활동이 요구된다. 왜냐하면 국가 메커니즘은 강력하지만 대체로 약간 서투른 면이 있어서 기능이 다양하고 복잡한 일을 제대로 수행해내기 어렵기 때문이다. 예를 들어 국가가 우편이나 전신을 담당하고 있다는 이유가 철도부설같이 매우 복잡한 일을 국가가 수행할 수 있다는 충분한 이유가 되는 것은 아니다.

또한 국가가 하는 일은 무엇이든 여론의 감시를 받아야 한다. 물론 모든 일이 반드시 전체 공중의 감시를 받아야 하는 것은 아니지만 적어도 어떤 사업이 효율적으로 이루어지는지 일관되게 관심을 가진 집단으로부터 감시를 받아야 하고 그 사업이 제대로 수행되는지 판단할 수 있는 강력한 집단으로부터 감시를 받아야 한다. 확실히 미국에서는 정부의 성공 또는 실패를 대체로 이들의 판단에 근거하여 설명한다. 공교육이 형식주의에 빠져들고 있는데도 잘 유지되고 있는 것은 주민들이 세밀하고 열의 있게 관심을 기울이고 있기 때문이다. 이는 마치 화폐기능과 금융기능이 상업계의 감시에 의해 잘 보호받고 있는 것과 유사한 이치이다. 그러나 관세 업무에서는 국민의 감시가 여타 이해관계자들의 감시에 의해 부적절하게 상쇄되는 바람에 결국 입법부로 공이 넘어갔다. 정부 행위의 다른 많은 측면도 이와 유사한 양상을 보이고 있다.[2]

이러한 점들을 고려할 때 지방정부는 규모가 작고 주민들이 세부적인 활동까지 감시할 수 있고 또 감시하고자 하기 때문에 기능을 확장하면

---

[2] 이러한 원리들은 제본스(W. S. Jevons)가 제시한 원리와 거의 동일하다. 그의 저작 『사회개혁의 방법』(Methods of Social Reform, p. 355)을 보라.

많은 성공을 거둘 수 있는 기회가 있는 영역으로 보인다. 시민들은 정부가 가까이에 있고 자신들의 의지에 잘 부합한다고 느낄수록 (다른 조건들이 같다면) 정부를 더욱 신뢰하게 되고 정부가 하는 일에 동참하게 된다. 주민들의 일상적인 관심사를 다루는 소규모 단위는 많은 실망스러운 경험에도 불구하고 장기적으로는 그 능력과 성실함을 풍부하게 보여줄 것으로 기대된다.

그런데 구성원이 전체에 대해 느끼는 거리감은 공간적인 것이 아니라 심리적인 것이므로, 시민이 중앙정부에 가까이 있다고 느끼고 그것을 더욱 신뢰한다면, 큰 힘을 실어주려 할 것이다. 미국의 국민은 자신이 속한 특정 주나 도시보다는 연방체계에 종종 더 관심을 가지고 더 믿는다. 그 한 가지 이유는 철도나 기업 활동의 경우처럼 민간조직이 지방정부의 통제 범위를 넘어 지속적으로 확장되고 있기 때문이다. 물론 각급 정부의 다양한 측면에는 자연스럽게 발달하는 영역이 있다.

지방자치사회주의 municipal socialism[3]는 소규모 단위에 선택권을 부여하고 모든 종류의 다양성, 실험, 비교를 허용하여 확장을 하고 있다는 점에서 다른 수준의 국가에 비해 엄청난 이점을 가진다. 지방자치사회주의에는 중앙국가의 포괄적인 사회주의와는 달리 여러 대안들이 무색무취하게 균일하거나 그것을 묵살하는 현상이 나타나지 않는다. 민간기업의 독점에 의한 폐단을 방지하고자 할 때 우리는 항상 다른 경쟁자가 아닌 국가를 요청한다. 그런데 민간기업에 의한 폐단은 모든 것을 망라

---

[3] **옮긴이**—19세기 말에 산업의 공유화, 특히 시유화(市有化)를 주창한 사상과 운동으로 도시사회주의, 자치사회주의라고도 불림. 이 운동은 제2인터내셔널 내에서 마르크스사회주의가 분화하면서 영국을 중심으로 정통마르스주의의 급진사회주의 대신에 점진적 사회주의(gradual socialism)를 주창하며 개량주의 노선을 지향한 페이비언주의를 중심으로 제기되었으며, 20세기 초 세계 많은 나라에 영향을 미침. 쿨리가 이 책을 쓸 당시 미국사회에도 지방자치사회주의가 전파되어 쿨리의 사상에 반영되고 있음.

하는 국가독점에 의한 공포가 가져다주는 폐단에 비하면 조족지혈이다.

나는 상식, 즉 '억제와 균형'의 원리를 현명하게 고수하고 지역 특유의 정신을 살리는 것이 국가독점에 의한 심각한 위험으로부터 영어사용권 국가를 지켜줄 것이라고 확신한다. 프랑스처럼 전통적으로 중앙정부의 권위가 우위에 있는 나라에서는 중앙의 권위가 (기계적 공고화의 주요 원인인 전쟁이 쇠퇴하여 그 반대 방향으로 작동해야 하는데도) 여러 가능성 사이에 걸쳐있다.

우리가 살아가는 데 있어 마을, 촌락, 농촌공동체 안의 활발하고 효과적인 시민의식보다 건전한 것은 많지 않을 것이다. 나는 이러한 시민의식이 발달할 것이라고 믿으며, 그 과정에서 사회주의가 출현하더라도 전혀 두려워하지 않는다. 내가 앤아버에 있을 때 가장 기억에 남는 것 중 하나는 고등학교를 신설할 때 개최한 개교 축제이다. 그 축제에서 학생들은 각자 갖가지 장기자랑을 선보였으며, 주민들은 함께 어울려 과거에는 느끼지 못했던 흥미를 만끽했다. 그 축제는 공동체였고, 우리의 것이었으며, 그것이 불러일으킨 사회적 정신은 공동의 환희였다. 시카고의 휴양센터같이 대규모로 상설 운영하는 동일한 성격의 기업이 전국 각지에 생겨나고 있다.

평범한 시민은 그동안 도시주택단지와 전문화된 근대공업에 의해 자기표현의 기회를 제약받아 왔는데 그런 자기표현의 기회를 제공하기 위해 공동생활을 추구할 수밖에 없다. 도시거주자들은 도시생활이 불가피하여, 농촌에 미련을 가지는 대신에 놀이터, 공공위락시설, 전문학교, 휴양센터 그리고 더 중요한 인간적인 시민조직을 건설하여 상황을 새롭게 향상시켜 나갔다.[4]

인간의 근본적인 욕구는 자기표현이다. 인간은 자신이 느끼는 모든

---

[4] 다음을 비교하라. Simon N. Patten, *The New Basis of Civilization*, 124.

것에서 자기 의지를 실현하고자 한다. 사람들은 이러한 욕구 충족에 도움이 된다고 느낄 때 국가를 이용하게 된다.

그러므로 삶의 다른 영역에서 더욱 많은 자기표현을 하게 되면 사람들은 상대적으로 정부의 필요성을 덜 느끼게 된다―정부가 확대되는 것을 우려하는 사람들은 다른 관계에서 실질적이고 적극적인 자유를 발달시키는 것이 정부의 확대를 제한하는 유일하고 확실한 방법이라는 사실에 유념해야 할 것이다. 정치적 민주주의가 사회적, 경제적 억압을 수반하면 그것은 국가사회주의와 다를 바가 없다. 왜냐하면 사람들은 정치적 통제를 도피 수단으로 생각하게 되기 때문이다. 그러나 상황이 전반적으로 자유롭고 개방적일수록, 반대로 사람들 눈에는 국가 활동의 부자유스러운 측면이 더 많이 들어오게 된다.

정부가 경제 분야에서는 미흡하더라도 다른 분야에서 사람들이 정부를 절실히 필요하다고 생각하면 정부 활동의 확장은 큰 제약을 받지 않게 된다. 왜냐하면, 인간 본성은 전반적으로 경제보다는 자유와 정의에 더 많은 관심을 가지고 있기 때문이다. 사람들은 횡포가 심하여 불만을 품은 기업에는 단 10달러의 수도요금을 내기 싫어 하지만 자신이 투표권을 행사하는 시市 정부에는 20달러의 수도세를 기꺼이 내려 한다.

오늘날에는 국가기능이 확대하는 추세에 있는데, 이것은 어쩌면 모든 영역에서 광범한 구조의 전반적인 확대와 균형을 맞추기 위한 것일 뿐이다. 국가기능의 확대가 아직은 민간기업이나 노동조합, 개인의 부富의 성장을 능가하고 있는 것 같지는 않다. 국가의 새로운 기능에만 초점을 맞춰 보게 되면 국가의 확장을 국가사회주의로 나아가는 경향으로 보기 쉽다. 또한 민간기업에만 초점을 맞춰 보게 되면 그 반대 경향으로 나아가는 것으로 보인다. 국가 영역이 상대적으로 확대하고 있는지 아닌지를 결정하는 것은 쉬운 일이 아니다. 삶의 새로운 조건이 사람들을 더욱 가깝게 어울리게 하면서 더 넓은 조직에 대한 욕구가 대두한다. 지금까지 나타나고 있는 것처럼, 이러한 욕구는 이미 충분히 시작된 다양한 구조(대중적인 정부와 교육, 민간 산업 및 상업기업, 노동조합, 상호부조단체, 자선단체 등)가 동시에 발전하는 데서 충족되고 있다.

  국가의 확대를 특별히 요구하는 데는 대체로 두 가지 조건이 있다. 하나는 비대해진 민간 경제단체의 권력을 통제할 필요성이고, 다른 하나는 대도시 생활에서 파생되는 새로운 문제에 대처해야 할 필요성이다. 이러한 방향 또는 이와 유사한 방향으로 지적이고 실천적인 민주주의가 "아래로부터 확고한 지지를 받으며" 항상 손실과 이익의 균형을 맞춰가면서 시험적으로 전개될 것이다. 정치적 사회주의에서는 분명 각종 실험이 시행되고 있는데, 그 실험은 교훈적이고 유익한 것으로 확인될 것이다. 그 실험이 언제까지 계속 될지는 말할 수 없지만, 그렇다고 유해한 결과를 가져올 것이라고 우려할 특별한 이유는 없다.

## 제36장 광범한 의지의 여러 측면

지적 과정의 효율성 증대 / 유기적 이상주의 / 폭넓은 도덕성 / 간접 봉사 / 사회구조의 단순성 및 유연성 증대 / 공적 의지: 변화 비용의 절감 / 인간 본성: 공적 의지 배후의 힘

더욱 효과적인 공적 의지의 주요한 원천은 정부 활동의 증대에 있는 것이 아니라 지적 및 도덕적 과정의 효율성 증대에 있다. 근래에 들어 공적 정신을 더 명확한 의식이 되도록 노력하는 모습은 어떤 관찰자의 눈도 피해갈 수 없을 만큼 너무나 명백히게 드러나고 있다. 모든 생활영역에서 다양한 형태의 사회적 지식이 출현하고 인간 본성의 높은 자극과 결합되어 합리적 이상의 체계를 형성하고 있으며, 리더십과 모방을 통해서 점차 실현되고 있다.

예를 들어 현재 우리나라[미국] 대학에서 현재 역사학, 경제학, 정치학, 사회학 등이 분과학문으로서 자리를 잡으면서 이들 학문에 대한 관심이 크게 일고 있는데, 그러한 관심이 얼마나 큰지 알려면 그중 일부 학문이 분과학문으로서 전혀 자리를 잡지 못했던 1875년과 비교해 보라. 또는 그와 동일한 시대 이래로 각급 정부(연방정부, 주 정부, 지방정부)에서 사회적 지식의 수집, 분류, 전파를 주요 기능으로 삼고 있는 기관이

얼마나 급격하게 증대하고 있는지 생각해보라. 이제는 이러한 정부 기관들이 사회과학의 거대한 실험실이 되었다고 해도 과언이 아닐 정도이다. 또한 이러한 주제를 집중적으로 다룬 수많은 도서와 정기간행물들을 살펴보라. 물론 변화무쌍한 시대에는 언제나 그렇듯이 이들 저작의 상당수는 불안정하고 깊이가 얕지만 그럼에도 인류의 자아지식이 더 넓게 진전하고 있음을 희망적으로 보여주는 데는 그만한 것이 없다.

이처럼 의식이 명확해지면서 나타난 한 가지 결과는 이상주의가 유기적이 되어 간다는 점이다. 즉 특수한 개별 이상이 사실에 대한 폭넓은 인식에 기초한 여러 이상으로 이루어진 하나의 체계에 종속되어 형성되고 추구되고 있다. 이상주의자는 자신이 하는 일에 열정적으로 몰두하면서 모든 훌륭한 일을 전반적으로 이해해야 할 필요성을 배우게 되고 또 모든 일이 전체에 기여해야 한다는 것을 배우게 된다. 이상주의자가 오로지 자신의 일만 가치 있다고 생각하게 되면 그것은 어떤 부대의 대장이 전체 작전을 자기 혼자서 지휘한다고 생각하는 것만큼이나 한심스러운 일이다. 다른 조건이 같다면, 가장 뛰어난 이상주의자는 가장 분별 있는 자이며, 각종 인간생활 조건의 복잡성, 상호의존, 타성에 대한 감각을 가진 자이다.

최근까지도 가장 널리 받아들여지고 있는 여러 이상과 요목에 대한 연구를 보면, 사회에 대한 우리의 정신 상태는 (사람들이 현자의 돌이나 영생의 샘을 추구할 때) 자연세계에 관해 널리 유포되어 있는 정신 상태와 크게 다를 바 없다는 점이 분명하게 드러난다. 단일세, 금주법, 국가사회주의 등 특수한 비현실적인 계획을 독선적이고 편협하게 옹호하는 데 많은 에너지가 낭비되거나 거의 허비되었다(그것들을 옹호하는 자들은 그것들이 각각 천년왕국에 이르는 열쇠라고 생각했다). 그렇지만 어떤 계획도 고립되어 실행되면 좋은 계획이 될 수 없으며, 여러 계획이 함께 어우러져야 진정한 발전이 이루어진다. 이러한 사실은 해가 갈수록 명확하게 나타나고 있다. 오직 한 가지 사실만 보는 자는 그것을 진정하게 볼 수 없으며, 그것이 사실로 보이더라도 그것은 다소 피상적이고 상궤를 벗어난 것이다.

이와 유사한 이유로 우리의 도덕적 설계와 기준은 더욱 넓게 확대되고 (그것들이 규제하고자 하는) 삶에 더욱 적합해져야 한다.[1] 의지도 상업과 정치처럼 지적으로 이해되고 조직되지 않으면, 더 향상될 수가 없다. 우리가 실제 상황에서 삶이 실제로 어떻게 진행되는지 그리고 선과 악이 무엇인지 알지 못한다면, 우리는 더 나은 방향을 알 수도 없고 더 나은 방향으로 나아갈 수도 없다. 지금까지 사람들이 생각해 왔던 것보다 더 넓고 더 멀리 있는 결과를 감지할 수 있는 각종 권리를 체감하고 실현하는 법을 배우는 것 말고는 다른 방도가 없다. 과학이 모종의 주어진 행동의 결과를 빠르게 포착할 수 있게 해주듯이 우리는 그 결과에 대한 그에 상응하는 책임감을 지속적으로 창출해 나가야 한다.

일반적으로 널리 통용되는 윤리 체계는 전적으로 부적절하며, 분별 있는 사람이라면 모두 우리가 도덕성이라고 여기는 데 익숙해진 생활 속의 예의범절을 대부분 부차적으로 중요하다고 여기게 된다. 그중 많은 것은 존 울맨이 염색한 모자를 쓰는 것을 거부하는 것과 성격이 유사하다(우리는 사람들이 자신의 양심을 실행하는 것보다 중요한 것이 무엇인지를 알아차리지 못하는 것을 이상하게 생각한다). 넓은 삶의 움직임이 잠재의식적이었을 때 그리고 그러한 움직임에서 파생되는 선과 악이 불가사의한 섭리에 의한 것이라고 생각했을 때는 도덕은 그러한 움직임과는 관계가 없다. 그러나 그러한 움직임에 대한 이해가 깊어질수록 그

---

[1] 이러한 사고 양식은 호스(E. A. Hoss)가 자신의 저서 『죄악과 사회』(Sin and Society)에서 발전시킨 것이다.

움직임은 도덕의 주요한 활동 무대가 된다.

우리도 역시 명백히 불법 행위—술주정꾼, 가택 침입자, 살인범 등—를 저지르지만, 모든 정상적인 사람이 그러한 행위를 비난하려면 이러한 단순한 불법 행위를 누가 보더라도 비교적 명백하고 확실한 것으로 다루어야 한다. 위대한 능력을 가진 자나 조직은 그러한 행위를 하지 않는다. 그러한 행위는 사회에 큰 위해를 가하지 않는다는 점에서 미개인이나 어린이들이 부리는 소동과도 같다. 나아가 그러한 행위를 가장 효과적으로 다룰 수 있는 것은 간접 예방법이다.

물론 더욱 위험한 비도덕적 행위는 공동체를 파괴하려고 정치나 상업에서 최후 수단을 이용하는 것이다. 이러한 종류의 비행을 저지르는 자는 대체로 일상적인 일이나 대화를 할 때는 점잖고 친절하며, 교회와 여러 자선단체에 원조를 하기도 한다. 그들은 대개 위선자까지는 아니더라도 무감각하고 상투적으로 덕을 베풀며 자신들의 존재와 하고 있는 일의 진정한 의미를 깨닫지 못한다. 넓은 도덕성은 그들을 깨어 있게 하고, 또 공적 양심이 지식에 기초하여 그것의 진정한 결과를 가지고 사물을 판단하게 하고, 그러한 판단이 효력을 가지게 하는 법을 알게 한다.

나아가 이것은 그저 신문에나 나올 법한 악인이 저지르는 비행이 아니라 우리 모두가 언제라도 범할 수도 있는 문제이다. 내가 관찰한 바에 의하면, 각종 잡지에서 비난하고 있는 것과 동일한 악행이 교사, 법조인, 행정가, 존경 받는 상인 그리고 내가 직접 거론하는 여타의 직업 종사자 사이에서 버젓이 자행되고 있다. 우리 모두가 그런 악행을 저지르고 있는 것이다. 엄밀하게 보면 모든 사람은 동일하다. 그 차이는 다만 그러한 행동의 범위, 적발 여부, 위험에 대해 느끼는 소심함의 정도에 있다.

이와 다소 유사한 문제는 현재 활발하게 진행되고 있는 간접 봉사 문제이다. 우리가 봉사하는 단체―예를 들어 국가, 교육기관, 피억압계층―은 너무 방대해지고 때로는 시선에서 너무 멀리 떨어져 있어서 신문과 잡지를 통해서는 우리의 관심을 끌어낼 수가 없고 또 그런 단체에 우리의 마음과 재화를 끌어들일 수가 없다. '우리'는 얼굴을 맞대고 살고 있지 않으며, 비록 사진, 환등기, 전람회, 선명한 저작 등이 [대면 접촉의] 훌륭한 대용물이긴 하나 그것들은 종종 [대면 접촉의 대용물로서] 적절하지 못할 때가 많다. 그래서 우리는 부족사회 사람들이 느꼈던 공동이익의 설득력을 그들만큼 즉각적으로 느끼지 못한다.

사이먼 패튼Simon Patten2 교수가 말하듯이, "문명은 고통을 더욱 줄어주며, 우리의 상상력은 수표책 속에서도 보살피는 손에 묻은 때와 핏자국만큼이나 정신적이고 시적인 대리인을 볼 수 있을 정도로 날카로워져야 한다."3 얼마나 이렇게 진행되고 있는지 말하기 어렵다. 몇 가지 종류의 개인적인 접촉을 통해서 나를 참된 존재로 만들지 못하는 대상을 위해 쉽게 수표책을 작성하는 법을 내 힘으로는 발견하지 못한다. 그렇지만 각종 자원단체―교회, 자선단체, 우애조합, 노동조합 등―이 꾸준히 늘어나고 있어 점검표와 여타 간접 대리인을 통해 우리 자신을 표현할 수 있는 습관을 길러주고 있다.

그렇지만 최상의 결과는 모든 종류의 훌륭한 대의를 위한 점검표를 작성하는 일반적인 지혜로운 선행에서만 나오는 것이 아니라 그런 선행을 하는 전문화specialization로부터 나올 것으로 기대한다(이러한 전문화가 이루어져야 사람들이 친숙해져서 특정한 시점에서 복잡하게 얽힌 여러 관계를 꿰뚫어볼 수 있게 되고 진실에 기초하여 행동하게 된다). 예를

---

[2] 옮긴이―사이먼 패튼(Simon Nelson Patten, 1852~1922): '희소의 경제'(economics of scarcity)에서 '풍요의 경제'(economics of abundance)로의 전환을 주창한 최초의 영향력 있는 미국의 경제학자로 생산(production) 중심에서 소비(consumption) 중심으로 경제가 이동할 것이라고 주장함.

[3] *The New Basis of Civilization*, 61.

들어, 자선활동에서는 부와 능력을 가진 사람들이 점점 늘어나서 이들이 자신들이 관심을 가진 특수한 종류의 일—불우자녀와 맹인 등의 복지—에 재산뿐 아니라 자신의 재능을 바칠 것이다. 그리하여 그들은 이러한 일을 자신의 업으로 생각하고, 다른 일 할 때도 마찬가지의 세심하고 열정적인 관심을 기울이며, 그리하여 그 일을 점점 더 속속들이 이해하게 된다. 이들은 봉급생활자들과 더불어 각 전문 분야의 지도자가 될 것이며, 그들 뒤를 이어 자신들을 신뢰하지 않는 사람들의 많지 않은 인적 후원을 끌어낼 것이다.

하지만 사람들은 선뜻 마음이 가지 않는 곳에는 많은 기부를 하지 않는다. 모든 도시와 이웃에는 긴급한 사회적 욕구가 있기 마련인데, 주민들이 이러한 욕구에 관심을 두고 헌신하게 되면 자신들의 재산목록을 작성하는 데만 주의를 기울일 때보다 세상과 자기 자신에게 더 나은 결과를 가져오게 될 것이다. 사실 모든 직업—법률, 의료, 교육, 각종 사업 및 육체노동—은 자신이 하는 일에 최대한으로 헌신하면 그 자체가 자선활동이자 사회개선활동이 된다. 우리 각자가 사욕을 부리지 않고 공적 봉사에 매진한다면, 모든 일은 순리대로 될 것이다.

또한 공적 의지가 확대하면 모든 생활영역의 구조가 단순해지고 유연해진다. 즉 각종 원리가 공식을 대신하게 된다.

초기 과학사에서는 일단의 지식이 잘못 이해되고 잘못 연관된 여러 관찰과 고찰과 공상으로 이루어졌다. 제자들은 스승의 권위를 믿고 이러한 잘못된 지식을 그대로 받아들였다. 그러나 각종 원리가 발견되면서 이러한 모순된 구조는 일거에 무너지고, 실험과 추론에 기초한 연구가 그 자리를 대신하게 되었다. 그래서 모든 제도가 초기에 성장할 때는 그 제도가 구현하는 진실이 단순한 형태로 지각되거나 표현되지 않고, 관습과 공식의 형태로 모호하게 현시된다. 원리를 지각하는 것은 메커니즘을 제거하는 것이 아니라 그것을 단순하고 유연하고 인간적으로 만드는 것이며, 그것은 명백하게 의식적인 목표에 봉사하게 되고, 그 목표의 성공 여부에 따라 신속하게 세워지기도 하고 무너지기도 한다. 낡은 체계에서는 어떤 것이 장점인지 정확히 모르기 때문에 모든 것이 존속하고, 새로운 체계에서는 본질적인 것은 존속되고 나머지는 폐기된다.

변화란 그림 문자가 알파벳으로 대체되어 그 결과 언어가 그 구조는 더 복잡해지고 요소는 더 단순해지게 된 것과 같다고 말할 수도 있다. 모든 말을 단 몇 개의 기본 음성으로 줄이는 방법이 발견된다면, 이것들을 나타내는 상징, 모든 있을 법한 단어를 충분히 표현할 수 있기 때문에 이전에 사용하던 많은 특성보다 더 효율적이 되고 덜 번거로워질 것이다.

이러한 변화의 방법은 이념(이것은 근대적 삶의 교류가 넓어지고 자유로워지면서 나타난다) 간의 생존투쟁이다. 이 생존투쟁에서는 중대하고 인간적이고 꼭 필요한 것만 살아남고, 진리는 쓸모없는 것은 끊임없이 내던지고 주요한 원리로 돌아간다. 우리는 종교에서 이러한 현상이 나타난 것을 보아왔으며, 다른 전통도 동일한 과정을 겪고 있음을 쉽게 찾아볼 수 있다.

근대세계는 그 복잡성에도 불구하고 근본적으로 더욱 단순해지고, 더 일관되고 더 합리적이 되고 있다. 이성을 하등동물의 맹목적인 본능과 맞바꿀 수 없듯이 형식주의는 명백히 더 이상 공인되고 정당화된 조건이 될 수 없다. 사고와 감정이 의지를 제대로 창출해내지 못하면 어디서나 형식주의가 존재하게 된다(현재에도 과거에 그랬던 것처럼 사람들은 형식주의를 좋아하지는 않는다). 여러 신조는 존재하겠지만, 그것들은 믿어서 도움이 될 만한 것—의례—이 아니면 따르지 않고 오로지 아름답거나 교훈적인 것만 따른다. 모든 것은 기능에 의해서 정당화되어야 한다.

공적 의지는 개인의 의지와 마찬가지로 우연적이거나 낭비적인 조건이 아닌 합리적이고 경제적인 조건에 효과적으로 적응하는 것을 목적으로 한다. 일반적으로 공적 의지는 사회변동 비용을 (없애지는 못하지만) 크게 줄여준다. 상업의 경우 (근대적 거래의 규모가 엄청나게 큰데도 불구하고) 공적 의지는 갑작스러운 위기를 줄여 주며, 이러한 위기를 예견하고 방비하는 데 많은 시간을 소요하지 않고 또 손실을 줄이는 각종 보험을 구비해 놓고 있다. 빈곤의 확산과 그로 인한 생활 저하도 마찬가지로 미래를 내다보는 자선활동과 교육을 통해 상당부분 극복하게 된다. 또한 종교의 경우를 보더라도, 지난 세대에는 불행하게도 종교의 토대가 무너지면서 많은 사람이 고통을 겪었는데 이제는 그러한 불행을 겪지 않아도 된다. 국가에서도 민주주의가 빠르게 조직화되면서 폭력혁명의 가능성이 사라졌다. 국제관계에서도 전쟁이 급속하게 줄지 않는다고 생각하면 이상한 일이 될 것이다. 이뿐 아니라 다른 많은 영역에서도 (선견지명이 있는 공적 의지를 표현하는) 합리적 수단을 통해서 사회적 비용을 예상하고 대비할 수 있게 된다.

공적 의지를 배후에서 이끄는 추동력은 물론 인간 본성이며, 그 특성은 예나 지금이나 변함이 없다. 그러한 특성은 원초 집단에서 표현되며, 제도의 특성에 따른 영향은 별로 받지 않는다. 이러한 본성은 우리에게 친숙하면서도 쉽게 감지하기 어렵지만 과거 어느 시대보다도 더욱 명백하고 적절하게 실현되고 있다.

| 해제 |

## 1. 찰스 호튼 쿨리는 누구인가?

찰스 호튼 쿨리Charles Horton Cooley (1864~1929)는 미국 중서부 미시건주 앤아버에서 태어났다. 아버지 토머스 매킨타이어 쿨리는 유명한 법학자여서 쿨리는 유복한 생활을 하여 별다른 역경 없이 학문에만 전념할 수 있었다. 그런 탓인지 그는 거의 미시건대학교를 떠난 적이 없으며, 어떤 실천이나 실험보다 책을 읽는 데 많은 시간을 할애했다. 그는 대학에서 공식적으로는 공학과정으로 졸업했으나, 그의 관심은 역사학, 철학, 경제학에 있었고, 이와 관련된 저작에 심취했다. 그래서 그는 대학원에서 정치경제학과 사회학을 전공하며 1894년 『수송의 원리』라는 제목으로 박사학위를 받았다. 이 논문은 인간생태학 분야의 개척적인 연구가 되었다.

쿨리는 28세가 되던 1892년에 미시건대학교에서 강의를 시작했으며, 1907년에 미시간대학교 사회학과 교수가 되었다. 교수가 되기 직전인 1905년 공동으로 미국사회학회를 창립했으며, 1918년에는 미국사회학회 회장을 역임했다.

쿨리가 태어나던 해(1864년) 미국은 남북전쟁(1861~1865년)이 막바지에 접어들 무렵으로 이듬해 전쟁이 종료되면서 미국이 사회경제적으로 재도약하는 시기이기도 하다. 남북전쟁이 완료되면서 미국은 서부개척에 박차를 가하며 사회경제적으로 급격한 발전을 이루던 시기에 쿨리는 성장을 하였다. 쿨리가 미시건대학교에서 학위를 받고 강의를 할 즈음인 1898년 미국은 스페인과의 전쟁에 승리하면서 쿠바, 푸에르토리코,

필리핀까지 획득하면서 태평양 진출을 본격화하기 시작했다. 이처럼 쿨리가 학창시절을 보내고 학문활동을 시작할 때 미국사회는 새로운 전기를 맞는 시기였다.

쿨리가 태어나던 그해 유럽에서는 막스 베버가 태어났다. 당시 유럽은 노동운동과 사회주의운동이 격렬하게 일어났고 그 결과 그해 국제노동자연합(제1인터내셔널)이 출범하였다. 쿨리가 태어날 무렵 카를 마르크스는 이미 중년이 되어 당시 유럽 지성계의 거장이 되었고 3년 후인 1867년 『자본론』이 출간되었다. 에밀 뒤르켐과 게오르크 짐멜은 쿨리보다 6년 먼저인 1858년에 태어났다. 요컨대 당시는 현대사회학에 지대한 영향을 미치고 지금까지도 사회학이론에서 늘 거론되고 있는 걸출한 고전사회학자들이 태어난 시기였다.

한편 미국에서는 실용주의철학이 싹트기 시작했다. 실용주의철학의 창안자는 퍼스C. S. Pierce(1839~1914)이고, 제임스W. James(1842~1910)는 실용주의철학의 꽃을 피우고, 듀이J. Dewey(1859~1952)에 이르러 열매를 맺으며, 미국 철학으로 뿌리를 내렸다. 실용주의는 철학적 사조에 머무르지 않고 그 원리가 사회에 적용하여, 정치, 경제, 종교, 교육 등 사회 전 분야에 영향을 미치며 미국사회를 특징짓는 기반으로 자리 잡았다. 이러한 상황에서 쿨리는 듀이의 영향을 받지 않을 수 없었고 그의 학문 역시 실용주의를 바탕으로 하였다.

쿨리는 일찍이 다윈, 스펜서 그리고 독일의 유기체론 사회학자 알베르트 셰플레의 저작을 탐독하며, 이들의 영향을 받았다. 그의 주 관심은 인간 본성에 관한 것이었다. 그러한 관심의 결과로 탄생한 대표적 저작이 1902년에 발간된 『인간 본성과 사회질서』*Human Nature and Social Order*이며, 7년 후에 『사회조직의 이해』*Social Organization*(1909)를 저술했고, 그 후에 『사회과정』*Social Process*(1918)이 발간되었다. 이 3부작의 핵심을 이루는 것이 '영상자아', '원초 집단' 같은 개념이며, 이 개념은 쿨리와 거의 동시대 학자인 허버트 미드의 '상징적 상호작용이론'의 발전을 가져다 주는 바탕이 되었다.

## 2. 한국사회학에서 쿨리

찰스 호튼 쿨리는 존 듀이, 찰스 S. 퍼스와 함께 미국 실용주의 철학의 뿌리를 내리는 데 지대한 영향을 미쳤으며, 아울러 허버트 미드와 더불어 상징적 상호작용이론을 확립하는 데 많은 기여를 하였으며, 그의 '원초 집단' 개념은 많은 학문영역에서 여전히 주요한 개념으로 두루 활용되고 있다. 그럼에도 이들에 비해 한국사회학계에서는 상대적으로 소홀히 다뤄져 왔다. 듀이와 퍼스는 철학, 기호학에서 수많은 연구가 활발하게 이루어지고 있고, 미드 역시 사회학이론에서 주요하게 다뤄지고 있다. 반면에 쿨리의 저작은 번역 소개된 것이 전혀 없을뿐더러 독자적으로 연구되거나 다뤄지지 않고 있으며, 다만 사회학사 관련 번역서에 일부 다뤄지고 있는 정도이다.

쿨리에 대해 가장 자세하게 그리고 가장 많은 분량을 할애하여 소개한 책은 『사회사상사』(루이스 A. 코저; 신용하, 박명규 옮김, 1978)이다. 이 책은 오귀스트 콩트 이래 10명의 고전사회학자를 다루고 있는데 쿨리가 이 책의 한 장을 장식하고 있다. 이 책은 최근(2016년)에도 출간될 정도로 사회학사 관련 서적 중에서는 가장 정평이 나 있다. 이 책에는 쿨리의 생애와 사상이 제법 상세하게 기술되어 있다. 그 다음으로는 『사회학사: 사회학이론의 성격과 발전』(니콜라스 S. 티마셰프; 조지 A. 테오도손; 박재묵·이정옥 옮김, 풀빛, 1985)은 인물뿐 아니라 학문적 동향이 혼합되어 구성되어 있는데, 이 책에서는 미국의 심리학적 사회학의 대표격인 윌리엄 토마스와 쿨리를 한 장에 묶어 소개하고 있다. 이 책에서는 10여 쪽에 걸쳐 쿨리의 학문적 이력을 압축적으로 잘 설명해 놓았다.

그 밖의 서적에는 쿨리의 이론 체계를 그 자체로서가 아니라 다른 고전사회학자—예를 들어 제임스와 허버트 미드—의 사회사상과 관련하여 소개하고 있다. 대표적인 저작으로『사회학설사』(고영복 편, 사회문화연구소, 1994)는 주로 제임스와 관련하여 소개하고 있고,『사회학이론의 형성』(조나단 터너 외; 김문조 외 옮김, 일신사, 1997)는 미국의 사회심리학 또는 허버트 미드를 다룬 장에서 소개하고 있다. 연구논문으로는 쿨리의 핵심 개념인 '원초 집단'에 대해 풍부하게 논의한 것으로서 차조일·박선웅의 "사회과 주요 개념에 대한 역사적 고찰-쿨리의 1차 집단을 중심으로"(『시민교육연구』, 44권 4호, 2012)가 있다.

## 3.『사회조직의 이해』에 대하여

### 1)『사회조직의 이해』의 위상

1909년에 저술한『사회조직의 이해』Social Organization는 7년 전에 발간한『인간 본성과 사회질서』Human Nature and Social Order(1902)의 자매편이라 할 수 있다.『사회조직의 이해』가 발간되고 난 다음 9년 후에『사회과정의 이해』(1918)가 발간되었다. 이 세 저작은 쿨리가 오랜 기간에 걸쳐 작성한 노트를 토대로 하여 서서히 완성한 것으로 쿨리의 대표적인 저작이며, 쿨리의 지적 유산이며 쿨리의 일관된 관심을 반영한 것이라 할 수 있다. 쿨리는 다윈, 스펜서 등의 저작을 탐독하면서 사회유기체론과 진화론의 영향을 많이 받았다. 그럼에도 불구하고 쿨리의 이론은 유럽

학자보다는 미국 학자의 전통을 더 많이 반영하고 있다. 쿨리 이론의 준거점이 된 것은 미국의 사회심리학자 제임스 마크 볼드윈과 철학자이자 심리학자인 윌리엄 제임스이다.

그 중에서 특히 제임스로부터 정신과 자아의 본질에 관한 연구에 많은 영향을 받았다. 이 세 저작도 이와 관련된 것이다. 즉 사회질서와 사회조직은 이러한 의식의 산물이다. 그래서 『사회조직의 이해』에서 조직은 흔히 일반 조직이론에서 이야기하는 관료조직, 기업조직 등에 특정 조직에 관한 것이 아니다. 이 책의 목차에서 보면 알 수 있듯이, 사회의식, 원초 집단 등이 이 저작의 주요 주제이다. 쿨리가 말하는 사회조직은 '인간이 살아가면서 맺고 있는 모든 관계망' 한마디로 '모든 제도', 어쩌면 사회 그 자체라 할 수 있다.

쿨리의 저작은 당시 학문적으로 많은 관심을 끌었다. 이러한 관심은 그 책의 판매 부수가 증명하고 있다. 쿨리의 1925년까지 이 세 저작은 총 판매 부수는 3만 3천여 부에 달했다. 그 중에서도 『사회조직의 이해』의 판매 부수는 『인간 본성과 사회질서』보다 두 배 더 많았고, 『사회과정의 이해』보다 네 배 더 많았다고 한다. 이는 쿨리의 저작이 동료뿐 아니라 후속 세대에까지 읽혔음을 보여준다.

### 2) 『사회조직의 이해』의 구성

『사회조직의 이해』는 총 6부 34개 장으로 구성되어 있다. 제1부는 '조직의 근원적 측면'이다. 여기서는 정신의 사회적 측면과 개인적 측면, 원초 집단이 주요 주제로, 어떻게 인간이 조직을 구성하는지를 다룬다. 제2부는 '의사소통'인데, 여기서는 의사소통과 인간 본성의 관계, 의사소통의 발달과 확산 등을 다룬다. 제3부는 '민주주의 정신' 여론, 합의, 대중 등을 주요주제로 다룬다. 제4부는 '사회계급'으로, 주로 카스트제도, 개방적 계급, 계급적대감 등 갈등이 주요 주제로 등장한다. 제5부는 '제도'로, 제도와 개인, 가족, 교회, 전통 등 사람들이 살아가면서 맺는 사회관계와 이에 대한 변화를 다루고 있다. 제6부는 '공적 의지'로서 공적 의지의 기능, 정부에 대해 다루고 있다.

각 장의 제목만 보면 사회학에서 다루는 기본주제를 망라하고 있어 '사회학개론서' 같은 느낌을 받기 쉽다. 하지만 『사회조직의 이해』는 사회학의 기본주제를 다루는 것은 맞지만 통상적인 '사회학개론서'처럼 여러 주제를 병렬적으로 묶어 놓은 것이 아니라 하나의 일관된 주제를 가지고 모든 장을 리듬 있게 엮어나가고 있다. 또한 『사회조직의 이해』라는 책 제목이 시사하듯이 우리가 일반적으로 이해하는 협소한 의미에서 조직 - 이를테면 관료조직, 기업조직, 정치조직 등 - 을 다루는 것이 아니라 인간사회를 이루고 있는 모든 영역으로 조직을 이해하고 있다.

아울러 『사회조직의 이해』에서 다루고 있는 여러 주제에는 당시의 시대적 상황—특히 미국의 시대적 상황—이 고스란히 반영되어 있다. 당시 세계, 특히 미국사회는 격동의 시대였다. 2차 산업혁명이 완료되고 산업이 고도로 번창하던 시기였다. 특히 미국은 물질적 번영과 아울러 사회구조가 급격하게 재편되던 시기이기도 했다. 하지만 이 책은 그런 거시적 변동에 초점을 맞추는 것이 아니라 그 사이에서 일어나는 개인과의 관계 그리고 인간 본성의 문제를 다루고 있다. 그런 점에서 이 책은 '사회학개론서'를 뛰어넘어 사회를 바라보는 통찰을 제공해주고 있다고 할 수 있다. 특히 가족해체, 출산율 저하 등과 관련한 논의를 볼 때는 우리가 당면한 현실을 보는 듯하여 이 책이 정말로 100년 전에 나온 것인지 믿어지지 않을 정도이다. 고전이 시대를 초월하는 까닭을 이해하게 해주는 저작인 것이다.

## 3) 『사회조직의 이해』의 내용

『사회조직의 이해』의 내용을 이 책을 구성하고 있는 장별 핵심 주제를 중심으로 쿨리의 기본 사상을 살펴보기로 한다.

### (1) 유기체적 사회관

제1부 '조직의 근원적 측면'에서는 쿨리의 사회관이 고스란히 드러나 있다. 각 장의 소제목에서 드러나듯이 쿨리는 사회 그리고 더 나아가 모든 것을 유기체로 보는 유기적 사회관을 견지한다. 쿨리는 스펜서처럼 사회를 하나의 유기체로 파악했지만, 단순히 생물학적인 유추를 한 것이 아니라 모든 사회 과정이 체계적인 상호관련성을 가진다는 점을 강조했다. 즉 사회의 각 부분과 과정은 하나의 복합체로써 서로간의 상호작용을 통해 생명을 얻고 성장할 뿐 아니라 어느 한 부분이 전체에 영향을 미친다. 이런 점에서 쿨리의 유기적 사회관은 고전경제학과 스펜서의 공리주의적 개인주의에 반대한다.

또한 쿨리에게서 사회는 그것을 구성하는 개인의 마음속에 존재할 뿐이다. 그러나 개인의 사고는 독립적인 것이 아니라 개인 서로이 상호자용에 의해 형성된다. 그러므로 개인적 자아는 사회적이며 사회를 반영한다. 즉 개인과 사회는 분리될 수 없는 동전의 양면이다. 정신에는 개인적 측면과 사회적 측면이 공존하며, 이 둘은 유기적으로 통일되어 있는 것이다. 이러한 유기적 사회관은 이 책뿐 아니라 쿨리 사상 전체에 스며들어 있다.

(2) 원초 집단

제1부에는 쿨리가 처음으로 제시하여 이후 사회집단 분석에 많은 영향을 준 원초 집단 개념에 대해 상세하게 설명되어 있다. 원초 집단 개념은 개인과 사회를 하나의 통일체로 보는 쿨리 전체주의적 사회관을 잘 드러낸다. 이 개념은 일차집단이라고 통용되기도 하는데 이는 이차집단 secondary group과 대비되는 순서적 의미보다는 가족, 놀이집단, 친밀한 대면 같은 인간이 가장 먼저 겪는 경험을 의미하며, 이러한 초기의 경험이 사회를 형성하는 바탕이 된다는 의미에서 원초 집단이라는 표현이 더 적절하다고 본다. 원초 집단을 통해 개인은 자아가 형성되며, 사회 속에 통합된다. 친밀한 대면과 협동을 특징으로 하는 원초 집단은 개인의 사회적 성격, 인간적 협동과 친교를 생성시키는 보편적인 기반이 된다.

이 책에 나와 있지는 않지만 쿨리 하면 가장 먼저 떠올리는 것이 거울자아glass-looking self 개념인데, 이 개념은 원초 집단 개념과 밀접하게 서로 얽혀 있다. 원초 집단 속에서 개인은 자신의 이기적 고립에서 벗어나 사회생활에 필수적인 타자에 대한 민감성을 형성한다. 쿨리는 인식하는 주체와 인식되는 객체를 구분하는 데카르트적 전통에 반대하며, 자아와 사회가 유기적으로 연결되어 불가분의 관계를 맺고 있다고 본다. 즉 사회와 개인은 서로 상이한 현상을 가리키는 말이 아니라 동일한 것에 대해 집합적 측면과 분산적 측면을 가리킨다. 사람의 자의식은 자신에 대한 관념을 다른 사람의 정신에 귀속시킨 반영이므로 고립된 자아라는 것은 있을 수 없다. 우리 모두는 서로를 비추는 상대방에 대한 거울과 같다.

쿨리에 따르면, 우리는 거울에 비친 자신의 모습을 보면서 그것을 볼 다른 사람의 마음을 그려보고 그것을 통해 우리 자신의 모습과 태도와 행위, 성격, 친구들을 파악하게 되며 그것으로부터 영향을 받게 된다.

즉 우리의 자아는 곧 거울자아이다. 거울자아는 고립된 개인의 자아가 아니라 개인 간의 상호작용에 의해 이루어지고, 자아 형성에 가장 먼저 영향을 주는 것이 원초 집단이다. 원초 집단 역시 고립적으로 존재하는 것이 아니라 각각 유기적으로 연계되어 있는 것이다. 그 과정에서 개인적 자아는 사회적 자아로 발전한다.

원초 집단에서 길러지는 이상은 근본적으로 도덕적 이상이다. 상식적으로 보더라도 가족, 놀이집단 같은 원초 집단에서는 사악함evil이 나타나지 않고, 정직, 충성, 협동, 봉사의 이상이 나타난다. 이러한 이상이 원초적 이상primary ideal이며, 이러한 이상은 인간 본성human nature에서 우러나온다.

원초 집단에서 길러진 원초적 이상은 가족에서 지역공동체로, 국가로, 세계공동체에도 그대로 적용된다. 이것이 바로 쿨리의 진보관이다. 이 책 마지막 부분에서 당시 사회(특히 미국사회)에서 나타나고 있는 도덕적 타락과 해체를 이야기하고 있지만 인간의 근본적인 인간 본성은 이를 극복하는 지혜를 가지고 있음을 예단하고 있다.

(3) 커뮤니케이션

쿨리는 커뮤니케이션을 "인간관계가 존재하고 발전하는 메커니즘이며, 그 안에서 형성되는 모든 사회적 상징을 공간적으로 전달하고, 시간적으로 보존하는 수단"이라고 정의하였다. 쿨리가 이 책에서 커뮤니케이션을 중요한 메커니즘으로 거론하는 이유가 여기에 있다. 커뮤니케이션에는 표정, 태도, 제스처, 음색, 말, 글, 활자, 철도, 전신, 전화 등이 포함되며, 이것들은 모두 근래에 시간과 공간의 정복에 의해 성취된 것이다. 쿨리에 따르면, 이것들은 모두 현실에서는 서로 복잡하게 결합되어 하나의 유기적 통일체를 형성하며 그것이 바로 인간 사고의 유기적 통일체에 상응한다.

쿨리는 커뮤니케이션은 정신의 발달과정에 필수적인 요건으로 본다. 의사소통이 이루어지지 않으면 정신은 진정한 인간 본성을 발달시키지 못하며 인간은 비정상적인 상태에 머무르게 된다. 그 예로 쿨리는 이 책에서 헬렌 켈러의 예를 들고 있다. 어릴 적부터 언어기능을 상실한 헬렌 켈러는 외부 사람들과의 관계가 단절된다. 하지만 선생님의 끈질긴 노력으로 그리고 헬렌 켈러의 적극적인 의지로 언어기능을 회복하여 사람들과 상호작용을 하게 된다.

이와 같이 쿨리에게서 의사소통은 인간의 내면적 또는 의식적 삶의 원인이자 결과이며, 인간의 사유를 진정하게 외부로 가시적으로 표현하는 사유구조이다. 이러한 구조의 도움으로 개인은 가족, 계급, 국가의 구성원이 되며, 나아가 더 넓은 통일체의 구성원이 된다.

쿨리는 커뮤니케이션 체계는 고정된 것이 아니라 끊임없이 진전되는 것으로 본다. 그러므로 커뮤니케이션 체계는 진보된 발명물이며, 커뮤니케이션 체계의 발달은 인류에 다시 영향을 미치고, 모든 개인과 제도의 삶을 바꾸어놓는다. 그래서 커뮤니케이션 체계의 발달과정을 연구하려면 그것과 결부된 정신적, 사회적 변화를 이해해야 한다.

커뮤니케이션에서 가장 기초적이고 근원적인 것은 당연히 언어이다. 언어는 전달수단이다. 쿨리는 언어를 지금까지 우리가 알지 못했던 인간 사고를 가득 싣고 과거로부터 흘려 내려오는 배에 비유한다. 언어를 이해하게 됨으로써 우리는 동시대인들의 정신 속으로 들어가며 나아가 여러 시대를 거쳐 지속되는 인류의 일반적 정신 속으로 들어가게 된다는 것이다.

쿨리는 커뮤니케이션을 언어에서 멈추는 것이 아니라 그림, 글쓰기, 인쇄술의 발달로 확장한다. 하지만 쿨리는 이러한 일반적인 측면에만 국한하는 것이 아니라 특이하게도 그림, 즉 회화 그리고 더 나아가서는 예술을 커뮤니케이션을 확장하고, 나아가 인간 의식의 발달과 연계시킨다. 쿨리는 회화에 대해 특히 많이 예를 드는데, 회화는 예술의 한 장르로만 파악하는 것이 아니라 커뮤니케이션, 즉 의사소통의 한 영역으로 고찰한다.

요컨대 쿨리에 따르면, 커뮤니케이션은 인간의 의식을 개인적 의식에서 사회적 의식으로 확장하는 메커니즘이다(물론 이 둘은 서로 대립되는 것이 아니라 동전의 양면이다). 하지만 모든 측면에는 빛과 그늘의 양면이 있듯이, 커뮤니케이션 발달도 의식과 개성의 확장이라는 긍정적 측면만 있는 것이 아니라 부정적 측면도 수반한다. 쿨리 역시 이러한 점을 빼놓지 않는다. 당시 진행되고 있는 커뮤니케이션 체계의 급격한 발달은 혼란을 초래하고(이것은 변화가 수반하는 필연적 현상이다), 이로 인해 인간 의식의 기장을 초래한다는 것이다. 특히 심신이 허약한 사람에게는 정신이상 증세를 수반한다는 것이다.

(4) 민주주의 정신

쿨리는 민주주의라는 제하에서 많은 지면을 할애한다. 쿨리가 말하고자 하는 민주주의는 하나의 정치 형태가 아니다. 즉 민주주의는 단일의 명확한 정치 형태가 아니라 조직의 폭에 관한 원리라고 말한다. 민주주의는 혁명이나 권력투쟁에 의해 이루어지는 것이 나니라 사람들이 그 작동 방식을 배워가는 과정에서 자연스럽게 확산되는 것이다. 말하자면 민주주의는 사회적인 것이다. 요컨대 민주주의의 진전에 따른 사회적 규율의 특성의 변화는 정치에만 국한되지 않고 다른 영역에도 그만큼 많은 변화를 수반한다.

쿨리가 민주주의 정신에서 가장 먼저 다루는 것이 의식의 확장이다.

부족사회의 의식은 협소하다. 쿨리가 직접 표현하지는 않았지만 의식이 협소하면 특정 인물의 견해가 구성원 전체의 의식이 되는 경향이 있다. 의식이 확장되면 의식이 분화된다. 즉 민주주의는 의식의 확장, 즉 의식의 분화를 수반한다. 쿨리는 이러한 분화된 의식의 통일을 여론이라 일컫는다. 여론은 서로 분리된 개인 의견의 단순한 합슴이 아니라 하나의 조직이다. 즉 의사소통과 상호 영향이 협동하여 어우러진 산물이다. 여론은 분리된 의식이 물리적으로 결합된 것이 아니라 분화된 의식이 화학적으로 결합된 것이다. 여론은 흔히 생각하는 것처럼 획일적인 것이 아니라 다종다양하게 분화되어 있다. 여론의 다양성은 단지 조직의 복잡성을 반영한 것이며, 현재의 여론과 토론은 사회 발전에 필수적인 요소이다.

쿨리는 민주주의와 관련한 장에서 제시한 특이한 점은 대중mass의 중요성을 지적한 것이다. 일반적으로 대중 개념 하면 전후戰後 프랑크푸르트학파가 당시 미국사회를 염두에 두고 고안하고 이후 대중사회mass society 개념으로 공식화된 것으로 알려져 있다. 그보다 앞서 이미 20세기 초에 대중 개념을 창안한 점에서 쿨리의 선구적인 사회학적 통찰력이 엿보인다. 이는 전통사회가 위인 또는 영웅 같은 특정한 인물이 해당 사회의 의식 형성에 중요한 역할을 했다면, 근대사회, 민주주의사회에서는 대중의 그 역할을 떠맡게 된다는 점을 피력한다.

쿨리에 따르면, 대중의 창의성은 공식화된 관념에서 발견되는 것이 아니라 정서에서 발견된다. 정서는 사회발달의 고유한 목표를 표현하며, 이러한 정서를 느끼고 신뢰하는 재능은 유명한 인물이나 특권층 계급보다 일반적으로 대중이 더 뛰어나다. 그 이유는 대중의 경험은 자신들을 인간 본성의 근원에 더 가까워지게 하며, 그래서 원초적 자극으로부터 더 많은 제약을 받기 때문이다. 즉 대중은 수동적인 존재가 아니라 능동적, 창의적인 존재이며, 이들이 민주주의를 형성 발전시키는 것이다.

(5) 사회계급

이 책에서 쿨리는 가장 사회학적 주제인 사회계급에 대해서 가장 많은 분량을 할애하고 있다. 이 책을 저술할 당시 유럽대륙에서는 노동계급운동이 활발하게 일어나고 있으며 산업의 고도화 단계에 들어서고 있는 미국도 예외가 아니었다. 1886년에는 직업별 노동조합 연맹체인 미국노동총연맹AFL이 결성되어 노동자계급의 노동조건 개선을 위한 운동이 격렬하게 진행되던 시기였다. 쿨리가 말하는 사회계급social class은 마르크스 또는 마르크스주의에서 말하는 계급과는 다른 의미를 지녔고, 자본가계급에 대항하기는 하나 자본주의를 전복할 의도를 가지지 않았다. 오히려 그의 계급 개념은 자유주의적 입장을 취하고 있는 베버 류의 계층strata 개념에 가깝다고 할 수 있으며, 이는 미국 특유의 실용주의 철학 전통과도 상통한다고 할 수 있다.

이러한 인식론은 자유가 증대하면서 계급은 점차 개방적으로 되어 간다는 쿨리의 사고에서 비롯된다. 즉 계급이 세습에 의해 형성되는 것이 아니라 개인의 능력에 기초하여 형성된다는 것이다. 이런 점에서 볼 때, 계급은 구조적인 문제가 아니라 개인적인 문제이다. 그에 따르면, 계급이란 것이 존재한다면 그것은 단지 개인들이 협동을 통해서 효율성을 진작하기 위한 집단일 따름이며, 그 구성원이 되기 위한 요건은 전적으로 타고난 개인의 적합성에 의해 결정된다.

그러면서 쿨리는 전통적인 카스트제도와 현대 개방적 계급구조를 비교한다. 쿨리는 신분에 기초한 카스트제도가 인간의 정신을 분리시켜 사회가 하나의 통일체로 형성되는 것을 가로막는다고 보고, 카스트제도의 해체, 즉 이동이 자유로운 개방적 계급 체계의 형성이 사회를 진정한 통일체로 만든다는 것이다. 따라서 쿨리가 말하는 통일체는 정신적, 도덕적 통일체이다. 왜냐하면, 계급은 카스트의 경우처럼 사고가 여러 갈래로 분리되어 있지 않고, 공동의 정신적 통일체 내에 단순히 분화되어 있기 때문이다. 즉 여러 종류의 계급이 서로 중첩되고 동일한 계급에 속한 사람들이 서로 다른 견해로 분리되어 있는 것이다. 특정 계급은 이러한 독립성을 가지고 있어서 개인은 자신의 특수한 개성에 적합한 다양한 계급에 가입하여 자기만의 진정한 개성을 성취할 수 있는 기회를 더 많이 가지게 된다.

쿨리는 『사회조직의 이해』에서 계급과 관련하여 계급 조직에 대해 언급하고 있다. 물론 이때의 계급조직도 자본주의를 전복하거나 사회를 변혁하는 운동단체로서의 조직이 아니다. 쿨리는 모든 조직은 자유를 추구를 목적으로 한다고 주장한다. 따라서 계급조직도 일반적으로 생각하듯이 자유에 적대적인 것은 아니다. 계급조직도 계층 상승의 자유, 즉 개인 기회의 자유를 확대하기 위한 것이다, 다수의 사람의 자유를 지켜주는 것이 계급조직이다. 계급조직은 특히 사회에서 늘 위험에 처해 있는 취약계층에 필요하다. 계급조직은 이들이 피해를 보거나 무시를 당하지 않게 해주는 역할을 한다. 부유층이나 지식층은 공식적인 조직이 없어도 잘 지낼 수 있다. 전자는 자유가 제한되어 있고 후자는 자유롭기 때문이다.

이러한 인식 탓에 쿨리는 사회계급의 적대성보다는 기회의 자유를 강조하며 계층이동에 의한 계층 상승 가능성에 초점을 맞춘다. 사실 쿨리가 살던 시기 미국은 남북전쟁이 완료되고 1869년에 최초의 대륙횡단철도가 완성되면서 서부개척의 역사가 고조화되던 시기이다. 동부에서 산업계층이 서부로 이동하게 된 것이다. 새로운 공간이 열리면서 자본은 이윤을 따라 이동을 재촉하고 노동은 자유를 좇아 이동했다. 계급대립에 의한 투쟁이 없었던 것은 아니지만 이러한 자유의 확대가 계급투쟁에서 얻는 것보다 더 큰 실익을 가져다주는 것으로 판단하고 미국의 이데올로기는 이를 놓치지 않고 기회의 자유를 강조하였다. 쿨리도 그 한가운데 있었다. 이 책에서 그런 미국 철학, 사회학 사조를 충분히 엿볼 수가 있다.

계층 상승의 기회가 가장 큰 것은 당연히 청년층이다. 그들은 상층계급이 부와 지위에 기초하여 우월성에 반대하지 않는다. 오히려 그러한 우월성을 두둔하고 그것을 자신의 이상으로 받아들인다. 언젠가는 자신들도 그러한 이상을 실현할 것이라는 믿음 속에서. 하지만 쿨리는 이러한 청년층들의 이상이 간접적으로는 불우한 계층에 대한 관심이 약화되고 있다는 점을 지적한다. 물론 궁핍한 하층계급도 계층 상승의 자유를 가질 수 있다고 믿는다. 그래서 그들은 불우한 계층의 지위 상승을 그들 자신에게 맡기는 경향이 있는 것이다.

이 책이 사회학적 가치를 가지는 것은 당시 미국 사회학계에서 보기 드물게 빈곤에 대해 지적하고 있다는 점에 있다. 쿨리에 따르면, 우리 시대의 산업 발달은 많은 사람이 겪은 고통의 결과이다. 그러한 고통, 그중에서 가장 심한 고통은 거의 전부가 빈곤층이 겪은 반면 그러한 발전에 의해 증가한 산물은 대부분 부유층이 차지한다. 육체노동자들은 신체적 고통과 질병 유발, 조기 노화, 사고에 의한 중상 또는 사망뿐 아니라 그 자신과 그의 가족이 겪는 조로와 혹사에 의한 자녀들의 발육부진, 지적 및 사회적 기회의 상대적 결여, 누추하고 열악한 주변 환경, 고용불안정 등 갖은 고통을 다 겪었다.

쿨리는 빈곤의 주요한 원인을 분명 개인 또는 가족, 이웃집단 그리고 지역 공동체 간의 불균형에서 찾는다. 이러한 불균형 때문에 잠재적 능력을 효율적으로 이용하지 못하여 적절한 결실을 낳지 못하게 된다는 것이다. 이러한 빈곤을 근본적으로 치료할 수 있는 것은 온갖 종류의 조건을 통제할 수 있는 합리적 조직이며, 이러한 조직은 사람들을 [공동체] 안으로 끌어들여 밖으로 이탈하는 것을 방지해 준다. 빈곤층이 겪는 고통의 원인을 제거할 수 있는 수단을 공적 의식에서 찾는다. 즉 빈곤층 자녀들에게 올바른 삶의 출발 기회를 부여하여 스스로 지식과 창의력, 자제력을 발달시키게 하고 자기 이익을 위해 스스로 대비할 수 있는 조직화 능력을 발달시켜 나갈 것이며, 우리 이러한 문제에 대해 더 많이 관심을 가질수록 그 문제는 더 많이 해결될 수 있을 것이라고 본다.

### (6) 제도

쿨리는 이 책에서 제도라는 주제에 대해 상당 부분을 할애하고 있다. 지금은 제도에 관한 연구가 많이 축적되고 분화되어 있어 제도를 언급하는 것이 익숙해져 있을 뿐 아니라 별로 신선함을 유발하지 않는다. 하지만 쿨리가 이 책을 저술할 당시만 해도 제도 분석은 정치제도 등에 주로 한정되고 일반 사회적 현상으로 취급되지 않았다. 당시 제도를 인간행위의 학문에 적극적으로 끌어들인 인물은『유한계급론』으로 잘 알려진 소스타인 베블런이었다. 1857년생인 베블런은 공교롭게도 쿨리와 같은 해(1929년)에 사망했다. 당시 경제학에서는 고전경제학이 주류 학문으로 지배적인 위치에 있었다. 개인을 합리적 행위 주체로 보는 고전경제학에 도전은 이단으로 간주되고 학계에서 배척되었다.

이러한 고전경제학의 아성에 도전한 인물이 베블런이다. 인간의 행위는 진공상태에서 이루어지는 것이 아니라 사회적 규범, 법, 가족, 종교윤리(미국사회에서는 기독교 윤리) 등 각종 제도에 영향을 받는다는 것이다. 베블런은 제도를 "개인이나 사회의 특정한 관계나 기능에 내재해 있는 습관적인 것"으로 보고 이러한 영향은 항구적인 것으로 보았다. 베블런과 동시대 인물인 쿨리가 얼마나 베블런의 영향을 받았는지는 모르지만 제도 분석은 그야말로 가장 사회학적인 것이라 할 수 있다. 즉 개인의 행위는 진공상태에서 일어나는 것이 아니라 주변환경(제도)에 영향을 받는다는 것이다. 이러한 논지는 쿨리가 창안한 '거울자아' 개념과도 상통하고 허버트 미드의 '사회적 상호작용이론' 확립에도 상당한 영향을 미친 것으로 판단된다.

쿨리에게서 제도 공적 정신이 명확하게 확립된 국면으로 궁극적인 속성상 여론과 같은 것이다. 위대한 제도들은 조직의 결과물로서, 인간의 사고가 수 세대에 걸쳐 특정 대상을 향해 나아가면서 자연스럽게 취해오는 과정에서 점차 일정한 형태로 결정화된 것이다. 제도로 확립되려면 인간 본성의 항구적인 욕구를 충족시켜 주어야 한다. 언어, 정부, 교회, 재산 및 가족 관련 법률과 관습, 산업 및 교육체계 등이 그러한 욕구를 충족시켜 주는 제도이다.

쿨리는 제도와 개인을 별개로 보거나 대립되는 것으로 보지 않는다. "개인은 항상 제도의 원인이자 결과이다. 제도는 사회구조의 성숙하고 전문화된 그리고 비교적 경직된 부분이다. 제도는 개인들로 구성되지만 전체 개인들로 구성되는 것은 아니다. 각 개인은 훈련을 받고 전문화된 부분으로서 제도 속으로 들어간다." 요컨대 제도적 요소와 개인적 요소는 똑같이 본질적이다.

쿨리는 제도를 거론하면서 '형식주의'를 경계한다. 아이러니하게도 형식주의는 제도가 최고도로 발전된 상태이다. 제도가 보편화되면 의례 같은 외형을 강조한다. 종교, 특히 기독교가 대표적인 경우이다. 전통사회는 과거의 사회를 지칭하는 것이 아니라 형식을 전통으로 중시하는 사회이다. 형식이 지배하면 사회가 경직될 뿐만 아니라 내용을 망각하게 된다. 즉 제도의 자유가 없어지고 무의식적으로 흘러간다. 이것이 쿨리가 형식주의를 경계하는 이유이다.

제도가 더욱 세련되고, 더욱 단련되고, 더욱 조직화되며 더욱 합리적이 되기 위해서는 자유가 필요하다. 제도를 더욱 발전시키려면 형식주의를 타파해야 한다. 이러한 형식주의에 대립되는 현상이 바로 해체 또는 분열이며, 한편에서는 이것으로 '개인주의'라고도 부른다. 형식주의는 메커니즘의 최상의 상태에 이른 것이고, 해체는 메커니즘이 산산조각 난 상태인데, 둘 다 인간 본성과 이를 실현하는 도구가 조화를 이루지 못하도록 방해한다.

쿨리는 당시 미국사회가 해체 상태에 직면하고 있다고 진단한다. 이러한 해체는 형식주의를 타파하는 긍정적인 측면이 있는 한편 부정적인 측면도 동시에 존재한다. 그러한 부정적인 측면은 개인뿐만 아니라 사회 전반에 걸쳐 나타난다. 개인에게서 해체는 전체에 대한 적절하고 지속적인 충성심이 결여되고 또 그러한 충성심에서 나오는 행동 원리가 부재한 것으로 나타난다. 이러한 해체 현상은 가족, 교육, 종교 전반에 걸쳐 진행된다.

가족에서는 구성원 간의 유대가 약화된다. 경제적으로 기회의 공간이 확대되고 이동이 심해지면서 가업을 이어받는 전통이 사라지고 있다. 즉, 가정 내 훈련이 줄어들면서 선대와 후대 잇는 고리가 단절된다. 개인의 자유가 확대되고 선택 원리가 자리 잡으면서 직업도 결혼도 선택의 영역에 들어갔다. 부부 간의 유대가 약화되고 결국 출산율 저하로 이어진다. 100년 전의 이야기인데 마치 오늘이 현실을 보는 듯하다.

교육제도에 대한 언급에서도 현재 상태를 연상케 하는 쿨리의 상당한 통찰력을 엿볼 수 있다. 우선 쿨리는 당시 각종 교육제도의 발달은 체계의 성격이 자유롭고 의식적이기 때문이라며 긍정적인 평가를 한다. 그러면서 학교의 역할을 중시한다. 그런데 우리의 학교들은 새로운 요구를 충족하려고 노력하는 과정에서 중요한 활력을 확장하기보다는 체계를 확장하는 데 힘써 왔다고 평가한다. 즉 우리 학교들은 내적 및 정신적 생활, 여러 이상, 전통, 교사 인력을 키우기보다는 학생 수를 늘리고, 다양한 교과목 및 여타 수많은 세부 사항을 급격하게 발달시키는 데 주력해 왔다는 것이다. 교회도 그 점에서는 비켜갈 수 없는 운명에 처해 있다고 평가한다.

쿨리는 형식주의와 해체를 사회의 쌍둥이 악으로 보았다. '형식주의'는 관료제의 산물로서 인간관계를 무관심과 자기만족 속에 빠지게 하며, '해체'는 사회분업의 산물로서 인간관계를 단절시키고 분절시켜 피상적이고 도구적으로 만든다. 이를 치료하기 위해서는 "종교나 철학을 통해 개개인에게 각자가 헌신을 바쳐야 할 위대한 전체의 한 구성원임을 가르쳐주어야 한다."라고 쿨리는 역설한다.

(7) 공적 의지

쿨리는 이 책의 마지막 부분을 '공적 의지'에 관한 논의로 마무리한다. 이 책의 구성상 마지막 부분이라고 해서 결론에 해당한다고 단정지을 수는 없으나 '공적 의지'를 마지막으로 거론한 것은 쿨리가 앞에서 여러 차례 걸쳐 논의한 현대사회의 변화와 혼란, 도덕적 타락, 해체를 극복하려는 의도에서 비롯된 것으로 보인다.

쿨리는 '공적 의지'를 민주주의정신의 또 다른 측면이라고 파악한다. 공적 의지를 통해서 우리는 사회집단이 내린 신중한 자기결정을 이해하게 된다. 공적 의지는 여론과 동일한 성격을 띠고 있으며, 또 집단의 삶을 효과적으로 이끄는 안내자가 될 만큼 많은 정보를 가지고 있고 조직화되어 있다. 즉 공적 의지는 조직화되어 있다는 점이 중요하다. 공적 의견과 사적 의견이 동일한 사실의 일반적 측면인 동시에 특수한 측면인 것과 마찬가지로 의지도 개별적 측면과 집합적 측면을 아우른 단일의 복합적인 활동이다.

쿨리는 역사적으로는 물론이고 오늘날에도 대규모 사회현상은 대부분 전혀 의지에 의한 것으로 보지 않는다. 그것은 다양하고 부분적인 노력의 예상하지 않은 결과이다. 즉 어떤 사회적 행위를 할 때 거창한 계획을 지적으로 수립하고 실행하는 경우는 좀처럼 보기 어렵다는 것이다. 여기서 쿨리는 영국 런던이 노동착취제도에 대해 거론한다. 물론 거기서 쿨리는 노동착취제도의 해악에 대해 분명히 짚고 넘어간다. 하지만 그러한 해악은 자본가의 의도에서 비롯된 것이 아니다. 다음과 같은 글에서 쿨리의 사회적, 정치적 입장이 잘 드러난다.

또한 쿨리는 정부를 공적 의지의 유일한 행위자로 보는 견해에도 반대한다. 국가가 하는 일이라면 제한적이든 팽창적이든 무조건 최선이라고 보는 경직된 이론을 더 이상 신뢰하지 않는다. 쿨리는 정부의 활동 영역은 고정된 것이 아니고 또 고정되어서도 안 되며, 사회조건에 따라 변화해야 한다는 상대적 입장을 취한다는 점에서는 현대의 진일보한 견해에 가까워지고 있는 것으로 평가된다. 민주주의체제에서 정부는 국민에 대해 명확하게 책임을 져야 한다는 것을 강조한다. 정부가 국민에 항상 봉사하는 것은 아니다. 정부는 일반이익보다는 특수이익을 존중하는 경향이 있다. 또한 국가가 하는 일은 무엇이든 여론의 감시를 받아야 한다.

때문에 쿨리는 국가의 지나친 팽창을 경계하고 마을, 촌락 단위의 지방자치 사회주의를 주장한다. 물론 거대한 국가사회주의에 대해서는 부정한다(이 글을 저술한 당시는 아직 소비에트혁명에 의한 사회주의사회가 출현하지 않았으며 나치에 의한 국가사회주의 역시 쿨리가 사망한 후에 등장했다. 그러나 19세기 말에 사회주의운동이 유럽 전역에서 전개되었고 미국도 영향을 받고 있었다). 요컨대 쿨리에 따르면, 보다 효과적인 공적 의지의 주요한 원천은 정부 활동의 증대에 있는 것이 아니라 지적 및 도덕적 과정의 효율성 증대에 있다. 쿨리는 이러한 공적 의지의 발전을 이 책을 시작할 때 주장한 인간 본성과 연계시키며 이 책을 마무리하고 있다.

**참고문헌**

고영복 편. 1994. 『사회학설사』, 사회문화연구소.
루이스 코저. 2016. 『사회사상사』(신용하·박명규 역), 한길사.
조나단 터너 외. 1997. 『사회학이론의 형성』(김문조 외 옮김), 일신사.
조지 리처. 2006(2010). 『사회학 이론과 그 고전적 뿌리』(한국이론사회학회 역), 박영사.
차조일·박선웅. 2012. "사회과 주요 개념에 대한 역사적 고찰-쿨리의 1차 집단을 중심으로", 『시민교육연구』 44권 4호, 한국사회과교육학회.
티마셰프·테오도슨. 1985. 『사회학사』(박재묵·이재옥 역), 풀빛.

# 찾아보기

## 인물

괴테 …… 75, 157, 345, 367, 379
기번 …………………… 71, 74
나폴레옹 ………… 83, 146, 177
다윈 ………… 29, 181, 277, 302, 334, 398, 400
단테 ………… 36, 68, 120, 155, 157, 165, 183, 317, 334, 365, 367
데카르트 ………… 5, 6, 8, 404
러스킨 …………………… 160
레키 ………… 93, 137, 138, 139
로댕 …………………… 302, 303
르봉 …………………… 142, 146
마키아벨리 ……………… 177, 245
맬서스 …………………… 277
몽테스키외 ………… 82, 83, 111, 135, 246, 285
버크 …………………… 311
벽 …………………… 43, 44
번-존스 …………………… 161
베이컨 …………………… 300
부르크하르트 ………… 333, 353
브라우넬 …… 153, 159, 302, 313, 314
브라운 …………………… 68, 147
브라이스 ………… 82, 260, 263, 359
사이먼 패튼 …………………… 393
설리번 …………………… 60, 61
소로 ………… 157, 160, 168, 187, 234, 237, 238

스펜서 …… 29, 41, 89, 398, 400, 403
스피노자 …………………… 18, 19
애덤스 ………… 25, 131, 229
애벗 …………………… 179
에머슨 …… 119, 160, 168, 231, 352
예수 …………… 15, 194, 195, 355
오브라이언 …………………… 326
오스트로고르스키 …………………… 96
워즈워스 …………………… 157, 299
월터 페이터 …………………… 13
웨스터마크 ………… 24, 40, 41
윌리엄 제임스 ………… 238, 401
제본스 …………………… 384
제인 오스틴 …………………… 99
찰스 램 …………………… 85
칼라일 …………………… 160, 305
켐피스 …………………… 358
콩트 ………… 96, 223, 399
크로포트킨 ………… 41, 181
테니슨 …………………… 160
톨스토이 …………………… 160
퍼거슨 …………………… 367
프리드리히 …………………… 82
플라톤 ………… 82, 120, 152, 155
하워드 …………………… 24
하이네 …………………… 92
헉슬리 …………………… 182
헨리 제임스 ………… 81, 164, 166

418 | 사회조직의 이해

헬렌 켈러 ·················· 60, 68, 406
홀바인 ································ 65

휘트먼 ················ 160, 168, 187, 285
히긴슨 ······························ 122, 130

## 용어

**ㄱ**

가족 ············ 24, 34, 49, 105, 201, 222, 336, 347
갈등 ············· 38, 86, 140, 191, 289
개성 ················ 46, 53, 88, 90, 124, 152, 204, 296, 302, 308, 329
개인주의 ············ 153, 228, 327, 331
게임 규칙 ······························ 289
경쟁 ············ 151, 192, 200, 214, 224, 304
계급 적대감 ··························· 283
계급문화 ······························ 161
계급의식 ············ 226, 227, 259, 267, 268, 287
군중 흥분 ···························· 142
기독교 ············ 51, 52, 75, 192, 195, 349, 352

**ㄴ**

노동운동 ············ 188, 243, 261, 398
노동착취제도 ················ 378, 416
놀이집단 ········ 24, 25, 32, 404, 405

**ㄷ**

대중의 창의성 ················ 129, 408
도덕적 측면 ········ 12, 303, 361, 375
도덕적 통일 ······ 34, 35, 54, 85, 103, 109, 123, 127, 175, 182, 201, 228

독일 ····················· 27, 233, 284

**ㄹ**

러시아 ············ 26, 27, 56, 86, 175, 248, 311, 312, 315, 324
로마제국 ······ 108, 109, 184, 211, 323
르네상스 ············ 107, 172, 319, 327, 328, 333
리더십 ············ 129, 203, 245, 251, 252, 268, 380, 389

**ㅁ**

무의식 ············· 4, 20, 64, 256, 302, 375, 376
무정부주의 ·························· 188
무정부주의자 ···················· 261, 352
문학 ············ 68, 150, 155, 157, 325
미르 ··································· 26
민주주의 ············ 46, 51, 72, 82, 96, 112, 120, 137, 151, 177, 207, 260

**ㅂ**

범죄 ······························ 50, 194
보수주의 ···················· 308, 309, 313
보충 원리 ······················ 55, 113
봉건제 ································ 212
부적응 ······················ 98, 277, 278
불관용 ················ 303, 307, 313, 324

찾아보기 | 419

## ㅅ

사치 ···· 182, 239, 286, 287, 338, 339
사회 구원 ·················· 358
사회계급 ············ 108, 199, 409, 410
사회구조 ················ 301, 309, 413
사회의식 ················ 4, 8, 10, 154
사회주의 ················ 268, 358, 386
사회학 ················ 65, 208, 366, 389
상업주의 ······ 49, 155, 160, 166, 245
상징 ············ 15, 59, 69, 137, 295, 323, 354, 361
속류문화 ················ 133, 134
신문 ············ 78, 80, 184, 254, 326

## ㅇ

여론 ······· 10, 82, 104, 116, 125, 309
연대 ···· 260, 302, 311, 313, 315, 316
영국 ················ 65, 130, 200, 221, 265, 284, 321, 349
예술 ············ 75, 120, 150, 167, 366
우리-의식 ············ 182, 184, 185, 186, 280, 314, 330
우애 ················ 40, 131, 187, 191
원초 집단 ············ 396, 400, 401, 404, 405
원초적 이상 ················ 53, 114, 405
유행 ················ 250, 316, 318
윤리 ·························· 290, 391
음악 ············ 3, 21, 64, 74, 76, 105, 148, 311, 357
의상 ············ 89, 92, 98, 187, 266, 287, 288, 317, 318, 321
의식 ············ 5, 11, 35, 105, 111, 184, 280, 374, 390
의지 ············ 17, 164, 192, 253, 345, 374, 377
이상주의 ········· 47, 48, 51, 55, 186, 238, 258, 263, 264, 303, 342, 390
이웃 ················ 26, 30, 133, 394
이주 ·························· 161, 209
이주민 ········· 25, 160, 161, 209, 278, 348
이탈리아 ··············· 92, 172, 327
이혼 ·························· 344, 348
인간 본성 ········· 14, 28, 46, 60, 180, 201, 350, 389
인디언 ·················· 29, 41, 104
인쇄술 ················ 71, 72, 73, 406
인습 ·························· 249
인종 문제 ················ 208, 209, 226

## ㅈ

자살 ·························· 100, 332
자선활동 ······ 49, 115, 168, 189, 246, 251, 275, 325, 334, 342, 394, 396
자연권 ·························· 47
자유의지 ·························· 19
자의식 ········· 5, 6, 7, 8, 11, 97, 404
전문직 계급 ················ 234, 253
전신 ············ 59, 78, 80, 82, 317, 326, 384, 405
전통 ············ 62, 70, 131, 160, 276, 316, 320, 334, 365
전통주의 ················ 320, 322, 361
정서 ············ 30, 42, 126, 170, 181, 242, 330

정의감 ················· 173, 192
제스처 ················ 54, 59, 405
조각 ····························· 74
조직화 역량 ·················· 250
종교 ······· 71, 196, 322, 350, 357
중국 ······· 79, 83, 179, 309, 311, 320
중국인 ······· 83, 179, 184, 190, 324
중세시대 ······ 26, 107, 158, 234, 251
증오 ············· 193, 209, 278, 284
진보 ········ 32, 55, 96, 191, 301, 377

**ㅊ**
책임감 ·········· 133, 279, 280, 344, 345, 391
처벌 ············· 16, 17, 127, 355
초상화 ················· 65, 98, 99
출산율 ························· 338
충성심 ········ 38, 39, 103, 174, 175, 227, 259, 316, 327, 414
친절 ············ 34, 36, 40, 181, 195

**ㅋ**
카스트 ············ 78, 122, 201, 205, 206, 212, 260
커뮤니케이션 ········· 53, 59, 77, 88, 95, 319

**ㅍ**
평균 이론 ·················· 119, 120
평등 ············ 44, 152, 173, 203, 209, 242, 263, 284, 313, 343

**ㅎ**
현실주의 ······················· 170
회화 ············ 21, 74, 75, 76, 157, 161, 172, 302, 319, 326, 366, 367, 407

**지은이 찰스 호튼 쿨리**(Charles Horton Cooley, 1864~1929)

초기 미국사회학자로서 미국 미시건대학교 사회학 교수를 역임했다. 1905년 조지 허버트 미드(George Herbert Mead)와 함께 미국사회학회를 공동 창립하고, 1918년 미국사회학회 회장을 맡았다. 그가 창안한 '원초 집단', '거울자아' 등의 개념은 상징적 상호작용이론의 중요한 바탕이 되었다. 주요 저작으로는 『인간 본성과 사회질서』(*Human Nature and Social Order*, 1902), 『사회조직의 이해』(*Social Organization*, 1909), 『사회과정』(*Social Process*, 1918) 등이 있다.

**옮긴이 정헌주**

고려대학교에서 사회학 박사 학위를 취득하고, 고려대학교 한국사회연구소 연구교수를 거쳐 현재 고려대학교 노동문제연구소 연구교수로 있으며 고려대학교에서 강의를 하고 있다. 계급이론, 노동문제와 관련된 다수의 논문이 있으며, 저서로는 『정보사회의 빛과 그늘』(공저), 『사회문제의 이해』(공저) 등이 있고, 『지구시대』, 『칼 마르크스의 역사이론』(공역), 『사회학이론: 무엇이 문제인가』 등 다수의 번역서가 있다.